The End of Western Methods of Mission

서양식 선교 방식의 종말

타문화권 선교의 장벽,
윌리엄 캐리의 선교에 대한 비판적 연구

진기영 지음

기독교문서선교회

기독교문서선교회(Christian Literature Center: 약칭 CLC)는 1941년 영국 콜체스터에서 켄 아담스에 의해 시작되었으며 국제 본부는 미국 필라델피아에 있습니다.
국제 CLC는 59개 나라에서 180개의 본부를 두고, 약 650여 명의 선교사들이 이동도서차량 40대를 이용하여 문서 보급에 힘쓰고 있으며 이메일주문을 통해 130여 국으로 책을 공급하고 있습니다.
한국 CLC는 청교도적 복음주의 신학과 신앙서적을 출판하는 문서선교기관으로서, 한 영혼이라도 구원되길 소망하면서 주님이 오시는 그날까지 최선을 다할 것입니다.

The End of Western Methods of Mission

A Critical Study of William Carey, the Barrier of Cross-cultural Mission

Written by
Kiyoung Jin

Korean Edition
Copyright © 2017 by Christian Literature Center
Seoul, Korea

추천사 1

강 대 흥 박사
GMS 전 사무총장, 태국 선교사, 아시아기독교연구원 원장

이 책의 저자 진기영 박사는 선교학자이며, 현장 선교사이다. 저자는 인도 신학교 교수로서 인도인을 만나고, 한인 선교사로서 동료 선교사들의 사역을 보면서 다양한 사역 이슈들에 대한 근본을 들여다보다 윌리엄 캐리의 사역을 다시 평가하게 되었다. 이 책은 윌리엄 캐리의 사역을 오늘날 현장 선교사의 입장에서 평가한 책이다.

물론 서양에서는 이십여 년 전부터 캐리 사역의 재평가 작업이 시작되었지만, 한국 선교사로서는 처음으로 재평가를 하여서 캐리 선교 방식을 모델로 삼는 분들에게는 힘들 수도 있겠다. 근대 선교의 아버지라 말하는 윌리엄 캐리의 사역을 평가하는 저자의 통찰력은 캐리와 관련된 1차 자료들의 광범위한 연구를 통해 그동안 한국 선교계가 알고 있던 캐리에 대한 기존 이해를 떠나 "서구 중심의 선교 전략에 종말"을 예고하고 있다. 서구 선교는 캐리의 선교에서 비즈니스 선교, 예배당 건축, 마이크로 은행, 재정 독립을 위한 학교 사역, 정부로부터의 보조,

비거주 선교, 그리고 총체적 선교 등의 흔적을 찾는다.

저자는 팀 선교사들끼리 비전 공유가 되지 않음으로 인해 발생한 갈등과 그 결과에 대해서는 "돈 선교"를 하였기 때문이라고 정리하였다. 이러한 캐리의 실수(돈 선교, 문화 우월주의 선교)는 지금도 현장에서 계속되고 있고, 실제로 캐리와 그의 동료들은 15개 선교 기지의 운영비를 후원하였다. 캐리는 현지 문화를 존중하는 것같이 보였고, 성육신 선교를 말했지만, "그는 직업상 인도 학자를 만나는 것 외에는 현지인과 함께 거의 시간을 보내지 않았다"는 내용이 당시 문헌들에 기술되었다고 저자는 말한다. 결국 선교 기지의 직원들이 예수를 믿는 것같이 보였으나, 캐리 사후에 월급이 중지되자 다시 힌두로 되돌아갔다. 이런 모습은 현지인에게 월급을 주는 선교사들에게는 교훈이 될 수 있다.

이 책은 선교사가 이해해야 하는 복음과 문화와의 관계를 설명한다. 한국 선교사는 선교지 교회에 한국 교회의 문화적 요소를 심을 필요가 없고, 오히려 복음에 현지 문화 요소가 입혀져 현지인들이 받아들이기에 부담 없는 그런 복음이 필요하다고 설득하고 있다. 현지의 미개하다고 생각되는 문화를 무시하는 선교사의 태도가 선교에 큰 장애가 되는 것을 경험한 저자는 "힌두 출신 기독교인이 개종 이후 소고기를 먹어야 하는 두려움," 혹은 "번역된 성경이 가죽으로 장정된 이유로 만지는 것조차 부담스러워 하는 힌두의 문화"를 존중하도록 선교사들의 정책의 결여를 아쉬워하고 있다. 결국 인도 선교사들이 힌두 공동체를 더 깊이 파고들어가 성육신적인 삶을 나누는 일에 안타까움을 갖는다.

캐리 당시에 동료 선교사였던 오웬은 이미 힌두 내부자 운동을 시작한 사역자였고, 힌두 출신 기독교인이 힌두 공동체를 떠나지 말고, 공동체 안에서 그리스도인으로서 살도록 격려하였다. 그리스도인이 되기 위해 카스트 제도를 포기하는 삶은 가족과 힌두 공동체에서 버림받는 것이기에, 이방인이 주께 돌아오는 것에 대해서 유대인은 할례를 강요하지 말라는 예루살렘교회의 전략을 당시 선교사들이 이해를 했다면 복음은 힌두 문화권 안에 더 깊숙이 뿌리를 내릴 수 있었다는 저자의 아쉬움은 선교 현장에서 우리가 고민해야 하는 문화적 이슈에 대한 우리의 시야를 넓혀준다.

결국 이 책은 지금도 선교 현장에서 일어나는 다양한 이슈들을 대하는 현장 사역자들에게 역사적인 통찰력을 줄 것이다. 선교 리더십과 현장 시니어 선교사들이 꼭 읽기를 권한다. 또한 한국 선교의 현장이 더욱 건강해지기를 바라는 마음으로 리더십 시니어 선교사들이 반드시 스터디 할 것을 권한다.

The End of Western Methods of Mission

추천사 2

김 한 성 박사
아세아연합신학대학교 선교영어학과 교수

진기영 박사의『서양식 선교 방식의 종말』은 한국 선교계가 반드시 읽어야 할 책이다. 작은 의미에서, 이 책은 전설 속의 윌리암 캐리를 공헌과 과오를 모두 지닌 역사 속의 인물로 재조명하는 학문적 공헌을 하였다.

큰 의미에서, 이 책은 서구 교회의 선교와 다수 세계 교회의 선교의 연결 고리를 하고 있는 한국 교회에 큰 경종을 울리고 있다. 그리고 우리는 성경의 성육신적 원리와 자유케 하는 원리를 우리의 선교 전략과 정책에 채용해야 한다. 우리들은 서구 교회가 하던 대로 그리고 남들이 하는 대로 물질을 앞세워 한국 교회의 문화를 선교지에 이식하고 있지는 않은지 돌이켜 보아야 한다는 이 책의 호소에 귀 기울일 필요가 있다. 현장 선교사뿐 아니라 선교사를 후원하는 한국 교회의 목회자와 지도자들이 이 책을 꼭 읽기를 권한다.

추천사 3

성 남 용 박사
삼광교회 담임목사, 총신대 목회신학전문대학원 선교학 교수

이 책은 윌리엄 캐리에 대한 신화를 역사가 되게 했다. 캐리 이전의 선교사들도 많았다. 하지만 많은 선교 연구자들은 그를 현대 선교의 기점으로 삼는다. 뛰어난 업적 때문이다. 그의 선교적 열정과 헌신은 그가 번역한 성경들과 세운 학교들이 증언한다. 캐리는 말씀이 선교사가 되어 인도를 변화시킬 것이라는 믿음으로 성경 번역과 출판에 매진했다. 하지만 그는 선교지에서 많은 어려움을 당했다. 당시는 노예무역이 성행하던 식민지 팽창시대였다. 아프리카인들을 선교의 대상으로 여기지 않는 사람들도 많았다. 사람 취급을 하지 않았기 때문이다.

허드슨 테일러가 첫 내지 선교를 시작한 것은 캐리 사후 31년이 지난 1865년이었다. 당시에는 풍토병을 고칠 약도 많지 않았고, 교통과 통신 사정은 아주 열악했다. 1893년 첫 아프리카 내지 선교를 시작했던 SIM 선교사 세 명 중에서 두 명이 1년 만에 풍토병으로 죽었다. 가정적으로도 아내 도로시가 캐리의 선교 비전을 이해하지 못했다. 그녀는 처음부터 인도에 가는 것을 반대했다. 초기에 선교비가 끊겼을 때도 생활의 어려움을 견디기 어려워했다. 아들 피터가 풍토병에 걸려 죽고, 그녀도 정신병을 앓다가 죽었다. 그렇지만 그는 열정적으로 사역했다. 후에 그의 두 아들도 선교에 참여했다. 일반적으로 알려진 캐리에 관한 이야기다.

저자는 신화화된 캐리를 비판적 시각으로 관찰하고 평가한 다양한 사람들의 견해를 소개하고 있다. 독자들은 캐리와 동시대를 살았던 선후배 선교사들, 현지인들, 관료들, 언론인들의 그에 대한 다양한 평가 보고서를 접할 수 있다. 방대한 자료들이다. 그와 함께 저자는 캐리가 선교 역사에 남겨놓은 부정적 유산 세 가지를 적시했다. 그러면서도 선교를 선교되게 하기 위한 저자의 선교적 애정을 보여주고 있다. 돈 의존 방식, 문화 우월주의 방식, 분리주의 방식의 폐해가 그것들이다.

저자는 선교사와 현지인들의 진정한 동역을 어렵게 하는 생활수준의 격차를 성육신적 원리를 저버린 행위라고 지적했다. 오늘의 선교 현장에도 울림이 있는 외침이다. 힌두문화를 지나치게 앨렝틱스(Elentics, 비교 종교학)의 관점으로만 비판하고 배제한 캐리의 선교 방식도 비판했다.

저자는 캐리의 사역방식으로 인해 인도인들이 기독교 자체를 오해하게 했고, 인도 선교가 더 어렵게 되었다고 지적했다. 선교사역이 식민지 지역을 벗어나지 않았던 캐리의 기지사역도 비판했다. 그러면서 저자는 새로운 선교 패러다임을 제안한다. 이것은 새롭지만 옛 방식이다. 예수님의 성육신을 모방한 사도들의 선교 방식이었기 때문이다.

이 책은 요즘 새로운 선교 방식으로 언급되는 비즈니스 선교에 대해서도 많은 것을 생각하게 한다. 저자는 캐리를 예로 하여 선교지 재산권 문제, 비즈니스 선교의 수익금 처분 문제, 선교사의 생활수준 문제 등의 영역을 다루고 있다. 캐리의 사례는 비즈니스 선교를 하거나 생각하는 선교사들에게 타산지석이 될 것이 분명하다.

저자가 자주 지적한 것처럼, 힌두교의 사상체계는 아름답고 정교하다. 세계 3대 종교의 위용이 있다. 그 땅에서 시작된 불교가 1%도 되지 않는다. 힌두교의 저력을 짐작할 수 있다. 힌두교는 모든 것을 삼키는 블랙홀과 같다. 기독교 선교도 당연히 쉽지 않다. 고기 먹는 것을 야만적인 행위로 여기니, 레위기의 제사제도나 성경의 기본진리를 설명하기도 어렵다. 모든 산 동물을 먹거리로 주신 하나님을 이해시키기도 쉽지 않다(창 9:3).

저자는 거듭 인도인들의 문화를 존중해야 한다고 강조하고 있다. 경청할 만한 지혜다. 하지만 힌두교의 사상체계에 성경의 가르침을 적용시키려는 혼합주의적 시도는 금해야 한다. 영원한 진리인 복음의 빛이 어둠을 이겨낼 수 있도록 인내하며 선교해야 한다. 신화를 역사화하면서 캐리에 대해 실망할 수도 있다. 하지만 이 책을 보면서 새로운 인도 선교에 대한 기대를 가지게 될 것이다. 선교를 꿈꾸는 모든 이들에게 일독을 권한다.

The End of Western Methods of Mission

추천사 4

정 보 애 박사
전 중국 티벳 선교사, 미전도종족선교연대(UPMA) 대표

"모든 종족에게 복음을!"
"모든 족속에게 교회를!"
"모든 민족 제자삼기 운동."

미전도종족 선교와 관련해 90년대 말과 2천 년대 초반까지 한국 교회를 뜨겁게 했던 구호들이다. 내년이면 한국 교회의 미전도종족 선교운동이 25주년이 된다. 1993년에 본선교회 미전도종족선교연대 (UPMA: Unreached People Missions Alliance)의 전신인 한국미전도종족입양운동본부(KAAP)가 6개 선교단체와 4개 교단 연합으로 시작되어 한국 내 미전도종족 선교운동을 섬겨오고 있다.

한국의 미전도종족 선교는 현재 어디에 서있으며, 미래 어디로 가야 하는가?

지난 5년 동안 많은 기도와 고민, 재고(Rethinking) 가운데 이젠 소수 종족, 소수 부족, 오지의 미전도종족이 아니라, 거대 종교권, 사회적,

문화적 주류 권역에 살고 있는 주류 종족들인 힌두교권, 이슬람권, 인도차이나불교권 사람들이야말로 최우선순위 미전도종족이자 선택하고 집중해야 할 우선 사역 대상인 것이 사실이다.

이러한 때, 『인도 선교의 이해 I』(서울: CLC, 2015), 『인도 선교의 이해 II』(서울: CLC, 2016)라는 저서를 통해 이미 선교계에 큰 반향을 일으켰던 진기영 박사로부터 본서의 추천서를 써달라는 요청을 받았다. 그래서 처음부터 끝까지 인도와 힌두교를 믿는 사람들, 그리고 이들에 대한 선교 역사와 평가를 글자 하나 하나 놓치지 않으려 생각을 집중하며 읽었다.

이 책은 현재 인도의 개신교인 비율이 2.2%이고 95% 이상이 힌두교도와 이슬람교도들인 현실을 직시할 것을 요청한다. 왜 500년이 넘는 기독교 선교 역사를 가졌으면서도 복음화 비율이 2%에 불과한지를 질문하고 대답한다. 그러면서 문제의 중심엔 선교사들, 특히 서양식 선교 방식으로 선교하고 있는 외국 선교사들과 그들에게 이 모델을 전수받은 현지 기독교 지도자들에게 있음을 지적한다. 곧 기독교가 소를 먹는 종교로, 기독교 선교사들과 신자들이 소를 먹는 사람들로, 심지어 천민, 반체제 반역으로 인도인들에게 오해되는 이유는 그들이 서양식·유럽식 문화를 이식하고 기독교의 탁월성과 서양문화의 우월성을 강조하면서도, 정작 자신들은 게토식의 선교 기지에 살면서 돈 선교, 문화 우월 선교, 분리주의 선교를 행하기 때문이다.

저자는 윌리암 캐리로 대표되는 모든 서양식 선교 방식의 한계를 지적한다. 역사학자답게 불변의 복음을 인도라는 사회적, 문화적 토양과 그릇에 맞게 전하지 못한 부분을 역사적으로 고증, 비교하여 건설적으로 비판할 뿐 아니라, 선교사들의 맹목적인 무지와 편견에도 일갈을 고한다. 선교사들이 너무나도 인도와 인도 문화의 뿌리이자 정체성인 힌두교를 모른다고 말이다.

그러면 작금 21세기를 살고 있는 우리는 인도와 힌두교를 아는 걸까?

저자의 말대로라면 우리 또한 모른다에 해당된다. 왜냐하면 저자가 강조한 인도 최대의 미전도종족인 주류 힌두교도들을 대상으로 하는 것이 아니라, 한국 교회와 한국 선교사들 대다수는 지금도 여전히 가난한 하층민 중심으로 쉽게 보여줄 수 있는 윌리엄 캐리 방식의 선교를 하고 있으니 말이다. 18세기 서양식 모델이 21세기 2017년에도 그대로 반복되고 있다. 돈을 의존하게 하고, 선교사들을 의존하게 하는 선교, 프로젝트성 선교, 센터 중심의 분리주의 선교, 힌두교를 우상숭배 종교로만 비판하는 선교사들의 설교, 빼내기씩 개종모델 선교 등등.

저자의 질문처럼 가장 중요한 질문을 마지막으로 해본다.

과연 누구를 위한 선교인가?

과연 무엇을 위한 선교인가?

그럼에도 불구하고 대안은 있다. 저자가 주장한 것처럼 은과 금은 없어도 예수 그리스도의 이름을 주는 본질적 선교의 회복인 성육신적 선교, 문화 존중의 선교, 가족, 이웃, 친척, 종족, 직업, 지역사회를 떠나지 않는 공동체 안의 자연적 다리 유지 선교. 이러한 선교를 실행한 로버트 드 노빌리, 현대에 들어와서는 선교사들의 기독교힌두 운동, 예수박타 운동, 쁘레미 운동 등 선교사들과 현지인 지도자들의 자신의 문화를 떠나지 않는 통합적 방식의 대안들!

개인적으론 타문화권 티베트불교권 미전도종족 선교사로 있다가 이제 한국 교회와 다음세대의 신앙 전수를 고민해야 하는 이곳이 미션필드로 변한 현실 앞에 서, 복음을 담지한 교회가 세상 속으로, 열방 속으로, 미래 속으로 가는 기로에서 이 책을 통해 다시 복음과 초대 교회의 역동성, 선교를 재고할 수 있는 기회를 가질 수 있게 되어 의미가 깊었다.

복음과 선교를 고민하는 모든 분들께 이 책을 강력히 추천한다.

The End of Western Methods of Mission

저자 서문

2016년 5월, 세람포르대학 캐리하우스에 머무르며 캐리도서관에서 땀 흘리며 자료 수집하던 때가 엊그제 같은데, 이제 그동안 공부의 결실로 한 권의 책을 세상에 내놓게 되었다.

캐리에 대한 연구를 하게 된 계기는 크리스토퍼 스미스의 『세람포르 선교사업』을 읽으면서 눈이 떠지는 경험을 했기 때문이었다. 캐리를 타문화 선교의 모본으로만 알고 있었는데, 그렇지 않은 모습을 발견하는 것은 충격적인 사건이었다. 캐리에 관한 자료를 읽기 시작하면서 두 번째 놀라운 사실을 발견했다. 그것은 지금 시대에는 거의 찾아볼 수 없는 캐리에 대한 비판이 캐리가 살던 시대에는 매우 많았고 일상적이었다는 것이다. 전기 작가들과 학자들이 말해주는 캐리의 신화에 익숙한 21세기 사람들은 아무 질문이 없는데, 캐리가 활동했던 구체적인 사실들을 아는 동시대인들은 많은 질문과 문제를 제기했었다.

캐리에 관한 오늘날의 전기와 학술적 평가가 대부분 찬양 일색으로 끝나는데, 동시대인들의 글에는 왜 비판이 지배적일까?

이는 전기 작가와 학자들의 글이 선교사의 입장과 서양인의 관점에서 본 것이라면, 캐리의 비판자들은 인도라는 상황을 알고 인도인의 입장, 인도의 문화의 관점에서 보았기 때문이었다.

이런 이유로 필자는 캐리의 옹호자인 마쉬만의 글과 비판자들의 글을 비교해 가며 '역사적인 사실'이 무엇이었는지, 무엇이 잘됐고 무엇이 잘못되었는지 찬찬히 살펴보게 되었다. 또한 기존의 전기들과 주류 학설이 취하지 않았던 인도인의 입장, 현지 문화의 관점에서 캐리가 한 선교사역을 재평가하게 되었다. 그 결과 탄생한 것이 이 책이다.

그러나 이 책이 단지 윌리암 캐리에 관한 비판서로 끝나지 않고『서양식 선교 방식의 종말』이라는 제목으로 범위를 확대하게 된 것은 한국에서 열린 '콜투올 2016년 선교전략회의'(Call to All Congress Korea 2016)에 참석한 것이 계기가 되었다. 미디어 분야에서 "카스트: 장벽인가, 통로인가?" 하는 강의를 하게 되었는데, 참석자의 질문에 답변하던 중 캐리가 세운 장벽은 인도만이 아니라 아시아, 아프리카, 호주, 남미 등 세계 각처에 존재한다는 것을 새삼스럽게 발견하게 되었다. 그리하여 캐리가 대표하는 서양식 선교 방식의 종말을 가져오지 않는 한, 우리 세대에 선교의 돌파가 이뤄질 희망을 찾기 어려움을 깨닫고, 책의 제목을『서양식 선교 방식의 종말』로 정하게 되었다.

서양식 선교 방식의 종말을 이야기하는 필자의 마음은 착잡하기 그지 없다. 왜냐하면 캐리가 세워놓은 장벽이 참으로 견고하여 그 폐해가 심각한데도 그 실체를 모르는 많은 서양인과 한인 선교사들이 무비판적으로 그 길을 따라가고 있기 때문이다. 아무쪼록 이 책이 갈 길 잃은 선교, 장벽에 막혀 오도가도 못하는 선교를 돌파하고 길을 열어주는 등대와 멘토의 역할을 해주기를 소망해 본다.

이 책을 쓰는 내내 필자에게 비판과 조언의 말을 아끼지 않고 해 준 아내 박은애에게 고마움을 표한다. 특히 캐리의 사역방법 중 첫 번째 방법을 처음에는 '물량주의' 방법이라 명명했다가 아내의 조언을 받아 '돈 의존' 방법으로 바꾸었는데, 그럼으로써 의미가 아주 분명해졌다. 뿐만 아니라 독자의 입장에서 내용을 알기 쉽고 분명하게 전달하도록 수정하는 데 아내의 역할이 컸다.

끝으로 정성 들여 이 책의 추천사를 써 주신 강대홍 박사, 김한성 박사, 성남용 박사, 정보애 박사에게 감사를 드리며, 또한 이 책이 출간되는 데 수고를 아끼지 않으신 기독교문서선교회(CLC)의 대표 박영호 목사님과 직원들에게 감사를 드린다.

The End of Western Methods of Mission

차례

추천사 1 (강대흥 박사 | GMS 전 사무총장, 태국 선교사, 아시아기독교연구원 원장) _5
추천사 2 (김한성 박사 | 아세아연합신학대학교 선교영어학과 교수) _8
추천사 3 (성남용 박사 | 삼광교회 담임목사, 총신대 목회신학전문대학원 선교학 교수) _9
추천사 4 (정보애 박사 | 전 중국 티벳 선교사, 미전도종족선교연대(UPMA) 대표) _12
저자 서문 _16

제1장 | 서론: 서양식 선교 방식의 종말을 말하는 이유 _33

1. 서양 선교의 공헌과 한계 _33
2. 예루살렘 공의회의 결정을 역행한 캐리 _40
3. 캐리에 관한 최근의 연구: 신화에서 역사적 캐리의 탐구로 _47
4. 대중적 캐리와 역사의 캐리 사이의 갭이 큰 이유들 _53
5. 스미스의 한계와 이 책의 서술 방향 _60

제2장 | 캐리의 선교에 대한 동시대인의 반응 _64

1. 캐리의 선교 모델 _65

   1) 존 엘리어트, 데이빗 브레이너드 _66
   2) 모라비안 선교사 _73
   3) 트랑크바 선교사, 크리스챤 슈바르쯔 _89
   4) 윌리암 워드 _95

2. 캐리의 실제 사역 방법 _108

    1) 성경 번역, "말씀의 효과적 전달 수단" _109

    2) 학교, "성경지식 전파의 가장 중요한 장" _125

    3) 기지 개척, "사역의 혼이자 실질적 내용" _138

3. 캐리의 선교에 대한 당대의 비판자들 _154

    1) 데하르타의 현지인들 _155

    2) 무드나배티의 현지인들, 람 보쉬, 쉬바 라마 _159

    3) 침례교선교회 총무, 안드류 풀러 _165

    4) 동료 선교사, 윌리암 워드 _168

    5) 후배 선교사(1), 윌리암 로빈슨 _173

    6) 후배 선교사(2), 윌리암 존즈 _178

    7) 캘커타의 영국 관료, 존 보우웬 _185

    8) 남인도의 가톨릭 선교사, 아베 뒤부아 _195

    9) 영국 언론인, 제임스 버킹검 _205

    10) 영국령 인도 총독, 민토 _216

    11) 에딘버러의 친구, 크리스토퍼 앤더슨 _220

    12) 다카 기지 개척자, 오웬 레너드 _222

    13) 랄바자교회의 집사, 끄리슈나 쁘리사다 _225

제3장 | 캐리가 쌓아 올린 장벽들 _227

1. 돈 의존 방식 _229

    1) 돈 의존 방식의 정의 _229

    2) 풍요의 덫에 걸린 세람포르 _233

    3) 성육신의 원리를 저버린 캐리 _240

    4) 인도 문화의 관점에서 보는 돈 의존 방식 _250

2. 문화 우월주의 방식 _262

    1) 타불라라사주의와 로고스 _262
    2) 선교사의 편안함, 현지인의 불편함 _274
    3) 캐리: 건설자인가, 파괴자인가? _281
    4) 유럽식 복장을 고수했던 선교사들 _291
    5) 인도식 이름에 불편했던 선교사들 _294
    6) 극악한 범죄 행위: 고기 먹는 선교사들 _298
    7) 전통 결혼 관습의 파괴: 승리인가, 패배인가? _308
    8) 카스트 제도, 파괴와 보존의 논리 _315
    9) 캐리와 히버: 반역의 방법, 순종의 방법 _329

3. 분리주의 방식 _343

    1) 분리주의 방식: 자연적 다리 불태우기 _343
    2) 캐리의 인도 기독교: 덩어리 밖의 누룩 _347
    3) 힌두 배경 기독교인과 기독교인 힌두 _351

제4장 | 캐리를 넘어서서: 대안 방식의 탐구 _358

1. 캐리의 방식, 전 남반구 현상 _358

    1) 아프리카 선교, 백인화의 과정 _359
    2) 아시아 선교, 공동체 이탈 운동 _366
    3) 남미와 오세아니아 선교, 원주민 종족과 전통 문화의 종말 _370

2. 캐리 방식의 대안 _373

    1) 은과 금이 아니라 _375
    2) 생명수를 현지의 그릇으로 _382
    3) 자연적 다리 유지하기 _389

참고 문헌 _398

서양옷을 입고 선교한
윌리암 캐리 (1761-1834)

서양옷을 입고 선교한
죠수아 마쉬만 (1768-1837)

서양옷을 입고 선교한
윌리암 워드 (1761-1823)

서양옷을 입고 선교한
존 맥 (1797-1845)

세람포르대학

세람포르의 기독교 마을

사진 25

도살자로부터 어머니 소를 구한 인도의 영웅 시바지 마하라즈

암소 보호 자경대원

인디고 공장 모습

캐리의 잔인한 노예 노동에 사용되었던 염색 식물 인디고

소 앞에 기도하는 여인

유럽과 다를 바 없는 19세기 캘커타 거리 모습 (1)

캘커타 거리 모습 (2)

캘커타의 후글리 강 (1)

캘커타의 후글리 강 (2)

KRISHNA PROSAD, FIRST BRAHMAN WHO PREACHED CHRIST.

첫 브라만 개종자 끄리슈나 프로사드

사진 31

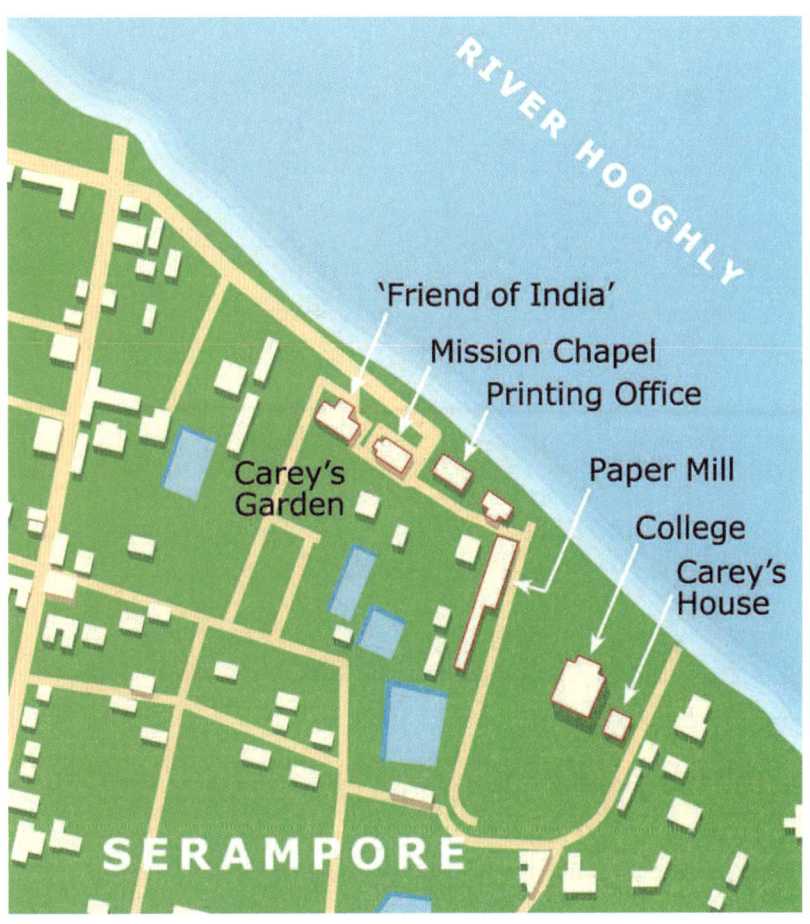

세람포르 선교 기지 내부 배치도

32   서양식 선교 방식의 종말

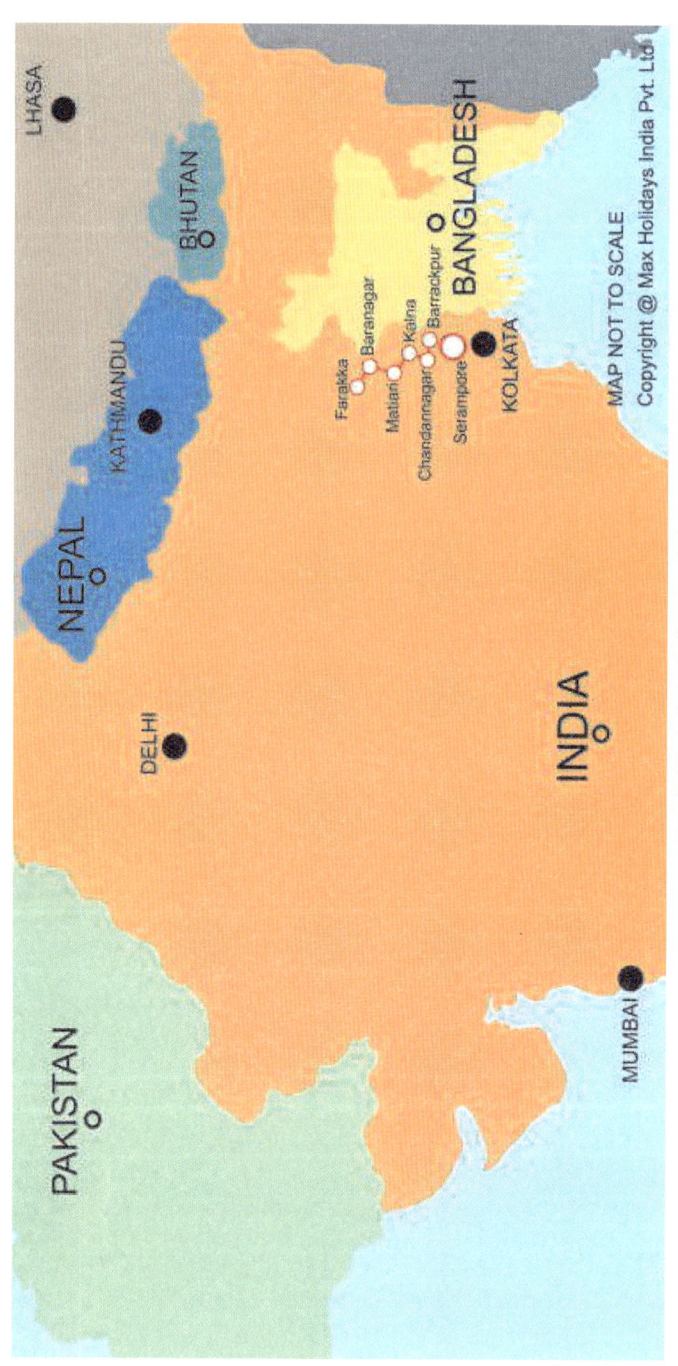

인도 내 캘커타와 세람포르 위치

제1장

서론: 서양식 선교 방식의 종말을 말하는 이유

1. 서양 선교의 공헌과 한계

무엇보다 먼저 이 책에서 '서양식 선교 방식'의 '종말'을 말하는 것은 세계 복음화에 있어서 서양 선교사들이 이룩했던 공헌 전체를 부정하는 것은 결코 아니다.

그들이 바다 건너 멀리 이방 땅을 찾아와 복음을 전하지 않았더라면 지금 인도와, 중국, 말레이시아와 비서구권 세계의 그 많은 사람들이 어떻게 복음을 듣고 하나님의 자녀가 되었겠는가?

아시아에서, 아프리카에서 기독교가 아무리 소수라고 해도, 4천만에 달하는 중국 기독교인, 3천만 인도 기독교인, 5억의 아프리카 기독교인들을 생각해 보라. 그리고 서양 선교사들의 희생과 섬김으로 탄생된 한국 교회와 천만 명이 넘는 우리 대한민국의 기독교인들이 있지 않는가!

그들은 숫자가 아니라 천하보다 귀한 한 영혼, 영혼들이다. 그런 점에서 본다면 우리는 결코 서양 선교사들의 헌신과 수고를 과소평가해서는 안 될 것이다. 그들은 단지 복음 전도뿐 아니라 교육, 의료, 문예, 사회봉사 등 비서구권 사회의 여러 가지 영역에서 사회 발전에 지대한 공헌을 해왔으며 이에 대해서는 비기독교인조차 인정하고 있는 바이다.

인도 정부는 1993년 1월 9일, 세람포르대학을 배경으로 책상 위에서 글 쓰는 윌리엄 캐리(William Carey, 1761-1834)의 모습을 담은 우표를 발행한 바 있다.

왜 인도 정부가 자국인이 아닌 외국인, 그것도 기독교 선교사를 기념하는 우표를 발행했을까?

그것은 그가 세람포르대학 설립을 비롯한 인도의 보통 교육, 여성 교육에 큰 기여를 했을 뿐만 아니라, 산스크리트어로 된 인도의 고전, 라마야나와 마하바라타를 지역어인 벵골어로 번역 출간함으로 벵골 문학의 르네상스에 기여한 인물이기 때문이다.[1]

뿐만 아니라 그는 인도 원예협회를 창설한 사람이고, 1818년에 인도 최초의 현지어 신문, 사마차 달판(Samachar Darpan)을 발행했으며, 산 채로 과부를 불태우는 사티(Sati)제도 같은 악습 철폐를 위한 운동을 함으로써 1829년 이 제도의 폐지를 이끌어 내었고, 심지어 가난한 농부들의 재정 지원을 위해 저축 은행까지 설립을 한 바 있다.[2]

---

1 J.T.K. Daniel, R.E. Hedlund, ed. *Carey's Obligation and India's Renaissance*, (Serampore: Council of Serampore College, 1993), 109, 120, 124.
2 인도 선교에 기여한 캐리의 공헌은 앞에서 언급한 *Carey's Obligation and India's Renais-*

위에서 인도의 예를 들었지만 인도뿐 아니라 아시아, 아프리카, 오세아니아, 아메리카 등 전 세계에 걸친 서양 선교사의 공헌은 의심할 여지가 없이 명백하다.

그럼에도 불구하고 이 책은 역설적으로 서양식 선교의 종말을 논하고 있다.

왜 일까?

여기서 한 가지 분명히 해야 할 점은 이 글에서 말하는 '서양식 선교의 종말'이란 '서양인'이 주체가 되어 이루어지는 '서양 선교' '전체'의 '종말'을 말하는 것이 아니라 '서양식 **선교 방식**의 종말'을 말하는 것이다. 필자가 말하는 바 '서양식' 선교 방식이란 구체적으로 윌리암 캐리 선교사가 그 전형적 모델이 되는 '돈 의존, 문화 우월주의, 분리주의' 방식으로 진행되어 왔던 서양의 전통적 선교 방식을 가리킨다.

이 책은 이러한 서양식 선교 방식이 200년 전 캐리 시대나 지금이나, 부분적 공헌을 부정할 수는 없지만 사실상 선교에 해가 되는 높은 장벽으로 작용함으로써, 오늘날 비서구권 지역에서 선교의 돌파가 이루어지기 위해서는 반드시 제거되어야 할 방식이 됨을 밝히고자 한다. 그리고 이 책의 후반부에서 소개를 하겠지만 이미 일부 서양인 선교사들은 전통적인 방식의 문제점을 반성하면서 새로운 패러다임으로의 전환을 시도하고 있는 것은 참으로 다행스럽고 반가운 일이다.

---

sance뿐 아니라 J.T.K, Daniel, *William Carey's Arrival in India, 1793-1993: Bicentenary Volume* (Serampore; Serampore College, 1993), Vishal and Ruth Mangalwad, *The Legacy of William Carey: A Model for the Transformation of a Culture* (Wheaton: Crossway Books, 1999)에 잘 소개되어 있다.

반면에 안타깝게도 오늘날 다수의 비서구권 선교사들은 기존의 서양 방식을 무비판적으로 받아들임으로써 이제는 낡아서 버려져야 할 것을 여전히 글로벌 표준 방식으로 사용하고 있다. '돈 의존, 문화 우월주의, 분리주의' 선교는 인도만의 현상이 아니라 뒤에 그 예들을 제시하겠지만 여타 아시아, 아프리카, 남미, 오세아니아 등 대부분의 선교지에서 흔히 볼 수 있는 선교 방식이다. 그리하여 지금은 서양식 선교 방식이라는 말이 무색할 정도로 한국인을 포함한 대다수 비서구권 선교사들의 선교 방식으로 사용되어지고 있는 형편이다. 이러한 서양식 선교 방식이 형성된 것은 어느 한 개인이나, 한 선교단체나, 한 국가의 영향력 때문이라고 볼 수는 없고 오랜 세월에 걸쳐 많은 사람들, 많은 선교단체들, 그리고 서양의 많은 나라에 의해 실행되어 왔다.

그러므로 전통적 서양식 선교 방식의 기원과 형성의 책임을 한 개인에게 묻는 것은 결코 옳지 않은 일이다. 그럼에도 불구하고 이 책에서 윌리암 캐리에게 그 초점을 맞추는 이유는 수많은 개신교 선교의 예 중에서 연대기적으로도 비교적 이른 시기에 활동한 선교사였을 뿐만 아니라, 세 가지 전통 방식의 전형적인 모습을 보여주고 있으며, 수많은 선교사 중에서도 가장 영향력이 큰 선교사 중의 하나이기 때문이다.

이 책은 결코 윌리암 캐리와 그가 했던 방식을 따르는 선교사들을 비난하기 위한 것이 아니라는 점을 서두에 분명히 밝히고자 한다. 윌리암 캐리가 아무리 위대한 선각자라고 해도 그는 '그 시대의' 사람이다. 그는 당시에 그가 아는 지식과 신앙을 따라 하나님의 뜻을 섬기기 위해서 자신이 최선이라고 생각하는 것을 따라 행동했던 사람이었다. 오늘날 우리 모든 선교사가 그러하듯이. 그는 위대한 개척자의 모습을 보여주었지만 동시에 본인이 스스로 인정했듯이 "벌레"와 같이 연약한 한 인간이자, 여러 가지 실수도 있었던 사람이었다.[3]

그러기에 필자는 이 글에서 캐리의 사역을 평가할 때 그를 점도 흠도 없는 위대한 선교사로 평가하지도 않겠지만 그를 문제투성이의 사역자로 폄하하지도 않고자 한다. 그는, 필자를 포함한 우리 모든 선교사들이 그러하듯이, 훌륭한 장점과 함께 여러 약점도 같이 가지고 있었음에도 불구하고 하나님이 쓰신 한 사람의 사역자였던 것이다.

이 책의 비판은 건설을 위한 것이다. 어떻게 하면 하나님 나라를 바르게, 힘 있게 세울 것인가 하는 것이다. 그러나 깨뜨리는 아픔이 없이는 건설의 기쁨과 축복도 없을 것이다. 이 글에서는 이미 잘 알려진 윌리엄 캐리의 수많은 공적을 일일이 다 언급하지는 않겠다. 단지 그의 사역을 인도인과 인도 문화의 관점에서 선교 방법론적으로 분석 평가하는 데 초점을 맞추고자 한다. 그럼으로써 이 글은 오늘날 여러 가지 한계에 부딪쳐 진전이 없는 전방 선교 현장에서 어떤 방식을 사용하는 것이 좋겠는가를 찾기 위한 하나의 시도로 삼고자 한다.

필자는 이 글을 딱딱한 학술 서적으로 쓰기보다는, 윌리엄 캐리와 그 동시대 사람들과의 대화를 통해 타문화권 선교에 효과적이며 적절한 길을 찾는 리서치 여행서적을 쓰는 마음으로 쓰고자 한다. 이국땅의 여행은 온갖 신기한 이야기들로 가득하며 언제나 우리의 눈을 동그랗게

---

[3] 캐리가 죽기 전 묘비명으로 스스로 택한 아이삭 와츠(Issac Watts)의 찬송가에 나오는 내용. "연약하며 무력한 벌레 같은 죄인, 당신의 친절한 팔에 안깁니다…."

뜨게 하는 놀랍고 재미나는 사건들과 이야기들이 따라다닌다. 캐리와 그의 동료 선교사들, 그들과 같이 사역했던 현지인 사역자들, 그리고 같은 시대를 살았던 여러 유럽인과 인도인들은 드라마와 같이 재미있으면서도 극적인 여러 가지 이야기들을 들려준다.

그런데 200년 전에 일어났던 일들, 논의되었던 이야기들 중에 적지 않은 이야기들이 오늘날 우리 시대 선교사들의 고민, 문제들과 동일하게 발견되는 것은 참으로 인상적이다. 게다가 그들의 성공과 실패를 살펴보다 보면 우리 시대 문제 해결에 대한 놀라운 통찰력을 얻고 영감을 받을 수 있다.

그런데 이 책에서 나눌 이야기들은 여행서적으로 제시하기에는 다소 충격적일 수도 있다. 가장 큰 이유는 윌리암 캐리는 이른바 근대 선교의 아버지로 알려져 있고, 성경 번역 선교, 팀 사역 선교, 전문인 선교, 타문화 선교, 총체적 선교 등에 있어서 선교의 모범적 인물로 알려져 있는데, 이 글은 이러한 통념에서 벗어나, 도리어 윌리암 캐리의 선교 방식을 '버리고,' '지양해야' 할 것으로 제시하고 있기 때문이다.

또 한편으로 이 책에서 나눌 이야기들은 독자들의 마음을 짓누르는 부담을 줄 수 있다. 그것은 이 책이 주장하는 바가 만일 근거가 있고 옳다고 한다면, 캐리와 유사한 방식으로 사역을 진행하고 있는 다수의 선교사들의 경우, 계속 그 길을 가야 하나 말아야 하는 문제 제기를 하고 있기 때문이다.

캐리가 버려야 할 방식은 이 글을 읽는 사람이 사역하고 있는 방식일 수 있기 때문에 이 글을 읽는 많은 이들을 매우 불편하게 할 수 있다. 선교사뿐만 아니라 선교사를 파송하고 후원한 교회의 선교위원회와 개인 후원자들이 이 글을 읽는다면 그동안 선교사를 위해 기도하고 재정 후원을 했던 것에 대해 헛되지 않았나 하는 회의감이 들 수도 있다. 이 책의 내용이 캐리의 이야기가 아니라 나의 이야기일 수 있기 때문에, 우리는 할 수만 있으면 캐리를 옹호하고 싶은 마음을 가질 수도 있다.

캐리같이 위대한 선교사를 비판하는 저자에 대해서 분개의 마음이 일어날 수도 있다. 그러다가 이 책 외에는 캐리의 선교 방식이 잘못되었다고 주장하는 것을 들어본 적이 없기 때문에, 저자의 주장이 아무 근거 없는 터무니없는 주장일 것이라는 생각이 미치면 안도의 마음이 들지도 모른다.

그러나 혹자는 도리어 아리스토텔레스가 "유레카(찾았다)!"를 외치며 목욕탕을 뛰쳐나간 것 같은 기쁨, 또는 눈이 떠지는 체험을 할 수도 있겠다. 왜냐하면 전통 방식으로는 선교의 돌파가 잘 이뤄지지 않는데, 왜 안 되는지에 대한 이유를 명확히 알 수가 있고, 어떻게 하면 그 길을 찾을 수가 있는지 힌트를 얻을 수도 있기 때문이다.

선교가 잘 안 되는 데에는 복합적이고 다양한 이유가 있기 때문에, 이 책이 모든 것을 한꺼번에 해결해 주는 마법의 열쇠가 될 수는 없다. 그러나 전통적 선교 방식의 한계를 인식하고, 올바르고 효과적인 사역의 길을 찾는 사람들에게는 적어도 무엇이 잘못되었으며, 어느 길로 가야 하는가 하는 큰 그림을 보여줄 수는 있을 것으로 본다.

2. 예루살렘 공의회의 결정을 역행한 캐리

윌리암 캐리가 개신교 선교의 여명기에 인도와 세계 복음화를 위해 많은 수고를 한 것은 인정할 만하지만 그는 아이러니컬하게도 복음의 세계적 진보와 확장을 가로막는 역사적인 잘못을 범하고 만다. 그의 잘못을 한마디로 말하면 복음이 유대 민족의 범위를 넘어 이방 세계로 확장되기 위해서 사도들이 예루살렘 공의회에서 결정한 내용(행 15장)을 거꾸로 돌린 것이다.

다시 말하면 사도행전 15:19, 20에 나오듯이 예루살렘회의에서 초대 교인들은 이방인 중에서 하나님께로 돌아오는 자들을 괴롭게 하지 않기로 결의했는데, 캐리는 인도인들을 많이 괴롭게 하여 심지어 그리스도를 사모하는 자들까지도 그리스도께 나아오기 어렵게 만들었다. 물론 의도적으로 한 것도 아니고 하나님의 일을 잘 섬기겠다는 열정에서 한 것이었지만, 이 책은 그러한 의도와 달리 캐리의 사역이 실제로 어떻게 이방인이 하나님께로 돌아오는 것을 괴롭게 하고 어렵게 만들어 놓았는지 살펴보고자 한다.

캐리가 세계 선교를 한다고 하면서 실상 선교 행위를 어떻게 어렵게 만들었는가를 이해하려면 먼저 예루살렘 공의회를 이해할 필요가 있다. 웨일즈의 복음주의 성경학자인 코넬리스 베니마(Cornelis Bennema)가 말한 대로 초기 기독교의 가장 중요한 발전은 교회 내에 "이방인을 이방인으로 받아들이는 족속의 팽창"이라고 할 수 있다.[4]

---

4   Cornelis Bennema, "The Ethnic Conflict in Early Christianity: An Appraisal of Bauck-

여기서 "이방인을 이방인으로"라는 말이 중요한데, 이는 이방인으로 하여금 유대 문화를 채택하거나 유대인으로서의 정체성을 요구함이 없이 이방인의 관습과 문화, 이방인의 정체성을 그대로 가지면서도 교회의 일원으로 받아들이는 것을 의미한다. 물론, 이방인의 관습과 문화 중에 우상 숭배, 음행, 목매어 죽인 것과 피를 멀리하는 것은 반드시 그리해야 한다. 그러나 모세의 율법 전부와, 제사와 특히 할례를 행할 의무는 더 이상 행할 필요가 없게 된 것이다.

유대인 배경 신자들의 경우 할례는 조상대대로 아브라함의 자손, 하나님의 백성이라는 결정적인 징표였기 때문에 예루살렘회의 전에는 개종한 이방인들이라고 해도 할례를 행하기를 요구했었다(행 15:5). 그들이 볼 때 할례를 행하고 모세의 율법을 지키는 것은 하나님의 백성으로서 매우 당연한 신앙적인 행위였다. 그들은 할례를 행함이 없는 하나님의 백성, 모세의 율법을 지키지 않는 하나님의 백성은 상상도 할 수가 없었다. 그러기에 그들은 헬라인 신자, 로마 배경의 신자들이 교회 내로 들어올 때, 당연히 할례와 율법을 요구했던 것이다.

그러나 할례와 율법 전체를 지키라는 요구는 이방인 신자들의 입장에서 볼 때, 보편적인 신앙의 요구가 아니라, 유대의 문화를 채택함으로 유대인이 되라는 요구로 들렸다. 이것은 야고보가 말한 대로 하나님께로 돌아오는 이방인을 '괴롭게 하는' 행위, 또는 '어렵게 만드는' 행위이기 때문에 유대 족속의 범위를 넘어서서 세상 모든 족속에게로 복음

---

ham's Proposal on The Antioch Crisis and the Jerusalem Council," *JETC*, 56/4(2013), 762.

이 전진하는 것을 가로막는 요구였다.

이러한 요구가 어떻게 1세기 이방인을 괴롭게 했는지 한 가지 예만 들어보자. 남성 신체의 일부를 절단하는 '할례'를 그리스-로마인의 관점에서 본다면 유대인의 관점과는 정반대로 매우 부정하고 혐오스러운 것이었다. 헬라인들과 그들 문화의 영향을 받은 로마인들은 인간 신체가 원래 주어진 그 자체로 신성하고 완벽한 것으로 보았다. 그러므로 이 완벽한 신체를 훼손하는 것은 불경스러운 일일 뿐 아니라 일종의 질병으로 보았기 때문에, 고대 헬라 의학 서적들 중에는 할례된 피부를 원상태로 복구시키는 비방을 소개하는 내용들이 나온다.[5]

고대 그리스-로마인들의 사회생활의 중심에는 김나지움(gymnasium)이라는 건물이 있었다. 이곳은 신체 단련을 하는 체육관일 뿐만 아니라 목욕과 담소를 즐기며 사업상 대화가 이뤄지는 장소로서 엄격히 남성들에게만 국한되며 기본적으로 누드('gymnos'는 '벌거벗는다'는 뜻)로 진행되었다. 그러므로 이 김나지움에 오게 되면 그 사람이 할례를 행했는지 아닌지 모든 사람들에게 금방 드러나게 된다.

그런데 앞에서 언급했듯이 그리스-로마인은 보편적으로 할례를 행하지 않았기 때문에 만일 누군가 할례 받은 사람이 등장하게 된다면 그것은 매우 외설적이고 사회적으로 혐오스럽고 센세이셔널한 행위가 된다. 그것은 21세기 대한민국에서 모두가 옷을 입고 있는 공공장소에

---

5 Brian K. Petersen, "The Jerusalem Council Applied: Proceedings of the ISFM 2006 Conference, Part II, The Possibility of A "Hindu Christ-Follower": Hans Staffner's Proposal for the Dual Identity of Disciples of Christ within High Caste Hindu Communities," *International Journal of Frontier Missiology*, (24:2 Summer 2007), 89.

누드로 활보하는 사람을 보는 것과 같은 충격을 주는 것이다.

이런 문화에서 그리스-로마인이 기독교인이 되었다고 해서, 유대인 배경 신자들이 요구하는 대로 할례를 행하게 되면 어떤 일이 벌어질까?

그 사람은 당연히 김나지움에 출입할 수가 없게 된다. 김나지움은 단지 운동과 목욕하는 장소가 아니라 남성들의 사회생활의 중심에 있기 때문에, 거기에 출입 못하는 것은 사회 공동체와의 단절을 의미한다.

가족들과 친구들이 왜 김나지움 출입을 안 하려고 하느냐고 물어볼 때 그가 "기독교인이 되어서, 할례를 했기 때문에 못 간다"고 하면 어떤 결과가 생기겠는가?

당장 가족들과 친척들, 친구들의 핍박과 반대가 따를 것이다. 로마 군대의 백부장이었던 고넬료의 경우는 직업상 신체 단련을 위해 김나지움에 가지 않을 수 없는데 그가 만일 유대인 신자들의 권고를 받아들여 할례를 행하게 되면 직장과 퇴직 연금과 친구와 명예와 모든 것을 잃어버리고 사람들의 조롱거리가 될 수 있다. 그럴지라도 전통에 충실한 바리새파 배경의 신자는 타협치 않는 신앙의 자세를 강조하면서 이렇게 말할 수가 있다.

> 예수께서 이르시되 내가 진실로 너희에게 이르노니 나와 복음을 위하여 집이나 형제나 자매나 어머니나 아버지나 자식이나 전토를 버린 자는 현세에 있어 집과 형제와 자매와 어머니와 자식과 전토를 백배나 받되 박해를 겸하여 받고 내세에 영생을 받지 못할 자가 없느니라(막 10:29, 30).

주와 복음을 위하여서는 이 말씀대로 박해도 받고 현세의 모든 것을 희생할 수 있어야 한다. 그러나 박해를 받는 이유가, 사실은 주와 복음 때문이 아니라 선교사의 선교하는 방식이 성경적으로, 문화적으로 잘못되었기 때문이라면 문제가 다르다.

이처럼 예루살렘 공의회의 결정으로 초대 교회 때 로마 배경 신자들이 이방(유대) 문화를 필수로 받아들여야 하는 일이 벌어지지는 않았지만, 16세기 이후 서양 선교사들이 활동하기 시작하면서는 실제로 이런 일들이 벌어지기 시작했다. 본서 제2장과 제3장에서 자세히 예증하겠지만 캐리와 죠수아 마쉬만(Joshua Marshman, 1768-1837) 등 세람포르 선교사들은 실제로 마가복음 10장 말씀을 인용해 가면서 인도인 개종자들을 괴롭게 하고 개종을 어렵게 만들었다.

그들은 사도 베드로가 지적한 대로 자신들도 능히 메지 못하던 무거운 멍에를 현지인 개종자들의 목에 두었다. 그 멍에는 서양인의 정체성, 서양인의 문화와 관습의 멍에였다. 유대 배경 신자들은 할례와 제사를 신앙적인 문화로 여겼지만 그리스-로마 배경 신자들의 관점에서는 이방인의 - 그것도 식민지 백성의 - 부정한 문화였을 뿐이다. 게다가 그 관습과 문화를 받아들이는 것은 곧 유대 민족이 되는 것을 의미하는데, 기독교인이 된다고 하여 반드시 그리스-로마의 민족적 정체성을 버리고 유대인이 될 필요는 없어야 하는 것이다. 만일 기독교인이 되기 위해 반드시 유대인이 되어야 한다면 복음의 전파는 유대 민족에게서 멈추고 말았을 것이다.

이런 점에서 예루살렘 공의회의 결정은 땅끝까지 이르러 그리스도를 전파하는 일에 결정적인 사건이며 이후 세계 복음화를 위해 중요한 원리를 제시해 준다. 그것은 모든 기독교인은 민족적 문화적 다양성을 가질 수 있고, 반드시 가져야 한다는 것이다. 다른 말로 하면 어떤 특정 문화, 특정 족속만이 성경 번역이나 예배, 신앙생활에 우월한 지위를 갖고 다른 모든 문화와 족속은 그것을 따라야 하는 것이 아니라는 것이다. 이것은 예수님께서 사도들에게 가서 '모든 족속'으로 제자를 삼으라고 하신 것과, 마지막 때에 모든 신자가 같이 살게 될 새 예루살렘은 '만국(모든 족속들)'이 빛 가운데로 다니게 될 것으로 묘사되는 데서 뒷받침된다(계 21:24).

유대 문화는 그리스-로마 기독교인 문화에 표준으로 작용할 수도 없고 작용되어서도 안 된다. 마찬가지로 서양 문화가 아시아, 아프리카 등 비서구권 지역에 표준으로 작용될 수도 없고 작용되어서도 안 된다. 서양 선교사들이 인도인에게 서양인이 돼라, 서양 문화를 수용해야만 교회의 일원으로 받아들일 수 있다고 말해서는 결코 안 되는 것이다. 그런데, 그렇게 한 것이 서양 선교의 역사였고 윌리암 캐리는 그 일의 전형적인 모델이 되는 사람이었다.

선교사들이 하나님께로 돌아오려는 자들을 괴롭게 했으며 현재도 그렇게 하고 있다는 것은 참으로 믿기 어려운 말이다.

선교사들 중 어느 누가 그런 결과를 의도한 사람이 있을까?

그들 중 어느 누구도 이방인이 하나님께로 돌아오기를 바라지 않는 사람이 없고, 그들이 돌아오기를 일부러 어렵게 만들려는 사람이 없었던 것은 확실하다. 그럼에도 불구하고 이상하게도 현실 세계에서는 유대인 신자 중에 헬라-로마 신자들에게 할례와 모세 율법을 그대로 지키라고 요구하는 자들이 있었으며, 서양 선교사들의 다수는 이방인들에게 서양인의 정체성, 서양인의 문화와 습관을 요구하였다. 인도에서는 개종자들이 선교사가 먹는 소고기와 술을 마시지 않으면 진정한 신앙인, 진정으로 개종한 것으로 보지 않았던 것이다.

오죽했으면 비기독교 인도인들이 기독교를 '가이 카네 다르마'(Gai Khane Dharma, 소를 먹는 종교)라고 했을까?

그런데 문제는 유대인 신자들의 요구는 예루살렘 공의회에서 명확히 거절되었는데, 서양인 선교사들의 요구, 정확히 말하면 서양 방식의 선교에 대한 요구는 오늘날 거절됨이 없고 도리어 그것이 표준인 것처럼 전 세계 선교 현장을 지배하고 있는 것은 역사의 모순이며, 역사를 거꾸로 돌리는 일인 것이다.

인도는 2천 년의 선교 역사를 가진 나라다. 서양 선교사들의 선교만 500년이 넘는 역사를 가지고 있었으며, 그들은 오랜 세월 동안 영국 여왕의 백성으로서 기독교인 왕과 총독의 통치를 받았다. 그런데 13억 인구 중 겨우 2.2%만이 기독교인이며 그것도 사회의 주류 계층이 아니라 불가촉천민과 가난한 자들이 대부분이다. 이것은 힌두권 인도만의 이야기가 아니며 불교권, 이슬람권 선교를 하는 대부분 지역의 일반적 상황이다. 많은 사람이 이 지역의 돌파를 희망하여 여러 가지 시도를 하고 있다.

그러나 진정한 돌파가 이뤄지려면 무엇보다 먼저 예루살렘 공의회의 결정을 역행하는 기존의 서양식 선교 방식을 다시금 되돌려야 한다. 이방인에게 요구되는 괴로움과 장애를 제거하지 않는 한, 그 어떤 위대하고 장엄한 시도도 한계에 부딪칠 것이다. 반면에 이방인에게 부과하고 있는 그 괴로움들을 걷어내기만 하면, 모든 족속이 그리스도께로 돌아오는 일들이 크게 늘어날 것임은 명약관화하다. 1세기에 예수님의 승천 이후 한줌밖에 안 되던 교회가 로마의 국교가 될 정도로 질적 양적으로 놀라운 진보를 이룬 결정적 사건은, 바로 사도행전 15장의 예루살렘 공의회 결정의 영향 때문이란 점을 상기하자.

그러므로 우리는 이제 대세가 되어버린 캐리와 서양 선교 방식을 따라, 예루살렘 공의회의 결정을 계속 역행할 것인가, 아니면 원래 하나님께서 복음의 진보를 위해 섭리 가운데 이루신 이 방침을 따를 것인가 고민해야 한다. 확실한 것은 공의회의 결정대로 이방인을 괴롭게 하는 선교사와 단체는 아무리 많은 재정과 인원을 투자해도 선교가 현재까지처럼 계속 어려울 것으로 예상되며, 반면에 이방인의 멍에를 푸는 선교사와 단체는 장벽을 돌파하는 새 역사를 창조할 것이라는 것이다.

땅끝까지 이르러 모든 족속으로 제자 삼는 이 과업은 예루살렘 공의회의 결정을 따를 것인가 말 것인가, 캐리의 선교 방식을 종식시킬 것인가 말 것인가에 달려 있다고 해도 과언이 아니다.

3. 캐리에 관한 최근의 연구: 신화에서 역사적 캐리의 탐구로

누군가가 평생을 드려 헌신한 사역을 평가한다는 것은 어려운 일이다. 그에 비해서 어떤 사람의 전기를 쓰는 것은 비교적 쉬운 일이다. 그 사람에게서 배울 점, 훌륭한 점을 잘 조명하면서 문학적으로 조금 과장하거나 미화하더라도, 그 사람의 위대한 업적으로 말미암아 독자들이 감동을 받으면 그 목적을 달성한다. 그런데 평가라는 것은 잘

한 점도 지적하지만 잘못한 점도 지적해야 한다. 공(功)을 말할 때에도 정확해야 하지만, 과(過)를 지적할 때에는 더욱더 정확하지 않으면 안 된다.

그러기에 역사적 사실이 중요한데, 문제는 사실이란 것이 기록하는 사람의 입장에 따라 종종 왜곡되어 기록되기 때문에, 실제 일어난 사실이 무엇인지 파악하기가 쉬운 일이 아니라는 것이다. 역사에서 기록을 남기는 사람은 강자 또는 지배자이기 때문에, 우리는 강자와 지배자의 관점에서 역사를 보기가 쉽다. 반면에 약자와 피지배자에 관한 기록은 남아 있는 것이 없거나 매우 제한되기 때문에, 그들의 입장에 대해 알기가 어려우며 역사의 진실을 재구성하기 어렵다.

이런 일들이 선교지에서도 일어난다. 선교 역사는 대부분 선교사의 기록이다. 오늘날 기독교 세계 선교 역사의 기록은 거의 서양 선교사의 기록이기 때문에 우리는 선교사의 입장, 또는 선교사를 파송한 모교회의 입장에서, 그들의 입장을 정당화하고 그들의 업적을 찬양하는 관점의 글들을 대부분 읽게 되고, 그것이 이미 우리에게 상식적 지식, 또는 통념으로 자리잡고 있다.

윌리암 캐리는 선교 역사에 있어서 전설적인 인물이기 때문에 누구보다 많은 신화적인 이야기와 찬미로 넘쳐 나고 있다. 캐리 한 개인에 관해서만 자그마치 50여 종이 넘는 전기가 발간되어 있으며, 캐리 탄생 200주년 기념 논문집이 세람포르대학에서 발간되었는데, 많은 동서양의 학자들이 글을 썼음에도 불구하고 심각한 비판의 글은 찾아보기 어렵고 대부분 찬양 일색이다.

그런데 이것은 캐리 동시대의 분위기와는 너무 다르다. 캐리와 세람포르 선교사들은 그들의 선교 방식에 정당한 의문을 제기하는 많은 비판자들에 둘러싸여 있었다. 캐리를 비판하는 그룹은 매우 다양했다. 동인도회사 총독과 벵골에 거주했던 한 영국인과 남인도에서 오랫동안 선교 사역을 했던 저명한 가톨릭 선교사가 통렬한 비판을 가했기 때문에 캐리와 마쉬만은 자신들을 변호하기 위해 각기 두 권의 책을 써야 했다.[6]

그러나 외부의 비판보다 더 날카로운 비판이 내부로부터 쏟아져 나왔다. 윌리엄 워드, 죠수아 마쉬만의 절친인 크리스토퍼 앤더슨(Christopher Anderson), 캐리와 함께 침례교선교회를 만들었으며 따뜻한 애정으로 선교 총무의 역할을 수행했던 안드류 풀러(Andrew Fuller), 그리고 그의 수많은 후임 침례교 선교사들과 현지인 사역자(앵글로 인디언 선교사 및 순수 현지인 전도자)들과 개종자들은 참으로 날카로우며 매우 적절한 비판을 제기했다. 캐리의 생애에 있었던 그 많은 비판을 고려한다면 오늘날 캐리에 관한 저작물 중 전기 부분은 예외로 치더라도, 학자들의 글에서조차 그런 주제를 다룬 글을 매우 드물게 볼 수 있다는 것은 참으로 놀랍고도 이상한 일이 아닐 수 없다.

그럼에도 불구하고 캐리 선교의 역사적 실체가 무엇이었는지, 선교 방법론적 측면에서 캐리의 선교 방식은 적절했는지 질문하는 연구서들이 최근 반세기 사이에 꾸준히 등장하고 있는 것은 매우 고무적인 일이다.

---

6 Joshua Marshman, *Reply to the Abbe J. A. Dubois's "Letters on the State of Christianity in India"* (Serampore: The Mission Press). *Reply to Missionary Incitement, and Hindoo Demoralization: Including Some Observations on the Political Tendency of the Means Taken to Evangelize Hindoostahn* (Serampore: The Mission House, 1822).

첫째, 캐리에 대한 역사적 연구의 선구자들은 침례교 학자로서 어니스트 페인(Earnest A. Payne, 1902-1980)과 다니엘 포츠(E. Daniel Potts)를 들 수 있다. 페인은 영국침례교연맹의 총무와 대표를 역임한 침례교 역사가로서 침례교 선교 역사에 나타난 여러 인물들과 선교 역사에 대한 연구서를 썼으며,⁷ 포츠 역시 침례교 학자로서 그의 옥스퍼드대학 박사 논문으로 쓴 책에서 1793에서 1837년까지 세람포르에서 이뤄진 선교 역사에 대한 기념비적인 역사 기술을 남겼다.⁸ 이 두 사람의 글은 그들의 침례교 소속 학자임에도 불구하고 팔이 안으로 굽어지지 않고 침례교선교회 문서 보관실에 있는 광범위한 자료를 활용하여 역사적 정확성을 기하려 노력한 점이 인상적이다.⁹

둘째, 전통적인 식민 지배자의 관점이나 외국 선교사의 관점이 아니라 피지배인의 후기 식민주의의 관점, 또는 인도인의 관점에서 캐리의 사역을 비판하는 글들이 등장했다. 일반 인도인들이 서양 선교사들의 활동을 어떻게 보고 있는지는 인도 상원 의원이자, 정보통신기술 장관을 역임한 언론인 출신 아룬 쇼리(Arun Shourie)의 저서 『인도 선교사

---

7   Earnest A. Payne, *The Growth of the World Church*: *The Story of the Modern Missionary Movement*, 1959. *The First Generation Early Leaders of the Baptist Missionary Society in England and India*, 1937.

8   E. Daniel Potts, *British Baptist Missionaries in India 1793-1837*: *The History of Serampore and Its Missions* (Cambridge: Cambridge University Press), 1967.

9   예를 들어 포츠는 윌리엄 캐리가 인도 최초의 개신교 선교사도 아니고, 최초의 침례교 선교사도 아니며, 최초의 영국인 선교사도 아니며, 인도말로 성경을 번역한 최초의 선교사도 아니라는 점을 명확히 밝힌다(E. Potts, *British Missionaries in India 1793-1837*, 4). 캐리가 평생 힘쓴 성경 번역도, 학교 사역도, 그가 처음으로 한 것이 아니며 이미 앞에서 많은 선교사들이 시작한 것이라고 했다. 한마디로 캐리를 근대 선교의 아버지로 말하는 것은 정확하지 않다는 것이다. 그래서 크리스토퍼 스미스는 캐리의 친구 크리스토퍼 앤더슨의 말을 빌려 캐리를 단지 '세람포르 선교의 아버지'라고 말했다.

들』, 『우리 영혼의 추수』 등을 보면 잘 나온다.[10]

특히 후기 식민주의 관점에서 캐리의 사역을 평가한 대표적인 사람은 제이콥 달마라즈(Jacob S. Dharmaraj)를 들 수 있다. 그는 『식민주의와 기독교 선교: 후기 식민주의적 고찰』이라는 책에서 캐리가 잔인한 종교적 관습들로부터 무고한 희생자들을 구원하려는 고귀한 사회적 도덕적 이상을 보여주었음에도 불구하고, 잔인한 노예 노동인 인디고 공장(염색 공장) 경영을 선교 기지 설립의 수단으로 사용한 예들을 제시하면서, 인도에서 유럽인 자신들의 정치적 경제적 억압과 착취적 노예노동에 대해서는 입을 다문 점에 대해서 날카롭게 지적하고 있다.[11]

셋째, 선교 전략 및 방법론적인 측면에서 캐리의 세람포르 선교, 이 한 가지 주제만 가지고 평생을 연구한 미국인 학자가 있다. 그는 크리스토퍼 스미스(A. Christopher Smith)인데 그가 쓴 주요한 글들의 제목은 "에딘버러와의 연결점: 세람포르 선교와 서구의 선교학"(1990), "1790년대, 윌리암 워드의 급진적 개혁과 선교"(1991), "윌리암 캐리의 유산"(1992), "1800-1825년 동안 영국의 세람포르 선교사 모집"(1992), "여러 모델 이야기: 세람포르 삼인방의 선교학적 중요성"(1992), "빅토리아 이전 시대 세람포르 구세대와 신세대 선교사들"(1993), "신화와 선교학: 세람포르 삼인방과 그들의 선교 이해를 위한 하나의 방법론"(1994), "하나님의 섭리와 벵골에서 짙은 감색 선교의 시작"(1996),

---

10 Arun Shourie, *Harvesting Our Souls: Missionaries, Their Design, Their Claims*, 2001. *Missionaries in India: Continuities, Changes, Dilemmas*, 1998.
11 Jacob S. Dharmaraj, *Colonialism and Christian Mission: Postcolonial Reflections* (Delhi: ISPCK, 1993), 53.

"1800-1855년 사이 침례교 세람포르에서 있었던 개신교 종교개혁의 반향"(1997), "윌리암 워드와 죠수아와 한나 마쉬만의 유산"(1999) 등이다. 또한 이 모든 연구를 정리하여 역사적, 선교학적으로 캐리의 선교 연구에 신기원을 이룬 걸작 『세람포르 선교사업』(2006)이란 책을 출간한 바 있다.

스미스는 앞의 두 침례교 역사가들과 같은 입장에서 "전통"의 캐리와 "역사의" 캐리를 구분한다. 그동안 제대로 조사되지 않았던 침례교선교회 자료실의 방대한 자료 조사를 바탕으로 하여 '통념과 전통, 신화'에 갇힌 캐리에게서, 불편하지만 선교의 진정한 발전을 위해 필요한 '진실'을 탐구한다. 그가 발견한 진실의 결론은 선교적인 측면에서 캐리의 선교는 성공이라기보다는 전형적인 실패로 규정지어야 한다는 것이다.[12]

스미스에 의하면 캐리는 비(非) 성육신적인 삶과 사역으로 말미암아 복음의 현지화나 현지인 제자양성을 이루지 못하였으며, 이 때문에 그의 죽음과 함께 선교회가 무너질 수밖에 없었다고 한다. 또한 스미스는 통상 캐리의 업적으로 평가받는 세람포르대학 설립과 수많은 성경 번역 관련 프로젝트, 또 선교회의 제도화가 도리어 시간과 에너지의 낭비를 가져옴으로써 실패를 자초하게 되었다고 분석했다.

성공과 실패란 말은 정의하기가 매우 까다로운 말이다. 보는 입장에서 따라 캐리가 세운 큰 건물과 높은 명성과 성경 번역의 개수를 보고 성공으로 말할 수도 있겠다. 그러나 만일 캐리가 생각했던 성공의 의미

---

12 A. Christopher Smith, *The Serampore Mission Enterprise* (Bangalore; Center for Contemporary Christianity, 2006), 13, 14.

가 현지인을 많이 개종시키는 것과 자립과 자전이 되는 현지 교회를 세우는 것이었다면, 캐리의 선교는 명백히 실패라고 말할 수 있다. 만일 캐리가 당대에는 직접적인 열매를 맺기 어려우니 후대의 열매 맺는 선교를 위한 준비로서 성경을 번역하는 데 의미를 두자고 목표했다면, 그것도 성공했다고 보기는 어려울 것 같다.

캐리가 번역한 성경은 그 많은 개수로 인해 종종 사람을 놀라게 하지만, 캐리의 번역은 대부분 현지인들이 이해하기 어려운 '교회 산스크리트'이어서 캐리 사후에는 사용하지 않는 박물관 보존용 성경 번역이 되고 말았다.[13] 캐리는 세람포르대학을 세운 것에 매우 큰 가치를 두었지만, 이 대학 역시 당시 인도 사회의 대부분을 차지하는 풀뿌리 지역 사람을 섬기는 사역에 적합하지 않았을 뿐만 아니라 교수와 학생, 그리고 대학 유지에 필요한 재정도 모두 구하기 어려워 사람을 잘 길러내지 못했다.[14]

4. 대중적 캐리와 역사의 캐리 사이의 갭이 큰 이유들

이 책의 관심의 초점은 그동안 간과되어 온 인도인들과 인도인들의 문화적 관점에서 볼 때 캐리의 선교 방식이 얼마나 이방인들을 '괴롭게 하며,' 선교를 '어렵게' 만드는 방식인가를 보여주고자 하는 데 있다. 이러한 저자의 주장은 긍정적 평가 일색인 전통적이고 대중적인 윌리

---

13 *Ibid.*, 321.
14 *Ibid.*, 322.

암 캐리에 관한 이해와는 크게 다를 것이다. 그래서 캐리의 선교 방식에 대한 논의를 구체적으로 진행하기 전에, 대중적인 캐리 이해와 실제 역사의 캐리가 왜 그렇게 다른지 혼란의 이유에 대한 설명이 필요한 것으로 보인다. 캐리의 선교에 대한 부정확한 신화들을 낳은 이유는 여러 가지가 있다.

첫째, 결정적인 이유는 현지인의 반응, 현지인의 문화에 대한 무관심과 무지 때문이라고 본다. 선교사들은 이방인의 개종, 교회의 설립이라는 목표를 이루는 데에만 관심이 있었지, 인디고 공장[15]과 같은 잔인한 노예 노동을 선교에 활용하는 것과 동인도 회사와 같은 제국주의 권력에 협력하는 것들을 현지인들이 어떻게 볼 것인지에 대해서는 무관심했다. 캐리가 인디고 공장 감독자 시절에 수백 명의 노동자에게 매일같이 말씀을 전했을지라도 단 한 사람의 개종자도 얻지 못했다.

그러나 그는 카스트 제도와 인도인들의 완고함 탓만 했지 자신이 무엇을 잘못했는지 돌아본 적은 없었다. 캐리를 파송한 영국 교회와 선교회도 마찬가지였다. 그들은 자신들이 파송한 선교사를 통해 일부 인도인이 개종해서 기독교인이 된 것과 그들이 영국 왕의 충성스러운 신민이 된 것으로 기뻐했을 뿐, 남의 나라를 침탈하는 것이 얼마나 많은 현지인들의 마음을 닫게 하고 복음을 영접하지 못하게 될 것인가에 대해

---

15 인디고 공장은 옷을 푸른색으로 물들일 수 있는 인디고라는 식물을 재배하여 이것으로 염색료를 추출하여 만드는 공장이었는데 유럽의 수요가 많아 18세기 말과 20세기 전반에 고가로 팔렸다. 그러나 이는 유럽인에게만 주어진 독점적 사업으로서 여기에 고용된 인도인은 시장가의 2.5%에 불과한 저임금을 받았을 뿐만 아니라, 강제로 인디고 농사를 짓는 과정에서 비싼 고리 대금 융자를 받게 됨으로써 빚과 고된 노예 노동에 지친 현지인의 원성과 불평이 높았다. 동인도 회사의 장려로 가난한 자를 학대하고 착취하는 유럽인의 이러한 악행에 선교사가 참여한 것으로 인해 오늘날 많은 비판을 받고 있다.

서는 생각하지 않았다. 세람포르 선교사들은 안타깝게도, 전능하신 하나님이 불쌍한 인도인을 가르치고 구원하라고 영국 백성들에게 인도를 통치하는 특별한 사명을 주셨다고 믿었다.[16]

캐리는 영어와 영국식 교육을 강조한 알렉산더 더프(Alexander Duff) 선교사와는 대조적으로 인도어와 인도 문화의 가치를 진작시킨 사람으로 알려져 있다. 캐리는 힌두의 경전을 벵골어로 번역을 하고 벵골어 사전을 편찬했으며 윌리엄 워드는 힌두교 연구서까지 펴낸 사람이었기 때문이다.

그러나 사실 그는 인도인들이 소중히 여기는 신앙과 문화에 대한 존중의 태도나 공감을 거의 가지고 있지 않았다. 캐리는 힌두의 경전 번역을 했기 때문에 힌두들이 중요하게 여기는 정결 의식과 삶의 방식을 모를 수가 없었다. 그런데도 그들은 인도인들이 목숨처럼 소중히 여기는 정결 규정과 카스트 제도를 파괴시키는 것을 선교의 주요 목표, 아니면 적어도 개종 사역을 위한 필수적인 과정으로 삼았다. 카스트 제도는 논의할 것이 많아 뒤에 자세히 다룰 것이기 때문에 여기서는 다루지 않겠다.

그러나 카스트 규정 중 한 가지, 예를 들어 고기를 피하고 채식을 하는 인도의 관습이 복음을 영접하는 데 어떤 방해가 된다는 말인가?

세람포르 선교사들은 고기와 술 먹는 것을 고집했는데, 이것이 인도 문화에서는 매우 부정한 음식이었다. 다른 여러 가지 문제와 함께 이러

---

16   C. Smith, 167. 세람포르 선교사들은 영국의 인도 식민 지배를 '거룩한 신탁통치'로 보았다 (W. Carey, 1823, 88, 89).

한 음식 문제로 인하여 현지인들은 세람포르 선교사들과 기독교인들을 '파랑기'(Parangui)라고 불렀다.[17] 이는 '부정, 혐오, 수치, 타락'을 상징하는 말이다. 이런 음식을 먹으면서는 인도인과 친구도 될 수 없고 인도인들의 마음을 얻을 수 없는 것을 잘 알고 있었음에도 불구하고, 그들은 개의치 않았다.

알고 있었음에도 불구하고 상대방의 문화와 정서를 무시하고 자기 방식을 강행해 나가는 것은 정말 고압적인 선교가 아닌가?

그런 사람이 전하는 복음을 누가 받을 수 있겠는가?

인도인의 문화를 모르면 캐리의 선교는 화려한 업적과 찬사로 넘쳐날 수 있지만, 인도인의 관점을 알면 캐리의 선교는 선교라는 이름도 붙이기가 주저될 정도이다.

둘째, 캐리의 사역이 화려한 조명은 가득해 보이고 그것의 그늘이 잘 보이지 않는 것은, 사람들이 자신들이 보고 싶어 하는 이상적인 선교 방식들을 캐리의 선교에다가 집어넣어 살을 붙여 놓았기 때문이다. 예를 들면 1961년, 져스티스 앤더슨(Justice Anderson)은 캐리 탄생 2백주년에 바치는 찬사적 논문에서, "캐리는『탐구』에서 기독교를 현지화 할 필요에 대해 예상했다. 그는 힌두들에게 영국식 기독교를 강요하는 것을 피하고자 했다"[18]고 말한 바 있다.

캐리가 200년 전에 오늘날 상황화라는 말로 일반적으로 표현하는 기

---

17 '파랑기'란 술과 고기를 먹으며 타락한 생활을 일삼는 유럽사람을 가리키는 말인데, 정상적인 인도인 가운데 자신의 공동체에서 가장 터부시하는 파랑기 공동체(교회)에 가입할 사람은 아무도 없었다.
18 Justice Anderson, "William Carey: A Bicentennial Tribute," *Southwestern Journal of Theology*, 42.

독교의 '현지화'를 시도했다는 것이다. 게다가 준 식민지 시대 사람이면서 그 시대 영국 사람이라면 누구나 갖기 쉬운 우월감에서 벗어나 세람포르 선교에서 영국적인 영향을 제거하려고 노력했다고 평가했다.

만일 캐리가 그렇게 했다면 이는 얼마나 멋지고 위대한 일인가!

캐리는 정말 21세기에도 찬사를 받기에 부족할 것 없는 '근대 선교의 아버지'라 불릴 것이다!

그러나 캐리의 저작 『탐구』를 아무리 읽어봐도 적어도 이 글에서는 이와 유사한 내용이라고는 전혀 언급된 바가 없다. 관계가 없는 자료임에도 불구하고 나름대로 확대 해석해서 자기가 보고 싶은 것만을 보고 말하고 싶은 것을 말하는 전형적인 오류이다. 이런 식의 오류는 캐리를 찬미하는 사람도 그럴 수 있지만, 비판하는 사람도 역으로 그런 오류에 빠지기 쉽다.

그래서 이것을 방지하고 가능하면 독자들이 정확하게 파악할 수 있도록, 이 책에서는 될 수 있는 대로 세람포르 선교 당사자들이 직접 한 말을 있는 그대로 인용하는 부분을 많이 집어넣었다. 캐리와 동시대 사람들이 말하는 것과 필자가 말하는 것을 정확히 구분하기 위해서이다.

셋째, 캐리의 선교에 대한 오해와 혼란을 낳는 주요한 이유는 캐리와 그의 동료들이 문서를 통해 말한 것과 실제로 그들이 행한 것 사이에 큰 차이가 있기 때문이다. 캐리와 그 동료들은 1805년 세람포르에서 팀 선교를 시작하면서 앞으로 자신들이 무슨 일을 어떻게 할 것인지 '약속문'이라는 형태로 선교의 청사진을 제시한 바 있다. 그 내용 중에는 일부 눈살을 찌푸리게 하는 제국주의적 요소도 있지만 대부분의 내용은 오늘날 선교사들에게도 모범이 될 만한 참으로 좋은 내용이다.

그런데 문제는 이후 실제적인 선교 사역에서 캐리는, 자신이 제시한 주요한 선교의 원리들을 지키지 않았을 뿐만 아니라 도리어 거꾸로 행하기도 했다. 1년에 3번씩 선교 기지마다 약속문을 낭독함으로 자기들이 약속한 원리대로 행하자고 결의했지만 잠깐 부분적으로 실행했을 뿐 1년도 안 되어 실용성이 없다는 이유로 폐기처분하고 만다.[19] 캐리가 말한 실용성 여부와 폐기 처분의 정당성 문제, 그리고 여기에 나타난 세람포르 선교사들의 문제는 뒤에서 논의하겠지만, 여기서는 청사진으로만 끝나버린 캐리의 선교 방향과 그 뒤에 나타난 행동까지 봐야 캐리 선교의 정확한 실상을 파악할 수 있다는 점을 강조하고자 한다.

넷째, 캐리 선교에 대한 평가에 혼란을 주는 이유는 그가 34년간 선교했던 1800년 이후의 사역은 잘 조사 연구되지 않는 반면, 초기 7년에 해당되는 1800년 이전 오지 개척자로서의 이미지가 주로 널리 알려지고 있기 때문이다. 1800년 이전의 캐리는 척박한 내륙 오지에서 악조건을 무릅쓰고 생존과 사역을 위해 영웅적인 투쟁을 하던 시기였다. 이 시기의 캐리는 자신이 이상적이라고 생각하던 선교의 원리에 비교적 충실하게 사역하던 시기로서 열매가 전혀 없던 것 한 가지만 빼고서는 사역을 잘하고 있었다.

그런데 1800년 이후 세람포르에 정착한 이후로는 캐리는 스미스가 말한 대로 오지에서 현지인과 함께 하는 사역이 아니라 대도시의 편리한 여건에서 식민지 고급관료이자, "기독교 주교"의 위치에서 현지인과

---

19   캐리와 죠수아 마쉬만의 아들 존 마쉬만(John C. Marshman)이 본국의 침례교선교회에 1827년 11월 15일 날짜로 보낸 편지 참조.

동떨어진 삶을 영위하면서, 대부분 책상 앞에 앉아서 하는 사역만을 수행했다.[20] 캐리는 선교사 생활의 대부분을 당시로서는 최고급의 큰 저택에서 수십 명의 인도인 하인들의 섬김을 받으며, 식민지 관료로서 총독이 베푸는 만찬에 자주 초대되어 최고급의 음식을 즐기며 살았다. 선교사로 간 지 얼마 안 되어 캐리와 동료 죠수아 마쉬만(Joshua Marshman)은 미국 대학에서 명예박사를 받아 박사로 불리웠으며, 가난한 구두 수선공 출신 캐리는 덴마크 귀족 부인과 결혼까지 하게 되었다. 그는 번역과 강의를 한다는 이유로 대도시에서 비교적 편하게 살았으며 오지를 개척하는 힘든 일은 모두 후배 선교사들과 인도인 사역자들의 몫이었다.

뿐만 아니라 그는 선교사 생활의 대부분 동안 거의 전도를 안 했으며, 당연히 그를 통한 개종자는 전혀 없었다. 그러기에 선교사 존 맥(John Mack)은 캐리의 장례식 설교에서 그에 대해 말하기를 "캐리의 설교에 의해 직접적으로 개종한 단 한 사람의 인도인이 있다고 들어본 적이 없으며, 지난 12년간 내가 알기로 이교도에게 단 한 번도 복음을 전한 적이 없었다"고 말한 바 있다.[21]

1800년 이전과 이후의 캐리의 모습은 얼마나 많이 다른가!

캐리의 사역에 잠시 오지의 개척자로서 고생하는 모습도 있었지만 대부분의 생애는 현장과 사람을 떠나 유럽식의 안락한 환경 속에서 살

---

20   C. Smith, *The Serampore Mission Enterprise*, 7.
21   Bruce J. Nicholls, "Theology of William Carey," Daniel J.T.K., Hedlund, R.E. *Carey's Obligation and India's Renaissance* (Serampore: Council of Serampore College, 1993), 118.

았다.

물론 오늘날의 평신도 전문인 선교사 중에서 좋은 직장을 가지고 캐리와 같거나 더 좋은 환경에서 일하는 사람들도 있다. 그리고 성경 번역 선교사로 부름을 받아 책상에서 성경만 번역할 수도 있는 것이다. 그런데 여기서 캐리를 문제 삼는 것은, 실제로 본인은 직접 전도함이 없이 돈을 벌어 현지인 사역자를 고용하고 후원하는 일이 대부분이었는데도 불구하고, 그가 오지의 개척 선교사, 전도와 선교의 모델로 알려져 있다는 것이다.

여기에다가 후임 선교사와의 갈등과 분리 문제, 재산권과 주도권 문제로 자신을 파송한 선교 단체와 단절한 사건, 그리고 지나치게 많은 프로젝트와 건축 역사로 인한 후원금 마련과 빚 문제 등이 1800년 이후 캐리 사역의 대부분이었던 것을 알게 된다면, 캐리 이해에 어느 정도 형평성을 가질 수 있을 것이다.

5. 스미스의 한계와 이 책의 서술 방향

앞에서 언급한 크리스토퍼 스미스는 캐리 연구의 새 장을 연 매우 중요한 사람이다. 그는 신화에 가리워져 있었던 실체적인 사실들을 드러나게 하였고, 캐리 선교의 진실에 눈을 뜨게 하였으며, 이를 근거로 새로운 선교학적 평가를 시도하였다. 스미스의 이러한 시도는 이전 시대보다 선교 현장의 문제를 좀 더 선명하게 보게 했으며, 그 문제를 해결할 수 있는 초석을 깔았다고 평가할 수 있겠다.

그럼에도 불구하고 그의 연구는 다음 두 가지 점에서 한계를 보인다.

첫째, 그가 선교학적 평가의 잣대로 사용하는 것들이 너무 현대적 개념이어서 200년 전에 사역을 했던 캐리에게 불공정하게 보일 수 있다는 것이다. 물론 스미스가 가치를 두고 있는 '성육신 선교,' '동일시,' '상황화'와 같은 개념의 중요성에는 필자도 전적으로 동의하지만, 만일 이런 평가 기준을 가지고 200년 전 캐리를 비판한다면 그 시대에는 그런 개념을 '몰랐기 때문에' 전통적 방식으로 사역할 수밖에 없었다는 핑계를 댈 수 있을 것이다. 캐리가 최신의 언어학, 커뮤니케이션 방법론을 '몰랐기 때문에' 캐리 성경 번역의 질에 대해 논하는 것은 적절치 않다는 것이다.

그렇다면 캐리의 사역의 성공은 캐리의 혜안과 재능으로 설명되지만, 캐리의 실패는 '몰라서'라는 이유로 다 합리화할 수 있다. 그러나 필자는 세람포르대학 도서관에 저장된 많은 자료를 읽으면서, 캐리가 실행한 선교 방식은 캐리가 결코 '몰라서 한 것이 아니라' 상당 부분 '알면서'(또는 알았음에도 불구하고) – 물론 우리 시대만큼 '정확히, 충분히'라고는 말 안하겠지만 – 다른 선택을 한 것을 발견했다.

그러므로 이 책에서 필자는 캐리의 선교 방식에 대해 스미스가 말한 것과 동일한 관심은 갖되 현대적 용어와 개념의 잣대로서가 아니라, 자료가 허락하는 한 가급적 캐리와 세람포르 선교사들 스스로가 이상적인 선교의 방법으로 제시한 원칙들과 동시대 인물들의 비평을 근거로 평가하고자 한다. 200년 후의 사람이 200년 후의 기준으로 200년 전의 일들에 대해 무슨 말을 하든지 그것은 자유이며, 캐리에게는 아무런 책임도, 영향 받을 일도 없다. 그러나 200년 전 캐리와 동시대 사람들이 했던 말, 그래서 캐리가 들어서 알고 있었던 그 개념, 그 요청, 그 비판에 대해서는 캐리도 결코 자유로울 수가 없다.

캐리는 몰라서 안 한 것이 아니라, 알고서 자기 나름의 선택을 한 것이다. 이것이 진실에 가까운 것이고, 캐리의 그러한 선택이 우리의 흥미를 불러일으키게 한다. 왜냐하면 오늘날 우리도 반드시 몰라서가 아니라 알면서 다른 선택을 하기 때문이며, 거기에는 그럴 만한 이유가 있다. 이 '그럴 만한' 이유들은 아마도 궁핍과 고난을 싫어하고 안락함과 부요함을 구하는 마음, 남의 것을 경시하고 자신의 것을 좋게 여기는 인간의 본성과 같은 것일 것이다. 그래서 캐리에 대한 탐구는 우리 자신에 대한 탐구이며, 아름다운 어구로 단장한 모습이 아닌 우리의 민낯을 직면하는 시간이 될 수 있다. 불편하고 가슴 아프지만 이것을 정면으로 직시하는 것이 오늘날 선교의 막힌 실타래를 푸는 단초가 될 수 있겠다.

둘째, 스미스의 연구는 캐리의 선교 방식의 실패를 방법론적으로 전략적으로 잘 보여주지만, 왜 반드시 캐리 방식으로는 안 되고 새로운 방식으로의 전환이 필요한지에 대한 설명이 많이 미흡해 보인다. 그 이유는 캐리의 방식에 대한 현지인(여기서는 인도인)의 반응과 피드백, 현지(인도) 문화의 관점을 충분히 다루지 않았기 때문이다. 앞에서 예루살렘 공의회를 이야기하며 캐리 방식을 반드시 제거해야 함을 역설했지만 왜 그래야 하는가를 말할 때 공의회의 결정이나, 예수님의 성육신 모델에 대한 설명만으로는 부족하다. 그와 함께 반드시 필요한 것이 현지인의 반응, 현지인의 관점, 현지인의 문화이다.

복음이 좋고, 탁월한데 왜 인도와 태국과 인도네시아와 세계가 그것을 거부하는 것일까?

왜 그것이 거부감을 일으키는지, 어떤 점에서 혐오감을 일으키는지를 알면 그것을 제거할 수 있고 좀 더 적극적인 반응을 가져올 수 있는 것이다. 복음은 성령님이 역사하심으로써 믿게 되고 변화를 가져오는 것이지만, 복음을 전달하는 사람과 교회들이 현지인으로 하여금 하나님께로 돌아오는 것을 지속적으로 괴롭게, 어렵게 만든다면 그 복음을 받아들일 사람이 극소수로 줄어들게 될 것이다.

스미스는 캐리에 대한 연구를 전문으로 했지만 캐리의 선교의 대상이었던 인도인과 그들의 신앙과 문화에 대해서는 매우 제한적으로만 다루었기 때문에 일반적인 설명에 그칠 수밖에 없었다. 이에 비해 본서는 인도인의 반응, 인도 문화의 관점을 지속적으로 제시하면서 캐리의 선교 방식을 평가하고자 한다.

The End of Western Methods of Mission

제2장

캐리의 선교에 대한 동시대인의 반응

　이 섹션에서는 캐리에게 영향을 준 선교 모델은 무엇이었는지, 그리고 이에 기초하여 실제로 캐리가 실행에 옮긴 사역의 내용은 무엇이었는지를 살펴본 후, 이러한 캐리의 선교에 대한 동시대 사람들의 반응과 평가를 기술하고자 한다.

　이 섹션을 쓰는 목적은 캐리의 선교에 대해 비판적인 스미스의 목소리나 캐리 방식의 종식을 주장하는 21세기 필자의 목소리가 아니라, 캐리와 같이 세람포르 선교를 세워나갔던 가까운 동료 선교사들, 본국의 총무와 친구들, 그리고 그의 사역을 지켜보던 동인도 회사 사람들과 이웃 사람들, 무엇보다도 현지인 사역자들과 개종자들이 18세기말과 19세기 초에 냈던 목소리를 직접 들어보도록 하기 위함이다. 그들은 모두 대단한 선교적 통찰력이나 타문화권 선교의 엄청난 전문 지식을 가진 사람들이 아니었다. 단지 상식적, 합리적 수준에서 캐리가 채택한 방식으로 하면 이방인들이 얼마나 괴로울 것인지에 대해 여러 가지 방법으로 주의와 경고를 주고 있을 뿐이다.

캐리가 인도 땅에서 세워 나가는 하나님 나라를 사랑하는 여러 사람들의 말에 귀를 기울였더라면 참 좋았을 것이다. 선교 역사가 달라졌을 것이다. 인도에서만이 아니라 세계 선교 역사의 흐름이 바뀌었을는지 모른다. 그런 일이 일어나지 않아 안타깝기는 하지만 여러 가지 적절한 조언들을 해준 많은 유럽인들과 인도인으로 인해 감사하는 마음이다. 그들의 조언은 그 당시뿐 아니라 지금 시대에도 여전히 주의 깊게 들어볼 만한 가치가 있다.

1. 캐리의 선교 모델

캐리의 선교는 혼자만의 생각으로 이뤄진 것이 아니라 앞선 선교사들로부터 영감을 받은 것이다. 캐리가 선교사로 떠나기 전 1792년에 쓴 글, "이교도 개종을 위한 수단을 사용해야 할 기독교인의 의무에 대한 탐구"를 보면 북미의 인디언을 위한 선교사 데이빗 브레이너드(David Brainerd)와 존 엘리어트(John Eliot), 그리고 모라비안 선교사들의 영향이 적지 않았던 것을 알 수 있다.

그들에게서뿐만이 아니라 캐리는 인도에 온 후 남인도에서 성공적인 사역을 하고 있었던 트랑크바 선교회의 독일 선교사 크리스챤 슈바르쯔(Christian Schwarz)에게서도 벤치마킹을 했다. 그리고 최종적으로는 세람포르 선교를 주도한 삼인방 선교사 – 윌리엄 캐리, 죠수아 마쉬만(Joshua Marshman), 윌리엄 워드(William Ward) – 중 하나였던 워드가 작성한 약속문(1805)의 내용을 받아들여 세람포르 선교의 청사진으로 확정했다. 물론 이 내용은 후에 마쉬만에 의해 작성된 『전 아시아 개척 계획』(1806), 그리고 『이교도에게 기독교를 더욱 효과적으로 전하기 위한 생각들』(1827)에서 더 구체화되고 궁극적 사역 방법론으로 정리된다. 크게 보면 1805년까지는 대체로 앞으로 할 이상적 계획안이라고 말할 수 있는 반면에, 1806년부터 나온 책들은 현재 진행 중인 사역을 정리, 확대, 보충하여 기술하는 것이라고 볼 수 있다.

1) 존 엘리어트, 데이빗 브레이너드

캐리의 『탐구』에는 '인도인의 사도'로 불리던 존 엘리어트(John Elliot, 1604-1690)와 데이빗 브레이너드(David Brainerd, 1718-1747)의 이름이 각기 5번씩 언급된다. 세람포르 선교사들이 선교 방법론으로 사용하기로 합의한 1805년의 약속문에는 브레이너드의 이름이 한 번 나오고, 윌리엄 캐리의 일기에도 역시 브레이너드의 이름이 나온다.[1] 길지 않은 글에 이렇게 많이 언급되어 나오는 것은 당시 근대 선교의 여명기에 타문화권 선교의 선례가 적었을 뿐만 아니라, 이들이 백인에 대해 적대적이며 척박한 환경 속에서 영웅적 개척 선교를 한 것이 캐리의 선교를 디자인하는 데 적지 않은 참고가 된 것으로 보인다.

앞에 언급된 글에서 엘리어트와 브레이너드의 이름이 언급된 맥락을

---

1 Carey's Diary Dated 19 April, 1794, Quoted from Eustace Carey, *Memoir of William Carey* (Boston: Gould, Kendall and Lincoln, 1836), 114.

구체적으로 살펴보면 캐리에게 끼친 그들의 영향이 구체적으로 무엇이 있는지 알 수 있다. 먼저 『탐구』에서 캐리는 브레이너드가 "기도에 힘입어 놀라운 개종과 큰 성공을 거둔 사람"이라고 간단히 소개했다. 엘리어트의 경우는 "아메리카 인디언들에게 전도하여 여러 교회를 세우는 등 큰 성공을 거두었다"고 평가했으며, "인디언 전도자와 학교 교사를 양성했음"을 특별히 언급했다.[2]

실제로 엘리어트의 사역에 있어서 대부분의 전도는 그가 개인적으로 훈련시킨 인디언 전도자들에 의해 이뤄진 것이며, 그는 어린이와 어른을 위한 학교를 세웠다.[3] 뿐만 아니라 1663년에는 인디언 언어 중 하나인 알공키어로 신구약 성경을 번역하기도 했다. 인도인 사역자 양성과 학교 사역은 성경 번역과 함께 캐리의 핵심 사역이었는데 엘리어트는 이 점에서 분명히 그의 모델이 된 것으로 보인다.

이교도 개종의 실제 문제를 다룬 『탐구』의 제4부에서는 엘리어트와 브레이너드 모두 비문명화된 세계의 '야만적인' 인디언들 가운데 숱한 어려움이 있었음에도 불구하고 현지인들이 좋은 반응을 보임으로 좋은 결과를 얻을 수 있었다고 말했다. 그런데 이 부분에서 캐리는 성공의 원인을 분석하는 중요한 코멘트를 한다.

> 이후 시대에 나올 또 다른 엘리어트나 브레이너드에게 반대할 이유가 없다.

---

2 W. Carey, *An Enquiry into the Obligations of Christians, to Use Means for the Conversion of the Heathens* (Leicester: Ann Ireland, 1792), 36.

3 Sidney H. Rooy, "John Elliot," Gerald H. Anderson ed., *Biographical Dictionary of Christian Missions* (New York: Macmillan Reference USA, 1998), 197. O. Elizabeth Winslow, *John Elliot, Apostle to the Indians* (Boston: Houghton Mifflin, 1968).

그들은 앞으로 전진했고, 동일한 모든 어려움을 만났으며, (현지인들이) 복음을 진실하게 영접함으로 행복한 결과를 낳게 되었음을 알게 되었다. 이는 유럽인과의 가장 오랜 교제, 그것이 아니고서는 결코 성취할 수 없었다.[4]

당시 아메리카에 거주하던 백인들은 인디언들의 야만적으로 보이는 생활 모습과 그들 거주지의 위험성 때문에 그들과의 접촉을 기피했다. 그런데 엘리어트와 브레이너드는 그들과 오랜 시간을 같이 보내며, 심지어 브레이너드는 질병 중에도 그들을 떠나지 않았으며, 그들을 말씀과 사랑으로 섬기는 데 모든 것을 바쳤다. 이렇게 야만인과 '함께 거함'(원문에서는 '오래 교제함')이 행복한 결과를 가져왔다는 것이다.[5] 이렇게 현지인들과 '함께 거하기'의 중요성이 1805년의 세람포르 선교 청사진에서도 동일하게 강조되는 것을 볼 때, 캐리는 엘리어트와 브레이너드가 캐리에게 중요한 모델로 작용된 것을 알 수 있다.

제4부에서 엘리어트와 브레이너드의 이름이 세 번째로 거론되는 곳은 캐리가 복음과 함께 비유럽 세계에 문명 전파의 필요성을 역설하는

---

4 Carey, *Enquiry*, 69.
5 변창욱이 캐리의 『탐구』를 『이교도 선교 방법론』(서울: 미션아카데미, 2008)이란 제목으로 번역을 했는데, 그 책의 88페이지에는 "이러한 결과는 야만인들이 아무리 오랫동안 유럽인과 교제하여도 복음 없이는 결코 얻을 수 없는 행복이라는 것을 깨달았다"고 번역했는데, 이는 적절한 번역이 아니다. 이 글의 맥락은 복음이 주는 행복을 말하고자 함이 아니다. 현지인의 야만성 때문에 선교가 어렵다고 보는 사람들에 대해서, 어렵지만 그들과 함께 하는 삶을 통해 장벽을 뚫고 선교에 성공한 여러 사람들의 예를 들고자 하는 맥락에서 나온 것이기 때문에 "유럽인과의 오랜 교제, 이것이 없이는 결코 성취할 수 없었던 행복한 결과를 낳았다"고 번역해야 뜻이 통한다. 이 부분을 원문 그대로 옮기면 다음과 같다. "They(Elliot, Brainerd) went forth, and encountered every difficulty of the kind, and found that a cordial reception of the gospel produced those happy effects which the longest intercourse, with Europeans, without it could never accomplish."

가운데 나타난다.

> 그들은 복음도 없고, 정부도 없고, 법률도 없으며, 예술과 과학도 없다. 이런 그들에게 우리 인간이 가진 정신, 기독교의 정신이 무엇인지 소개하기 위해 우리는 얼마나 애를 쏟고 있는가?
> 복음을 전파하는 것이 그들에게 문명을 전해주는 가장 효과적인 수단이 되지 않겠는가?
> 아메리카 인디언 중에서 사역했던 사람 중에 앞에서 언급한 엘리어트, 브레이너드, 그리고 또 다른 사람들이 기울인 노력들 가운데 어느 정도 그 효과가 나타나는 것으로 우리는 알고 있다. 그리고 세상의 다른 한 구석에서도 그와 유사한 시도가 이루어진다면, 지금은 거의 사람같이 보이지 않는 그 야만인들 가운데에서도 유능한 목사들이나 진리를 변증하는 훌륭한 신학자들이 나타날 것을 기대할 수 있지 않겠는가?[6]

캐리는 복음이 없을 뿐 아니라, 정부 법률 예술 과학 곧, 문명이 없는 이교도들에 대해 매우 불쌍히 여기고 있었다. 그들에게는 복음의 빛도 비춰야 하겠지만 문명의 빛을 비추는 것 역시 시급하기 때문에 여기에 많은 노력을 쏟아야 한다고 보고 있었다. 그런데 이 문명 전파에 가장 효과적인 수단이 바로 복음이라는 것이다. 그리고 복음을 전파함으로써 문명 전파의 효과를 본 예로 엘리어트와 브레이너드를 제시하고 있다.

---

6   Carey, *Enquiry*, 70.

캐리가 예를 든 것과 같이 브레이너드는 아메리카 인디언들 가운데 문명화의 수단으로 기독교를 전하기에 힘쓴 문명 전도사였다. 스미스에 의하면 브레이너드는 인디언들의 사고 가운데 가치 있는 아무것도 없다고 보았기에 그들의 문화를 앵글로 색슨의 문화에 대체, 통합시키기에 애를 썼다.[7] 엘리어트의 학교 사역과 인디언의 정착을 돕는 사역도 결국 문명의 빛을 비추임으로써 (앵글로 색슨) 백인 문화에 통합시키려는 시도였던 것이다. 캐리의 비유럽사회에 대한 문명인으로서의 책임감은 반드시 엘리어트나 브레이너드에게로부터만 배웠을 것 같지는 않다. 그것은 그 시대 대부분의 유럽 사람이 가졌던 시대정신 같은 것이었다.

유럽은 15세기 말, 아프리카의 희망봉(1488년), 아메리카 신대륙(1492년), 그리고 인도(1498년) 발견 이후 16세기 초부터 동인도 회사를 앞세워 앞다투어 해외 식민지를 개척했다. 캐리는 엘리어트, 브레이너드보다 30–60년 이후의 세대이기 때문에 앞 세대의 사람은 보지 못했던 영국의 인도 식민지 통치까지 경험을 했다. 그러므로 캐리의 유럽 문화에 대한 자부심과 야만 세계로의 문명 전파에 대한 사명감은 엘리어트와 브레이너드 시대보다 더욱더 컸을 것이다. 그리고 이러한 의식이 그의 인도인들과 그들의 문화에 대한 태도, 그리고 기독교 메시지와 성경 번역, 사역 방식의 구석구석에 배어들게 되었다.

캐리가 복음뿐 아니라 문명까지 전해주고자 하는 것은 분명 좋은 의도였을 것이다. 그러나 이교도들에게는 '문화, 문명'이 없으며, 그들이

---

7   Smith, *The Serampore Mission Enterprise*, 186.

'사람처럼 보이지 않는'('사람 같지 않은') 사람이라는 말은 그의 서구 문화 우월주의를 잘 보여준다. 이러한 문화 우월주의는 캐리로 하여금 인도인의 문화와 사회적 상황을 고려하는 것을 어렵게 만들었고, 그들이 신뢰감을 갖고 편안한 마음으로 복음을 받아들일 수 있도록 하는 일에 거의 아무런 노력을 기울이지 않게 하였다.

후에 상세히 다루겠지만 이러한 문화 우월주의는 선교사들의 인도 문화 무시와 파괴적 선교를 낳았고, 인도의 기독교를 서구화, 외국화, 이질화시킴으로써 인도인들로 하여금 하나님께로 돌아오는 것을 매우 어렵게 만드는 데 큰 영향을 끼치게 된다. 유럽인의 자부심과 달리, "인도에는 문명이 없으며, 인도인은 사람같이 보이지 않는다"는 말을 받아들일 인도 사람은 아무도 없었다. 그러므로 캐리의 선교는 시작부터 실패를 예고하고 있었다.

다음으로 엘리어트와 브레이너드의 이름이 언급된 곳은 선교지에서 이교도들에게 죽임을 당할 수 있는 위험성에 대해 캐리의 입장을 밝히는 부분이다.

> 결국 이미 살펴본 바와 같이 야만인들이 방문자들에게 가했던 잔인한 행동들의 대부분은 그들에게 정말로 뭔가 위해를 가하고자 하는 의도에서 비롯된 것인지에 대해 나는 큰 의문을 가지고 있다. 좀 더 적절하게 말하자면 그것은 야만인들의 난폭한 기질의 증거라기보다는 자기를 방어하는 행동이었다고 본다. 만일 외국 선원들의 무분별한 행동이 단순한 야만인들을 자극하고 분노케 만들었다면 그들이 분개심을 갖는 것은 이상한 일이 아니다. 그러나 엘리어트, 브레이너드 그리고 모라비안 선교사들은 야만인들로부터 거

의 아무런 해도 받지 않았다. 아니, 전반적으로 볼 때 야만인들은 기꺼이 말씀을 듣고자 하는 태도를 보여주었다. 그리고 종종 그들이 보여준 기독교에 대한 적대감의 표현은, 사실은 말로만 기독교인이라고 하는 이들이 저지르는 악행 때문이었다.[8]

위의 인용문에서 다른 유럽인들에 대한 태도와는 대조적으로, 이교도들이 엘리어트와 브레이너드에게는 위해와 적대감을 노출하지 않고 그들이 가르친 말씀을 순순히 받아들였던 이유가 무엇이었는지, 캐리의 분석에 주목할 필요가 있다. 그에 의하면 이교도들(현지인들)이 유럽인들에게 적의감을 표현하고, 난폭한 행동을 한 것은 그들의 본성적 기질 때문이 아니라, 유럽인의 무분별한 행동, 그리고 이교도들을 자극하고 분노케 만드는 나쁜 행위 때문이라는 것이다.

그러나 아무리 야만적으로 보이는 이교도라고 해도 엘리어트와 브레이너드처럼 한다면 그들로부터 호의적인 반응을 이끌어낼 수 있으며 말씀도 듣게 할 수 있다는 것이다. 이런 면에서 보면 엘리어트와 브레이너드는 적대적이고 야만적인 이교도들을 대상으로 어떻게 복음사역을 섬길 것인가에 대한 최상의 모델로서 이미 캐리의 마음에 자리 잡고 있다고 볼 수 있다.

그런데 캐리는 『탐구』에서의 지적과는 달리 막상 본인이 인도에 와서는 인도인들이 사랑과 공경으로 섬기는 신들과 그들의 삶의 근간인 전통적 관습과 사회 공동체를 '자극하고 분노케 하는 무분별한 행동'을

---

8 Carey, *Enquiry*, 71.

했다. 이런 이유로 인도인이 강하게 반발하고 적의감을 표출했을 때, 캐리는 이전처럼 유럽인인 '자신'의 '무분별한, 악한 행동'에서 그 원인을 찾지 않고, 이교도의 '기질과 사악함, 미신과 부패한 인도의 제도'에서 찾았다. 자신이 당사자가 아닐 때에는 자기반성이 있었는데, 정작 자신의 문제로 만났을 때에는 현지인에게 그 책임을 돌린 것이다.

어쨌든 여기서 중요한 것은 캐리가, 현지인으로부터 '적의감'과 '난폭한 행동'과 같은 나쁜 반응이 나오는 것은, 그들의 문제가 아니라 상대방을 '자극하고 화나게 하는' 유럽인의 '나쁜 행동' 때문임을 자신의 입으로 명확히 이야기했다는 것이다. 적어도 뭐가 잘못되었는지, 어떻게 하면 되는지에 대해 캐리는 알고 있었던 것이다. 그것을 자기에게 적용하지 않았을 뿐….

2) 모라비안 선교사

모라비안 형제회 또는 모라비안 선교사들에 대한 언급은 캐리의 『탐구』에 3번, 워드의 『약속문』에 1번, 그리고 캐리가 쓴 편지 중에 2번 나온다. 그들이 언급된 문맥을 보면, 캐리가 모라비안 선교사들을 자신들의 중요한 선교모델로 삼았던 것으로 보인다. 심지어 세람포르 삼인방 중에 선교 청사진을 만드는 데 중요한 결정적 역할을 했던 윌리엄 워드는 1799년 5월의 일기에서 이렇게 말한 바 있다.

"모라비안 선교사들이 나에게 한 선한 일에 대해 감사한 마음이다. 내가 조금이라도 가치 있는 선교사가 되었다면, 그것은 그들 덕분

이다."⁹

모라비안들의 선교가 어떤 점에서 캐리에게 모델이 되었는지 먼저 『탐구』에 나오는 내용을 살펴보자.

> 자연 환경 때문에 선교할 수 없었다고 말하는 것은 심히 어려운 여건 속에서 선교사역을 수행했던 사례가 존재하는 한 결코 변명이 되지 못한다.
>
> 로마 가톨릭 선교사는 사람들이 극복하기 힘들 것이라고 생각한 그 모든 어려움을 이겨내지 않았는가?
>
> 모라비안 형제단의 선교사는 아비시니아의 찌는 듯한 무더위와 그린란드와 래브라도의 혹독한 추위와 배우기 힘난한 현지 언어와 야만적인 현지 관습에 직면하지 않았던가?
>
> 영국의 무역상은 돈 버는 일을 위해서 복음 전도의 넘을 수 없는 장애물로 여겼던 온갖 역경을 이겨내지 않았던가?⋯.
>
> 돈이 되는 일이라면 장사꾼들은 가장 야만적인 부족과 미개한 종족이 살고 있는 곳까지도 가서 그들의 환심을 사기 위해 온갖 노력을 기울인다. 비록 무역과 복음 전파의 주변상황이 똑같지는 않지만, 이러한 사례는 선교사도 그런 오지에 들어갈 수 있다는 것을 보여 준다.¹⁰

한 가지만 더 인용된 예를 보자.

"위의 어떠한 근대 선교사도 모라비안 형제단이 이룬 성공적인 선교

---

9   Smith, *The Serampore Mission Enterprise*, 29, 30.
10 윌리암 캐리, 『이교도 선교 방법론』, 변창욱 역 (서울: 미션아카데미, 2008), 41.

사역과 필적할 수 없다. 모라비안은 그린란드, 래브라도 그리고 서인도 제도의 여러 섬에 선교사를 파송하였는데 많은 열매를 얻었다."[11]

이 인용문들이 보여주는 대로 모라비안의 사례는 아무리 험난한 오지라도 선교사들이 들어가 사역을 하고 열매 맺을 수 있음을 보여주는 모범으로 제시되고 있음을 알 수 있다.

모라비안 선교는 캐리가 말한 대로 오지 선교의 예라 할 수 있지만 스미스가 표현대로 한다면 시골 선교라고 말할 수도 있다. 이에 대해 스미스는 "1790년대에 캐리가 할 수 있는 최선의 것은, 모라비안들이 북아메리카 인디언을 기독교화하기 위해 시도했던 대로, 단순한 시골(또는 전원) 선교 전략을 채택하려고 시도하는 것이었다"고 했다. 여기서 스미스가 말한 시골이란 캘커타와 같은 대도시나, 유럽인이 안전하게 법으로 보호되며, 살기에도 편리한 여건을 갖춘 도시와는 대조되는 곳을 의미한다. 이런 의미라면 앞의 인용문에서 '자연 환경이 어려운 오지'와 같은 의미로 볼 수 있다. 캐리 시대 인도의 90% 이상이 시골이었던 것을 고려하면[12] 모라비안은 시골 선교 전략의 모범을 캐리에게 보여준 것이다.

직접적으로 모라비안이라는 말은 들어가지 않지만 『탐구』의 4부에서 생필품 취득의 어려움 때문에 선교가 어렵다고 주장하는 기독교인

---

11 윌리암 캐리, 『이교도 선교 방법론』, 41.
12 조사된 바로는 2011년의 인도 도시화 비율이 31%인 반면, 1870년의 도시화율은 10%(시골은 90%)였다(Chinmay Tumbe의 "Urbanization, Demographic Transition and the Growth of Cities in India," IGC International Growth Center Working Paper Ref. Number C-35205, INC-1 참조). 1870년의 시골 비율이 90%라면 1793-1834년 사이의 비율은 90% 이상일 것으로 보인다.

의 통념에 대한 캐리의 다음의 반박의 글도 앞에 스미스가 말한 캐리의 시골 선교(또는 오지 선교) 전략을 뒷받침한다. 이 부분 역시 좀 길지만 전체를 다 인용하는 이유는 처음 캐리가 잡은 이 방향으로부터 후에 캐리가 얼마나 많이 벗어나게 되었는지 독자가 확인해보도록 하기 위함이다.

> 선교사는 특별한 의미에서 자신의 것이 아니라 하나님의 종이며 따라서 하나님께 전적인 헌신을 해야 한다. 성직에 들어서는 순간에 그는 오직 주님의 일만을 감당하기로 엄숙하게 약속한다. 더 이상 자신을 위한 쾌락이나 직업을 택하지 않을 뿐 아니라, 자신의 목적이나 이익 또는 부업을 위해서도 일하지 않기로 결단한다. 그는 하나님이 원하시는 곳으로 가며, 자신이 가진 모든 능력을 발휘하여 하나님이 명령하시고 불러 시키시는 일을 인내하며 감당하겠다는 서약을 해야 한다.
> 선교사는 친구들과 이 세상의 쾌락과 편안함과 작별을 고하고 자신의 주인 되시는 주님의 사업을 감당하기 위해 어떤 험난한 고난까지도 기꺼이 견뎌낼 마음가짐을 가져야 한다. 수많은 사람들, 마음이 따뜻한 친구들, 개화된 나라의 법적인 보호, 풍요로움, 화려한 명성, 또는 상당한 수입을 기대하며 이런 데서 자기만족을 찾으려는 태도는 선교사의 생활과 맞지 않는다. 선교사는 이러한 것보다는 탈출, 현지인 혐오, 심지어 가짜 친구들, 침울한 감옥과 고문, 거친 말을 내뱉는 야만인 사회, 황무지의 열악한 주거환경, 배고픔, 검약, 헐벗음, 피곤함, 고통, 힘든 일 등을 겪으면서도 이 세상에서는 아무런 격려를 받지 못할 것을 각오해야 한다. 그러므로 초대 교회의 사도들은 그리스도의 선한 군사로 온갖 고난을 받았던 것이다.

우리는 기독교가 법으로 보호받는 문명화된 나라에 살고 있기 때문에 선교사로 나가지 않고 국내에 계속 있는 한, 앞서 언급한 고난을 받지 않을 것이다. 그러나 다른 나라에서 수많은 영혼들이 구원의 은총을 알지 못한 채로 죽어 가는데, 우리 기독교인 모두가 이곳에 그냥 머물고 있는 것이 정당화될 수 있는지 문제를 제기하는 바이다…선교명령은 초대교회 교인들이 그랬던 것처럼, 선교사들이 온갖 위험을 무릅쓰고 세계 도처에 나아가 만민에게 복음을 전파할 것을 강력하게 요청하고 있다.[13]

캐리가 이 글을 쓸 당시 그는 "기독교가 법으로 보호받는 문명화된 나라에 살고" 있었다. 그러나 그는 "하나님의 종"인 선교사로서 부름을 받아 "하나님이 명하시고 시키시는 일"을 위해 "하나님이 지시하는" 곳으로 떠나야 했다. "마음이 따뜻한 친구들, 개화된 나라의 법적인 보호, 풍요로움"과 같은 것을 버리고, "현지인의 혐오, 악한 친구들, 거친 말을 내뱉는 야만인 사회, 황무지의 열악한 주거환경, 배고픔, 검약, 헐벗음, 피곤함, 고통, 힘든 일"을 겪을지라도 "그리스도의 선한 군사로서 온갖 고난을 받으며" 인도인에게 "복음을 전파하러" 나갔다.

그러나 캐리는 선교사로 나간 후 자신이 말한 대로 과연 그렇게 행했는가?

모라비안 선교사들은 그렇게 했지만 캐리는 초기의 짧은 기간을 제외하고 그렇게 하지 않았다. 적어도 1800년 이후의 캐리는 대부분의 선교사 생활 중 여기에서 말한 고난을 전혀 받은 적이 없다. 자세히 살

---

13   윌리암 캐리, 『이교도 선교 방법론』, 변창욱 역 (서울: 미션아카데미, 2008), 91, 92.

펴보면 사실 1800년 이전에도 벵골에 도착한 직후 단 1년을 제외하고 1794년 인디고 공장 감독 일을 맡으면서부터는 동인도 회사의 "법과 군대로 보호받는 문명화된 곳"에서 "거친 말을 내뱉는 야만인 사회, 황무지의 열악한 주거환경, 배고픔, 헐벗음, 피곤함, 고통, 힘든 일"과는 너무나 거리가 먼 곳에서, 그가 과거에 "선교사 생활과 맞지 않는다"고 비판했던 "마음이 따뜻한 친구들과 함께," "개화된 나라의 법적인 보호를 받으며," "풍요로움, 화려한 명성" 속에서 "상당한 수입을 받으며" 살았다. 그만 그랬을 뿐 아니라 정도의 차이는 있지만 후속 침례교 선교사들 대부분이 그러했다.

후에 후배 선교사들로부터 이런 말을 듣고 캐리는 많이 서운해 했고 잘 인정하려 하지 않았다. 그러나 세람포르 삼인방 선교사들이 얼마나 높은 자리에서 풍요로운 생활을 영위했는가에 대해서는 앞으로 계속 기술할 터이지만 침례교 후임 선교사들이 이미 강력히 비판한 바 있다. 그들은 캐리와 워드, 마쉬만이 캘커타와 세람포르의 법으로 보호된 편리한 곳에 살면서 자신들만 오지에 선교 기지 개척자로 보내려고 한다고 반발하며 그 방침을 거부한다.

이를 볼 때 본국은 "법으로 보호된 문명 지대"인 반면 모든 선교지는 "법으로 보호됨이 없는 황무지와 오지"라는 단순한 이분법적 구분은 사실상 맞지 않는 것을 알 수 있다. 물론 본국에 비해서 어떤 측면은 선교지가 분명히 열악한 부분이 있지만 또 다른 측면에서 어떤 사람의 경우는 선교지가 본국보다 도리어 더 풍요롭고 더 살기 좋은 곳이 될 수도 있다. 캐리의 경우가 그러했다.

선교사로 나오기 전 캐리는 1789-1793년 사이에 노샘프턴샤이어

(Northamptonshire)와 라이세스터샤이어(Leicestershire)침례교회에서 목사로 목회를 할 때 찢어지게 가난했었다. 그런데 선교사로 와서 포트윌리암대학 교수로 일하면서 영국에 있을 때의 거의 20배에 달하는 봉급을 받았다.[14] 본국에 있을 때는 말을 타고 다닌다는 것을 상상도 하기 어려운 형편이었다. 그러나 선교지에서 캐리는 세람포르와 캘커타 사이에 전용 마차를 타고 다녔다.

분명히 캐리와 세람포르 선교사들은 영국과 비교해 날씨와 환경이 열악한 오지 인도에 살고 있었지만 어떤 면에서는 영국생활보다 더 풍요로운 도시생활을 했으며, 오지 선교를 하지도 않았다. 모라비안들은 오지 선교에 초지일관했지만 캐리는 막상 선교지에서 모라비안의 좋은 원리와 자세를 버렸다. 뒤에서 다루겠지만 캐리가 인도에 와서 처하게 된 형편을 보면, 같은 인도 선교사의 한 사람으로서 이해는 하면서도, 캐리의 실패를 통해서 그 원리는 결코 버려서는 안 되는 원리인 것을 알게 된다.[15]

다음으로는 1805년 세람포르 선교사들이 자신들의 선교 방침으로 작성한 약속문에 나타난 모라비안에 관한 인용구를 살펴보자.

"북아메리카 인도인들을 향한 모라비안과 퀘이커 교도들의 온건한 태도는 많은 경우 이교도들로부터 놀랄 만한 사랑과 신뢰를 획득하

---

14 캐리가 본국에서 목사로 일할 때에는 연봉 50-70파운드를 받았으나, 인도에 선교사로 와서 포트윌리암대학에서 일할 때에는 연봉 1,000파운드를 받았다. Christopher Smith, *The Serampore Mission Enterprise*, 326.
15 여기서 필자가 말하는 원리라는 것을 정확히 말하면, '오지 선교,' '시골 선교' 같은 선교 전략이나 선교 대상이나 방식을 말하는 것이 아니라, 높은 자리와 풍요로운 곳에서 내려와, 섬기는 현지인이 대다수 살고 있는 낮은 자리, 결핍된 자리로 내려와 그들과 같이 동고동락하며 섬기는 '동일시의 원리,' '성육신의 원리'를 말한다.

였다."¹⁶

여기서 모라비안들의 "온건한" 태도(변창욱의 경우는 "점잖은" 태도로 번역)가 정확히 어떤 것이었는지는 바로 설명되어 나오지는 않는다. 그러나 모라비안 선교사들의 예가 나온 부분은 힌두들의 복음에 대한 편견을 가중시킬 수 있는 행동을 가능한 한 삼가자는 대목에서 나온 것으로서, 힌두들을 불쾌하게 하는 영국인의 관습들을 멀리할 것과, 힌두 신들을 비난하는 것, 그들의 신상을 파괴하는 행위를 하지 말아야 한다고 예를 들고 있다. 궁극적으로 "복음의 진정한 정복은 사랑으로 하는 것"이라고 말한 것과 "온건한" 태도가 관련이 있어 보인다.

모라비안들은 온건한 태도로 말미암아 이교도들의 사랑과 신뢰를 획득했다고 했는데, 앞에서 약속문이 제시하는 예들로 미루어볼 때 모라비안들은 이교도의 신에 대한 공격이나 우상파괴 등과 같은 행위, 그리고 유럽인의 관습을 현지인에게 강요하는 행위들을 하지 않고, 사랑으로 복음을 전한 모델로 제시하고 있는 것으로 보인다. 설교 시 힌두 신들의 부도덕성이나 문제들을 끄집어내며 그것을 정죄하고 공격하고 우상 파괴, 심지어 신전 파괴를 한 것이 기존의 가톨릭 및 개신교 선교사의 일반적 입장이었다.

선교사의 입장에서는 우상과 미신의 타파이겠지만 현지인들의 입장에서는 황당한 일이고, 분노할 만한 일이었다. 현지인을 돕는다고 하는 마음에서 한 일이었겠지만 현지인들 입장에서는 이러한 폭력적, 강압

---

16 William Carey, *Periodical Accounts from the Serampore Mission* Vol. III (Serampore: The Mission House, 1829), 198.

적 행위는 깊은 상처와 반발, 그리고 적의감을 불러일으킬 수밖에 없는 것이었다. 아마도 세람포르 선교사들은 지난 몇 년간의 경험을 통해 그러한 것들이 복음에 대한 편견만 가져오고 복음 전도에 전혀 도움이 되지 않는 것을 깨닫게 된 것 같다. 그래서 모라비안 선교사들의 온건한 태도에 주목하며 그들로부터 현지인의 사랑과 신뢰를 획득하는 것의 중요성을 배우게 된 것으로 보인다.

누군가를 설득시키는 커뮤니케이션을 할 때 상호 '신뢰'를 구축하는 것은 말할 나위 없이 중요하다. 20세기 후반에 들어와 많은 타문화 커뮤니케이션 연구자들에 의해 지금은 보편적으로 알려진 사실이지만, 메시지가 전달되었다고 해서 수용되는 것이 아니라, 전달자와 수용자와의 사이에 신뢰-사랑의 관계성 구축 여부에 따라 거부될 수도 있고 받아들일 수도 있는 것이다.[17]

이런 점에서 "온건한 태도"를 통해, "신뢰와 사랑"을 구축한 모라비아 선교 원리는 시대를 초월해 그 가치를 인정받아 마땅한 것으로 보인다. 중요한 것은 캐리와 세람포르 선교사들이 선교 초창기에 이것의 중요성을 인식하고, 이것을 자신들의 선교 원리로 삼고자 방향 잡았다는 것이다. 그러나 이후로 전개되는 선교에서는 사실 그들이 이러한 선교 원리를 제대로 실천하고 있다고 보여주는 증거를 발견하기가 어렵고, 도리어 초기의 선교 원리와 거스르는 방향으로 진행된 점은 매우

17　Marvin K. Mayers, *Christianity Confronts Culture* (Grand Rapids: Zondervan, 1974), Erwin P. Bettinghaus, *Persuasive Communication* (New York: Holt Rinehart and Winston, Inc.,1968), Gerald R. Miller and Michael Burgoon, *New Techniques of Persuasion* (New York; London: Harper and Row, 1973) 참조.

안타까운 일이다.

마지막으로 모라비안의 전문인 자립 선교를 언급한 캐리의 편지를 살펴보자. 1796년 캐리가 벵골의 한 시골 지역인 무드나배티(Mudnabatty)에서 인디고 공장을 운영하고 있을 때 본국의 침례교선교회 총무였던 풀러(Andrew Fuller)에게 한 편지를 보냈다.

> 선교회에 권할 한 가지 제안에 대해 이제 자네에게 이야기해 보려 하네. 그건 모라비안들이 했던 것과 유사한 것이라네. 만일 이 방법을 사용하게 되면 7-8 가정이 한 가정 정도의 비용만으로 생계를 유지할 수 있다네. 그래서 나는 선교회가 이 방법을 채택해서 더 많은 선교사들을 보내어 주기를 요청하는 바이네. 우리는 7-8 가정이 필요하다네. 아내들도 남편 선교사들과 똑같이 성실하게 사역에 임하는 것이 반드시 필요하네. 이 가정들은 사역의 모판이라고 할 수 있지. 우리 중에 학교에서 가르치고 우리 애들도 교육시킬 수 있는 그런 사람이 필요하네. 이들을 한 군데로 모아 몇 개의 작은 초가집을 지어 공동생활을 하면서 재산의 사유화 없이 공유제로 하기를 바라네.[18]

7개월 뒤 캐리는 다시 풀러에게 또 한 번 모라비안을 언급하면서 유사한 요청을 한다.

> 나와 같은 마음을 품고서 선교 사역을 섬길 수 있는 더 많은 사람들이 반드시 필요하다는 것을 더욱더 확신하고 있다네. 이제 나는 명목상으로든 실제

---

18 A Letter to Mr. Fuller, Nov. 16, 1796 by W. Carey. Eustace Carey, *Memoir of William Carey*, 182.

로든 내 힘으로 어떤 사업이라도 일굴 수가 있다네. 그렇게 되면 모라비안 식으로 우리 스스로 자립할 수가 있다네.[19]

이를 볼 때 캐리는 많은 선교사들을 유치할 수 있는 효과적인 방편으로 자립 선교의 방침을 굳힌 것을 알 수 있다.

그러나 캐리의 자립 선교의 출발은 생존 문제로부터 출발된 것으로 보인다. 캐리는 인도에 도착한 지 얼마 되지 않아 가지고 온 돈을 다 쓰고 말았다. 수개월이 걸리는 본국과의 통신 문제로 말미암아 당장 생계 지원을 받을 수가 없어 큰 어려움을 겪게 되었다. 이때 그는 처음에는 농사를 지을 계획이었지만, 토마스의 지인이었던 우드니(Udney)라는 사람으로부터 인디고 공장 감독일의 제안을 받고 1794년부터 인디고 사업에 뛰어들게 된다. 선교사가 세속 직장을 갖고 돈을 버는 행위는 그를 파송한 본국 침례교선교회 지도부와 관심자들 가운데 많은 논란이 벌어지게 하였다.

논란의 핵심은 전도와 영혼 구원, 교회 설립과 같은 선교사 본업에서 벗어나 돈 버는 세상일에 빠질 것에 대한 우려였다. 이 문제로 1795년 많은 논의를 거친 후 본국에서 공식적 입장을 밝히는 편지를 보낸다. 캐리의 동료 토마스에게 보낸 이 편지 역시 모라비안 선교사들의 선례를 긍정적으로 여기며 캐리의 계획을 허용했다.

세속 직업을 가짐으로써 발생될 위험성은 주로 마음의 상태에 달려 있다

---

19 A Letter to Mr. Fuller Written by Carey on June 22, 1797. *Ibid.*, 210.

고 보여 진다. 즉 만일 하나님께 대한 열정과 영혼에 대한 사랑으로 그들의 마음이 불붙어 있다면, 직장을 가지는 것이 그 마음을 해치지는 못할 것으로 본다. 일자리를 얻음으로써 부분적으로는 생계를 유지하고, 다른 한편으로는 이교도들에게 열심히 일하며 사는 모본을 보여주는 것은 모라비안 선교사들의 주요한 관심사였는데, 나는 이것이 아주 훌륭한 모델이라고 생각한다. 그렇지만 모라비안들은 재산을 축적하지는 않았다. 그들은 재산을 공유하면서 여유분은 도움이 필요한 사람들에게 나누는 삶을 살았다. 만일 캐리와 토마스가 이런 방식으로 일을 한다면, 사업을 한다고 하여 전혀 문제가 되는 일은 없을 것이다.[20]

캐리가 모라비안의 모델에서 채택한 "전문인 자립 선교," 그리고 "재산공유제" 방식의 선교는 직간접적으로 이후 캐리 선교에 큰 영향을 끼치게 된다. 이 방식의 긍정적인 점은 자명하다. 캐리는 본국의 후원 문제로 걱정할 일 없이 재정 자립을 해서 현장의 필요에 따라 원하는 사역을 마음대로 펼칠 수가 있게 되었다. 돈은 많이 벌지라도 사유재산을 인정하지 않기 때문에 돈 욕심에 빠지지 않고 맡은 바 사역에만 헌신할 수 있는 점도 좋은 점이라고 하겠다.

그런데 의도하지 않았던 몇 가지 문제점이 발생하는데 이것은 장점을 능히 삼키고도 남는 심각한 문제였다.

첫째, 캐리는 준 식민 정부였던 동인도 회사와 연계하여 일을 함으로

---

[20] Letter from the Society to Thomas and Carey Written on 16 September, 1795 and published in the BMS journal, *Periodical Accounts* Vol. 1, 1795, 151-152.

써 식민지 현지인들의 복음에 대한 편견을 강화시켰으며,[21] 동인도 회사의 방침에 얽매여 사역의 궁극적 목적이었던 복음 전도를 통한 이방인 개종 사역을 제대로 섬길 수가 없었다. 캐리는 1799년까지 5년간은 인디고 공장 일을 했지만, 1800년도부터 30년간은 포트윌리암대학에서 교수 일을 하였는데, 이곳은 식민 지배를 할 관료를 양성할 목적으로 동인도 회사가 설립한 대학이었다. 캐리는 동인도 회사를 위해 일하게 된 것이 잘된 일인 줄로 생각했다. 영국령 인도 내에 합법적으로 체류할 자격을 얻게 되고, 많은 고정 수입으로 세람포르 선교회를 안정적으로 운영하게 되었기 때문이다. 그러나 복음의 순수성은 크게 훼손되었고, 군대의 침략과 함께 식민 정부를 등에 업고 이루어지는 기독교 선교에 대한 반감은 갈수록 증가하게 되었다.

이와 함께 그는 동인도 회사 관료 중의 하나로서 직접 선교를 금하는 회사 방침에 따라 전도와 사람 만나는 일을 피하여 책상 앞에서 성경 번역하는 일에 대부분의 시간을 보내야 했다. 선교 기지 건설도 영국 군대 주둔지 범위 내에서만 했기 때문에 사람을 만나고 정기적으로 전도하는 일은 역시 제약을 받을 수밖에 없었다. 영국의 관할권은 광활한 인도 땅과 견주해 볼 때 매우 제한적이어서 대부분의 내륙 지역에서는 얼마든지 전도할 수 있었지만 캐리는 그렇게 하지 않았다. 내륙은 식민 영지와는 달리 전혀 복음을 들어보지 못한 사람들이 가득했지만, 그곳은 "영국 법률의 보호"가 없는 곳이며, 대도시와 식민 영지의 "편리함

---

21 1805년 세람포르 선교사들이 복음에 대한 편견을 강화시키는 행동을 삼가자고 결의한 것을 상기할 필요가 있다. 여러 가지 편견이 있겠지만 캐리는 동인도 회사와 연관하여 일을 함으로써 '선교가 제국주의 침략의 앞잡이'라는 편견을 고착화하는 데 기여했다.

이 전혀 없는 오지"였다. 그곳이야말로 캐리가 『탐구』에서 그토록 선교사를 내보내야 한다고 역설했던 바로 그 오지였다. 그러나 캐리가 영국의 군대와 법률로 보호되는 캘커타를 깨치고 나가기에는 그는 너무 안정된 삶을 살고 있었고, 너무 많은 봉급을 받고 있었으며, 그 돈으로 해야 할 프로젝트가 너무 많았다.

둘째, 캐리와 마쉬만 등이 벌어들인 막대한 돈이 선교사와 현지인들과의 사이를 더욱더 멀리 격리시킴으로써 복음 전도에 해가 되었다. 캐리가 세람포르와 캘커타에서 전개한 번역, 출판, 학교 사역들은 모두 막대한 재정이 필요한 일들이었기 때문에 본국에서 제한적으로 보내오는 돈만으로는 어림없었다. 그러기에 세람포르 운영자금의 자금줄로서 캐리가 포트윌리엄대학에서 벌어들이는 수입은 결정적인 역할을 했다. 선교사가 현지에서 열심히 일을 하여 자급자족을 할 뿐 아니라 그 수입을 전액 사역에 투자한다는 것은 전문인 자립 선교의 큰 장점이 아닐 수 없다. 이런 점에서 전문인 자립 선교 방식은 캐리에게도 요긴한 것이었다. 그런데 모라비안은 오지의 억압받고 고난 받는 어려운 사람과 함께 살며 그들 중에 일하며 섬기는 삶을 살았다.

반면에 캐리는 억압하는 지배자와 함께 도시에 거하며 그들을 위해 봉사하는 일을 함으로써, 지배자가 주는 특권을 누리며 농촌에서 고된 삶을 사는 대부분의 인도인과는 아주 거리가 먼 삶을 살았다. 그러기에 크리스토퍼 스미스는 만일 캐리가 사역의 첫 번째 우선권을 식민 거주지에 살기보다는 인도인과 함께, 인도인 속에서 사는 데 두었더라면, 그리고 영국 점령지 밖의 인도 땅에서 선교를 했더라면, 훨씬 더 선교

를 잘했을 것이라며 아쉬워한다.[22]

캐리가 무드나배티에서 인디고 공장 감독 일을 했을 때에도 그의 밑으로는 500명이 넘는 현지인 일꾼이 있었지만 그는 일꾼들이 사는 쓰러져 가는 초가집과 달리 2층 벽돌집에서 일꾼의 100배가 넘는 임금을 받고 살았다. 포트윌리암대학의 교수 시절은 공장 감독 시절 봉급의 5배가 되는 고액 연봉을 받고, 상류층만이 사용하는 마차를 타고 다니며, 세람포르의 대저택에서 정원을 가꾸며 여유로운 삶을 살았다.

그는 일평생 단 한 번도 세람포르와 캘커타를 벗어나 본 적이 없다. 모든 것은 성경 번역 사업을 위해서라지만 현지인과 이렇게 격리된 삶을 살았기 때문에, 그의 이러한 비성육신적 삶은 인도인의 정서에 공감을 주는 성경 번역을 하기 어렵게 만들었을 뿐만 아니라, 인도 농촌 공동체를 잘 섬길 수 있는 현지인 사역자 양성이나, 인도인이 주체가 되어 자발적 교회 성장 운동을 낳는 현지 교회 설립을 어렵게 만들었다. 캐리는 인도의 풀뿌리 대중을 섬긴 것이 아니라 선교사 생활을 통해 얻게 된 어학 능력으로 인도의 소수 식민 지배자를 섬겼던 것이다.

셋째, 재산 문제로 말미암아 선배 선교사와 후배 선교사, 그리고 본국 침례교선교회 사이에 다툼과 분리의 중요 원인을 제공하였다. 재산을 공유제로 해서 사역에 집중한 것은, 어느 누구도 결코 쉽게 흉내 낼 수 없는, 세람포르 선교사들 모두의 아름다운 헌신임에 틀림이 없었다. 그러나 좋은 의도와 헌신이 반드시 좋은 결과만을 가져온 것은 아니었다. 캐리와 마쉬만 등이 벌어들인 돈, 그리고 워드와 마쉬만 등이 북

---

22 A. Smith, *The Serampore Mission Enterpirse*, 144, 150.

미와 유럽 등지에서 모금해 온 돈은 모두 합하여 천문학적 돈이었고, 이 돈들이 모두 성경 번역과 선교 기지 개척에만 쓰인 것이 아니었다. 그것들 중 상당한 비율이 세람포르대학을 비롯해서 많은 부동산 구입 및 건축 역사에 지출되었다.

캐리는 100여개가 넘는 수많은 학교를 세웠는데 그중에 돈 많은 유럽인을 대상으로 한 국제 학교는 세람포르의 주 수입원 중 하나였다. 그런데 문제는 본국의 침례교선교회 창립 세대들이 물러나고 새로운 지도부가 들어서면서, 정책 결정의 주도권 문제 등과 맞물려 재산권 문제로 다툼과 시비가 벌어져, 결국 1826년 공식적으로 세람포르는 모 침례교선교회와 분리된다.

뿐만 아니라 1810년 이후 캘커타에 파송된 후임 선교사들은 1817년, 캐리의 세람포르와 분리하여 "침례교부속선교회"라는 이름으로 따로 독자적인 지역 침례교선교회를 세웠다. 그들은 분리되기 전부터 세람포르 선교에 참여했을지라도 캐리의 재산 공유제 방침에는 반대하는 입장이었기 때문에 그들이 받는 봉급을 공동 재산으로 넣지 않았었다. 그들은 선배 선교사들에 대해 끊임없이 불평하며 갈등을 일으켰는데, 그 이유는 선교회가 세운 기관 중에서 고수익을 내는 좋은 일자리, 그리고 특권적 지위를 왜 선배 선교사들만 갖느냐는 것이었다.

그들이 분리 독립을 한 것은 복음이 알려지지 않은 땅에 나아가 더 열심히 복음을 증거하기 위한 것과는 전혀 상관이 없었다. 캐리와 똑같이 그들은 오지 개척을 피하고 안정된 캘커타에 거하며 캐리와 유사한 사역을 이어갔다.

3) 트랑크바 선교사, 크리스챤 슈바르쯔

독일 트랑크바 소속 선교사 크리스챤 슈바르쯔(Christian F. Swartz, 1726-1798)는 역사가 로버트 프라이켄버그(Robert Eric Frykenberg)에 의하면 18세기의 가장 탁월한 인도 선교사로 평가받는 사람이다.[23] 그는 캐리의 선교 초기에도 남인도 선교사로 활동하고 있었는데, 죠수아 마쉬만은 『인도 선교론』이란 책에서 크리스챤 개릭(Christian Wilhelm Gericke, 1742-1803)[24]과 함께 슈바르쯔를 "근대 인도에서 가장 성공적인 인도 선교사"로 언급하고 있다.[25] 캐리는 슈바르쯔가 작고한 이후라 답장은 받지 못했지만 직접 그에게 편지까지 보낸 바 있다.[26]

슈바르쯔가 캐리의 사역에 중요한 이유는 인도에서 힌두들의 개종, 개종자의 신앙생활, 그리고 전도에 결정적이고 민감한 영향을 미치는 카스트 문제를 다룰 모델을 슈바르쯔에게서 취했기 때문이다. 실상 슈바르쯔는 카스트에 대해 관용적인 입장을 취한 사람인데, 캐리는 어찌된 일인지 비관용적 입장의 모델로 그를 잘못 이해하고 있었다. 이것은

---

23 Robert E. Frykenberg, "The Legacy of Christian Friedrich Swartz," *International Bulletin of Missionary Research*, July 1999, 130.
24 할레대학교 출신 독일 선교사. 덴마크-할레선교회 선교사로 남인도 쿠달로어, 네가빠탐, 베퍼리 등지에서 사역했다.
25 Joshua Marshman, *Thoughts on Missions to India* (Serampore: The Mission House, 1825), 34.
26 캐리가 안드류 풀러에게 보낸 편지에는, 친구 뷰캐넌 박사가 남인도의 종교를 살펴볼 계획으로 조사를 하던 중, 슈바르쯔가 사역했던 탄조레의 기독교인을 칭찬하는 편지를 보낸 것을 언급하면서, "탁월한 슈바르쯔에 의해 놀라운 일들이 일어난 것으로 보인다"고 코멘트했다(1806년 11월 18일). 또 섯클리프(Sutcliff)에게 보낸 편지에는 슈바르쯔에게 편지를 보냈는데, 아직까지 답이 없다는 내용이 나온다(1798년 1월 16일).

완전한 오해였지만 어쨌든 캐리는 카스트를 잃는 자신의 방침의 근거로 슈바르쯔의 예를 든다. 풀러에게 보낸 캐리의 편지를 읽어보자.

> 어떤 일이 있어도 나는 좌절하지 않겠네. 하나님의 역사가 이 땅에 가득해질 날이 그리 오래 되지 않아 이뤄질 것이라 확신하네. 그리고 비록 카스트와 많은 미신들이 큰 장애물이기는 하지만 세상 어느 곳에서든지 진짜 장애물은 단지 두 가지, 곧 성경의 부족과 인간 심성의 부패함인 줄 아네. 첫 번째 장애물은 하나님이 이미 제거하기 시작하셨고, 두 번째 장애물도 곧 없어지리라고 생각하네. 성령이 위에서부터 부어질 때 모든 미신들은 무너지게 될 것이네. 아마도 라일란드 형제가 제시한 대로, 일반 지식을 먼저 퍼뜨리고 카스트가 무너지는 길을 닦게 된 다음에야 주님을 영접하게 되리라 보네. 카스트 문제를 건지리 말고 그대로 둔 채로 현지인을 받아들이는 것이 어떻겠냐는 자네의 의견과 제안에 대해서는 고맙게 생각하네. 하지만 나는 그렇게 하는 것은 현실성이 없다는 것을 알게 되었네. 왜냐하면 개종자들은 결국 소속 카스트에서나 사회에서 추방되기 때문이라네. 슈바르쯔 교회의 개종자들도 모두 카스트를 잃었다고 하네.[27]

캐리는 인도에 도착한지 얼마 되지 않아 바로 카스트 제도의 심각성을 파악했다. 캐리가 누이들에게 보낸 다음 편지에 잘 나타난다.

> 나는 성공을 간절히 바라고 있다. 그러나 인도인들의 미신은 너무나 많고, 카

---

27 A Letter to Mr. Fuller Written by W. Carey on March 23, 1797. Eustace Carey, *Memoir of William Carey*, 199.

스트에 대한 집착은 너무나 강해서 어떤 이유로든 그것을 잃느니 차라리 죽고자 한다. 이것이 마귀가 사람의 영혼을 묶어온 가장 강력한 족쇄인데, 정말 그것은 무서울 정도로 효과적이다(1793년 12월 4일).

캐리의 딜레마는, 인간을 차별하는 카스트 제도는 분명히 반 성경적 사회제도라 개종자들에게 이것을 허용해서는 안 되겠는데, 이것에 부담을 느끼는 현지인들이 복음 영접하기와 세례 받기를 거부하는 것이었다. 캐리는 전도해서 열매를 맺기를 원하는데 카스트의 장벽에 막혀 전진을 할 수 없었다. 그래서 그는 평소에 그가 존경하는 신학자이자, 침례교선교회의 총무를 맡고 있는 풀러에게 자문을 구한 것이었다.

그런데 막상 풀러의 자문에도 불구하고 캐리가 내린 결론은 슈바르쯔의 예를 따라 카스트를 잃는 쪽을 택하겠다는 것이었다. 다시 말하면 카스트는 마귀가 인도인을 노예로 삼기 위해 만든 종교적 엔진이기 때문에 먼저 이 엔진을 깨뜨림으로 그리스도를 영접하도록 하겠다는 것이다.

그가 이런 결정을 내리는 데는 실제적인 이유가 있었다. 선교사가 개종자의 카스트 의무를 허용하든 안 하든 관계없이 개종자는 카스트 공동체로부터의 추방을 피할 수 없기 때문에 아예 처음부터 분명하게 기독교인이 되려는 사람들은 카스트를 없애는 쪽으로 가야 한다는 것이다. 이후로 캐리는 개종하려는 사람의 진실성을 확인하기 위해서 카스트를 잃을 용의가 있는지 확인을 했으며, 그들과 같이 먹고 마심으로써[28] 처음부터 확실하게 카스트 규례를 파괴했다.

그가 이런 결정을 내림에 있어서 확신을 준 사람, 어떤 면에서 풀러보다 더 권위 있는 모범으로 받아들인 것은 트랑크바의 독일 선교사 슈바르쯔였다. 문제는 여기에 있다. 캐리가 슈바르쯔에 대해 가진 정보는, 그가 담당했던 교회의 개종자도 전부 카스트를 잃었다는 것인데, 슈바르쯔의 개종자들이 정말 카스트를 잃었는가는 의문이다. 여러 가지 증거들은 도리어 슈바르쯔의 개종자들은 카스트를 잃지 않았으며, 그리스도인이 되기 위해서 카스트를 잃는 것을 필수로 부과하지도 않았다. 슈바르쯔가 남인도의 주교인 미들튼(Middleton), 그리고 히버(Heber)와 카스트에 대해 나눈 대화를 살펴보면 그들은 캐리와 달리 카스트를 '종교적' 성격을 가진 것으로 보기보다는 '사회적, 또는 문화적' 성격을 가진 것이라는 데에 의견의 일치를 보고 있었다.[29]

슈바르쯔는 "기독교의 가르침은 모든 사람이 태어나면서부터 동등한 존재라는 것을 교회에서 계속 선포했음"에도 불구하고, 카스트 문제의

28　카스트는 기본적으로 '정결과 부정'에 관한 규례를 지켜야 한다. 이방인 역시 믈레차(mleccha)라는 천민 카테고리에 속하기 때문에 그들과 먹고 마시는 것은 상대방을 오염시키는 행위에 속한다. 무엇보다 먹고 마시는 음식 중에 고기와 술은 힌두 관념에서 대표적인 부정한 음식에 속한다. 카스트의 순혈은 결혼으로 유지되는 것이기 때문에 상층 카스트와 하층 카스트간의 결혼은 당사자들뿐만 아니라 가문을 오염시키는 행위로 보았다. 캐리의 경우는 이 모든 것을 허용함으로 카스트를 의도적으로 깨뜨렸다.

29　Amelia Heber Ed., *The Journal of Bishop Heber* Vol. II (Madras: Publisher Unknown, 1828), 451. 스미스는 침례교 역사가 다니엘 포츠의 관찰을 근거로 캐리가 처음에는 카스트를 사회 문화적 관점에서 보았다가 후에 종교적인 관점으로 바뀌게 되었다고 했다. 그러나 실제로 캐리는 1793년 인도에 도착한 직후부터 처음부터 거의 분명하게 카스트는 미신(종교적 성격)이라는 것과, 기독교인이 되기 위해 반드시 잃어야 할 것으로 지속적으로 제시하고 있다(1793년 11월 25일, 12월 4일, 1794년 8월 5일, 1800년 10월 10일, 11월 27일 12월 22일자 편지 참조).

복잡성과 민감성을 알기에, "카스트 구분을 지키는 것을 허용했다."[30] 그는 개종자들에게 그리스도인이 되기 위해 카스트를 잃을 필요가 없게 하고 원하는 사람은 카스트 의무를 지킬 수 있도록 하였지만, "지속적으로 성경의 정신을 가르침으로 점진적으로 스스로 카스트를 버릴 수 있도록" 하였다.

슈바르쯔는 교인들에게 "죽은 동물의 고기 특히 소고기를 먹는 것을 절대 허용하지 않았다."[31] 하층 계급 사역자들이 상층 카스트와 만날 일이 있을 경우는 "반드시 상대방을 부정하게 하는 행동을 하지 않도록" 주의를 주었다. 교회 내에서도 "정결한 자(상층)와 부정한 자(하층)가 일반 사회의 규범을 따라 따로 구분하여 앉도록" 신경을 썼다. 선교사가 이렇게 인도의 문화를 존중하기 위해 애를 쓰기 때문에 그가 사역하는 곳에서는 캐리의 경우와는 달리 카스트가 선교에 어떤 심각한 장애도 초래하지 않았다. 이런 이유로 그는 혼자서 직접 6천 명에서 만 명에 달하는 자들에게 세례를 줄 수 있었던 것이다.

카스트 문제의 핵심은 카스트 자체보다도 카스트를 없애는 것을 기독교인이 되는 전제 조건으로 내거는 것과, 외국인이 카스트를 없애도록 현지인에게 강요하는 것에 있다. 그러나 힌두에게 카스트를 없애라는 것은 물고기에게 물 밖에 나와 살도록 강요하는 것과 다를 바 없는 일이다.

그러기에 차라리 죽을지언정 카스트를 고수하겠다는 반응이 나오는

---

30 Hugh Pearson, *Memoirs of the life and Correspondence of the Reverend Christian Frederick Swartz* Vol. II (London: J. Hatchard and Son: 1834), 155.
31 Hugh Pearson, *Ibid.*, 153.

것이 아니겠는가?

  이는 유대인에게 할례를 하지 말라는 것이나 로마인에게 할례를 해야 진정한 신앙인이 된다는 말과 다를 바 없는 것이다. 앞에서도 말했지만 할례는 유대인에게는 종교적인 것이겠지만, 로마인에게는 문화적인 것이며 국민적 정체성에 관한 것이었다. 이 점에서 카스트를 다루는 슈바르쯔의 방침에 대하여 캐리가 제대로 연구하여 그 지혜를 배웠더라면 얼마나 좋았을까 하는 아쉬움이 든다.

  많은 사람들이 빠르고 드라마틱한 선교의 결과를 원하기 때문에 현지인들이 진리의 말씀에 기초하여 자발적으로 점진적으로 변할 때까지 기다리는 것이 참으로 어렵다. 캐리는 오랫동안 열매를 맺지 못하여 성공에 목말라했다.[32] 그러면서도 그는 인도에서는 이상하게도 본국에 있을 때 『탐구』를 쓰던 때와 같은 연구하는 자세를 보여주지 못했다. 아마도 대학 강의와 성경 번역에 너무 많은 시간과 에너지를 쏟았기 때문이라고 이해는 한다.

  그러나 인도에는 그가 처음으로 온 것이 아니라 첫 선교사 지겐발크 이후 개릭, 슈바르쯔와 같이 성공적으로 사역하며 열매 맺은 많은 독일 선교사들이 있었다. 뿐만 아니라 자신이 그토록 훌륭한 선교사들이라고 소리 높였던 모라비안 선교사들이 이미 인도의 세람포르에서 성경 번역도 하며 수십 년간 사역을 하다 철수를 한 바 있는데, 그들에 대한 철저한 연구를 하고 실제적으로 배웠으면 좀 더 바람직한 결과를 낳을

---

[32] 캐리가 무드나배티에서 풀러에게 보낸 1797년 3월 23일자 편지에 그의 성공에 대한 갈망과 집착이 잘 나타난다. "성공에 대한 결핍이 나를 몹시 낙담시키고 있다. 영국에서 마음으로 우리를 돕는 많은 사람들의 인내가 바닥이 나고 있는 상황이 나를 두렵게 한다."

수 있었을 것이라는 아쉬움이 크게 남는다.

4) 윌리엄 워드

1805년 10월 7일, 윌리엄 캐리를 포함한 9명의 세람포르 선교사들이 윌리엄 워드가 미리 작성한 약속문에 서명을 했다. 그 내용은 "이교도를 가르치는 일에 있어서 세람포르 선교사들의 의무라고 생각하는 중요한 원리에 대한 것"으로서 "이러한 생각을 잊지 않고 항상 마음속에 간직하기 위해, 모든 지부마다 매년 세 번씩 1월, 5월, 10월의 첫 주일에 공개적으로 낭독하기로 결정했다."[33]

워드가 만든 이 약속문은 현재 세람포르 선교사들과 앞으로 올 선교사들을 위한 타문화권 선교 지침서라고 할 수 있고, 구체적으로는 인도 선교를 함에 있어서 반드시 지켜야 할 원칙, 원리, 방법론 같은 것을 정리한 것이라 할 수 있다. 앞의 『탐구』에 나타난 캐리의 방법론은 선교사로 나가기 전이라 현장성이나 구체성이 없지만, 1805년의 약속문의 경우 캐리는 12년, 워드는 5년간 인도 선교에 대한 경험을 한 후였기 때문에, 이후 세람포르 선교에 매우 중요하고 구체적인 선교의 원칙들을 제시하고 있다.

워드의 약속문에 나타난 타문화권 선교의 원리들은 부분적으로 식민지 시대의 잔재나 유럽인으로서 우월감을 노출하는 것을 제외하고는

---

33 윌리엄 캐리, 『이교도 선교 방법론』, 변창욱 역 (서울: 미션아카데미, 2008), 108-123. *Periodical Accounts Relative to the Baptist Missionary Society*, Vol. III, (Dunstable: J.W. Morris, 1806).

오늘날 21세기에 갖다 놓고 봐도 매우 훌륭하고 중요한 타문화권 선교의 원리를 제시하고 있다. 이후에 세람포르 인쇄소에서 타문화권 선교 관련하여 여러 가지 실제적인 문서를 출판하였지만 선교학적 관점에서 워드가 만든 이 약속문의 가치를 뛰어넘지 못한다.

이 약속문을 보면 선교사들이 "진지하고 지속적인 관심을 기울여야 할" 총 11가지 항목의 선교 원리가 나온다. 이것을 네 가지로 정리하면 다음과 같다.

첫째, '사람을 얻는 선교'를 하자는 것이다. 11가지 항목을 나열하기 전에 워드가 서론적으로 제시한 것인데 이후에 기술할 모든 선교적 노력의 궁극적 목적이라고 할 만한 것이다. 그는 솔로몬의 말, "지혜로운 자는 사람을 얻느니라(잠 11:30)"를 인용하면서, "사람들을 하나님 편으로 인도하려면 여러 가지 전도방법이 필요한데, 성공적인 전도에는 솔로몬과 같이 매우 놀라운 지혜가 필요하다"고 말한다.

워드는 11가지 지혜로운 방법들을 언급하는데, 그중 절반에 해당하는 분량(6-8번째 항목)이 직접적으로 현지인 양육에 관한 항목이다. 두 번째 항목인 정보수집에 관한 것도 현지인 양육을 잘하기 위한 준비로 볼 수 있고, 다섯 번째 항목도 현지인들의 중요 개종 수단으로서 기독교 메시지의 핵심 주제를 말한 것이며, 아홉 번째 항목 역시 현지인들의 구원과 신앙 성장에 필수적인 성경 번역에 관계된 것이기 때문에, 모든 항목이 직간접적으로 사람을 얻는 원리와 연결되어 있다.

'사람을 얻는 데 초점을 둔 선교'라는 원리는 너무나 당연해서 사실 원리라고 할 것도 없을 것 같지만 선교의 실제에서 놓치기 쉬운 부분이다. 왜냐하면 본국에서도 그렇지만 타문화권 상황에서 사람을 얻는 일은 쉽지 않은 일이며 시간도 많이 걸리기 때문이다. 반면에 파송 받은 선교사의 입장에서는 빠른 시간 내에 어떤 선교의 열매를 보여줘야 할 책임, 때로는 강박관념까지 가지게 된다. 덴마크 영지인 세람포르에서 본격적인 팀 선교를 시작하기 전까지 캐리 역시 '강박관념'이라고 해도 좋을 만큼 '성공'에 집착하는 모습을 가졌던 것을 그의 편지와 일기들은 보여주고 있다.[34]

'사람을 얻는 데 초점을 둔 선교'는 '빠른 시간 내에,' '눈에 보이는' 열매를 원하는 인간의 본성의 영향을 받아[35] '눈에 보이는' 쪽으로 쉽게 옮아간다. 예를 들면 건축 역사, 자선 및 인도주의 사역, 학교 또는 성경 번역과 같은 것들이다. 이는 선교에 있어서 건축의 필요성이나 인도주의 사역, 학교 또는 성경 번역 사업의 의미를 과소평가하는 것이 결코 아니다. 총체주의적 관점에서 선교에 필요하지 않고 의미 없는 일은 없다. 모든 일이 하나님 나라를 세우는 일에 다 소중하다. 어떤 사람은 학교 사역에만 평생을 보낼 수 있고, 구제 사업만 전문으로 할 수가 있다. 그런데 어떤 사람이 만일 "사람을 얻는데 초점을 두겠다"고 명확하게 선언을 한 뒤, 사람을 얻는 일과 직접 관계없는 일에 '대부분'의 시간과 재정과 에너지를 투자한다면, 이건 아닐 것이다.

세람포르 선교는 100개가 넘는 학교를 세우고 운영하는 일, 그 중에서도 세람포르대학을 세우고 운영하는 일, 그리고 성경 번역 및 문서 출판 사업에 거의 대부분의 시간과 재정을 사용했다.

---

34 앞의 슈바르쯔 항목의 마지막 각주 참조.
35 이런 욕구는 한국인이 특별히 더 많은 것이 아닌 것을 캐리와 그의 동료들이 여실히 보여준다.

캐리의 선교가 왜 유명한가?

그것은 한마디로 성경 번역의 개수, 세람포르대학의 설립, 그리고 그의 인도주의 사역 때문이다. 세람포르 선교회에서 사람을 얻는 개종자에 대한 이야기를 하자면 토마스 선교사를 통해 인도된 끄리슈나 빨의 이야기를 빼고는 거의 관심과 주목의 대상이 된 적이 없다.[36] 삼인방 선교사들은 사람을 얻는 일에 쏟을 시간이 없었다. 그들이 그렇게 하고 있는데 후배 선교사들이나 인도인 사역자들이라고 해서 그렇게 많은 시간을 사람 얻는 일에 쏟기는 쉽지 않았을 것이다. 세람포르선교회뿐 아니라 오늘날 선교 현장에 있는 사람들은 진지하게 질문할 필요가 있다.

'나는 지금 무엇을 하고 있나?'

둘째, '성육신 선교의 원리'이다. 워드는 바울이 여러 사람에게 여러 모양이 되었던 예를 들면서(셋째 항목) 현지인을 얻기 위해서는 그들을 "찾아가서" 그들과 "함께 거하는" 생활을 할 것을 반복해서 강조하고 있다. 그는 "마을과 마을, 시장과 시장으로 사람들이 모이는 곳마다 찾아다니며, 하루에 거의 매시간 시간마다 하인이나 일하는 사람들과 대화하라"고 말한다(넷째 항목). 바로 "이 일을 위하여 선교사들이 이 나라에 부름을 받았다"고 한다(넷째).

대화를 할 때 그들의 "관심을 끌기 위해," "그들이 이해할 수 있는 말

---

36 세람포르선교회가 힌두 배경에서 개종한 네 신자들의 간단한 이야기를 1810년에 한 권의 책으로 묶어 출판한 적이 있었다(*Brief Memoirs of Four Christian Hindoos Lately Deceased*). 그러나 이는 죽은 이들에 대한 추모의 성격으로서 간단한 개종 이야기를 제외하고는 사역적인 면에서 주목할 내용은 거의 찾아 볼 수 없다. 이들이 오래 살아서 세람포르 선교사들의 사역을 이어갔더라면 좋았을 텐데 일찍 요절한 것이 많이 아쉽다.

로 해야"³⁷ 하는데, 이를 위해서는 "현지인들이 사로잡혀 있는 올무와 그들을 미혹케 하는 모든 정보를 수집해야 하며"(둘째), "현지 언어에 대한 충분한 지식"이 있어야 한다(열 번째). 그들의 "사고방식, 습관, 성격, 반감, 하나님과 죄와 구원의 개념과 방법, 축제와 노래 등을 이해하는 것이 매우 중요"하다. 이를 위해서는 현지인들과 "대화하거나 그들이 쓴 책을 읽으며, 그들의 생활태도와 방식들을 주의 깊게 관찰하라"고 제언한다(둘째). 그는 현지인들이 선교사들에게서 "멀어지는 일이 생기지 않도록," "현지인들이 가까이하기 쉬운 사람"이 될 것을 주문하며(여섯째), 선교사는 그래서 "매일 일정시간을 현지인과 함께 보내야 한다"고 말한다(일곱 번째). 그는 심지어 선교사가 여러 면에서 차이가 있음에도 불구하고 "현지인들과 하나"가 되는 것도 언급한다(일곱 번째).

현지인을 찾아가지 않고 어떻게 복음을 전할 수 있겠으며, 현지인과 함께 동고동락하지 않으면서 어떻게 그들의 친구가 되어 그들을 알고 복음으로 그들의 아픔과 눈물을 닦아줄 수 있겠는가?

'찾아가서 함께 거하는' 것은 그리스도께서 세상에 오셔서 하신 삶이자 사역 그 자체이며, 또한 죄인들로 하여금 그리스도를 배우고 복음을 전달하는 가장 효과적인 방법이라고 할 수 있겠다. 캐리와 세람포르 선교사들은 원론적인 면에서 이러한 성육신의 원리를 잘 이해하고 있었기에 이것을 자신들의 선교의 본질적인 원리로 채택하였다. 캐리에게

---

37 변창욱의 번역에는 "우리는 그들과 지적인 방법으로 대화할 수 있게 된다(111페이지)"고 했는데 이는 "in an intelligible manner"를 오역한 것이다. 선교사들의 주요한 관심사는 '지적인' 방법이 아니라, 현지인이 '이해할 수 있고 알아들을 수 있는 방법'으로 대화하는 데 있다.

서 부족한 단 한 가지는 이것을 실천에 옮기지 않은 것이었다.

안타깝게도 워드가 작성한 이 약속문은 1년도 지나지 않아 현실성이 없다는 이유로 선교사들의 삶과 사역 속에서 잊혀지고 만다.[38]

그 이유가 무엇이었을까?

여러 가지 이유가 있겠지만 가장 실제적인 이유는 그들이 약속문에서 약속한 것을 전혀 지키지 않고 있었을 뿐만 아니라 지킬 수도 없는 상황이었기 때문인 것으로 보인다. 캐리는 주중 스케줄에 마을과 마을, 시장과 시장으로, 사람들이 모이는 곳마다 찾아다닐 계획이 전혀 없었으며, 하루에 거의 매시간 시간마다 하인이나 일하는 사람들과 대화할 시간이 전혀 없었다. 주초에 캘커타에 가서 주말에 세람포르로 돌아오는데, 강의하는 일과 번역하는 일이 그의 하루 일과의 대부분이었기 때문이었다. 그는 전도가 아니라 오직 번역을 위해 인도에 부름받은 사람처럼 일했다. 그가 만나는 현지인은 대부분 자신이 하는 일의 피고용인이었기 때문에 대화를 할 때 그들의 관심을 끌 필요가 없었다.

그러므로 "현지인들이 이해할 수 있는 말로" 대화할 필요성도 느낄 일이 없었기에, 그의 성경 번역은 현지인들이 사용하지 않는 말로 인해 이해하기가 매우 어려웠다. 그는 인도 고전 학자로서 현지인들의 신앙과 문화, 언어에 대한 많은 지식이 있었으나 그것은 하나의 객관적인 지식으로만 있었고, 이것이 현지인 전도를 위한 정보와 지혜로 사용할 일은 거의 없었다.

그는 늘 현지인들이 쓴 책을 읽고 힌두교의 경전들도 번역을 하기는

38　A Letter to BMS by W. Carey and John C. Marshman on 15 November 1827.

했으나, 일반 현지인들과는 너무나 거리가 먼 포트윌리엄대학과 세람 포르 기지 안에 살았기 때문에, 현지인들이 가까이하기는 너무나 먼 당신이 되어 버렸다. 그는 직업상 인도 학자를 만나는 것 외에는 현지인과 함께 거의 시간을 보내지 않았다. 그러기에 처음 약속문이 작성될 때와는 달리 얼마 시간이 지난 뒤에는, "현지인들과 하나" 된다는 것은 너무나 현실감 없는 먼 나라의 이야기같이 들렸을 것이다.

아무리 본인이 쓴 글이라도, 여러 사람이 약속했다 하더라도 실제 생활과 거리가 먼 공허한 내용이면, 그렇다고 현재의 상황을 되돌려 원래 계획대로 할 의사가 전혀 없을 때에는, 나도 모르게 슬그머니 손을 놓아 버리게 되지 않을까?

셋째, '현지인 사역자 중심으로 선교하는 원리'이다. 워드는 거대한 인도 대륙 전역에 복음을 전하려면 현지 전도인을 통한 방법밖에 없다고 보았다. 왜 선교사가 아니라 현지인 사역자 중심으로 해야 하는지 워드의 말을 들어보자.

> 유럽 선교사 수가 너무 적을 뿐 아니라 이들의 선교사 파송 비용이 너무 많이 든다. 유럽 선교사에 대한 현지인들의 편견과 현지어를 유창하게 구사하기가 어려운 점은 말할 것도 없고, 선교사들이 뜨거운 열기 속에서 계속적으로 순회하기가 불가능하며, 선교 여행을 하는 데 소요되는 비용이 너무 많다. 이러한 점 때문에 현지인 사역자의 능력을 향상시켜서 가능한 한 많은 현지인 전도자를 파송하는 것은 반드시 추진해야 할 실제적인 선교 방안이다(여덟 번째).[39]

---

39 윌리엄 캐리, 『이교도 선교 방법론』, 변창욱 역 (서울: 미션아카데미, 2008), 117.

당시 유럽 선교사들은 언어 구사력이 부족하고, 현지 문화에 익숙하지 못해서도 전도를 잘 못했지만, 전도여행 시 가마를 타고 다니거나 소가 끄는 수레를 타고 다녀야 하는 번거로움이 있었다.[40] 그들은 평소에 먹던 유럽식 음식도 싸가지고 다녀야 했으며, 저녁이 되면 잠자리도 마땅치 않아 어려움을 겪었다. 이렇게 한 번 행차하는 일이 보통 일이 아니므로 유럽 선교사들이 전도 여행을 떠나는 것은 정기적으로 자주 있는 일이 아니라 아주 예외적인 일이었다. 아무 데서나 막 자고, 막 먹고, 더위도 잘 견디고, 풍토병도 안 걸리고 해야 하는데, 이것이 거의 불가능하다는 점에서 선교사들은 인도 선교에 대단히 불리하였다.

> 현지인 선교사들은 현지인과 완전히 친숙해질 수 있고, 그들의 집에 들어갈 수 있으며, 현지 음식을 먹으며 살아갈 수 있고, 그들의 집이나 또는 나무 밑에서도 잘 수 있었다. 또한 현지인 선교사는 인도 전역을 거의 아무런 비용을 들이지 않고서도 여행할 수 있다(여덟 번째).

거의 아무런 비용이 들지 않고서도 여행할 수 있다는 것은 좀 과장일 수 있지만 어쨌든 유럽 사람이 드는 비용의 십분의 일도 들지 않으면서도 언어와 문화와 기후 적응에 문제가 없으니 얼마나 효율적인가?

---

40 일반적으로 동인도 회사 관료를 비롯한 대다수 부유한 유럽인들은 말이나 마차, 또는 여러 사람이 실어 나르는 가마를 타고 다녔다. 그러나 선교사 중에는 윌리엄 워드가 개인적으로 친구가 준 마차를 소유하고 있었고, 캐리는 배와 마차를 타고 캘커타에 출퇴근했으며, 마쉬만은 세람포르 공용 마차를 가족 전용으로 타고 다녔다. 선교 기지 개척을 나간 선교사들 중에는 전도와 심방을 위해 말을 사 달라는 요청이 종종 들어 왔으나, 일반 선교사들의 경우에는 고가의 말을 사기가 어려웠다.

워드와 세람포르 선교사들은 이러한 유럽 선교사의 한계와 현지인의 장점을 인식하고 있었기에 인도 선교는 반드시 현지인 중심으로 이뤄져야 한다고 역설한 것이다. 이런 이유로 세람포르 선교사들은 "현지 신자들의 재능을 육성하고 이들의 모든 은사를 계발하여 현지 신자들의 능력을 향상시키는 데 모든 관심을 기울여야 한다"고 말한다(여덟 번째).

그러면 이렇게 선교가 현지인 중심으로 진행되어야 한다면 선교사들의 역할은 무엇인가?

매일 현지인 리더들과 "시간을 함께 보내는" 가운데 그들을 "좋은 습관을 가진 훌륭한 사역자로 양육하는 것"이다(일곱 번째). 그들에게 좋은 "모본적인 삶과 행동을 보이고, 아버지와 같이 그들의 복지를 위해 힘쓰며 기도하는 것"이다(일곱 번째, 열 번째). 선교사는 "끊임없이 현지인 목회자가 하는 일을 감독하고 교회의 규칙과 치리에 관한 조언을 해주며, 현지 목회자들이 범할 수 있는 실수를 정정해 주고, 현지 목회자들의 자신들의 직무를 잘 수행하고, 그들이 그리스도께 대한 견고한 믿음을 잘 지키도록 지켜봐야 한다"(여덟 번째)고 말한다.

선교의 주 담당자가 외국인인 선교사가 아니라 자국인, 현지인이 되는 것은 선교의 효율성뿐만 아니라 선교의 지속성을 위해서도 매우 중요한 원리이다. 선교와 전도가 남의 일이 아니라 내 일이 될 때 내 일처럼 헌신할 수가 있고, 선교사가 떠나더라도 지속적으로 책임감을 갖고 복음 전도를 하며 교회를 세워나갈 수 있기 때문이다.

여기서 한 가지 의문이 든다. 캐리와 워드는 이처럼 현지인 중심의 선교 원리를 강조했음에도 불구하고 왜 그들이 세상을 뜬 후에는 그의 사역을 이어간 현지인이 아무도 없었을까?[41]

여기서 인도 땅과 인도인, 그리고 힌두교가 어렵다는 말을 해서는 안 된다. 왜냐하면 캐리와 동시대 선교사였던 슈바르쯔 선교사의 경우만 봐도 그의 사후에 그의 제자들을 통해 그의 사역이 잘 계승되었을 뿐만 아니라 더 많은 제자와 더 많은 교회가 세워졌기 때문이다.

세람포르 선교사의 현지인 중심 선교의 원리가 이론으로 그치고 실패한 데에는 여러 가지 복합적인 이유가 있다. 아마도 그것은 다음 섹션에서 다룰 돈 의존, 우월주의, 분리주의 선교와 깊은 관련이 있을 것이다. 여기에서는 그 외의 핵심 문제 한 가지만 지적하고자 한다. 그것은 세람포르선교회의 제자들과 현지인 사역자들을 재정적으로 자립시키지 못했기 때문이다. 물론 자립의 방향은 분명히 있었다.

워드는 현지인 제자를 잘 세우고 그들의 능력을 길러주어 자전(自傳) 할 수 있게 하면 "여러 현지 교회가 자연적으로 그들의 목회자 사례비와 교회 경비 그리고 예배당 건축비 등의 제반 경비를 스스로 감당하는 법을 자연스럽게 배우게 될 것이다. 또한 모든 경영을 현지인이 담당하게 됨으로써 현지인들은 복음전도를 더욱더 자기 민족이 감당해야 할 사명으로 인정하게 될 것"으로 보았다(여덟 번째).

그러나 실제로 현지인 사역자 후보자의 세람포르대학 교육비는 학비

---

41 세람포르 선교사들에 의해 교회의 리더(목사)로 세움받은 현지인 사역자들은 매우 드물었다. 1815년의 보고서에 따르면 15개 교회가 목사를 두게 되었는데 그중 단지 4 교회만이 현지인 사역자(벵골인)가 있었고, 그 각각의 교회는 10명 미만의 멤버들이 있었다. 또한 세람포르선교회가 캘커타에 세운 가장 큰 교회, 랄바자(Lal Bazar)침례교회는 1804년과 1808년 사이 4명의 벵골인에게 목사 안수를 주었지만, 다음 50년 동안에는 어떤 벵골인에게도 안수를 주지 않았다. Smith, 216 참조.

와 식비, 옷값까지 모두 세람포르 선교사들이 제공했다. 뿐만 아니라 선교 기지를 개척하는 현지인 사역자의 생활비 및 사역비 역시 전적으로 세람포르 선교사들로부터 나온 것이었다. 이렇게 현지인 사역자들이 재정적으로 선교사를 의지할 수밖에 없었던 것은 그들을 지원해야 할 현지 교회가 그러한 재정을 지원할 여력이 없었기 때문이었다.

현지 교회의 재정적 토대가 이렇게 약할 수밖에 없었던 이유는 약속문의 다음과 같은 내용을 보면 추정할 수 있다.

> 선교사들은 이들 개종자들이 인간 상호관계, 가정, 옛 지위와 직업을 포기하고 공동으로 드리는 제사에 불참함으로 인해 이교도 상전 밑에서 직업을 구하기가 매우 어렵게 된다는 것을 기억해야 한다. 현지 개종자들이 그리스도를 믿기 위해 지불해야 하는 세상적인 손해에 동정심을 느끼지 못하는 선교사는 이들에게 엄청난 잔학 행위를 저지르는 셈이 된다(일곱 번째).

앞에서 말했듯이 개종자는 카스트를 잃어야 한다는 캐리의 방침으로 인하여 당시 신자들은 신앙을 갖는 순간 자신들의 가족과 직장과 사회 공동체로부터 쫓겨나지 않을 수 없었다.

입에 풀칠하기도 어려운 그들이 아무리 자립의 방침은 있어도 어떻게 자신들의 사역자들과 선교사들의 재정을 지원할 수 있었겠는가?

게다가 완전히 생계 수단을 상실해버린 현지인 개종자의 눈에 비친 세람포르 선교사들은 어마어마한 부자들이었다. 그들은 당연히 선교사가 사역비를 책임져야 한다고 생각했다. 왜냐하면 선교는 유럽 선교사의 일이었고 자신들은 그 일에 취직한 사람이었기 때문이었다. 그러므로 선교사들이 노쇠하여 죽음으로 더 이상 월급 줄 사람이 없게 되었을 때, 현지인들이 계속하여 그 일을 해야 할 이유를 찾을 수는 없었다.

넷째, 세람포르 선교사들의 약속문에 있어서 가장 감동적인 부분을 이야기할 때가 왔다. 그것은 '복음 전도의 장애물을 인도 사람의 완악함이나 인도의 종교와 같은 외부에서 찾지 않고 내부, 곧 선교사의 문제로 인정하고 선교사를 고쳐야 한다'고 주장하는 것이다.

어떤 선교 방법론도 완벽한 것은 없으며 어떤 사람도 결코 완벽할 수 없다. 실패를 통해 문제의 원인을 찾아 고쳐나기기를 계속 하는 것이 중요하다. 그런데 사람들은 일반적으로 문제의 원인을 외부 탓으로 돌린다. 인도에서 많이 하는 핑계는 카스트 제도, 인도의 종교, 그리고 인도 사람이 힘들다, 안 된다는 것이다.

그러나 똑같이 어려운 환경에서도 열매 맺는 사람들이 있다. 캐리 이전 시대에는 척박한 인도 땅에서 상층 카스트 가운데 많은 열매를 맺었던 로버트 드 노빌리(Robert de Nobili, 1577-1656)라는 이탈리아 예수회 선교사가 있었고, 개신교 선교사 가운데는 인도 사람의 존경과 신뢰를 한 몸에 받으며 많은 제자를 낳았던 크리스챤 슈바르쯔 선교사도 있었다. 캐리와 세람포르 선교사들은 적어도 1805년 약속문의 결의만 보면 앞선 선교사들의 뒤를 따라 성공할 가능성이 매우 큰 것으로 보인다. 왜냐하면 문제를 문제로 인식하되 문제 해결의 출발점을, 남이 아니라 자기를 고치는 데서 출발하고 있기 때문이다.

약속문의 세 번째 항목에서 "복음전파에 방해가 되는 편견을 증가시킬 수 있는 요인들을 가능한 한 배제하는 것이 필요하다"고 했는데, 그 예로써 힌두에게 강한 혐오감을 주는 영국식 방식을 최대한 멀리해야 한다고 말했다. 힌두를 화나게 만드는 대표적인 영국식 방식은 소고기를 먹는 것이다. 술과 고기는 힌두들이 부정하게 여기는 음식이기 때문에 이것을 멀리해야 했다.

뿐만 아니라 워드는 "힌두 신들의 죄를 비난함으로써 그들을 공격하는 일, 힌두 신상을 파괴하는 일, 예배를 방해하는 행위를 해서는 안 된다"고 권면하고 있다. 그는 선교사들의 이러한 공격적인 행위에 대해 힌두들이 "반감"을 갖고 있다는 사실을 인식하고 있었다(둘째). 그래서 힌두를 "진정 복음으로 정복하려면" 정죄와 공격이 아니라 "사랑으로 정복해야 한다"고 말한다(셋째). 이런 측면에서 또 한 가지 선교사들에게 자성을 촉구한 점은, "현지인이 여러 면에서 자신보다 열등하다고 생각하면서 이들을 자신에게 가까이 오게 할 수 없을 만큼 너무 거만하여 다른 사람에게 허리를 굽힐 줄 모르는 사람은 선교사로서 부적절하다(셋째)"고 한 것이다.

그러나 여기에서 워드가 '하지 말라'고 말한 것을 선교사들은 실제적으로 '다 하고 있는' 일이었다. 워드는 이것이 생각만큼 선교에 도움이 되지 않을 뿐더러 도리어 반감만 늘려 복음 전파에 큰 훼방거리가 되는 것을 인식하고 있었기 때문에 그것을 고치자고 제안한 것이다. 선교 사역에 가장 어려운 것은 현지인을 고치는 것이 아니라 선교사 자신을 고치는 것이다. 자신의 편견, 자신에게 익숙한 방식이 현지인의 관점에서는 얼마나 혐오스럽고, 부정한 방식인가를 받아들이고 자기를 고칠 때 비로소 상대방의 신뢰를 받게 되는 것이다.

캐리는 우리 모두가 그렇듯이 그가 속한 시대의 사람이었다. 그는 식민주의 시대에 지배자 중의 한 사람으로서 혜택을 누리며 살고 있었기 때문에 식민주의의 잘못을 심각하게 인식하지 못했다. 그래서 "기독교 통치자의 종교로 개종한 이교도들에게 충분한 신앙교육을 시키게 되면," 그들이 힌두나 무슬림보다 훨씬 더 "기독교 통치자들을 좋아하고 그들과 쉽게 하나 될 수 있다"고 믿었고 그렇게 되기를 바랐다(일곱 번째).

그러나 그럼에도 불구하고 "유럽 선교사에 대한 현지인들의 편견"을 인정하고 그들의 마음을 상하게 하는 것을 삼가고자 애를 쓴 것은 참으로 아름답지 않은가?

만일 이런 자세를 계속 견지하기만 한다면 그들은 여러 가지 실수나 실패에도 불구하고 앞으로 한 걸음씩 한 걸음씩 전진하게 될 것이다. 세람포르 선교사들은 '약속문'을 결의함으로, '사랑으로 인도를 정복'하는 위대한 선교 여정을 의욕적으로 출발하게 되었다.

2. 캐리의 실제 사역 방법

윌리엄 캐리는 크게 보아 직접 전도보다는 '간접 전도' 방법, 지금 현재 열매를 맺는 사역보다는 미래의 추수를 위해 '준비적'인 방법을 주로 사용하였다.[42] 캐리 이전에도 성경 번역을 하거나,[43] 일반 학교나 신학

---

42 캐리는 약속문에서 자신의 사역을 두 가지로 구분한다. 즉 "이교도를 회심시키기 위해 지금 당장 해야 할 선교적 노력이 있는가 하면, '한 나라가 일어날 순간'을 기대하면서 그 영광스러운 때를 준비하기 위한 선교적 노력도 있다"는 것이다(아홉 번째). 캐리와 동료 선교사들은 이 중 대부분 '준비하기 위한 선교적 노력'에 집중했다고 보아야 할 것이다.

43 인도 현지어로 신구약 성경 전권을 최초로 번역한 선교사들은 개신교 최초의 선교사인 바르톨로뮤 지겐발크(Bartholomew Ziegenbalg)와 그의 후임자인 벤자민 슐츠(Benjamin Schulz)였다(1728년).

교를 운영하고, 빈민구제, 사회개혁 같은 것을 한 선교사는 많았지만, 캐리만큼 '다양하게,' '대규모로,' 이것에 '집중적인' 사역을 한 선교사는 없었다. 캐리가 사용한 방법을 세람포르 선교사 본인들이 정리한 대로 "성경 번역, 교육, 그리고 전도를 통한 복음 전파"[44]를 중심으로 해서 그 구체적인 내용을 살펴보기로 하자.

1) 성경 번역, "말씀의 효과적 전달 수단"

먼저 캐리에게 있어서 개인적으로 주된 사역이었던 성경 번역부터 살펴보자.

캐리의 주장에 따르면 세람포르 선교사들은 "거의 40개의 언어로" 성경 번역을 했다.[45] 캐리가 몇 개의 성경을 번역했는가 하는 통계는 사람에 따라 다르다. 가장 적은 수를 말한 사람은 전기 작가 드리워리(Drewery)인데 산스크리트어, 벵골어, 마라티어, 오리사어, 힌두스탄어, 구자라띠어, 중국어, 시크어, 뗄루구어, ⫽나다어, 버마이, 페르샤어 등 27개의 언어로 성경을 번역했다고 한다.[46]

로이(N. R. Roy)는 29개의 언어를 전부, 또는 부분 번역하는데 참여

---

44 Serampore Missionaries, "LXXVIII June 1825 Serampore," *Missionary Herald*: Intelligence at Large of the Proceedings and Operations of the Baptist Missionary Society, 1825, 42.

45 Carey's Letter on 23 July, 1816 to Dr. Thomas Baldwin, Frist Secretary of the General Missionary Convention of the Baptist Denomination in the United States of America for Foreign Missions. *Reprinted in The American Baptist Magazine, and Missionary Intelligencer*, Vol. 1., No.2., March 1817, 65.

46 Mary Drewery, *William Carey: A Biography* (Grand Rapids MI: Zondervan, 1979).

했다고 했다.⁴⁷ 선교학자 스티픈 닐(Stephen C. Neil)은 37개라고 말하면서, 캐리의 "번역이 거칠고 개정이 필요함에도 불구하고 전 기독교 선교 역사상 타의 추종을 불허하는 업적을 남겼다"⁴⁸고 평가했다. 앤더슨(Justice Anderson) 같은 침례교 학자도 이 견해를 따르는 것으로 보인다.⁴⁹

마지막으로 캐리의 주장과 가장 근접한 개수를 주장한 사람은 역사가로서 『인도 교회사 서론』을 쓴 시릴 퍼스(C. B. Firth)이다. 그는 1834년 캐리가 죽었을 때 6개의 성경전권이 출판되었는데, 23개는 신약만, 일부분 번역으로는 10개의 다른 언어 번역을 포함해서 합계 39개의 언어로 번역했다고 말한다.⁵⁰ 크리스토퍼 스미스는 퍼스의 견해를 그대로 따르고 있는 것으로 보인다.⁵¹

캐리가 이렇게 많은 인도어로 성경을 번역할 수 있었던 데는 이유가 있다.

첫째, 캐리가 인도 각종 지역어의 뿌리가 되는 고전어, 산스크리트어를 대중 연설을 할 수 있을 정도의 수준으로 정복했기 때문인 것으로 보인다.

---

47 N.R. Roy, "William Carey – A Linguist with A Difference," Ed. J.T.K. Daniel, R.E. Hedlund, *Carey's Obligation and India's Renaissance*, (Serampore: Council of Serampore College, 1993), 154.

48 Stephen Neill, *The Story of the Christian Church in India and Pakistan* (Grand Rapids: Eerdmans, 1970), 74, 75.

49 Justice Anderson, "William Carey: A Bi-Centennial Tribute," *Southwestern Journal of Theology*.

50 Cyril B. Firth, *An Introduction to Indian Church History* (Delhi: ISPCK, 1998), 151.

51 A. Smith, *The Serampore Mission Enterprise*, 190.

둘째, 동인도 회사의 지원을 받아 포트윌리암대학의 인적, 물적 자원을 활용했기 때문이었다.[52]

셋째, 번역작업을 위해 고용된 30명의 인도인 빤딧(Pandits, 학자)들의 조력과,[53] 활자공, 주물공, 인쇄공, 제본공 등 70명에 달하는 인도인 고용인들의 수고가 있었기 때문에 가능한 일이었다.[54]

넷째, 특히 캐리가 성경 번역에 있어서 이처럼 경이로운 업적을 남길 수 있었던 것은 그가 포트윌리암대학에서 강의하는 시간 외에 거의 모든 시간을 번역 작업과 새로운 언어를 배우는 일에 바쳤기 때문이다. 윌리암 워드가 풀러에게 한 말을 들어보자.

> 캐리 형제의 시간의 절반은 캘커타에서 보내는데, 그의 마음은 온통 번역하는 일밖에 없습니다. 그는 그런 엄청난 작업을 위해 하루 종일 끈질기게 앉아 있는 일에 천부적인 자질이 있는 사람입니다. 그렇지만 그는 순회 전도라든지 관심자와 함께 대화를 나누는 일에는 전혀 어울리지 않습니다. 세람포르 기지에는 조언과 권면이 필요하고, 거룩한 신앙의 여정에서 친절하게 지켜보며 격려해 주어야 하는 20-30명의 인도인 형제들과 같이 살고 있는데, 그들을 보살펴주며 1000여 가지의 소소한 일들을 다루어야 하는 일과 같은 것에는 정말 맞지 않는 사람입니다. 캐리 형제가 최대한 꾸준하게, 성실하게,

---

52 캐리는 당시 총독이었던 리처드 웰리슬리(Richard Wellesley)와 채플 목사인 클라우디우스 뷰캐넌(Claudius Buchanan)과 15개의 동양어로 성경 번역을 하기로 협약을 맺었다(Firth, *An Introduction to Indian Church History*, 150).
53 Drewery, *William Carey: A Biography*, 133.
54 Calcutta Nov. 11, 1826, *Missionary Herald*, 45.

인내심으로 계속 할 수 있는 일은 오직 한 가지 일(번역)입니다.[55]

이를 보면 알 수 있지만 현지인들을 보살펴주며 100여 가지의 크고 작은 일들을 처리하는 것은 워드와 마쉬만의 일이었고, 캐리는 거의 이런 일에 관여함이 없이 오직 번역하는 한 가지 일에만 전심전력했다. 그러기에 수십 개에 달하는 새로운 언어들을 익히고 번역하는 작업을 수행할 수 있었던 것이다. 캐리 자신도 이를 인정했다.

"나는 다른 어떤 일보다 하나님의 말씀을 번역하는 일에 소질이 있다."[56]

"하나님의 말씀을 번역하는 일은 내 시간의 대부분을 차지하고 있다."[57]

캐리는 허리가 아파 위험 경고를 받을 정도로 번역 일에 몰두했고, 그 결과 탄생한 것이 총 40개 언어로 번역된 성경이었던 것이다.

캐리는 자기뿐만 아니라 성경 번역하기에 적합한 능력이 있다고 판단되면 누구든지 동참하도록 격려했다.[58] 여기서 '적합한 능력'이란 "히브리어, 헬라어 원어 해독 능력과 함께 특정 현지어를 7년 이상 집중적으로 공부한 사람"을 말한다. 예를 들어 죠수아 마쉬만 역시 학교 일과 세람포르 운영하는 일로 눈코 뜰 새 없이 바쁜 가운데서, 한 번 가본 적도 없는 중국을 위해 중국어 성경 번역을 하느라 14년의 세월을 바

55　Ward to Fuller, 7 October 1805, 3.
56　In his letter to Ryland, Dec. 10, 1811.
57　Carey said to Charles Stuart(Terry G. Carter, ed., *The Journal and Selected Letters of William Carey* (Macon GA: Mercer Press, 2000), 161-163.
58　Letters LXXVIII June 1825, *Missionary Herald*, 13.

쳤다. 그는 공자의 작품도 번역(1809년)하고, 중국 음성학에 관한 논문까지 썼다고 한다(1814년).[59]

존 체임벌린(John Chamberlain, 1777-1821) 선교사의 경우는 카트와(Katwa), 아그라(Agra), 델리(Delhi) 등지에서 사역을 하면서 여러 개의 언어로 신약 성경을 번역했는데, 그가 번역한 힌디어 신약 성경은 기존의 세람포르 판 신약 성경을 대체한 바 있다.[60] 그들은 성경을 번역할 때, 한 번 번역하고 끝낸 것이 아니라 지속적인 수정 작업을 통해 질적인 완벽을 기하고자 애를 썼다. 그래서 1832년 캐리가 71세가 될 때 5번째 개정판 벵골어 구약 성경과 8번째로 개정한 벵골어 신약 성경이 완성되었으며, 2년 뒤 73세로 소천할 때 그는 9번째 신약 개정판을 위해 작업 중이었다.[61]

캐리의 성경 번역이 그의 삶과 사역에 차지하는 비중에 대해서 그의 아들 죠나단(Jonathan Carey)이 캐리의 사후에 이렇게 평가한 바 있다.

"수억의 동양 사람들에게 성경을 공급하는 것, 이것은 저의 아버지의 삶의 목적이었습니다."[62]

영국 선교학자 브라이언 스탠리(Brian Stanley)에 따르면 18세기 영국은 복음적 부흥 운동의 영향으로 기독교를 전파함에 있어서 다른 무엇

59　A. Smith, *The Serampore Mission Enterprise*, 61.
60　CX. February, 1828, Calcutta, *Missionary Herald*, 13.
61　*Ibid.*, 178.
62　Notice of Dr. Carey, by His Son, Mr. Jonathan Carey, Camberwell Grove, 14th April, 1836. Summary View of Dr. Carey's Character, with Reflections, in *Memoir of Dr. Carey*, 415.

보다도 설교와 개인 전도의 중요성이 강조되었다고 한다.[63]

그런데도 캐리는 전통적인 전도 방법만이 아니라 "결코 포기해서는 안 되는 선교 목표"로서 성경 번역을 왜 자신의 주요 사역으로 채택했을까?[64]

캐리의 선교 기지 및 번역 사역에 대해 소개하고 있는 1814년의 글을 보면 다음과 같이 설명된다.

> 만일 복음이 이곳 인도에 깊이 뿌리를 내리게 하려면, 반드시 성경을 번역하여, 인도의 다양한 부족들의 손에 쥐어 주어야 함을 알게 되었다. 선교사가 아무리 열심히 일한다 할지라도, 그가 전하는 진리가 단지 목소리로만 청중에게 전달되고, 문자의 형태로 말씀이 전해져서 그들이 읽고 마음에 새기는 것이 뒤따르지 않는다면, 심지어 호의적인 청중에게라도 종종 잘못 이해될 수 있으며, 선교사가 죽거나 그 장소를 떠나면 그의 사역의 열매는 금방 시들게 되며, 생명의 말씀이 그에게 조금이라도 전해 졌다는 그 어떤 흔적도 거의 남아 있지 않게 되기 때문이다.
>
> 반면에, 영혼에 대한 사랑에 사로잡혀 성경을 지역어로 출판하게 될 때, 하나님의 축복이 함께 하기만 한다면, 유럽 선교사가 생명의 말씀을 가장 효과적

63　Brian Stanley, *The History of the Baptist Missionary Society* (Edinburgh: T & T Clark, 1992), 47.

64　1805년 워드가 작성한 약속문의 아홉 번째 항목을 보면 여러 힌두스탄 언어로 성경 번역 하는 것을 세람포르 선교 사역의 방법으로 채택한 것을 알 수 있다. 그러나 왜 이 방법을 반드시 써야 하는지에 대해서 여기에서는 분명치가 않았다. 캐리의 사역에 있어서 성경 번역의 위치는 Joe L. Coker, "Developing A Theory of Missions in Serampore: The Increased Emphasis upon Education as A 'Means for the Conversion of the Heathens,'" *Mission Studies*, Vol. XVII, No. 1-35, 2001, 44 참조.

으로 전달하게 될 뿐만 아니라, 현지인이 하나님의 말씀을 읽을 때 하나님이 기뻐하사 사람들의 마음에 감화를 주시는 것을 명백히 보게 된다.[65]

이 글이 보여주듯이 캐리는 소리로만 하나님의 말씀이 전해지는 것은 충분치 않고 반드시 인쇄된 활자의 형태도 같이 전해져야 그 효과가 크다고 보았다. 드리워리가 말한 것같이 그는 "하나님의 말씀이 사람의 손에 놓이기만 하면 그 책 자체가 변화와 구원의 사역을 효과적으로 하기에 충분한 것"[66]으로 보았다.

선교사는 항상 청중과 함께할 수 없지 않은가?

선교사는 그 자리를 떠날지라도, 심지어 그가 죽어서 계속 현장에 함께 있을 수가 없을지라도, 성경이 현지인의 손에 주어지기만 하면, 성경 자체가 선교사가 되어, 물론 성령의 도우심을 받아야 하지만, 현지인의 마음에 감화를 주어 구원과 신앙의 열매를 맺게 할 수 있다고 생각한 것이다.[67]

그런데 성경 번역이 인도인을 구원하는 데 효과를 보려면 한 가지 해결해야 할 문제가 있었다. 그것은 지금으로서는 상상도 할 수 없을 만큼 심각했던 문맹률이었다. 지금은 문맹률이 도시와 시골, 남성

65　Baptist Missionary Society, *Missionary Stations as They Existed in June 1814 Part I* (Boston: Wells and Lilly, 1815), 23.
66　Drewery, *William Carey: A Biography*, 157.
67　캐리는 심지어 복음을 담은 전도 책자 하나 하나가 자신이나 동료 선교사들이 하는 역할을 하거나 그보다 더 많은 일도 할 수 있다고 보았다. 그래서 그는 그것들을 비유적으로 "선교사"라고 불렀다(Carey to Morris, 25 Feb. 1802; Carey to Ryland, 15 Aug. 1801; Trio to BMS, 16 July 1802; Carey to Sutcliff, 25 Mar. 1813; Missionaries to the Society, 29, Jan. 1804).

과 여성의 차이는 있지만 평균 26%(2011년)에 불과하지만, 1901년에는 94.6%, 인구조사를 처음으로 한 1881년에는 96.8%(여성의 경우는 99.5%)이었다. 거의 대부분의 인구가 글을 읽을 줄 모르는 상황에서는 아무리 성경을 인도 지역어로 번역한다고 해도 구원의 열매를 기대하기는 어려웠다.

캐리가 성경 번역과 함께 학교 사역에 힘을 쓴 이유는 재정 자립 문제와 함께 이러한 문맹률을 해결함으로 번역된 성경을 인도인 스스로가 읽을 수 있도록 하기 위함이었다. 그러나 학교는 세우는 데도 시간이 걸리고, 가르치는 데도 시간이 걸린다. 그러기에 선교사들은 전도할 때 반드시 현지인 낭독자를 대동하고 다녔다.

1819년 역사 보고서에 의하면 구야(Guyah)에서 전도할 때 현지인 낭독자 루구(Rughoo)가 매일 이 지역에 가서 사람들에게 성경을 읽어주었다는 기록이 나온다.[68] 도르가포르(Doorgapore)에서는 죠지 퍼스(George Pearce) 선교사가 현지인 조력자 판쵸(Paunchoo)와 같이 일하는데, 이들과는 별도로 이 기지에 고용되어 집집마다 돌아다니며 지역 주민에게 성경을 읽어주는 현지인이 있었다는 보고가 있다.[69] 종종 현지인 개종자 중에 전도지 책자나 성경을 배포하는 배포자와 전도인으로 고용이 되는데, 이와 함께 낭독자 고용도 빠지지 않는 이유는, 현지인들이 대부분 문맹자였기 때문에 전문적으로 현지어로 성경을 읽어주는

68　Baptist Missionary Society, *Annual Report to the Committee of the Baptist Missionary Society 1819* (London: J. Haddon, 1819), 18.
69　*Annual Report*, 1830, 13.

이가 반드시 필요했기 때문이었다.[70]

캐리는 번역에 사역의 전부를 건 만큼 자신의 번역을 사람들이 어떻게 이해하는지, 사람들이 제대로 이해했는지에 대해 관심을 기울였다. 그래서 선교사들에게 번역된 성경에 대한 현지인들의 반응에 대해 보고를 요청했다. 먼저 1810년 선교사 마든(R. Mardon)이 고아말티(Goamalty)로부터 세람포르 본부의 워드에게 보낸 편지를 보자.

> 힌두스탄어로 된 복음서를 보고 기뻤습니다. 그 책이 전도에 아주 유용하리라고 기대합니다. 제가 생각하기로 캐리 형제의 번역은, 대부분의 이곳 지역에서는 힌두들이 잘 이해하고 있기 때문에, 거의 걱정할 필요가 없습니다. 여기에 얼마 전부터 네팔 출신 한 브라민이 사는데 그도 그 책을 잘 이해하는 것을 보았습니다.[71]

오릿사에서 사역했던 존 피터(John Peter) 선교사는 1811년 오리야어와 마라띠어 성경의 현지인 이해도에 대해 상세한 보고서를 보냈다.

> 저는 번역이 잘 되었는지 확인하기 위해 9명의 현지인을 불러 오리야 성경을 읽게 했는데, 그들 모두 '이건 오리야 언어가 맞다'고 말했습니다. 일부 오리야인 중에는 산스크리트 단어들이 들어가 있다는 말을 하기는 했습니다. 그 사람들의 경우는 어떤 인도 지역어도 복음의 신비를 다 표현할 수 없다는

---

70 *Annual Report*, 1819, 51.
71 A Report to Ward by R. Mardon on Jan. 29, 1810. *Monthly Circular Letters, Relative to The Missions in India*, Vol. II (Serampore: The Mission House, 1810), 16.

것을 보여 주는 케이스가 아닌가 생각합니다.

마라띠어 성경에 대해서는 몇 년 전부터 여기에서 살면서 많은 성경을 배포했던 한 신사가 말했습니다. '마라띠 신약은 문체나 언어 이해에 문제가 없고, 번역이 잘됐다는 칭찬들이 많다고 캐리 박사에게 전해 주시오.' 산스크리트어도 알고 마라띠어도 자유롭게 읽을 수 있는 제이(J)라는 사람도 칭찬을 많이 했습니다.

내가 준 신약을 읽은 마하데오(Mahadeo)라는 사람은 두 번을 읽더니 그 내용에 크게 흥미를 가졌습니다. 키스트나(Kistna)도 신약을 한 번 읽은 후 똑같이 관심을 보였습니다. 부와니(Bhuwanee)도 신약을 두 번 읽었는데 앞 두 사람보다 더 많은 관심을 가졌습니다.[72]

피터 선교사가 한두 명이 아니라 9명을 불러 번역판 성경에 대한 반응을 제대로 알아보려고 노력한 사실이 흥미롭다. 한편으로 번역된 성경 중에 현지어가 아닌 다른 언어가 차용되었다는 것과, 이해가 잘 안 되는 부분에 대해서는 "어떤 지역 언어도 복음의 신비를 다 표현할 수 없다"는 말을 한 것을 주목하기 바란다. 이것은 피터 선교사만의 입장이 아니라 캐리를 비롯한 세람포르 선교사들이 공유하는 태도인 것으로 보인다.

번역된 성경에 대한 사람들의 이해도에 대한 관심은 번역 작업 초기뿐아니라 대부분의 신규 번역을 마친 후에도 계속되는 것을 보여준다.

---

72 August 1812 Memoir Relative to Translations, Addressed to the Society June 1812, *Monthly Circular Letters, Relative to The Missions in India*, Vol. V. (Serampore: The Mission Press, 1812), 14, 15.

캐리는 1836년 자신이 직접 확인한 케이스를 소개한다.

> 오늘 그들은 고린도전서 11:26까지 인쇄를 했습니다. 나는 그 번역본이 읽는 사람들에게 잘 이해되고 있다는 매우 확실한 여러 증거를 가지고 있습니다. 한 마을에서 어느 날 어떤 사람이 세람포르 근처에서 마태복음 6장과 7장의 일부를 꽤 많은 사람들에게 읽어주었는데, 그것을 아주 잘 이해하는 것을 볼 수 있었습니다.[73]

이상에서 보듯이 캐리는 나름대로 사람들의 긍정적 이해도를 반영하는 여러 보고들을 통해서 자신의 번역에 확신을 가졌던 것으로 보인다. 그런데 두 가지 이상한 점이 눈에 띈다.

첫째, 그렇게 번역이 잘 되었다고 확신한다면 두서너 번 수정 작업이라면 모를까 앞에서도 언급했지만, 그는 자신이 40여 년간 사용해 왔고 가장 잘 한다고 생각하는 벵골어조차도 구약은 8번째, 신약은 9번째까지 개정판을 내었다. 그는 1826년까지는 새로운 언어로 성경 번역을 했지만, 그 이후는 이전 번역의 수정과 개정 작업에만 매달린다.[74] 그가 이렇게 강박관념적으로 개정 작업에 매달린 것은 후에 언급하겠지만, 그의 번역의 품질을 조롱하는 당대 여러 사람의 비판에 직면하고 있었기 때문이었다.

둘째, 캐리 번역에 의구심을 갖게 되는 것은 실제로 캐리와 함께 번

---

73 Eustace Carey, *Memoir of Dr. Carey*, 286.
74 S. K. Chatterjee, "William Carey and the Linguistic Renaissance in India," Ed. J.T.K. Daniel, R.E. Hedlund, *Carey's Obligation and India's Renaissance*, 164.

역 작업에 참여해서 날마다 성경을 읽었던 30명 이상의 인도 사람들 가운데 아무도 개종을 하거나 세례 받은 사람이 없었다는 것이다.[75] 그들은 해당 분야의 언어학자로서 직업적, 기술적으로 번역 작업만 한 것으로 이해는 되지만, 성경이 인도인의 손에 쥐어져 읽히기만 하면 어떤 변화가 일어날 것으로 믿었던 캐리의 기대와는 분명 다른 것이었다.

캐리의 번역에 대한 당대의 평가는 동시대의 평가만 집중적으로 다루는 다음 섹션에서 언급하기로 하고 여기서는 먼저 후대에서 내린 평가부터 살펴보자.

앞에서 스티븐 닐을 언급한 바 있지만 그는 캐리의 공적을 인정하면서도 그의 번역이 "거칠고 개정이 필요하다"고 평가했으며, 트리니티 신학교의 루스 터커(Ruth A. Tucker) 역시 그의 번역에 "결함이 있었다"고 말했다.[76] 좀 거칠고 결함이 있어도 캐리 번역본의 개정판을 사용할 수 있었다면 그간 캐리의 작업이 의미가 있었을 텐데, 안타깝게도 그의 성경 번역은 인도인 학자 다니엘(J.T.K. Daniel)에 의하면, "만족스럽지 못하여 결국 성서공회의 지도하에 작업한 다른 것으로 대체되고" 말았다.[77] 동북부 인도인인 스나이탕(O.L. Snaitang)은 캐리가 번역한 카시(Khasi)어, 아삼(Assam)어, 마니뿌르(Manipur)어 번역 역시 "유용하지 않

75　드리워리가 말했는데(Drewery, *William Carey: A Biography*, 157), 전기 작가인 그가 캐리의 번역의 가치에 의문을 표하는 이런 언급을 왜 했는지는 모르겠다. 어쨌든 캐리와 함께 그렇게 많이 성경을 붙들고 씨름한 수십 명의 현지인 번역가 중에 아무도 신앙을 가진 사람이 없었다는 것이 신기하게 여겨졌을는지 모른다.

76　Ruth A. Tucker, Book Review of Timothy George's Faithful Witness: *The Life and Mission of William Carey* (Birmingham: New Hope, 1991), *Trinity Journal* 1991, 244.

77　J.T.K. Daniel, "The Significance of Serampore Mission for Christian Education Today," *Indian Journal of Theology*, Vol. 35, No. 1, 1993, 124.

아," "완전히 새로운" 번역을 하게 되었다고 말하고 있다.[78]

인도 교회사 전문가인 퍼스(C. Firth)는 "캐리의 성경은 많은 번역이 불완전하여 어떤 것은 곧바로 대체되고, 심지어는 최상의 번역조차도 대대적 개정을 해야 했다"고 기록했다.[79] 결국 캐리의 번역본은 처음으로 번역했다는 역사적인 가치는 있을지라도, 그의 사후에 실제로 사용되지 않는 성경이 되었는데, 그 이유는 "유용하지 못하고," "만족스럽지 못하고," "불완전하기" 때문이라는 것이다.

그렇게 오랜 세월 동안 많은 것을 희생하고 그의 모든 시간을 드린 결과물인데, 캐리는 다른 일은 안 하고 거의 그 일만 했는데, 캐리의 번역본에 무슨 문제가 있었던 걸까?

프린스턴의 인도 전문가인 리처드 영(Richard F. Young)의 이야기를 들어보자.

> 캐리와 동료들은 힌두교 우상 체계에 대한 반감 때문에, 번역 시 산스크리트어 용어 사용을 매우 조심했다. 그 결과 어색하고 문자적인 '교회 산스크리트어'가 만들어져 브라민 사회로부터 나오는 많은 조롱의 구름으로부터 성경 번역을 구원하기 위해 다른 이들이 다시 가다듬어야 했다.[80]

번역된 글에 '구원'이 필요할 정도로 전문가가 다시 손을 봐야 한다면

---

78 O.L. Snaitang, "William Carey and the Church in Northeast India," J. T. K. Daniel, R.E. Hedlund, *Carey's Obligation and India's Renaissance*, 90.
79 C. Firth, *An Introduction to Indian Church History*, 151.
80 R. F. Young, 1979: 205-231. A. Smith, *The Serampore Mission Enterprise*, 321.

그것을 이해할 일반인이 누가 있겠는가?

캐리의 번역물이 이렇게 '구원'이 필요했던 이유는 성경의 내용을 표현하고 전달하는 수단이 되어야 할 인도어와 인도의 문화(신앙)가 우상숭배와 미신으로 부패해서 기독교의 진리를 담을 수 없다고 보았기 때문이었다. 그래서 의도적으로 인도인의 신앙의 용어를 배제하다 보니 결국 헬라어나 영어를 차용하지 않을 수가 없었는데, 이것이 인도인들로 하여금 그의 성경을 이해하기 어렵게 만든 중요한 이유였다.

인도인 학자 솔로몬 롱피(Solomon Rongpi)의 글에는 캐리 번역 작업의 문제를 다음의 세 가지로 정리하고 있다.[81]

첫째, 벵골어 성경에 영어를 도입했다는 것이다. 윌리엄 캐리는 벵골어 문법과 사전의 편찬 등으로 벵골문학에 큰 기여를 했지만, 영어 문법적 틀과 영어적인 요소를 가져온 것으로 인해 벵골어 학자들로부터 비판을 받고 있다. 솔로몬은 이런 '영어적인 요소'를 벵골어 성경 번역에도 사용함으로, 영문법을 알지 못하는 다수의 일반인들의 성경 문장의 이해를 어렵게 만들어 놓았다는 것이다. 또한 롱피는 캐리의 번역에 대한 로우스(G. H. Rowse) 목사의 말을 인용하여 "캐리는 어느 정도 언어를 익히자마자 바로 번역을 했는데, 그 결과 매우 미숙한 번역을 함으로 많은 실수를 저질렀다"고 분석했다.

둘째, 캐리는 문체와 언어에 있어서 일관성을 유지하지 않았다고 한다. 인도 경전은 시의 형태로 된 문어체를 사용하는데, 캐리는 문어체를 사용하다가 갑자기 많은 구어체를 사용하고는 했는데, 이는 인도

---

81 Solomon Longpi, *Mission and the Local Congregation* (Delhi: ISPCK, 2011), 9.

의 전통적인 문체에서 받아들일 수 없는 것이라고 말했다.

셋째, 많은 벵골어 학자들은 윌리엄 캐리가 벵골 문학에 이질적인 '기독교 벵골어'를 도입한 것으로 비판을 하고 있음을 언급했다.

크리스토퍼 스미스는 한편으로 캐리가 여러 인도인 학자들의 도움을 받다보니 "지나치게 복잡하고 산스크리트화 된 번역"을 해서 벵골어 사용자들이 이해하기 어려웠다고 말했다.[82] 한마디로 대부분의 세람포르 선교의 번역이 "성급하고 이해 불가능할 정도로 관용어법에 맞지 않았다"고 평가했다.[83] 영국의 선교학자 안드류 윌즈(Andrew F. Walls)는 특별히 마쉬만의 중국어 성경 번역에 대해 언급했는데, 이는 "근대 선교 운동에서 가장 큰 흰 코끼리 중의 하나"였다고 말했다.[84]

물론 이상과 같은 현대의 평가는 20세기의 사회, 언어학적 지식과 통찰을 배경으로 하는 것이기 때문에, 19세기 초 사람이었던 캐리가 그와 같은 오류를 범한 것은 어쩔 수 없는 한계가 아닌가 하는 변명을 할 수도 있다. 그러나 아도니람 저드슨(Adoniram Judson, 1788-1850) 선교사는 캐리와 같은 시대 사람임에도 불구하고 "캐리와 그 동료들의 벵골어 번역과는 달리, 버마의 구문론과 문장 스타일에 맞추어 제대로 버마 성

---

82   캐리가 신명을 비롯한 교리적인 부분에서 산스크리스트어를 사용하는 것은 조심하였지만, 일반 용어 및 구문 사용에 있어서는 산스크리트어의 영향을 많이 받은 것으로 보인다.
83   A. Smith, *The Serampore Mission Enterprise*, 192.
84   월즈가 1994년 6월 2일, 미국 테네스 내쉬빌(Nshville, Tennessee)에서 행한 국제 선교 콜로키움 강의 중에 나온 말. 그가 말한 흰 코끼리는 '처치 곤란한 애물단지'라는 뜻. 흰 코끼리는 아주 귀한 동물로 여겨 최상의 먹이만으로 길러졌다. 그런데 태국의 왕이 이를 이용해서 못마땅하게 생각하고 있는 사람에게 이 흰 코끼리를 선물해 주었는데, 값비싼 사육비를 감당 못하면 파산할 수밖에 없었기 때문에, 왕의 호의를 거절할 수도 없고, 이 선물을 받을 수도 없었다. 여기서 유래되어 흰 코끼리는 "아무 가치도 없이 돈과 노력만 많이 들어간 것"이라는 의미로 사용되었다.

경 번역을 했다"[85]는 것을 기억할 필요가 있다.

저드슨뿐 아니라 역시 캐리와 동시대에 인도의 무슬림들을 위해 우르두어(Urdu) 성경 번역을 했던 헨리 마틴(Henry Martin, 1781-1812) 선교사의 경우도 그렇다. 캐리와 똑같이 19세기 초반에 번역했던 마틴의 성경은 지금도 일부 개정을 통해 그대로 사용되고 있다는 것은, 캐리의 질 낮은 번역의 문제를 단지 시대의 한계로만은 돌릴 수 없다는 것을 보여 준다.

사실 저드슨이나 마틴 선교사보다는 대학에서 일류급 언어학자들과 교류했던 캐리가 더 성경 번역을 잘 할 유리한 여건에 있었다고 봐야 할 것이다. 그럼에도 불구하고 캐리의 번역이 양에 비해 질적으로 실망스러운 결과를 낳은 가장 큰 이유에 대해 스미스는, "성육신적 원리가 무시되었기 때문"이라고 분석한다.[86] 일반인과 격리된 선교 기지에서의 삶, 책과 학자들만의 만남으로 풀뿌리 일반인들의 정서와 용어로 성경을 이해시키기에는 분명 한계가 있었던 것으로 보인다. 물론 캐리는 이러한 면에서 자신의 번역이 부족한 것을 잘 알았다. 그래서 그는 자신의 기초적인 번역을 "완성단계에 이르게 할 수 있는 것은, 이교도들과 같이 거주하게 될 후배 선교사들"이라고 말했다.[87]

이를 보면 그 역시 현지인이 완벽히 이해할 수 있는 성경 번역을 하

---

85 Smith, *The Serampore Mission Enterprise*, 194.
86 *Ibid.*, 194.
87 Eustace Carey and William Yates, V*indication of the Calcutta Baptist Missionaries*; *In Answer to 'A Statement Relative to Serampore by Joshua Marshman, with Introductory Observations by John Foster'* (London: Wightman & Co., 1828), 65. Trio to the BMS, 10 Feb. 1818, 6.

려면 현지인들과 함께 사는 성육신적 삶이 반드시 필요한 것을 인지한 것을 알 수 있다. 그러나 안타깝게도 그것을 자신에게 적용하지는 않았으며 후임 선교사들에게서 그것을 기대했는데, 그들 역시 현지인들 속에 들어가 살려는 사람은 아무도 없었다.[88]

2) 학교, "성경지식 전파의 가장 중요한 장"

현지인 학교 사역은 캐리의 선교에 있어서 성경 번역 다음으로 중요한 사역이었다. 그는 100개가 넘는 초중등학교와 대학교를 세웠으며,[89] 1819년 한 해만 해도 8,000명에 달하는 학생들이 선교사들이 세운 학교에서 일반 과목 공부와 함께 성경 교육을 받았다.[90] 당시에 남학생들을 위한 초중등학교로는 영국 정부나 인도인이 세운 일반 학교가 있었는데, 세람포르 선교사들은 여기에 추가적으로 "기독교 학교"를 세워 나갔다.

당시 여학생들을 위한 공적 교육은 없었지만, 선교사들의 도전으

---

88 선교사가 인도에 있으면 다 오지에 있고, 현지인과 같이 사는 것으로 본국 교회는 생각한다. 그러나 같은 인도라도 캐리와 세람포르 선교사들이 살고 있었던 캘커타와 세람포르의 선교 기지는 완전히 딴 세상이다. 영국식 저택과 정원을 만들어 놓고 영국 사람에게 불편함 없는 그곳은 일반 인도인이 사는 곳이 아니었다. 그들이 풀뿌리 인도인을 만나려면 그 편안한 곳을 나와 불편한 곳, 비위생적인 곳, 위험한 곳으로 나아가야 했다. 가끔씩 있는 전도여행 시, 꼭 필요할 때 볼 일이 있어 잠깐 나갔다 올 수는 있으나, 그것은 잠시 잠깐 일 뿐이다. 많은 선교사들이 이처럼 현지에 살고 있으면서 실제로 물리적, 신체적, 문화적으로는 현지인과 격리된 삶을 사는 것은 전혀 드문 일이 아니다.

89 Edward Beasley, *Empire as the Triumph of Theory: Imperialism, Information and the Colonial Society of 1868* (Abingdon and New York: Routledge, 2005), 46.

90 Baptist Missionary Society, *Annual Report 1819*, 53.

로 차츰 영국 등지에서 지원을 받아 "일반 여학교"들이 세워지기 시작했다. 선교사들은 일반 여학교에서 가르칠 교사 양성을 위해, 특별히 선발된 여학생들을 가족들과 분리시켜 선교 기지에 거주시키며 교육을 시켰는데, 이러한 학교를 "중앙학교"라고 불렀다.[91] 그리고 "자선학교"라는 것을 세웠는데 이는 다양한 배경의 가난한 기독 학생들을 위한 남녀 공학 학교로 설립이 되었다. 처음에는 몇십 명 대에서 나중에는 최대 500명까지 숫자가 늘어났는데, 초기에는 세람포르 선교사들이 재정을 지원하였으나, 후에는 영국 정부가 부분적으로 그 재정을 담당하게 되었다.[92]

　세람포르 선교사들이 이렇게 학교 사역에 힘을 쏟은 데에는 여러 가지 이유가 있었다.

　첫째, 재정적인 이유였는데 캐리가 동인도 회사로부터 받는 1,000파운드의 연봉에 버금가는 수익금을 유럽인과 앵글로 인디언을 대상으로 한 기숙학교에서 벌 수 있었다. 인도에 살고 있지만 유럽식 교육을 선호하는 유럽인들을 대상으로 하는 교육 사업은 많은 수익이 나는 사업으로서 세람포르선교회가 재정을 자립하는 데 큰 도움이 되었다.

　둘째, 현지인을 대상으로 하는 학교를 통해서는 생명의 말씀인 성경 지식을 널리 확산시킬 수 있다고 보았기 때문이다. 학교 사역을 통해 궁극적으로 바라는 것은 이교도의 개종(또는 세례)이지만, 개종의 결과까지 이르지는 못한다 해도 복음을 영접할 좋은 준비가 된다는 것이다.

91　Serampore Missionaries, *Missionary Herald*, 14.
92　*Missionary Herald*, CII, June 1827, 44. *Review of the Baptist Missions 1812*, 43.

흥미로운 것은 캐리와 마쉬만, 워드는 영국의 학교 교육과 달리 인도에서의 가르치는 사역은 "수련회에서 부르짖는 것이나," "두란노 서원에서 강론하는" 것과 유사하다고 말한 점이다.[93] 이런 점들은 캐리 다음 세대에 캘커타에서 영어 학교를 통해서 직접 개종의 열매를 많이 맺었던 알렉산더 더프(Alexander Duff, 1806-1878) 선교사의 초기 사역에 비해 볼 때도, 매우 강력한 정도로, 복음 전파의 적극적인 통로로서 학교의 역할을 강조한 것으로 보인다.

그런데 어째서 세람포르 선교사들은 학교에서 가르치는 일이, 기독교인이 "수련회에서 부르짖는" 일이나, 바울이 "두란노에서 가르친" 것과 유사하다고 보았을까?

왜 그들은 학교 사역이 직접 전도만큼은 아닐지라도, 그에 버금가는, 어쩌면 더 나은 전도 방법이 될 수도 있다고 보았을까?

1812년 말에 작성된 인도 침례교선교회 리뷰 중 캐리, 마쉬만, 워드에 의해 작성된 학교 사역에 관한 다음의 이야기를, 좀 길기는 하지만, 그들이 학교 사역을 왜 강조하며 어떤 식으로 했는지 자세히 말해주니, 들어보도록 하자.

> 생명의 말씀을 전파함에 있어서 학교의 중요성에 대해서는 우리가 오래 전부터 느끼고 있던 터였다. 그런데 지난 3년 동안 랑카스터(Lancaster)의 혁신적인 교육 방법을 도입함으로 큰 진전이 이루어지게 되어, 우리는 학교가 성경 지식을 전파하는 데 가장 중요한 장을 제공한다고 생각하고 있다. 그 이유는

93　The Baptist Missionary Society, *Annual Report 1819* (Serampore: The Mission Press, 1819), 53.

이 방법을 사용하게 되면, 아이들의 마음에 전혀 부담을 주지 않으면서도, 심지어는 우상 숭배자 교사들을 통해서도, 생명의 말씀을 전달할 수 있기 때문이다.

랑카스터 씨가 성공적으로 이룬 교육 혁신의 원리는 이 나라에서 훨씬 더 고상한 목적을 위해 적용될 수 있다고 본다. 즉 하나님의 말씀의 가장 중요한 내용을 전달하는 단어나 문장을 아이들로 하여금 직접 쓰게 하는 것이다. 하루 수업 중 일부의 시간을 할애하여, 영어로든지 벵골어로든지 복음의 모든 내용을 읽게도 하고 쓰게도 함으로써, 짧은 시간이지만 아이들의 마음에 말씀을 거의 각인시키는 것이다.

그러면 성경의 교리나 교훈을 성령이 지시하는 대로 선택하면서도 이교도 청소년들의 여린 마음에 전혀 상처를 줌이 없이 그것을 전달할 수가 있게 된다. 창조와 타락, 구원의 계획, 유대인의 부르심, 그들의 우상 숭배의 죄로 인한 고난과, 구세주에 대한 약속, 그리고 그것을 성취하신 하나님에 대해, 아무런 어려움이나 경각심을 불러일으킴이 없이도, 4-5년이면 이교도 아이들의 머릿속에 새겨 넣을 수 있다. 이 모든 것을 주입시키는 데 하루 한 시간씩 4년이면 충분하다.

이 방식은 기독교인 교사를 반드시 필요로 하지도 않는다. 이교도 교사들도 기독교인 교사와 똑같이 성경의 몇 구절이나 한 챕터를 받아쓰기 하도록 할 수 있다. 아니, 선생님이 직접 하지 않아도 된다. 선생님은 그냥 조용히 앉아서 학급 내 질서를 유지시키면서, 아이들 중 두 세 명의 똑똑한 아이들을 뽑아, 그들이 불러주고 해도 효과를 볼 수 있다. 이 방법을 사용하게 되면 순수하게 성경 말씀 그 자체를 가장 효과적으로 널리 전파할 수 있다.

이렇게 토대를 잘 닦아 놓게 되면, 아이들에게 '카스트를 버려라,' '우상을 떠나라'고 압력을 넣을 필요도 없다. 모든 것을 아시는 하나님만이 아시겠지만, 그들이 꼭 개종까지는 안 해도, 카스트를 잃지 않으면서도, 생명의 말씀을 전파하는 데 여전히 유용하게 쓰임 받을 수가 있다. 이 단순하게 보이는 방법을 꾸준하게 실행하다 보면, 부지불식간에 우상 숭배의 모든 체계가 그 토대로부터 무너져 자멸하게 될 것이다.[94]

인용문에도 이름이 나오지만 캐리는, 영국 남부 런던 사우스와크(Southwark)의 조셉 랑카스터(Joshep Lancaster)가 빈민 교육을 위해 만들었던 혁신적 교육 방법을, 자신의 학교 사역에 적용하였다. 이 방법의 특징은[95] 다음과 같다.

첫째, 학생 중 우수한 학생을 선발하여 그 학생이 교사의 도우미가 되어 또 다른 학생을 가르치도록 하는 것이다. 이렇게 하면 보조 교사를 쓰는 비용을 줄일 수 있는데, 이것은 가난한 지역의 학교를 운영하는 데 도움이 되었다.

둘째, 복잡한 많은 내용을 가르치기보다는 기초적이지만 핵심적인 교육 내용을 반복해서 읽고, 쓰기를 할 수 있도록 함으로써 단기간에 기본 교육을 시킬 수가 있었다.

셋째, 성공회, 또는 장로교회의 교리 교육을 시키는 영국의 일반 학교와는 달리 성경 자체를 읽고 쓰게 함으로써 학생들로 하여금 특정 교

---

94 *Monthly Circular Letters, Relative to The Missions in India*, Vol. V, 14, 15.
95 William Godwin, George Robinson, Andrew Kippis, *The New Annual Register, or General Repository of History, Politics, and Literature, for the Year 1811* (London: Printed for John Stockdale, 1812), 240.

단의 교리에 익숙하기보다는 일반적인 신자와 교회의 친구가 되도록 도왔다.

랑카스터의 이러한 방법은 빈민이 많은 인도에 적합한 교육이기도 해서 캐리의 관심을 끌었지만, 기독교인 교사가 부족한 인도의 현실에서 이교도 교사라도, 심지어 글을 읽을 줄 아는 학생 하나만 있어도, 성경 교육이 가능하다는 것이 매력적이었다. 무엇보다 랑카스터가 성경 본문을 내용으로 해서 읽기와 쓰기 교육을 반복적으로 시킨다는 데에서 큰 영감을 받은 것 같다. 그것이 정확히 인도에서 필요한 것이었다.

유럽과 달리 기독교 배경이 거의 없는 인도에서는 성공회나 장로교나 침례교 같은 특정 교단의 교리를 필요로 하는 것이 아니라, 그들로 하여금 영혼의 구원을 얻게 할 복음의 핵심에 대한 단순한 이해와 믿음이 아니겠는가?

당시 인도에서는 동인도 회사의 정책으로 현지인에게 직접 전도가 어려운 상황이었다. 게다가 직접 전도를 할 경우 카스트 문제, 개종(또는 세례)에 대한 반발 등으로 선교사와 현지인 간에 마찰과 갈등이 많은 것이 현실이다. 그렇다면 이런 부담이 없이 성경의 내용을 반복적으로 가르칠 수 있는 학교는 세람포르 선교사들 입장에서 복음 전도에 최적의 장소와 방법이 아닐 수 없는 것이다.

캐리와 마쉬만, 워드가 다 같이 "우리는 학교가 성경 지식을 전파하는 데 가장 중요한 장을 제공한다고 생각하고 있다"고 말했는데, 이 주장은 한 가지 전제에서만 맞는 말이다. 즉 인도에서 직접 전도의 모든 문이 차단된다면 말이다. 그렇다면 거의 선택의 여지가 없이, 학교와 같은 기관에서 교사와 이사장이라는 유리한 위치에서 현지인에게 성경 교육을 시키는 것은 매력적인 사역이 아닐 수 없다.

그러나 세람포르 삼총사의 이러한 견해에는 몇 가지 문제가 있어 보인다.

첫째, 캐리 시대에 캘커타, 마드라스와 같이 주로 해안가에 포진한 소수의 영국령 인도와는 달리, 내륙으로 들어가면 전도에 규제가 없는 인도 땅이 널려 있었던 것이다. 학교에서 복음의 준비를 시키는 간접 사역은 물론 중요한 사역이다. 그러나 그것이 가장 중요한 사역의 장이 될 수 있는지는 의문이다. 세람포르 삼총사에게 번역과 함께 학교 사역이 가장 중요했던 이유는, 동인도 회사의 정책으로 직접 전도가 어렵고, 그렇다고 해서 영국령을 벗어난 내륙지방으로 들어가기를 원치 않았던 상황에서 그들이 할 수 있었던 최선의 길로 보인다.

둘째, 학교 사역이 자라나는 청소년들에게 꼭 필요한 사역이기는 하지만, 많은 재정과 시간이 들어가는 것에 비해 너무나 적은 열매(개종)로 인해, 본국 교회나 후원자들의 이 사역의 가치에 대한 회의나 피로감을 극복하기 어려웠다. 이런 이유로 캐리는 학교를 세우고 운영하는 데 있어서 영국 교회가 아니라, 동인도 회사와, 인도의 앵글로 인디언 사회, 그리고 인도 대중으로부터 재정 지원을 요청해야 했다. 또한 본국 침례교선교회의 반대에 직면했기 때문에 세람포르대학을 세우는 재정을 스스로 마련하지 않으면 안 되었다.

셋째, 현지인 학교에서 노골적인 성경 교육을 시킬 때 이를 개종 시도로 해석하는 현지인의 반발을 사기 때문에 지속적으로 학교를 운영하기가 어려워지는 문제를 만나게 된다. 성경교육뿐 아니라 학교에서 인도의 문화인 카스트 구별을 하지 않는 선교사의 방침에 반발하여 학교를 자퇴하는 일들도 일어난다. 실제로 세람포르 선교사들이 운영하는 학교에서 부모들이 성경 교육에 반대하여 집단으로 아이들을 학교에 보내지 않은 사건이 보고된다. 초창기에 유럽식 교육을 제공하는 기관이 적기 때문에 일시적으로 자녀들을 선교사에게 보내기는 했으나, 잠시 후 우후죽순처럼 일어난 많은 인도인 설립 학교로 인하여 선교사 학교들은 위기에 처하게 된다.[96]

세람포르 선교사들은 대부분 초중등학교를 세웠지만 고등 교육 기관인 대학도 설립하였다. 이것이 바로 세람포르대학인데, 이 대학은 캐리의 후반기 사역에 매우 중요한 역할을 담당하도록 계획되었다. 초중등 사역은 인도의 우상 체계를 무너뜨리기 위한 토대 닦기 정도의 의미가 있다면, 대학 사역은 그 토대 위에 실제로 현지인 전도를 통해 기독교회라는 건물을 세워나갈 현지인 사역자를 길러내는 의미가 있는 것이다. 그래서 워드는 이 대학을 "현지인 선교사 대학" 또는, "선교사 힌두 대학"이라고 불렀다.[97]

이 대학의 설립 취지도 좀 길기는 하지만, 대학 사역이 그의 사역에서 차지하는 위치가 얼마나 큰지 잘 말해 주기 때문에 그대로 번역해 보았다. 캐리와 마쉬만은 말한다.

> 선교 기지가 늘어남에 따라 효과적으로 일할 수 있는 현지인 선교사 양성의

96　그러기에 대부분의 미션 스쿨은 직접적인 '개종과 전도'를 위한 목적을 버리고, 일반 교육 자체의 질을 높이는 데 충실하는 쪽으로 방향을 선회함으로 생존하였고, 기독교 정신과 사상의 영향, 그리고 채플 시간을 통한 복음의 전도는 보다 장기적인 결과를 기대하게 되었다.

97　A. C. Smith, *The Serampore Mission Enterprise*, 139.

필요가 더욱 절실해지고 있어서, 저희는 이 일에 저희의 주된 관심을 기울이기로 결심했습니다. 그뿐 아니라 인도에 기독교인의 인구가 계속 늘고 있는 상황이라 목회적 돌봄의 필요 역시 더욱 커져 가고 있습니다. 그래서 저희는 1818년에 대학을 하나 세우기로 결심하게 되었습니다. 대학 건물 신축 기금 마련이 어려울 듯싶어, 몇 년간 빚은 지겠으나, 우리 스스로가 학교를 짓기로 결심했습니다. 이제 3,000파운드만[98] 더 있으면 이 일을 완성할 수 있게 되어 기쁩니다.

이 대학에는 세 가지 목적이 있는데, 첫째는 캠퍼스 밖의 이교도 학생을 교육시키는 것이고, 둘째는 캠퍼스 내에 거주하는 기독 학생들을 교육시키며, 셋째는 현지인 선교사를 준비시키는 일입니다. 첫 번째는 엄밀히 말해 선교적 목적은 아니지만, 두 번째와 세 번째는 이 나라의 복음화를 위해 일할 일꾼의 숫자를 크게 늘려야 한다는 우리의 목표와 직접 연결이 되어 있습니다. 이제 이 대학이 설립됨으로 이교도의 나라를 복음화 시키는 일이 효과적으로 진행될 것임에 의문의 여지가 없게 되었지만, 그 이전에는 유럽으로부터 이 나라를 전도할 선교자원을 적절하게 공급하는 일에 희망을 걸기가 어려웠습니다.

거의 모든 유럽인 선교사들은 평균적으로 선교 훈련과 의류비, 인도로 오는 선박의 여객 운임료 합해 700파운드가 들고, 또한 처음 1년 반 동안은 언어 습득에만 전적으로 시간을 써야 합니다. 이 어학 학습 기간에 다시 300파운드 정도가 들기 때문에, 유럽인들은 선교사로서 일을 시작하기도 전에 이미 1,000파운드의 비용을 써야 하는 것입니다. 그렇게 큰 비용을 지불하고 나서도 유럽인

---

98   세람포르가 1년에 지출하는 재정의 1.5배 정도. 마쉬만의 학교를 통해서는 1년에 1,000파운드보다 적은 액수가 들어오고, 캐리의 포트윌리엄대학 연봉은 1,000파운드였다.

의 체질에는 이곳의 기후가 너무 힘들어 견디기가 어렵습니다. 반면에 이곳 세람포르에서 교육받는 아시아 선교사들[99]이 쓰는 비용은 4년간 의식주 포함하여 거의 200루피[100]밖에 들지 않습니다. 그럼에도 그들은 유창하게 현지 말을 하기 때문에 당장에라도 일을 시작할 준비가 되어 있습니다.

그러므로 우리는 대학에서 그 아시아 선교사들이 수업을 잘 받을 수 있도록 모든 시설을 제공하고, 개종자들이 지적 종교적으로 잘 성장할 수 있도록 보살펴 주고, 그들에게 기독교 신학의 틀을 가르쳐 주며, 현대 과학의 빛에 친숙하도록 교육시키는 것보다 하나님의 사역을 더 잘 섬길 수는 없다고 생각하게 됩니다. 개종자, 특히 사역자들 내면에 기독교라는 새로운 신앙을 통합시켜, 최고의 도덕성과 최고의 지성을 갖춘 인재를 양성하는 것이 저희들이 세람포르에서 꿈꾸는 것입니다.[101]

캐리가 말한 바 세람포르대학이 반드시 필요했던 이유는, 효과적으로 일할 수 있는 현지인 사역자 양성을 위해서이다. 유럽 선교사가 필요하기는 한데, 재정적으로 비용이 너무 많이 들고 기후 적응도 어려우며 의사소통하는 데에도 약점이 있어서, 현지 선교의 주 담당자는 되기 어렵다는 것이다. 반면 아시아인들을 교육시키는 데에는 비용도 비교가 안 되게 저렴하며 기후 적응이나 언어는 현지인과 똑 같기 때문에

---

99 여기서 아시아 선교사란, 부모 중에 한쪽은 유럽인, 한쪽은 인도인인 부모 사이에 태어난 유라시아인, 혹은 앵글로 인디언을 가리킨다.
100 당시 환율로 약 133파운드에 해당되는 가치.
101 Letter XXVI from Dr. Carey and John Marshman to the Committee, Serampore Nov. 15, 1827. John Dyer, *Letters from the Rev. Dr. Carey, Relative to Certain Statements Contained in Three Pamphlets* (London: Parbury, Allen, and Co.), 1828, 52, 53.

인도 사역의 최적격자들로 본 것이다. 다만 그들은 인도에서 태어나고 자란 사람들이므로 기독교 신학의 틀이 없고, 현대 과학에 대해서도 아는 바가 없고, 도덕적인 면에서도 유럽인의 표준에는 미치지 못하므로, 이런 부분에서 준비시키는 세람포르대학 교육이 반드시 필요하다는 것이다.

본국 침례교선교회 지도부에게는 세람포르가 '선교사 대학'이라는 점을 강조했지만, 이 대학은 사실 인문학과 자연과학 전공 등 일반 세속 교육이 대부분이고 신학 교육이 차지하는 부분은 적었다.[102] 캐리가 이렇게 실제적으로 일반 세속 교육을 중시했던 이유는 본국에는 말 하기 어려운 이유, 그러나 인도에서는 매우 중요한 이유가 있었기 때문이었다. 그것은 세람포르대학보다 한 해 앞선 1817년에, '인도 근대화의 아버지'라고 불리우는 라자 람 모한 로이(Raja Ram Mohan Roy, 1772-1834)가 인도 최초로 서구식 고등 교육 기관인 캘커타대학을 세운 것과 관련이 있었던 것으로 보인다.

캐리는 로이의 사회 개혁 및 힌두 개혁 사상이 힌두교의 토대를 무너뜨리는 데 도움이 된다고 보았기 때문에 그를 심정적으로 지원했으며, 힘을 합쳐 사티(Sati, 남편의 사후에 과부를 불태우는)제도를 철폐하는 성과를 이루기도 했다. 그러나 로이는 점점 세람포르 선교사와는 적대 관계에 놓이게 된다. 왜냐하면 그가 인도의 종교와 전통 문화 수호자로 자

---

102 캐리가 죽을 때까지 세람포르대학의 신학과정 졸업생은 다 합해봐야 12명밖에 되지 않았다(*Controversy Relative to the Serampore Mission* 1837, 2). 사무엘 캐리(S. P. Carey)는 세람포르대학에서 신학 공부하는 학생의 비율은 전체의 1/10도 안 된다고 하였다(Samuel P. Carey, *William Carey* (London: Hodder & Stoughton, 1923), 330.

처하고 나오면서 서구 선교사를 공격하는 데 앞장섰기 때문이었다. 그리하여 마쉬만은 로이를 혼합주의자와 인본주의자로 규정하며 그를 경계하는 글을 쓰게 된다.[103]

이런 상황이었기 때문에 세람포르 선교사들은 캘커타 사회에서 로이가 고등 교육의 주도권을 잡는 것을 막고 도리어 본인들이 (또는 기독교 사상이) 주도적 영향력을 끼칠 목적으로 세람포르대학 설립에 지대한 관심을 기울이게 된 것이다.[104] 만일 로이와 같은 위협적인 인도인 리더의 등장이 없었다면 어쩌면 캐리는 기존의 트랑크바 선교사들처럼 조그마한 신학교를 세워 자신들의 사역자를 양성하는 것으로 만족했을지 모른다.[105]

여기에서 필자는 캐리의 세람포르대학 설립은 선교학적인 측면에서 한 가지 긍정적인 기여가 있다고 생각한다. 그것은 현지 선교의 주 담당자는 외국 선교사가 아니라 현지인이 되어야 한다는 지침을 명확하

---

103 Joshua Marshman, *A Defence of the Deity and Atonement of Jesus Christ, in Reply to Ram-Mohun Roy of Calcutta* (London: Kingsbury, Parbury, and Allen, 1822). 로이도 1821년부터 영어와 뱅골어로 발행된 잡지, *The Brahmanical Magazine*을 발간하여 선교사들의 선교 방법에 비판을 가하며 공격했다.

104 인도에 고등 교육 기관을 세우는 일을 왜 (전도하라고 파송받은) 선교사가 해야 하는가에 대해 본국 선교회의 지도부 및 후원자들을 이해시키기가 어려운 줄을 세람포르 선교사들은 잘 알고 있었다. 그러나 선교사 특히 개척기의 선교사는 단지 전도의 책임만 가진 것은 아니었다. 그들은 지적, 정치적, 사회적, 경제적인 면에서 인도 전체의 엘리트 계층을 형성하는 일에 이교도의 사상과 영향이 아니라, 서구 문명과 그 문명의 정수인 기독교로 영향을 주고 싶어 했다. 마치 서양 선교사들이 한국 개척의 초기에 연세대와 이화여대를 세운 것처럼. 그러므로 인도인이 복음을 받아들임에 있어서 상층부를 기독교 사상(넓게 보면 서구 사상이 여기에 포함되는 것으로 캐리는 이해함)으로 교육 시키는 것은 전도와 교회 설립 못지않게 중요한 일이라고 볼 수 있다.

105 세람포르 선교사들이 캘커타에서 람 모한 로이가 세운 대학으로 말미암아 자신들의 교육적 영향력이 약화될 것에 대한 두려움에 대해서는 스미스 역시 지적하고 있다(A. C. Smith, *The Serampore Mission Enterprise*, 317).

게 제시한 것이다. 그는 외국 선교사가 현지 선교에 얼마나 비효율적인지, 경비 문제, 기후 문제, 언어 문제 등의 예를 들어 잘 보여 주었다.

이와 함께 더 큰 문제는 삶의 방식 또는 문화에 해당되는 부분이다. 서구 선교사들이 문화적인 면에서 나름대로 인도에 적응하려는 노력을 안 한 것은 아니다. 그러나 그보다는 대체로 자신들의 삶의 방식을 현지인에게 의도적으로든 비의도적으로든 강요함으로써,[106] 인도 기독교인의 문화를 현지인의 입장에서 매우 이질적으로, 또는 매우 불편한 것으로 만드는 역할을 해왔다.

또한 부자 나라에서 온 선교사가 중심이 되면, 가난한 사람이 많은 인도 같은 곳에서는 현지인들이 재정적, 정신적, 신앙적으로 선교사를 의존하게 되어 자립하기가 어렵게 된다. 그러므로 모든 것이 부족할지라도 선교지는 많은 세월이 지난 후가 아니라, 처음부터 현지인 중심으로 사역이 진행될 수 있도록, 원칙을 세우고 환경을 만들어야 한다. 이런 점에서 캐리가 선교사 중심이 아니라 현지인 중심으로 선교가 이뤄져야 한다는 원리를 명확히 제시한 것은 의미 있는 일이다.

그러나 세람포르대학을 설립할 때만 해도 현지인 중심 선교의 의지가 분명했는데, 그 후 구체적으로 어떻게 그들을 리더로 세울 것인지에 대한 계획까지 갖지 못한 점은 매우 아쉬운 부분이다. 캐리의 현지인 사역자들은 어느 정도 자전(自傳)은 했지만, 자치와 자립에 대해서는 거의 준비가 없어서, 세람포르 선교사들이 노쇠하여 자리를 떠날 때 흔적

106　나쁜 의미로 이 말을 쓴 것이 아니다. 선교사들은 그것이 어떤 것이든 자신들에게 익숙한 방식이 '신앙적으로 좋은' 문화라 생각하기 때문에 그렇게 행하고(본을 보이고) 또 가르치기도 한다.

도 없이 같이 사라지고 말았다.

3) 기지 개척, "사역의 혼이자 실질적 내용"

세람포르에 첫 선교 기지를 세운 이후 지속되어 온 선교 기지 개척은 캐리의 세람포르 선교 사역의 최종 종착지이자 목표 또는 왕관이라고 말할 수 있다. 세람포르 선교사들이 열심히 성경을 번역하고 학교를 개설한 궁극적인 목표는, 바로 현지 인도인에게 전도하여 영혼을 구원하고 교회를 세우기 위함이었기 때문이다.

캐리와 마쉬만, 워드는 특히 자신들이 직접 선교를 하고 있지 않았기에 더욱더 선교 기지 개척 사역에 대한 애정이 깊었다. 그들은 자신들이 땀 흘려 번 돈을 선교 기지 개척을 위해 아낌없이 투자하였으며, 기지를 개척할 일꾼 양성을 위해 본국의 반대와 많은 재정적 어려움에도 불구하고 세람포르대학을 설립하였다. 그래서 캐리는 이 선교 기지 사역을 "우리 사역의 혼이자 실질적 내용"[107]이라고 했으며, "우리의 영광이자 기쁨,"[108] 그리고 자신의 "목숨보다 귀중한 기지"[109]라고 말했다.

세람포르 선교사들이 선교 기지를 개척해 복음을 널리 전파하고자 하는 마음은 간절했으나, 종교 문제에 중립을 표방한 동인도 회사는 영

---

[107] Letter XXI From Dr. Carey to Dr. Marshman, Serampore Sept. 12, 1826, John Dyer, *Letters from the Rev. Dr. Carey, Relative to Certain Statements Contained in Three Pamphlets*, 42.
[108] Letter XXIX to Rev. Dr. Steadman, Serampore Jan. 21, 1828, John Dyer, *Ibid.*, 61.
[109] Letter XXVII From Carey Marshman to William Hope, Serampore, Nov 20, 1827, *Ibid*, 60.

국령 인도에서의 자유로운 전도를 허용하지 않았다. 1806년 초에 잠깐 순회전도를 허용했기 때문에 몇 개의 작은 기지를 개척할 수 있었다. 그러나 그해 7월에 일어난 남인도 벨로어(Vellore)의 인도인 용병 세포이(Sepoy) 폭동[110]의 여파로, 1808년까지는 선교사의 활동이 본부인 세람포르로 발이 묶이게 되었다. 벵골의 캘커타에서 그동안 발간한 캐리의 선교 문서들이 인도인의 종교적 감정을 자극한다고 보았기 때문에 세람포르 선교사들 역시 예의주시의 대상이 된 것이다.[111]

그래서 선교사들은 차츰 인도 바깥으로 눈을 돌리게 되는데, 이것이 1807년 차터(James Chater)와 마든(Richard Mardon)이 국경선을 접하는 이웃 나라 버마로 정탐여행을 떠나게 된 배경이다.[112] 그러나 1808년으로 넘어오면서부터는 경계가 어느 정도 완화되면서 선교 기지 개척이 본격화된다.

선교 기지는 크게 벵골 지역과 힌두스탄 지역 그리고 신규 식민 지역으로 확장되어 나갔다. 먼저 벵골 지역 지부는 세람포르, 디나지포르(Dinagepore), 쿠트와(Cutwa), 디가(Digah), 제소르(Jessore), 뭉기르(Mungyr), 베어붐(Beerbhoom), 다카(Dacca), 치타공(Chitagon), 사뱁군즈(Sabebgunj), 이브막포르(Ibmagrpore)였다. 1808년에 유럽인 선교사 마든(R. Mardon)이 쿠트와를 개척함으로 기지 개척이 시작되었고, 마든이 다른 곳으로 이동한 후에는 캐리의 둘째 아들 윌리암(Jr. William Carey)

---

110 인도의 문화에 혐오감을 주는 복장 착용 문제로 남인도 벨로어의 동인도 회사 소속 인도인 병사들이 일으킨 폭동으로 200여 명의 영국군이 죽거나 다친 사건.
111 J. L. Mehta, *Advanced Study in the History of Modern India 1707-1813* (New Delhi: New Dawn Press, 2005), 659.
112 A. C. Smith, *The Serampore Mission Enterprise*, 174.

이 선교 사역을 이어받았다.

비슷한 시기에 아시아 선교사 페르난데즈(J. Fernandez)가 디나지포르를 개척했는데, 그는 디나지포르와 사다말(Sadamahl)에서 20년간 사역하면서 140여명의 힌두들에게 세례를 주었다. 그는 종이 공장과 인디고 공장을 경영함으로 개종자들에게 일자리를 주었으며, 이 일을 통해 비유럽인 사역자 가운데 유일하게 재정적으로 자립하며 개척 역사를 섬길 수 있었다. 아일랜드 출신 선교사인 오웬 레너드(Owen Leonard)는 아시아인 사역자 다 쿠르즈(Da Cruz)와 함께 다카(Dacca)를 개척했다. 그는 이곳에 13개의 학교를 세워 1,200명의 학생들을 가르쳤으며, 주일에는 영어(2번)와 힌디로(1번) 3번의 예배를 드리며 복음을 전했다.

1809년에는 8명의 유럽 선교사가 세람포르에 머무르고 있었는데, 캐리는 세람포르에 꼭 필요한 인력 4명을 제외하고 1810년에는 모두 외부로 개척을 내보냈다. 1811년에는 힌두스탄 지역 기지 개척을 위해 유럽인 선교사 체임벌린(John Chamberlain)과 피콕(Peacock)을 아그라에 내보냈다. 이어서 힌두스탄 지역인 베나레스(Benares), 알라하바드(Allahabad), 무뜨라(Muttra), 델리(Delhi) 지역에 유럽과 아시아 선교사들을 차례대로 파송하였다. 오릿사의 발라소르(Balasore)는 1810년, 아버지가 아르메니아인인 아시아 선교사 존 피터(John Peter)에 의해 개척이 되었다. 피터는 현지인 사역자 "끄리쉬누 다스(Krishnoo Das)와 함께 매우 성공적인 사역을 했는데,"[113] 이는 브라만 배경의 개종자 주구나타(Juggunatha)가 열심 있는 전도자로 변화되어 그 지역 복음화에 큰 역

---

113 Baptist Missionary Society, *Missionary Stations as They Existed in June 1814 Part I*, 12.

할을 했기 때문이었다.

세람포르 선교 기지 개척은 영국 식민지가 확대됨에 따라 기존의 영국령 인도와 인도 땅의 범위를 넘어 서게 되었다. 1807년 캐리의 장남 펠릭스(Felix Carey)가 인도인 사역자 차터(James Chater)와 같이 버마 랑군(Rangoon)의 개척자로 파견되었다. 또한 1813년 유럽인 선교사 윌리암 로빈슨(William Robinson)이 인도네시아 자바(Java)에 파송되었는데, 이는 자바를 정복한 부 총독, 스탬포드 라플즈(Stamford Raffles)가 "20만에 달하는 현지 기독교인들을 돌봐주고 자바인을 미신으로부터 구원해 달라"는 요청을 해왔기 때문이었다.[114]

로빈슨은 인도인 사역자 릴리(Riley), 그리고 다카 개척자 레너드의 아들과 같이 사역을 했는데, 1816년 네덜란드가 자바섬을 회복하면서 철수하게 되었다. 그러다가 1818년에 다시 라플즈가 인도네시아 수마트라의 발전과 성경 번역을 위해 일할 사람을 보내달라고 하여 윌리암 워드의 조카인 나다니엘 워드(Nathaniel Ward)가 파송되었다. 1814년에는 캐리의 셋째 아들 야베즈 캐리(Jabez Carey)가 트로트(Trowt) 선교사와 함께 인도네시아 섬 중의 하나인 암보이나(Amboyna) 개척을 시작했는데, 이 역시 영국 식민 정부의 요청으로 이뤄진 것이었다.

야베즈는 이 섬이 다시 네덜란드 손으로 넘어가게 될 때까지 정부 후원금을 받으며 일하다가, 1818년에는 제3차 영국-마라타 전쟁으로 최근에 병합된 마라타 지역의 교육을 위해 그곳으로 옮아가게 되었다. 그는 이 일로 동인도 회사로부터 상당한 액수의 교부금을 받게 되었는데,

---

114 A. C. Smith, *The Serampore Mission Enterprise*, 175.

이로 인하여 선교사로서 직접 전도 사역을 하는 데에는 많은 제약을 피할 수가 없었다.[115]

선교 기지는 계승할 사역자의 유무, 건강 문제, 자립 문제, 동인도 회사의 영향 등 여러 가지 변수로 인해 문을 열기도 하고 닫기도 했지만, 그 최대 숫자는 기록에 따르면 1814년이 24개로 가장 많았다.[116] 그리고 이것은 1821년에 보고된 연도 별 세례 받은 사람 숫자의 최대치와도 거의 일치한다. 즉 연간 세례자 숫자가 100명대를 넘긴 해는 단지 1810년(106명), 1813년(111명), 1814년(127명), 1815년(133명)이었는데, 1814년을 한가운데로 해서 연속적으로 3년간이 가장 전도의 열매가 많은 것을 알 수 있다.[117]

또한 이와 연관해서 연도별 연간 세례자 숫자의 추이를 살펴보면 1808년도까지는 20명 미만이었었는데, 100명 대로 가파르게 성장하기 시작한 때가 1810년, 즉 세람포르 삼인방 선교사들이 본부 기지에 있던 선교사들을 외지로 내보내어 기지 개척에 집중할 때부터임을 알 수 있다. 이를 볼 때 세람포르 삼인방 선교사들이 계획하고 기대한대로 세람포르 선교의 실질적 전도의 열매는 기지 개척을 통해 맺힌 것을 알 수 있다.

이러한 기지 개척의 담당자들은 크게 세 그룹으로 나누어진다. 첫 번째는 영국 침례교 선교사들과 인도 현지에서 허입하여 침례교 선교에

---

115 야베즈를 후원한 당시 인도 총독은 헤이스팅스였다(Marquis Hastings, 1813-1818). Carey to Ryland, 23, June 1803 and 25 Dec. 1805.
116 Baptist Missionary Society, *Missionary Stations as They Existed in June 1814 Part I*, 7.
117 Reply of the Serampore Missionaries to the Attack Made on Them in No. III of the *Oriental Magazine*, Dated 26 November, 1824, 6.

참여하게 된 유럽 선교사들이고, 둘째로는 부모 중 1인이 유럽 출신이며 인도에서 태어난 아시아 선교사, 그리고 마지막으로 인도 현지인 사역자들이다. 1814년 자료에 의하면 이상 세 그룹에 속한 사역자가 총 44명이라고 했는데, 이 중 유럽인 선교사는 12명, 아시아 선교사는 13명, 현지인 사역자는 19명이었다.

아마도 전체 현지인 사역자 숫자는 이보다 더 많았을 것이다. 현지인 사역자 중에도 아라툰(C. C. Aratoon)과 같이 어떤 기지의 책임자가 된 경우가 있지만, 대부분은 유럽 선교사와 아시아 선교사의 조력자(또는 전도자)인데, 여기에는 성경책을 읽어주는 사람과 성경책이나 전도 문서를 배포하는 일에 고용된 사람은 포함시키지 않는다.

일반적으로 선교 기지 개척을 할 때는 유럽 선교사 1명, 아시아 선교사 2명, 그리고 1, 2명의 현지인 사역자로 구성되든지,[118] 아니면 유럽 선교사 숫자가 많지 않기 때문에 유럽인 선교사 없이 아시아 선교사 1명에 현지인 사역자 1-5명으로 구성되기도 했다. 여기서 필자가 유럽인과 아시아인만을 '선교사'라고 지칭한 것은, 1812년에 캐리가 18개 선교 기지를 감독하는 25명(유럽인 선교사 12명 + 아시아인 선교사 13명)만을 "선교사 형제들"로 호칭했기 때문이다.[119]

기지 개척에 있어서 유럽 선교사의 역할은 "탁월한 영성과 경건으로

---

[118] 1822년의 기록에 의하면 벵골 5개, 힌두스탄 4개, 그리고 버마의 아라칸, 이렇게 10개 지구 중 유럽 선교사는 5명, 아시아 선교사는 10명, 그리고 현지인 사역자는 15명이었다고 한다(Letter X, J. Marshman, Statement Relative to Serampore, Supplementary to A "Brief Memoir," 169).

[119] [17] Tracts Distributed, Review of the Baptist Missions in India At the close of the year 1812.

아시아 선교사 및 현지인 사역자를 심방하고 상담하며, 그들이 가진 의문을 풀어주고 사역을 잘 감당할 수 있도록 격려해 주는 것"이었다.[120] 제소르에서 사역했던 아시아 선교사 토마스가, "유럽인 보호자가 있어야 불편함과 압박으로부터 보호 받는다"고[121] 말했던 것을 보면, 유럽인 선교사는 외부인의 핍박으로부터 개종자와 사역을 보호하면서 사역의 순조로운 진행을 위해 환경 만드는 작업을 한 것으로 보인다.

아시아 선교사들은 언어, 기후, 숫자 면에서 유럽 선교사들과 같은 제한을 가지고 있었지만, 활동적이지 않은 다른 유럽 선교사에 비해 대체로 순회 전도를 포함한 모든 사역의 실제적인 진행을 책임 맡았다. 캐리는 기지 개척 사역의 핵심적 담당자로 현지인을 의지하기보다는 아시아 선교사를 의지한 것으로 보인다. 왜냐하면 그는 현지인의 유리한 점과 함께 유럽인의 특성도 같이 가지고 있는 아시아 선교사들을 신뢰했기 때문이었다.

그런데 인도인 사역자의 역할에 대해서는 유럽 선교사들이 다소 부정적인 말을 한다. 그것은 "인도인들은 소심하여 아시아 선교사 수하에 있을" 필요가 있다는 것이다.[122] 한마디로 지도자로서는 적절하지 않다는 것이다. 그러나 이것을 상쇄하고도 남는 장점은 그들이 "가장 깊은 오지에도 자신의 나라를 찾아다닐 수 있고, 가장 학식이 깊은 학자들과도 대화할 수 있으며, 점차적으로 힌두들의 오류를 지적할 수 있고, 예

120　Joshua Marshman, *Brief Memoir Relative to the Operations of the Serampore Missionaries* (London: Parbury, Allen & Co., 1827), 31.
121　*Ibid.*, 33.
122　*Ibid.*, 30.

수 그리스도의 구속의 영광을 펼쳐 보일 수 있으며, 그럼으로써 기독교를 가장 효과적인 방법으로 전할 수 있는" 사람들이라고 보았다.[123] 그들은 "소심하지만 현지인을 전도하고 양육하며 유럽인 또는 아시아 선교사와 동역하여 전도의 길을 열어주기에 적합한 사람"으로 보았다.[124]

실제로 현지인 사역자 끄리슈나(Krishna)와 세북라마(Sebuk Rama)가 매주 12-14차례 설교했으며, 이들을 포함한 여러 현지인 사역자들에 의해 17개의 교회가 세워졌다는 기록이 나오는데, 이는 그들이 얼마나 헌신적으로 전도하는 생활을 했는지 보여준다.[125] 캐리가 이들에 대해 "우리의 진정한 힘," "거의 모든 사역이 그들의 힘으로 이루어졌다"고 [126] 말하는 것을 보면, 세람포르 선교 기지 개척의 실제적인 주인공들은 바로 이들 현지인 전도자들이었음을 알 수 있다.

다음으로 이들 개척 지구의 자립 문제에 대해 알아보자. 원칙적으로 선교 기지는 자립을 하도록 했다.[127] 스스로 전도를 할 뿐 아니라 재정적인 면에서도 세람포르 본부의 지원 없이 자립하라고 것이다. 자립을 위해 가장 많이 사용한 방법은 학교 사역이었다. 그러나 캘커타와 같이

---

123 *Ibid*.
124 *Ibid*.
125 Circular Road 1, Jan. 1811 The Bengal Mission, 6. Annual Report 1819, 52.
126 Letter III Serampore to Ryland May 30, 1816, John Dyer, *Letters from the Rev. Dr. Carey, Relative to Certain Statements Contained in Three Pamphlets*, 4.
127 마쉬만은 세람포르의 자립 정책에 대해 이렇게 말했다. "우리가 처음부터 갖고 있었던 생각은 본국에 있는 형제들과 함께 동일한 의무를 가진 것으로 스스로를 여기면서, 선교사들은 가능한 한 자립해서 자기의 필요를 스스로 해결하는 것이었다. 우리 스스로 재정을 해결함으로 우리는 자연스럽게 그리고 불가피하게 영국의 형제들과 기본적으로 협력하지만 우리는 자립적인 모임이라고 생각한다(Letter III, J. Marshman, *Statement Relative to Serampore, Supplementary to A "Brief Memoir,"* 30).

주요 식민 거점 도시가 아닌 경우는 유럽인이 그리 많지 않았고, 현지인 학생들을 대상으로 하는 경우는 학교 사역이 반드시 실제로 자립에 도움을 주지는 못한 것으로 보인다.

학교 사역 다음으로 많이 한 것은 인디고 공장이었다. 페르난데즈의 경우가 대표적이지만 세람포르와 캘커타 주변 지역 개척하는 선교사들의 경우 많은 사람들을 인디고 공장 일에 종사시켰다고 한다.[128] 이렇게 재정 자립이 원칙이었지만 1815년의 선교 기지 보고서를 보면, 실제로 거의 대부분의 선교 기지들은 세람포르로부터 계속 봉급 및 사역비 지원을 하고 있었다. 15개 중 10개 기지는 재정의 전부를, 나머지는 부분적인 지원을 받고 있는 것으로 보고된다. 8명의 유럽 선교사에게는 매달 200루피의 봉급과, 기지 사역비로 매달 190루피, 그리고 사택 및 인쇄소 건축비까지 지원하였다.

반면에 아시아 선교사들에게는 월 200루피를, 그리고 현지인 사역자들에게는 월 15-20루피를 지원했다. 이렇게 해서 1년간 기지 지원비가 2,400 파운드였다고 한다. 이렇게 세람포르의 지원이 이뤄진 것은 비단 1815년까지만이 아니라 1824년 보고서에 따르면, 그 때까지도 전적으로(페르난데즈의 기지만 예외로 하고) 세람포르 삼인방 선교사들이 유럽의 지원 없이 자신들이 번 돈에서 선교 기지 개척을 지원한 것을 알 수 있다.[129]

---

128 Joshua Marshman, *Brief Memoir Relative to the Operations of the Serampore Missionaries*, 33.
129 Letter X, A Letter by Dr. Marshman in October Last. J. Marshman, *Statement Relative to Serampore, Supplementary to A "Brief Memoir,"* 11.

선교 기지 자립 문제는 선교회의 계속성을 위해 매우 중요한 문제였다. 세월이 흘러 외국에서 온 유럽 선교사들이 떠나가더라도 자전과 자립이 이뤄지는 교회가 있다면, 인도 땅에서 하나님 나라가 계속 확장되어 나갈 수 있는 것이다. 그런데 캐리의 세람포르 선교는 캐리와 워드, 마쉬만이 죽자마자 금방 모든 활동이 중단되고 만다. 거기에 여러 가지 이유가 있지만 한 가지 결정적으로 중요한 이유를, 선교사들이 개척한 선교 기지에서 찾아볼 수 있다. 그것은 한마디로 재정을 전적으로 세람포르 선교사들에게 의지했기 때문이었다.

왜 선교 기지는 재정적으로 세람포르로부터 자립을 할 수 없었을까?

먼저, 본국에서 파송 받은 침례교 선교사의 경우는 세람포르의 방침과는 달리 자립하고자 하는 의지가 없었다.[130] 그들은 본국으로부터 재정 지원을 받을 권리가 있었다. 모든 것이 안정되고 편리한 세람포르나 대도시 캘커타도 아니고 인도의 오지를 개척하는데, 복음의 전도 사역에 집중하려면 마땅히 재정 지원을 받아야 한다고 보았다. 물론 교회에 개종자의 숫자도 많아지고 그래서 사역자를 지원할 만큼의 수입이 들어온다면 기지 교회에서 자립할 수도 있겠지만 그것은 어느 세월에 될지 기대난망이었다.

결국 핵심적인 문제는 현지 교회가 자립을 해야 하는데 세람포르에

---

130 세람포르 선교사들이 1810년 이후 유럽 선교사들을 기지 개척에 내보낼 때 상당 부분 자립을 하도록 요청했으며, 선교사들은 스스로의 결정으로 개척을 나갔다고 했지만, 실제로는 1/3정도만 부분적으로 자립을 했고 대부분은 세람포르의 재정 지원에 전적으로 의지했다. 자립하기 어려운 상황도 문제였겠지만, 기지 개척을 한 선교사들은 세람포르의 선교사들과는 달리 자립의 의지가 거의 없었던 것으로 보인다(Joshua Marshman, *Brief Memoir Relative to the Operations of the Serampore Missionaries*, 33).

서 파견된 선교사들이 개척한 선교 기지에는 몇 가지 문제가 있었다.

첫째, 선교 기지가 전도를 담당하는 현지인 사역자의 출신 지역, 족속, 문화, 언어와는 관계없는 지역에 개척이 되었다는 것이다.

이러한 방식의 선교는 매우 비효과적인 것으로 나타났다. 기지 개척에 있어서 현지인을 전도인으로 활용하는 목적은 특정 지역과 그곳 사람들과의 관계, 그리고 언어와 문화에 대한 이점을 최대한 활용하여 "전도의 문을 열기" 위함이다. 그런데 아무리 현지인이라고 해도 2,500개가 넘는 종족, 그리고 1,721개나 되는 다양한 언어와 문화를 가진 곳에서 본인의 출생지를 떠나 타 지역, 타 족속, 타 언어권으로 가면, 외국에서 온 선교사와 다를 바가 없는 '외국인' 입장이 된다.

물론 세람포르 선교사들은 인도 땅 전체에 대한 책임감 때문에 복음을 빠짐없이 널리 전파하고자 하는 의도에서 이런 정책을 취한 것으로 이해된다. 그러나 유럽 선교사는 말할 것도 없고 아시아 선교사와 현지인 사역자조차 현지어를 새로 배우거나 현지 문화와 사람들이 생소한 곳이라면 사람들 속으로 파고들기가 쉽지 않았을 것은 명약관화하다. 이것을 뒷받침해 주는 자료가 1821년 기지별로 기독신앙을 고백한 공식적 현지인 개종 숫자이다. 이에 따르면 현지인 사역자의 다수를 이루는 벵골 소재 기지들의 개종자 숫자는 비벵골 지역 기지 개종자 숫자를 압도한다.[131] 이는 기지 개척의 조력자로 파송된 사람들의 다수가 벵골인이었기 때문에 그들이 익숙한 문화와 족속들이 있는 기지에서는 효

---

131   Joshua Marshman, *Reply of the Serampore Missionaries to the Attack Made on Them in No. III. of the Oriental Magazine*, 6.

과적으로 일을 할 수 있었지만 그 외의 지역에서는 그렇게 효과적이지 못한 것으로 설명된다.

둘째, 캐리의 기지를 통해서 개종된 신자들의 절대 다수가 매우 가난한 계층이었기 때문에 그들에게서 캐리가 기대한 방식의 자립을 이끌어 내기는 어려웠던 것으로 보인다.

캐리의 선교회가 세운 교회 중 가장 큰 캘커타 소재, 랄바자(Lal Bazar) 교회 교인들의 예를 들어보자. 이곳에는 1827년 말 5명의 유럽인 포함 총 예배 참석자가 102명이었는데, "우리 멤버들은 모두 가난하다. 땅을 소유한 사람이 단 한 명도 없으며, 평균 수준의 봉급을 받는 자가 단 한 명도 없다"고[132] 말한다. 당시라고 해서 인도 사람이 모두 가난한 것은 아니다. 캘커타 최초의 서구식 대학을 세운 것은 유럽인이 아니라 인도인이었다.

그러나 캘커타 랄바자교회 교인들 중에는 그 사회의 유력자가 아무도 없었다. 21세기 기준으로 주변 건물과 비교해 봐도 건물의 크기나 우아함에서 뒤지지 않는 랄바자교회 건축을 한 것도, 현지 교인들이 아니라 유럽인이었다. 랄바자 교인들은 일종의 모교회의 역할을 해야 했지만 그들은 선교 기지 개척 지원은커녕 자신들 교회 유지조차도 스스로 할 수가 없는 상태였다.

그러나 랄바자 교인들이 원래부터 모두 그렇게 가난했던 것으로는 생각되지 않는다. 캐리는 자신의 교회 멤버들 가운데 브라만과 크샤트

---

132 Serampore Missionaries, *Missionary Herald*, 59.

리아 같은 상층 카스트가 많다는 이야기를 한 적이 있다.[133] 캐리의 말이 사실이라고 본다면 그들 가운데 재산가와 웬만한 봉급을 받는 자가 한 명도 없다는 것은 좀 이상하다. 그러나 이는 랄바자만의 이야기가 아니고 모든 선교 기지가 세운 교회들의 공통적인 현상으로서 그들 중 어느 누구도 땅을 가지거나 보통 수준의 봉급을 받는 자가 없었다. 이런 현상이 생겼던 이유는 개종과 함께 카스트를 잃어버리게 하는 캐리의 선교 방침에 의하여 피치 못하게 모든 선교 기지의 교인들은 개종과 함께 모든 재산을 박탈당하고 그 사회 공동체로부터 버림받기 때문이었다.

침례교선교위원회의 1828년 보고서의 내용을 읽어보자.

> 하나님의 진리의 전파를 가로막는 새로운 장애물은 힌두 유산상속법이다. 이 법은 오래 전에 만들어지고 무굴 정부 시절 비준하여 현재까지도 실행 중인데, 이에 따르면 카스트를 잃어버리는 모든 사람은, 조상 대대로 내려오는 상속권을 곧장 상실하게 되며 (경제적으로) 완전히 피폐한 상태로 굴러 떨어짐이 없이 기독교인으로서 사회에서 존경받을 만한 위치에 있을 수 있는 사람은 아무도 없다.[134]

---

133 캐리는 세람포르 기지 내에 남녀 어린아이 포함해서 157명이 있는 중에 브라만이 20명, 라즈풋 또는 크샤트리아로 불리우는 카스트 8명, 문인 카스트 28명, 그리하여 1/3이 넘는 56명이 상층 카스트라고 말했다(James Hough, *Reply to the Abbe J. A. Dubois's "Letters on the State of Christianity in India"* (London: L. B. Seeley, 1824), 161.

134 The Annual Report of the Committee of the Baptist Missionary Society 1828, *The New Baptist Magazine and Evangelical Repository*, 14.

이런 이유로 캐리나 페르난데즈의 기지에서는 기지 내에 일자리를 만들어 현지인 신자들을 고용해야만 했다. 그러나 이렇게 현지인을 고용할 산업이 마땅치 않은 거의 대부분의 기지와 교회들의 경우에는 외국인 선교사의 원조 외에는 극빈의 상태에서 벗어나기 힘든 구조였다. 이런 상태에서는 아무리 세월이 흐른다고 해도 선교 기지와 현지 교회들이 자립을 할 가능성은 거의 없다고 말해야 한다.

셋째, 캐리의 사역의 열매라고 할 수 있는 현지인 개종자에 대해 말해 보자.

먼저 캐리의 사역을 통해 세례 받은 사람들을 인종별로 살펴보면 유럽인이 29%, 현지인이 71%였다. 1800년에서 1821년까지 매년 세례 받은 사람의 총 숫자 1,407명 중 유럽인 400명을 제외하면, 현지인의 숫자는 1,000명 가량 되는데, 그중에서 부모 중 한쪽이 유럽인인 앵글로 인디언 300명까지 제하면, 순수 현지인은 700명 정도가 된다.[135] 그렇다고 하면 캐리 사역의 열매 중 절반은 비현지인이고, 절반만이 현지인이라는 것이다. 이를 보면 캐리의 선교 기지들의 선교의 대상은 현지인만이 아니라 유럽인과 아시아인들인 것을 알 수 있다. 현지인 사역자들의 경우는 전적으로 현지인이 대상이었겠지만, 유럽 선교사들과 아시아 선교사들은 적지 않은 에너지와 시간을 유럽인들을 위해 쏟았음에 틀림이 없다.

유럽 선교사였던 존 체임벌린의 경우에는 쿠트와, 아그라, 빠트나,

---

135 Reply of the Serampore Missionaries to the Attack Made on Them in No. III. of *The Oriental Magazine*, 6. A. C. Smith, *The Serampore Mission Enterprise*, 284.

델리 등 여러 지역을 옮겨 다니며 개척했는데, 그는 인도 일반인들을 위한 선교는 "거의 불가능하다"고 말하며,[136] 아예 도시의 영국 군인들을 대상으로 하는 선교에 집중했다.[137] 앞에서 유럽인 선교사 오웬 레너드의 사역을 소개할 때에 언급했지만, 그가 사용한 예배의 언어를 보면 현지어를 통한 사역보다는 두 배의 대상, 또는 두 배의 시간을 영어 사용자를 위해 사용했는데, 이들 중 다수가 유럽인이거나 아시아인일 가능성이 높다.

그리고 캐리 사역의 개종자 숫자에 대해서는 당대에 신빙성 논란이 있었다. 침례교 선교사로서 캐리의 세람포르 선교회에 참여했다가 1817년 따로 분리해 나간 모임의 한 멤버였던 윌리엄 아담(William Adam)은 1818년 캐리에게, 더 이상 비난받지 않으려면 가능한 한 개종자 숫자를 정확하게 정기적으로 발표하라고 촉구했다. 왜냐하면 본국에 보고된 숫자와 실제 숫자 사이에 큰 차이가 있기 때문이라는 것이었다.

1817년에 1,200명의 세례 받은 신자가 있다고 알려져 있지만 실제로 교회에 출석하는 사람들은 200명에 불과하다는 것이다.[138] 아담에 따르면 "세람포르의 개종자들은 이단적 생각을 갖고 교회를 떠났으며 많은 이들이 부도덕한 행위로 인해 출교 당했다"고 한다.[139] 그런데도 세람포르 삼인방 선교사들은 본국 사람들이 실망하지 않도록 이를 숨

136　A. C. Smith, *The Serampore Mission Enterprise*, 178. 스미스는 체임벌린뿐 아니라 세람포르 선교사들이 대체로 현지인보다 영국인들이 더 복음의 말씀에 마음 문을 잘 여는 것을 발견하고 본래의 목적에서 벗어나 앵글로 사회(유럽인+아시아인)를 선호하게 되었다고 말했다.

137　알라하바드 기지 22연대의 많은 영국군들이 체임벌린 사역의 열매였다고 한다.

138　A. C. Smith, *The Serampore Mission Enterprise*, 286.

139　*Ibid.*, 287.

겼다는 것이다. 캐리는 이러한 아담의 주장을 부정했지만 아담의 제안을 받아들여 이후로 정기적으로 개종자 숫자를 보고서에 기록하기 시작했다.[140]

당시에 세례 받은 숫자를 정확히 파악하는 것은 쉽지 않은 일이었다. 세례 받은 사람이 질병과 사고 등으로 조기 사망하는 일이 많이 발생했을 뿐 아니라, 카스트를 상실한 후 가족 및 공동체와의 갈등을 극복하지 못하여 옛 생활로 되돌아가는 일도 적지 않았으며, 도덕성 문제 등으로 선교사들이 현지인의 출석을 금하는 일도 있었다. 특별히 1804-1806년 사이에는 개종자들 가운데 만연한 간음 행위로 인하여 선교사들이 그들을 징계했다는 기록이 나온다.[141] 그런데 죠수아 마쉬만의 보고서를 보면 "거짓과 부정직, 그리고 간음"은 너무나 보편적이어서 그렇지 않은 사람을 찾을 수 없을 정도였다. 선교사들은 하나님의 말씀이 임하면 이 모든 것들이 달라질 것으로 믿었지만 실제로 당시 문화화 된 습관은 쉽게 뿌리 뽑혀진 것 같지 않다.

여기서 보듯이 당시 개종자들의 낮은 도덕적 수준이나, 경제적인 형편, 그리고 사회에서 파문되고 고립된 상황을 고려해 볼 때, 1793년부터 40년이 넘는 세월 동안 현지인 포함 44명이 넘는 사람들이 일했음

---

140 후대의 연구자 센 굽타(Sen Gupta)는 "개종자의 부도덕한 행동들이 증가함에 따라 선교사 보고서는 그 죄인들의 이름을 공개하는 것을 중단했다. 선교사들은 개종자들의 불법적 행동에 좌절하고 슬퍼했으며, 그런 소식을 공개 안 하고 수정해서 보고했다"고 말했다(Kanti Prasana Sen Gupta, *Christian Missionaries in Bengal, 1793-1833*, Calcutta: Firma K. L. Mukhopadhyay, 1971, 142, 154-157).

141 Reply to the Abbe J. A. Dubois's "Letters on the State of Christianity in India," 183. Ward's Journal, 26 May 1806, Carey's Letter to Fuller, 27 Feb. 1804. Carey's Letter to Sutcliffe, 1 Jan. 1806.

에도 불구하고, 현지인 세례자 숫자가 700명을 넘지 못한 이유를 이해할 수 있을 것 같다. 어떤 사람은 700명이라는 숫자도 결코 적은 숫자가 아니라고 볼 수 있겠다. 그러나 캐리 당시에 논란이 일었듯이 세례자 숫자는 분명 700명이었어도 여러 가지 이유로 흩어져서 결국 남은 자가 얼마가 되었을는지는 미지수이다. 분명한 것은 캐리와 마쉬만 사후 선교 기지 개척 및 전도 사역을 스스로 계속한 사람은 아무도 없었다는 것이다.

3. 캐리의 선교에 대한 당대의 비판자들

40여 년간 선교사의 생애 동안에 캐리는 수많은 비판에 직면했다. 종종 그들의 비판은 매우 공격적이며, 논문과 책자의 형태로 체계적으로 논술하기도 하였다. 그러나 어떤 비판은 개인적인 편지나 사역 보고서 등을 통해 그의 사역의 방법이나 방침들에 대한 아쉬움, 안타까움, 희망사항, 또는 거절의 행동과 같이 소극적으로 표현되기도 하였다.

여기에 나오는 다양한 비판들은 긍정적이든 부정적이든 캐리의 사역에 대한 당대의 반응이자 평가이다. 오늘날 캐리의 사역에 대한 비판적 평가는 찾아보기가 매우 드물지만 당대에는 시끄럽게 느껴질 정도로 사방에서 많은 비판과 토론들이 있었다. 어느 비판도 유쾌한 비판은 없으며 진실에 가까울수록 매우 아플 수가 있다. 그러나 이러한 비판들은 선교 사역에 대한 현지 또는 본국의 다양한 반응이며 피드백이다.

이러한 반응과 평가들은 분명히 캐리의 사역 방법과 나아가던 길들이 과연 적절한 것인지 아닌지, 스스로를 돌아보는 기회가 되었을 것이다. 캐리와 세람포르 선교사들은 어떤 비판에 대해서는 부분적으로 받아들인 것도 있었지만, 대부분의 중요한 비판에 대해서 받아들이지 않았다. 이 점이 캐리의 선교를 위기와 실패로 몰고 간 중요한 이유가 된 것으로 보인다. 어느 누구도 완벽한 사람과 완벽한 방법은 없다. 그러나 선교의 대상이 되는 사람들의 반응과 결과(열매), 그리고 여러 사람들이 공통적으로 지적하는 문제에 대한 성찰은, 분명 선교사가 길을 잃어버리지 않도록 돕는 도우미가 될 수 있다.

비판자들의 목소리에도 분명 편견과 오해와 오류가 있었다. 그러나 그 비판이 다 맞지는 않을지라도 그 속에는 일말의 번뜩이는 진실이 담겨 있는 것을 본다. 캐리가 근대 선교의 선구자요 전문가로 알려져 있지만 필자는 캐리와 함께 그 주변에서 외치는 많은 사람들 속에서 수많은 선구자와 전문가적 통찰을 볼 수 있다.

1) 데하르타의 현지인들

먼저 캐리에 대한 현지인들의 긍정적 평가부터 살펴보자.

인도에서 유일하게 캐리의 존재를 열렬히 환영한 비기독교 배경의 현지인들이 있었는데, 그들은 벵골 데하르타(Deharta)의 최상층 카스트인 브라민들이었다. 1794년 2월 말 어느 날, 5-6명의 브라민들이 데하르타 지역 주민을 대표하여 캐리를 찾아와 감사의 인사를 전했다.

"당신이 이곳에 와서 살아 주어서 감사하다"는 것이었다.[142] 이처럼 캐리가 어떤 선교적 활동을 하기 전부터 지역 사람들이 캐리의 존재 자체를 기뻐하는 것은, 캐리가 그 지역에 살면서부터 그 동네를 떠나갔던 사람들이 돌아오게 되었고, 동네 사람들이 안전감을 느끼게 되었기 때문이었다.

데하르타 지역은 캘커타 동쪽으로 32마일 정도 떨어진 곳(걸어서 사흘 길)인데 호랑이, 표범, 코뿔소, 악어, 거대한 비단뱀 등 야생 동물의 서식지인 숲과 정글이 인접한 곳이었다. 특히 호랑이가 많이 출몰하여 캐리가 오기 전에도 20명의 사람들이 잡혀 먹힌 곳이라 사람들이 이곳을 떠나는 것은 이상한 일이 아니었다.

캐리 역시 자발적으로 이곳에 온 것은 아니었다. 인도에 온 지 얼마 되지 않아 수중에 돈이 다 떨어져 가족이 정착할 곳을 찾지 못하고 하루하루 생계 걱정을 하던 그에게 쇼트(Short)라는 영국인이 데하르타의 땅을 3년간 무상 임대해 주겠다는 제안을 했기 때문이었다. 밤마다 들리는 호랑이와 자칼과 하이에나의 울음소리, 끊임없이 성가시게 물어대는 모기떼로 인해 캐리와 그의 아내 도로시와 처제, 그리고 네 아이들 역시 하루하루가 두려운 나날을 보내고 있었다.

그럼에도 불구하고 현지인들은 영국인이 그들 중에 와서 같이 살게 된 것으로 인해 크게 안도감을 느꼈다. 왜냐하면 호랑이는 총을 무서워했는데, 영국인은 총을 가진 사람들로 알려져 있었기 때문이었다. 호랑

---

142 F. Deaville Walker, *William Carey Missionary Pioneer and Statesman* (Chicago: Moody Press, 1960), 133.

이와 총 때문에, 캐리는 특별히 무슨 일을 하지 않고서도 모든 마을 사람들로 하여금 고마움을 느끼게 하는 존재였다.

당시 유럽인들 중에 데하르타와 같이 야생 동물이 출몰하는 위험한 밀림과 오지에 가족과 함께 살려고 온 사람은 아무도 없었다. 그러기에 캐리의 존재는 특별했고 그는 브라민 카스트를 포함한 모든 마을 사람의 환영을 받았다. 이는 그가 문명의 이기인 총을 가지고 마을의 생존과 수호를 위해 꼭 필요한 일을 하고 있었기 때문이었다. 이런 점에서 데하르트란 곳은 그가 인도에서 복음을 전하기 위한 최적의 장소였다고 할 수 있다.

초기 선교사 시절에 캐리는 "선교사들은 사역의 대상이 되는 사람들과 같은 곳에서 살아야 한다, 그러므로 나는 (도시가 아니라) 현지인이 사는 시골로 깊이 들어가 그들과 어울려 살기를 원한다"고[143] 했었다.

그렇다면 그가 머물러야 할 곳은 바로 이곳, 데하르타가 아닌가?

캐리는 위험한 오지에 거하는 것 자체로 마을 사람들과 이미 깊은 신뢰의 관계와 연대감을 갖게 되었다. 이것은 현지인이 복음을 영접하기 위해 선교사가 오랜 기간 공들여 노력해야 얻을 수 있는 중요한 환경이었다.

그런데 안타깝게도 캐리는 며칠 후 영국인 우드니로부터 인디고 공장 감독 일을 맡아 달라는 편지를 받자마자 석 달 만에 데하르타를 떠나고 만다. 캐리의 입장은 충분히 이해할 수 있다.

인도에 도착한 지 몇 달 되지도 않아 생활비가 다 떨어졌고, 게다가

---

143 Carey's Letter to Sutcliff, Dated Jan. 3, 1794. Eustace Carey, *Memoir of William Carey*, 91.

악어와 호랑이와 뱀이 하시라도 출몰하는 그곳에서 일곱 식구를 책임지는 것이 얼마나 어려웠겠는가?

그런데 한 달에 200루피라는 너무나 좋은 조건의 봉급에 주택 문제도 해결이 된다면 그야말로 하나님의 인도하심으로 받아들이지 않겠는가?

인간적으로는 그렇다. 그러나 선교적으로는 확실히 아닌 것으로 보인다.

캐리가 데하르타 지역에 계속 남았다면 총으로만이 아니라, 농사와 작물의 품질 개량 등을 통해서도 이 지역 주민을 위해 기여할 수 있는 바가 컸다고 본다. 캐리는 1820년 인도의 농업-원예협회를 만든 사람으로서, 굶주리는 수백 만 인구를 먹이기 위한 여러 가지 실험 농작물을 연구한 바 있다. 그는 연구 성과를 낼 능력이 있는 사람이었다. 그가 인도의 농업 형편에 대해 말한 것을 들어보자.

> 세계에서 가장 훌륭한 나라 중 하나인 이곳에 농업과 원예는 참담한 상태이어서 사람들의 먹을 것이 너무 형편없다…인도 사람은 정글 지역을 정리하고, 황야를 개간하며, 습지대를 배수하며, 강둑과 넓은 평야의 관개를 하고, 비료를 만들고, 작물을 교대로 심으며 농기구와 운반 장비를 개발하며, 품종 개발, 작물 이식, 과일 나무의 전정, 목재 나무를 위한 삼림 등 거의 모든 것을 배워야 할 것 같다.[144]

캐리가 인도의 대표적인 식민 노예 노동이었던 인디고 공장 운영이

---

144 Drewery, *William Carey: A Biography*, 180.

나, 식민 통치를 할 관료를 양성하는 학교에서 일하기보다, 대신 데하르타에서 인도인의 안전과 식량 문제를 위해 봉사하면서 복음을 전도했더라면, 그의 사역의 열매와 인도 사회에 끼칠 긍정적인 영향력이 얼마나 컸을까, 아쉬움 속에 생각해 본다.

2) 무드나배티의 현지인들, 람 보쉬, 쉬바 라마

이번에는 힌두의 정결 의례와 카스트를 잃어버리는 문제에 대한 현지인의 반응에 대해 살펴보자.

힌두교란 말은 외부인이 붙인 말이고 인도 사람은 사나따나 다르마(Sanatana Dharma) 또는 베딕 다르마(Vedic Dharma)라고 한다. 다르마란 힌두의 '의무,' '도덕,' '삶의 방식,' '바른 삶'이라고 할 수 있는데, 이 다르마의 핵심에 '정결 의례'가 있다. 힌두는 먹는 것, 입는 것, 사는 것, 행동하는 것, 직업 등 모든 삶의 구석구석에 정결한 것과 부정한 것이 규정되어 있어서 부정한 것을 피하고 정결한 삶을 살아야 한다.

정결한 삶을 사는 것은 힌두들의 삶(또는 신앙)에 있어서 가장 중요한 것인데, 선교사들은 이 점을 무시하거나 오히려 적극적으로 힌두 배경 개종자를 부정하게 함으로써 카스트를 잃도록 하는 선교 방식을 채택했다. 1794년 7월 5일자 캐리의 일기를 보면 "내 마음은 이교도 중에 복음 전파의 성공을 갈망하고 있다"는 기록이 나오는데 같은 페이지에 그가 겪은 한 에피소드가 나온다.

캐리는 당시에 집안일을 돌볼 하인이 필요하여 신발 만드는 카스트(Mochi)의 한 가난한 고아 소년을 고용하기를 원했다. 그래서 그는 사람을 보내어 일을 잘하기만 하면 충분한 대가를 주고 잘 돌보아 주겠다고 말했다. 그러나 그 고아 소년은 이 좋은 제안을 거절했다. 이유는 "카스트를 잃을까 두려워했기" 때문이라는 것이었다.[145] 캐리는 "이것은 아마도 마귀가 인도인을 얽어매고 있는 가장 강력한 쇠사슬 중의 하나이다"라고 썼다.

가난한 소년이 신발 만들어서 배곯지 않으며 살기는 쉬운 일이 아니다. 더구나 그는 자신의 보호자가 아무도 없는 고아였다.

누군가 자기를 돌보아 주고 배부르게 먹을 것과 일자리를 준다는 것은 얼마나 탐낼 만한 제안인가?

또한 제화공 카스트는 죽은 동물의 가죽을 다루는 오염된 천민 카스트였다. 이런 최하층 천민이라면 더 이상 "오염될 것도" 없고, "잃어버릴 것을 두려워 할 것"도 없을 것같이 보인다.

그럼에도 불구하고 그는 외국인과의 접촉(만남)을 통해 자신이 오염되고 더럽혀질 것을 두려워해서 좋은 일자리를 거절했다. 만일 인도에서 가장 의지할 곳 없는 가난한 고아 소년, 그리고 가장 자부심이 없을 것 같은 천민 계층조차 지키기를 그렇게 원하고 잃기를 그렇게 두려워 하는 것이 카스트 문제라면, 하물며 고아도 아니고 좀 덜 가난한 사람이라면 어떠하겠으며, 상층 카스트는 얼마나 더 예민하겠는가?

1794년 무드나배티에서 인디고 공장 일을 하고 있을 때 캐리는 막내 아들 피터(Peter)를 이질로 잃었다. 그런데 4명의 무슬림 일꾼들이 무덤은 팠는데, 아무도 아들의 시신을 무덤으로 나르려는 사람이 없어서 곤

---

145   Carey's Journal, Dated 5 July, 1794, Eustace Carey, *Memoir of William Carey*, 125.

경에 처하게 되었다. 결국 막판에 "카스트를 잃은" 한 청소부가 마지못해 시신을 옮겨 무사히 매장을 마칠 수 있었다.[146] 캐리는 이것이 현지인들이 자신들을 무시해서 그런 것이 아니라, '시신'을 부정한 것으로 여겨 가까이 접근하기를 꺼리는 관습 때문이라고 부연 설명을 했다.

캐리는 자신이 감독자로 있는 공장에 500여 명의 일꾼들이 있었지만 아무도 아들의 죽음으로 비통에 빠진 자신을 위해 시신을 나르려는 사람이 없는 사실로 인해 충격을 받았다. 왜냐하면 그는 자신이 공장의 좋은 감독자로 일꾼들을 정당하게 대우하기 위해 애를 많이 썼다고 자부했기 때문이었다. 그는 이전 감독자였던 브라민들이 한 달에 겨우 2.5루피를 받는 일꾼들의 삯에서 2아나(Ana, 16아나가 1루피)씩을 거둬갔는데, 캐리는 이런 관행을 없앴다. 그는 이를 통해 유럽인에 대한 편견을 없애고 복음 전파하는 데 도움이 될 줄로 생각했다.[147]

그러나 인도인 입장에서 볼 때 직업과 카스트의 정결 규례를 지키는 것은 전혀 다른 문제이다. 캐리가 아무리 공정하고 친절하게 대해준다고 하여도 인도인의 관습인 다르마를 깨뜨릴 수는 없는 일이다. 그래서 무덤만을 팠던 4명의 일꾼들은 피터의 시신에 손도 대지 않았는데도 며칠 후 그의 가족 전체는 촌장의 지시로 동네 사람들과 함께 먹고 마시는 일을 박탈당하게 되었다. 이처럼 공동체로부터 축출되는 것은 카스트를 잃어버린 자가 겪어야 할 대가였다.[148]

146　Carey's Letter to Sutcliff, Dated Aug. 9, 1794, Eustace Carey, *Memoir of William Carey*, 134.
147　Carey's Journal, Dated June 28, 1794. *Ibid.*, 124.
148　Carey's Journal, Dated October 13, 1794. *Ibid.*, 135.

캐리는 당시에 직접적으로는 500명, 간접적으로 1,000명에 달하는 현지인 일꾼들에게 영향력을 행사하고 있었다. 그가 무드나배티의 인디고 공장 감독 일을 제안 받았을 때, "한 순간의 지체함도 없이 이것을 하나님의 손길"로 보았던 것은, 이것이 자신의 생계 문제 해결이 될 뿐만 아니라 자신의 휘하에 있는 수많은 현지인들에게 복음을 전할 좋은 기회로 보았기 때문이었다. 그리고 복음을 영접하는 사람들이 카스트를 잃어버리는 일이 생길지라도 자신이 "그들에게 일자리를 줄 수 있는 위치에 있기 때문에" 복음 역사에 큰 도움이 될 것으로 보았다.

그래서 그는 아침저녁으로 조회 모임을 할 때 성경을 읽어주고 말씀을 전하였다. 주일에도 이들을 대상으로 정기적으로 두 번 설교를 했다. 그들은 전부 가난하고 상층 카스트로부터 억압을 받는 사람들이었기 때문에 사랑으로 잘 대해주면 복음을 잘 받아들일 것 같았다.

그러나 6년의 세월 동안 단 한 명도 복음을 받아들인 사람도, 세례를 받은 사람도 없었다. 캐리의 입장에서는 참으로 이상한 일이었겠지만 이러한 반응은 정결 규례의 다르마를 지키는 것이 인도인에게 얼마나 중요한 것인지 피부로 느끼며 배울 수 있는 좋은 기회였다. 그러나 캐리는 이러한 다르마를 "미신"이라는 관점에서만 보고, 그것을 깨뜨림으로 카스트를 잃게 해야만 기독교인이 될 수 있다는 생각을 그가 죽을 때까지도 계속 고수하였다.

이번에는 하층민이 아니라 상층 카스트의 반응을 보도록 하자.

캐리에게 람 보쉬(Ram Boshi)라는 벵골어 통역이자 어학 선생이 있었다. 그는 글 쓰는 크샤트리아 카스트로 일가친척 중에는 지주들도 많았다. 그는 원래 캐리의 동료인 토마스 선교사를 통해 복음을 영접한 사람이었으나 토마스가 영국으로 돌아간 후 다시 옛 힌두 신앙으로 되돌아갔다. 그러다가 토마스가 캐리와 함께 되돌아 온 후 그는 캐리의 통역이자 벵골어 교사가 되어 주었다. 캐리에 의하면 람 보쉬는 "의심의 여지가 없는 진정한 개종자"였으며,[149] 매우 경건하고 신실한 상담자요 지성인이었다.

캐리는 벵골어를 익히기 전에 람 보쉬의 통역을 통해 우상 숭배의 어리석음과 사악함, 그리고 하나님의 자비로우신 성품과 그리스도를 통한 구원의 길 등을 반복적으로 증거했다. 람 보쉬는 이 모든 것을 받아들였을 뿐 아니라 캐리와 함께 힌두 우상 체계의 허망함에 대한 전도 책자를 만들기도 하였다. 캐리는 그가 진실한 기독교인임을 확신하였기에 그가 자신이 세례 주는 첫 인도인이 되리라 믿었다.

그러나 그는 결정적으로 세례를 회피하였으며, 카스트를 잃어버리려고 하지 않았다.[150] 캐리는 그의 이러한 약점에 대해 "소심함이 그에게 올무가 되어 왔으며, 용기와 열정이 부족하다"고 지적하기도 했다. 결국 캐리는 람 보쉬가 간음 문제에 연루되었을 때 기독교인의 윤리 문제를 이유로 1796년 그와의 관계를 단절한다.

복음을 영접했지만 카스트를 잃어버리고 세례 받을 수 없었던 람 보쉬의 문제는 200년 전이나 지금이나 동일하다. 람 보쉬와 같은 상층 카스트의 경우는 세례 받음으로 기독교인이 된다는 것은 상층에서 천민(노예)으로 신분이 바뀌는 것을 의미한다. 부모와 조상의 유산을 받을

149　Carey's Letter to Sutcliff. Dated Jan. 3, 1794. Eustace Carey, *Memoir of William Carey*, 93.
150　Carey's Letter to Sutcliff. Dated Aug. 9, 1794. *Ibid.*, 130.

수 없는 것은 말할 것도 없다. 그는 동족과 먹고 마시고 교제하며 결혼하며 직장을 갖고 사는 모든 권리를 박탈당하게 된다. 기독교인이 되기 위해서, 세례를 받기 위해서, 반드시 이와 같은 것을 감수해야 한다고 하면, 람 보쉬와 같은 경우를 피할 수가 없다. 복음은 좋지만 문화적으로, 사회적으로, 경제적으로 그 사람은 자신이 속한 공동체에서 살아남을 수가 없기 때문이다.

캐리가 세람포르에서 본격적으로 선교 사역을 시작하기 전에 무드나 배티에서 자신의 통역자를 통해 경험한 이 사건은 '기독교인이 되려면 카스트를 반드시 잃어야 한다'는 캐리의 선교 방식에 대한 상층 카스트의 반응이었다. 그러나 캐리는 이러한 반응을 진지하게 고려하지 않았거나, 고려했더라도 자기의 방식을 고집하는 쪽으로 결론을 내린 것으로 보인다.

아르메니아계 사역자 케러핏 아라툰(Carapeit C. Arratoon)이 보고한 내용 중 상층 카스트의 예를 한 가지만 더 들어보자. 이 경우는 개종을 하고 카스트를 잃어버린 쉬바 라마(Shiva Rama)의 이야기이다. 그는 세례를 받고 카스트를 잃어 버렸었는데 다시 상당한 비용을 지불하고 정화 의식과 함께 자신의 잃어버렸던 옛 카스트를 되찾았다.[151] 이 사건에서도 나타나지만 카스트를 잃어버리는 캐리의 방침은 현지인 사역자들의 기지 개척 사역에도 일관되게 적용되었던 것을 알 수 있다. 그러나 쉬바 라마의 예가 보여 주듯이 막대한 비용을 들여가면서까지 그가 잃

---

151 Aratoon's Letter to Marshman, Dated August 3, 1811. *Monthly Circular Letters Relative to The Missions in India* Vol. II, 90.

어버린 카스트를 회복하지 않을 수 없었던 것은, 이것이 단지 신분의 회복이 아니라 잃어버린 가족과 친척과 공동체의 회복이기 때문이었다.

3) 침례교선교회 총무, 안드류 풀러

안드류 풀러(Andrew Fuller, 1754-1815)는 영국 캐터링의 침례교 목사이자 신학자였다. 그는 캐리와 함께 침례교선교회를 설립하여 그 총무의 자격으로 1792년에서 1815년까지 침례교선교회의 발전과 캐리의 세람포르 선교를 위해 본국에서 헌신적으로 지원한 사람이었다. 그는 캐리에게 아무것도 요구하지 않고 변함없이 그를 지지해 줌으로써 캐리가 현장 선교에만 전력할 수 있게 배려해 주었다.

젊은 2세대 선교사들과 세람포르 지도층 사이에 갈등이 생겼을 때에도 풀러는 벵골 선교의 책임자인 캐리의 입장에서 서서, 2세대 선교사들이 선배 선교사들의 방향에 따르도록 강력히 촉구하기도 했다.[152] 캐리가 2세대 선교사들과 분리하고 본국의 모(母) 선교회와도 큰 갈등을 겪으면서 독자적인 노선을 걷게 된 것은 모두, 안드류 풀러의 사후에 발생한 일이다.

풀러는 이처럼 세람포르의 워드, 마쉬만과 함께 캐리의 가장 가까운 동료였다. 그러기 때문에 그가 캐리에게 준 조언과 권면은 진심으로 캐리와 인도 선교가 잘 되기를 바라는 마음에서 나온 것으로 보인다. 풀

---

152 Daniel Potts, *British Baptist Missionaries in India, 1793-1837*, 23, 24. A Letter from Fountain to Chamberlain, 18 May 1809.

러가 캐리에게 준 조언은 두 가지가 눈에 띈다.

첫째, 풀러는 캐리에게 인도의 개종자들이 카스트를 버리지 않고 유지하도록 하는 것이 좋겠다고 했다.[153] 풀러가 이런 조언을 한 것은 캐리가 카스트를 잃는 어려움 때문에 복음 전도에 큰 어려움이 있다는 것을 반복적으로 하소연했기 때문이었다. 카스트를 유지하는 것은 비성경적인 관습이요 문화임에는 틀림이 없지만, 풀러는 먼저 구원을 얻는 것이 더 중요하다고 여긴 것으로 보인다. 세월이 흘러 개종자가 스스로 깨닫고 자발적으로 카스트를 버리는 것은 어쩔 수 없지만, 처음부터 카스트를 잃는 것을 전제로 개종과 세례를 시도한다면, 그것이 복음 전도에 지속적인 장애물로 작용될 것으로 보았기 때문이다.

풀러의 동료인 존 라일런드(John Ryland)도 유사한 조언을 했다. 그는 그리스도와 복음에 대한 "전반적인 지식을 먼저 가르쳐서 준비를 시킨 다음에야 카스트를 버리고 주님과 온전한 연합을 기대할 수 있을 것"이라고 했다.[154] 이에 대해 캐리는 앞에서도 언급했지만, 어차피 인도에서 카스트를 잃지 않을 수 있는 길은 없기 때문에 비실제적이라는 이유로 동료들의 조언을 거절한다.

사실 캐리는 카스트 문제에 대해 어떻게 결정해야 할지 몰라서 본국의 동료들에게 자문을 구한 것인데, 시간이 흘러 막상 조언하는 편지를 받을 무렵에는 카스트를 버리는 쪽으로 이미 결론을 내리고 있었다. 이

---

153   Carey's Letter to Fuller, March 1797. 이 편지는 풀러가 보냈던 편지에 대한 답글로서 캐리가 풀러에 게 보내는 것인데, 여기에 카스트를 유지하도록 하는 것이 좋겠다는 풀러의 조언에 대한 캐리의 감사의 말이 표현되어 있다.

154   *Ibid*. Smith, *The Serampore Mission Enterprise*, 147.

것은 캐리가 진정으로 조언을 받으려고 동료들에게 자문을 구했던 것인지 의문을 갖게 한다. 풀러는 캐리보다 7년 연장자이고 이미 신학자로서 명성이 나 있는 사람이었다. 그리고 캐리 역시 풀러가 쓴 책, 『만인이 받기에 합당한 복음』의 영향을 받고 선교에 헌신하기로 결단한 바 있다. 무엇보다 풀러는 침례교선교회를 대표하는 총무의 위치에 있는 사람이었다.

그런데 풀러에게 겸손히 조언을 구하던 캐리가 선교사로 나간 지 4년이 지난 뒤에는 마음 자세가 달라져 있었던 것 같다. 그는 본국에 있는 사람들과 달리 현장 경험자, 또는 현장 전문가로 스스로를 평가하고 있었기 때문에, 아무리 연륜 있는 신학자, 선교회 대표라도 현장의 상황을 모르는 사람으로 취급하여 그들의 견해보다는 자신의 견해를 더 우위에 둔 것이 아닌가 생각된다.

둘째, 풀러는 캐리가 유럽인들과 어울리기보다는 현지인들 가운데 거하며 사역하기를 조언했다. 당시 워드와 마쉬만은 선교사로서 동인도 회사로부터 환영받지 못하는 사람이었기 때문에 어디에 정착할 것인가가 큰 문제였는데, 결국 덴마크 영지인 세람포르로 결정이 되었다. 비자 문제로 인한 피난처로서 다른 선택의 여지가 없다고 보았기 때문이었다. 그러나 이때 풀러는 다른 견해를 내어 놓았다. 그는 세람포르가 "너무나 유럽인들이 많아서 현지인들과 거의 교제하기 어려울 것"이라고 말했던 것이다.[155]

선교사는 당연히 현지인들 속에 살며 현지인들을 섬겨야 할 것이다.

---

155 Fuller's Letter to Ward, 1 Aug. 1801. Smith, *Ibid.*, 208.

풀러는 상식적, 합리적 수준에서 선교사들이 현지인들 속으로 들어가도록 제안한 것이었다. 그러나 캐리와 그의 동료들은 풀러의 우려대로 결국 인도의 풀뿌리 대중들이 사는 현장과는 무관하게 거의 유럽인들과 함께 평생 동안 동인도 회사의 그늘 아래에서 살았다. 그러기에 그들이 세례 준 사람들의 절반은 유럽인과 유럽인의 피를 받은 앵글로 인디언들이었다.

캐리와 그 동료들은 왜 세람포르 외에는 대안이 없다고 보았는가?

캐리는 이미 인디고 공장 감독 일을 하면서 유럽인들이 터 잡고 사는 대도시, 영국 군대가 보호하는 식민 영지에서 영국인으로서 사는 편안한 삶에 익숙해져 있었기 때문에 거기를 벗어나는 것은 쉽지 않았다. 그러나 인도의 영국 정부 관할이 아닌 곳은 어디든지 널려 있었기 때문에 현지인들과 함께 살며 사역하고자 하는 자세만 있었다면, 어렵기는 하지만 풀러의 제안대로 비자 문제가 없는 내륙 지방에 정착하여 사역을 섬길 수가 있었을 것이다. 선교사들이 현장 경험이 많은 현장 전문가일 수 있지만, 때로는 현실과 실제 문제에 매여 외부인이 성경적, 상식적, 합리적인 관점에서 보는 것을 보지 못할 수도 있음을 캐리와 그 동료들은 보여주고 있다.

4) 동료 선교사, 윌리엄 워드

윌리엄 워드(William Ward, 1769-1823)는 세람포르 삼인방 선교사 중 하나로 마쉬만과 함께 윌리엄 캐리의 가장 가까운 동역자였다. 그는 인쇄 기술자이자 출판 담당으로서 역할만 했을 뿐 아니라, 앞에서 언급했듯이 세람포르 선교의 선교 방법론이라고 할 수 있는 약속문을 작성했으며, 세람포르대학의 신학 교육 책임을 맡았던 사람이었다.

워드는 크리스토퍼 스미스가 말하기를 세람포르 선교사 중에서 "유일하게 선교학자에 가장 가까운 사람으로서 세람포르의 선교 방법과 신학에 많은 기여를 한 인물"이라고 평가한 바 있다.[156] 이는 아마도 그가 몇 개의 신문 편집을 해 본 언론인으로서의 통찰력과 1797년 이우드 홀(Ewood Hall)의 신학교에서 1년 반 가량 받은 신학 공부의 기초가 있었기 때문인 것으로 보인다. 그의 주요 저작은 두 권으로 된 『힌두의 역사, 문학과 신화에 대한 견해: 힌두의 관습에 대한 상세한 기술과 주요 작품의 번역이 포함됨』이 있다.

캐리의 최측근이었기 때문에 워드의 지적 혹은 비판은 당연히 캐리에게 끼치는 영향이 매우 컸다. 무엇보다 워드는 1806년 복음의 직접 전도가 아닌 번역 사업에 필요 이상의 시간과 에너지를 쏟는 캐리와 마쉬만에게 다음과 같은 경고음을 내었다.

> 다른 선교사들을 위해 우리가 제대로 이해도 못하는 여러 언어로 성경을 번역하는 것에 대해서, 나는 캐리와 마쉬만에게 이 일로 시간과 인생을 허비하지 않도록 주의하라고 권면했다. 예수회 선교사들이 여러 문법과 사전을 만들고, 제법 번역을 많이 했음에도 불구하고, 그것들은 지금 로마의 도서관에서 썩어가고 있지 않느냐고 말해 주었다. 인생은 짧고 하나님이 우리에게 붙여주신 사람들은 손도 못 대고 있는데, 중국어, 부탄어, 마라타어, 기타 언어

---

156   A. Smith, *Ibid.*, 223.

로 성경을 번역하는 사이에, 금쪽같은 시간이 다 증발되어 버리고 있다는 것을 상기시켰다. 우리가 결코 나누어 줄 수도 없는 이 번역을 위해 너무 많은 시간을 소비하다가, 결국 현지에 맞는 번역도 안 되고, 우리가 죽음을 맞이할 때 사역이 미완의 상태에 놓이게 된다면, 모든 일이 허망하게 끝나는 것 아닌가![157]

워드의 이 글은 짧지만 많은 것을 말해 준다. 그는 "우리가 제대로 이해도 못하는 언어"라고 말함으로써 캐리가 번역한 성경의 질적 문제에 대한 그의 생각을 노출한다. 워드와 캐리는 선교지에 온 지 이미 6년에서 10년이 넘었기 때문에 현지어로 어느 정도 자유롭게 의사소통이 되었을 것이다. 그러나 그는 여전히 그것이 "우리가 제대로 이해 못하는 언어"라고 말했다.

그들이 살고 있는 곳의 언어인 벵골어는 그나마 괜찮지만 살아보지도 않은 다른 주, 다른 나라 말, 예컨대 부탄어, 중국어, 오리야어, 버마어, 말레이어 등등의 경우는 오죽하겠는가?

제대로 이해 못하는 언어 실력을 가지고서 어떻게 현지인이 옳게 이해할 수 있는 번역을 할 수 있겠는가?

그러기에 그는 1805년 이후로 계속 이 질 문제에 대해 문제 제기를 해 왔다. 이것은 자신들이 번역한 성경을 현지인들이 잘 이해하고 있다는 캐리의 말과는 사뭇 다른 것이다.

워드가 한 말 중 또 하나 주목할 부분은 현지에 "더 적합한" 번역, 또

---

[157] 워드의 일기, 1806년 4월 27일자.

는 "더 편안한" 번역이라고 언급한 부분이다. 원문에는 "nearer home"으로 되어 있다. 이는 "현지에 더 가깝게," "현지인이 집처럼 편하게 느낄 수 있는" 그런 번역이 되어야 한다는 것이다. 약속문서에서는 이를 힌두들과 "이해될 수 있는 방법으로" 대화해야 한다고 했다.

힌두들이 "쉽게 알아들을 수 있고, 편안하게 느낄 수 있는" 번역이란 곧, 인도의 '문화'를 고려한 번역을 말하는 것이다. 워드는 힌두들과 만날 때 "가능하면 복음에 대한 편견을 가중시킬 수 있는 것을 삼가야 한다"고 하면서, 이를 위해서는 "힌두들의 마음을 상하게 하는 영국식 관습을 배제해야 한다"고 했다. 그리고 힌두의 이해를 돕기 위해서 "그들의 사고방식, 습관, 성향, 반감, 그들의 신관, 죄관, 구원관 등" 힌두에 대한 모든 것을 다 알 필요가 있다고 주장했다. 이는 인도 문화가 "미신"과 "어두움," "불의"와 같은 힌두 신앙의 요소에 의해 큰 영향을 받고 있다고 보았지만, 그럼에도 불구하고 "상당한 정도의 문명화"가 이뤄진 것으로 평가했기 때문이었다.[158]

워드가 말하는 핵심은 이처럼 여러 가지 한계와 문제가 있는 번역 작업에 온통 매달리기보다는 복음의 직접 전도를 해야 한다고 주장한 것이다. 이에 대해 캐리와 마쉬만은 복음 전도가 자신들이 마땅히 힘써야 하는 주된 사역인 것은 인정했으나 동인도 회사가 직접 전도를 금지하는 상황에서는 차선이지만 성경 번역과 문서 사역을 할 수밖에 없는 현실을 상기시켰다. 번역 작업은 "주로 준비적이고 전망적인 것"이지만

---

158 W. Ward, *A View of the History, Literature, and Mythology of the Hindoos: Including a Minute Description of Their Manners and Customs, and Translations from Their Principal Works*, Vol. 1 (Serampore, Mission Press, 1818), xix.

자신들에게 하나님이 섭리 가운데 주신 사명이라는 것이다.

또한 번역이 정말 초보적인 수준이지만 "젊은 후배 선교사들이 이방인들 가운데 살다가" 언젠가 힌두의 관습과 문화에 완벽히 동화되는 날, "완성될 것이다"고 말했다.[159] 만일 캐리가 제대로 된 초보적인 번역을 '완성시키는 데' 관심을 가졌다면, 그 자신이 먼저 '이교도 가운데 함께 사는 데' 힘써야 했다. 그러면 후배 선교사들도 그를 따라 힌두들 속에 살면서 완성된 번역을 할 수 있었을 것이다. 그런데 캐리 자신이 그렇게 하지 않았을 뿐 아니라 젊은 후배 선교사들 역시 그런 삶에는 더더욱 관심이 없었다.

이런 모습의 결과를 전부 지켜보면서 워드는 풀러에게 매우 솔직한 편지를 보냈다.

> 아마도 인도에서 개종과 관련된 우리의 기대는 목표에서 크게 벗어난 것 같습니다. 우리는 우리의 모든 부족한 것을 채워 줄 성령의 역사하심에만 우리의 눈을 고정시켜 온 것이 사실입니다. 그러나 아무런 변화도 일어나지 않았습니다. 이를 통해서, 우리는 정말 이 문제를 지혜롭게 대처한 것인가? 성경 말씀의 인도하심을 옳게 받은 것일까? 이런 의문이 생깁니다.[160]

개종의 열매가 선교사들의 기대치에 크게 못 미친 것은, 무엇보다 간접 사역에 치중함으로 말씀의 씨앗을 사람들에게 뿌리지 않았기 때문이

---

159 A. Smith, *The Serampore Mission Enterprise*, 320.
160 Ward's Letter to Fuller. Dated 21 Sept. 1812.

요, 현지인들이 이해할 수 없는 말과 글로 소통했기 때문이요, 그들과 함께 살지 않음으로 그들의 삶에 아무런 공감이나 동화가 없었기 때문이었다. 이 점에 대해서 성경은 매우 명확한 지침을 주는 것으로 보인다.

그러나 캐리와 마쉬만은 잘못된 방식을 수정함이 없이 "노동은 우리의 일이지만 열매는 하나님의 일"이라며 계속 가던 길을 갔다. 그나마 워드라도 자신을 돌아보면서 성경의 지침대로 제대로 하고 있는 것인지 스스로에게 의문을 던지며 캐리에게 경고음을 내는 역사적 역할을 했다고 본다.

5) 후배 선교사(1), 윌리암 로빈슨

캐리와 워드, 마쉬만을 제외한 나머지 침례교 선교사들은 크리스토퍼 스미스가 구분한대로 1800년대에 선교사로 온 사람들과 1810년대에 온 사람들로 구분할 수 있다.

앞의 그룹에 속한 사람들은 존 비스(John Biss), 존 체임벌린(John Chamberlain), 리처드 마든(Richard Mardon), 윌리암 무어(William Moore), 조수아 로우(Joshua Rowe), 제임스 차터(James Chater), 그리고 윌리암 로빈슨(William Robinson)인데, 이들은 모두 캐리보다 16년 연하 세대로서 중간에 우여곡절은 겪어도 끝까지 캐리 편에서 동역한 선교사들이었다. 반면에 뒤의 그룹에 속한 사람들은 윌리암 존즈(William Johns), 존 로슨(John Lawson), 유스터스 캐리(Eustace Carey), 윌리암 에이츠(William Yates), 윌리암 퍼스(William H. Pearce), 제임스 페니(James Penney), 그리고 윌리암 아담(William Adam)이었는데, 이들은 캐리보다

20-30년 연하로서 삼인방 선교사들과 끊임없는 갈등을 빚다가 1816년, 침례교부속선교회로 분리해 나간 선교사들이다.

캐리와 동역을 잘 한 선교사이든 갈등과 대립을 일으켰던 선교사든지 간에 그들은 캐리와 긴밀하게 얽혀서 실제 사역을 담당했던 사람들로서 세람포르의 선교 사역에 개인적으로든 단체로든 어떤 피드백을 내어 놓았다. 그러한 피드백이 보고서나 건설적 비판을 넘어서 중상과 비방과 같은 공격의 형태로 나타나게 되고 결국에 세람포르에서 하나였던 침례교선교회 모임이 둘로 분리되었다. 1810년 이후 선교사로 온 젊은 세대와 캐리 사이가 갈라진 데에는 본국의 모 침례교회의 리더십 인정 여부와 함께, 재산 문제가 그 핵심이었다. 심지어 그들은 캘커타의 한 기증자가 선교회를 위해 내어 놓은 유산을 둘러싸고 법정 소송을 벌이기도 했다.

이런 첨예한 이해관계를 둘러싼 다툼을 제외하고, 복음 사역으로만 주제를 좁혀보자. 그러면, 현장에서 캐리 사역을 함께 수행하던 동역자들로부터 의미 있는 고민과 우려의 목소리, 그리고 선교회 발전을 위한 진지한 제안들을 들을 수가 있다.

여러 2세대 선교사 중에 1800년대에 선교사로 나왔던 윌리암 로빈슨(William Robinson, 1784-1853)에게 주목할 필요가 있다. 그는 1806년 벵골에 도착하자마자 처음에는 벵골어를 익히며 카트와(Katwa) 개척을 시작했으나 2년 후부터는 세람포르 방향에 순종하여 3년간 부탄(Bhutan) 개척을 시도했다. 이 과정에서 그는 열병과 전쟁을 만나 아내를 잃고 수십 명의 떼강도를 만나 부상을 입기도 했다.[161] 그 이후에도 그는 말레이시아의 자바와 인도네시아 수마트라 개척 방향에 따라 13년간 새로운 언어를 배우며 개척 역사를 위해 헌신했다.

그러다가 영국이 네덜란드에게 식민지를 빼앗기게 되어 1825년에 다시 인도로 돌아와 캘커타 랄바자 교회의 목사로 13년간 목회를 했으며, 생의 마지막은 다카(Dacca)를 개척하다가 1853년 파란만장한 생애를 마감한 세람포르의 마지막 생존 선교사였다. 그는 개척을 꺼리는 대부분의 후배 선교사들에게 모범이 되는 개척 선교사로서 캐리로부터 많은 칭송을 받았으며, 캐리가 죽은 후에는 그의 유언의 집행자가 되기도 했다.

로빈슨이 이처럼 캐리의 충성스러운 동역자이었기 때문에, 그는 캐리에게 충심어린 두 가지 중요한 조언을 한다.

첫째, 그는 삼인방 선배 선교사들에게 "젊은 후배 선교사들을 더 조심스럽게 다루지 않으면 분열이 생길 것이다"고 경고했다.[162] 로빈슨의 생애를 크게 보면 세람포르의 방향에 잘 순종한 것 같지만 그 과정은 쉽지 않았던 것으로 보여 진다. 그는 부탄 개척에서 처음 3년간 6번이나 시도했음에도 불구하고 실패함으로 어려움을 호소하면서 철수하기를 바랐다. 그러나 선배 선교사들은 그가 충분히 노력을 기울이지 않았다고 보았다. 영국에 있는 풀러도 어려움이 있다고 중도에 포기했던 사도 바울의 선교여행 동역자 마가를 로빈슨에 비유했는데,[163] 풀러의 이러한 이

---

161 그는 선교사로 살면서 아내를 4번이나 잃어서 5번 결혼을 해야 했다.
162 A. Smith, *The Serampore Mission Enterprise*, 105.
163 *Ibid.*, 176.

해는 아마도 선배 선교사들의 견해를 반영한 것으로 보인다.

그러나 로빈슨 입장에서는 세람포르의 안락한 환경을 거의 벗어나 본 적이 없는 선배 선교사들에 대해 불만이 있었던 것으로 보인다. 오지 개척지의 어려움을 모르면서 젊은 선교사를 밀어붙이는 식으로 개척을 지속한다면 젊은 선교사들로부터 큰 반발을 받게 될 것이며, 그것이 결국 모임의 분열까지 가져올 것이라는 이러한 예언적 경고는, 로빈슨 자신의 경험에서 나온 것으로 보인다. 그 후 전개된 상황을 보면, 젊은 선교사들이 개척 방향 거부를 계속 했지만 선배 선교사들은 대체로 인내하며 그들의 요구를 수용하는 방향으로 노력하였다. 이는 아마도 캐리가 로빈슨의 말을 진지하게 받아들였기 때문인 것으로 보인다.

둘째, 로빈슨은 1825년 말레이시아의 수마트라를 떠나 벵골로 가면서 이렇게 말했다.

"나는 내 자신이 너무나 세속적인 일, 즉 교육과 글 쓰는 일에만 몰두한 것이 후회스러웠다."[164]

이 기간에 로빈슨은 학교 일을 하면서 말레이 표기법에 관한 책을 써서 말레이시아의 영국 총독 라플즈에게 헌정했는데(1825년), 아마도 이런 일들로 인해 현지인과 함께 직접 전도하는 일에는 많은 시간을 쓰지 못한 것으로 보인다. 그런데 그가 쓴 보고서의 이 내용은 세람포르에 있던 선교사들에게 알려졌을 뿐 아니라, 풀러가 본국 선교회의 이사 중의 하나였던 윌리엄 벌즈(William Burls)에게 보낸 편지에도 인용되었다.

---

164 Fuller's Letter to Burls, 15 April 1815, Earnest A. Payne, *South-East from Serampore: More Chapters in the Story of the Baptist Missionary Society* (London: Carey Press, 1945), 37-55, 112-11.

그러기에 비록 이 글은 로빈슨이 자신의 선교 사역을 스스로 평가한 것이지만, 동시에 세람포르 선교사들도 동일한 사역을 하고 있었기 때문에 세람포르 선교 사역에 대한 간접적 비판이기도 하다.

교육과 문서 사역과 같은 간접적인 사역에 치중하느라 직접 선교를 소홀히 하는 것에 대한 문제 제기는 로빈슨만 한 것은 아닌 것으로 보인다. 크리스토퍼 스미스는 "직접 선교 사역 또는 복음 전도가 놀라울 정도로 결여된 것이 세람포르 선교 사역의 지속적인 특징이었다"고 "젊은 선교사들"이 말했다고 한다.[165] 이에 대해 세람포르 삼인방 선교사는 "복음을 전하는 것이 선교회의 가장 중요한 일"임을 시인하면서 다음의 말을 덧붙였다.

"복음이 유럽인의 손으로 인도에 심어질 수 있으려면 그것은 반드시 이교도 중에 거주함으로써만이 가능하다."[166]

캐리와 마쉬만은, 자신들은 학교 사역과 글 쓰는 준비적인 일을 하더라도, 다른 젊은 선교사들은 기지 개척을 통해 직접 복음을 전하는 일에 초점을 맞춰주기를 바랬던 것으로 보인다. 그러나 선배 선교사들이 보이지 않는 본을 후배 선교사들이 따르기는 어려웠을 것이다. 그나마 1800년대에 나온 선교사들은 억지로라도 기지 개척을 했지만 1810년대에 나온 선교사들은 노골적으로 기지 개척을 거부하였다. 그리고 심지어 기지 개척에 나간 선교사들조차도 세람포르와 똑같은 패턴으로, 현지인들과 같이 거주하지 않으면서 학교 사역과 출판, 인쇄 사업 등

---

165   A. Smith, *The Serampore Mission Enterprise*, 314.
166   E. Carey, *Memoir of William Carey*, 65. Marshman to Ryland, Sep. 1805, Ward to Fuller, 24 Mar. 1813. Carey to Burls, 22 Feb. 1814. Carey to Ryland, Feb. 1825.

간접 사역에만 매달렸다.

6) 후배 선교사(2), 윌리암 존즈

윌리암 존즈(William Johns, 1771-1845)는 침례교선교회 파송 의료 선교사로 1810년 영국을 떠나 미국을 거쳐 1812년 존 로슨(John Lawson) 선교사와 함께 인도 벵골에 도착했다. 그러나 인도에 온 지 1년도 안 되어 1813년 영국 정부와의 커뮤니케이션 문제로 다시 영국으로 되돌아갈 수밖에 없었던 유일한 침례교 선교사이다.[167] 이 사건 이후 1812-1818년 사이에 파송된 젊은 침례교 선교사들[168]과 세람포르의 선배 선교사들 사이에 심각한 갈등과 분열이 생기게 되는데, 그 중심에 인도에 남아 활동하던 캐리의 조카 유스터스 캐리와 함께 본국에는 존즈가 있었다. 존즈는 여러 개의 편지들로 구성된 『세람포르 시스템의 정신』이라는 소책자를 출판하여, 세람포르 시스템이 외부에 알려진 것과는 달리, 어떻게 처음의 정신에서 이탈하여 잘못 흘러가고 있는가를 지적하고 있다.

그는 "세람포르 선교사들은 위대하고 선한 사업을 하고 있지 않는가? 그것도 놀라울 정도로 많은 선한 일을 하고 있지 않는가?"라고 질

---

167 그가 본국으로 되돌아가게 된 것은 앤드류 풀러가 볼 때는 행정적 처리를 잘못한 죠수아 마쉬만의 책임이었고(A. C. Smith, *The Serampore Mission Enterprise*, 107), 존즈 역시 마찬가지 주장을 했다. 스미스에 의하면 존즈의 잘못도 있어서 마쉬만만 비난받을 일은 아니라고 한다.

168 William Johns, John Lawson, Eustace Carey, William Yates, William H. Pearce, James Penney, and William Adam.

문하면서, 그것은 "여전히 사실이다"고 답한다. 그러나 그럼에도 불구하고 그는 몇 가지 심각한 문제가 있음을 지적한다.

첫째, 그는 세람포르 인쇄소와 여러 건물들은 본래 침례교선교회 소유인데 선배 선교사들이 그 원래의 원칙을 버리고 그것을 사유화해 버렸다고 말한다.[169] 시니어 선교사들은 본인들이 땀 흘려 일해서 번 돈으로 구입한 것이라 본국 선교회가 관여할 문제가 아니라는 입장이라서, 양쪽의 입장은 합의점을 찾지 못하다가 결국 1816년과 1827년에 걸쳐 세람포르선교회는 본국으로부터 완전히 분리 독립하게 된다.

둘째, 존즈는 세람포르가 본래의 정신에서 벗어난 것은 그들이 세속화되었기 때문이라고 지적했다.

> 세람포르 시스템에 대해 우려하는 데에는 이유가 있다. 세람포르의 정신은 내가 그곳에 살아보니까 (듣던 바와는) 다른 것이었다. 그곳은 세속적이고 정치적인 정신이 지배하고 있었다.[170]

세람포르 선교사들이 "세속적"이고, "정치적"이었다는 존즈의 말은 좀 이해하기 어렵다.

어떻게 선교사들이, 그것도 오지에서 선교 한 가지만을 위해 평생을 헌신한 선교사들이 "세속적이고, 정치적"일 수 있겠는가?

---

169 William Johns, *The Spirit of the Serampore System, As It Existed in 1812 and 1818 with Strictures on Some Parts of "Dr. Marshman's Statement, Relative to Serampore"* (London: Wightman and Cramp, 1828), 63.

170 *Ibid.*, 32.

그런데 만일 그의 주장이 근거 없는 것이었다면, 본국이나 세람포르의 2세대 선교사들(1810년 이후 파송된 침례교 선교사들)이 그의 말에 귀를 기울이지 않았을 텐데, 실제로는 일부 선배 선교사들 외에는 다 존즈의 말에 공감하고 그와 동일한 입장을 취한다. 그 결과가 1차와 2차에 걸친 분열 현상이었다.

그렇다면 도대체 존즈는 시니어 선교사들의 어떤 점을 세속적이고, 정치적인 것으로 이해했던 것일까?

존즈는 로빈슨(W. Robinson) 선교사의 예를 든다. 캘커타의 랄바자교회는 로빈슨을 자신들의 풀타임 목사로 고정하기를 원했다고 한다. 왜냐하면 그 교회는 캐리와 마쉬만, 워드가 파트타임 공동목회를 하고 있었는데, 그들이 사는 세람포르는 캘커타에서 16마일이나 멀리 떨어진 곳이기 때문이었다. 그렇지만 시니어 선교사들은 그를 버마의 랑군으로 보내려고 하다가 그가 거절하자 다시 거의 알려지지 않은 땅 부탄(Bootan)으로 보냈다. 로빈슨이 여기도 개척하기를 꺼려하자 결국 그는 1810년 인도네시아 자바 섬으로 개척 내보내어지게 된다. 이런 과정을 이야기한 후 존즈는 말한다.

> 로빈슨은 훌륭한 벵골어 전도자였다. 그런데 그는 동쪽과 남쪽의 전혀 새로운 땅으로 가서 완전히 새로운 언어를 계속 배워야 했다. 아, 그리고 그는 자바로 갔다. 자바! 자바! '유럽인의 무덤'인 그곳은 후에 알게 되었지만 마쉬만이 나를 보내려고 했던 곳으로, '내 집'과 '내 무덤'이 될 뻔한 곳이었다. 이 글을 읽는 친구들이여 한 가지만 물어 보자. '당시 벵골과 힌두스탄 땅에는 겨우 6명의 선교사들밖에 없었다.

> 인도 땅은 이제 희어져 추수하게 되었고 일꾼이 없어서 죽어가고 있는 형편인데, 이 광활한 땅을 놔두고 저 멀리 자바와 그 동쪽 섬들로 꼭 로빈슨을 보내야 했는가?[171]

이 글에서 주목할 점은 먼저 로빈슨의 예에서 보듯이 선교 기지 개척이 삼인방 선교사가 말하는 것과는 달리 반드시 자발적으로 이뤄진 것은 아닌 것 같다는 것이다. 로빈슨은 오지 개척을 거절했는데도 계속 오지로만 권유를 받았다. 이런 이유 때문에 존즈는 아마도 세람포르 시스템이 "억압적"이라고 말한 것 같다.[172] 유럽인 선교사들은 로빈슨처럼 대체로 캘커타를 벗어난 지역에는 기지 개척 나가기를 꺼려했다. 더구나 "유럽인의 무덤"으로 알려진 자바 같은 곳은 누구라도 가고 싶지 않았을 것이다.

문제는 이렇게 위험한 오지 개척자 명단에 캐리와 마쉬만, 그리고 워드는 언제나 제외된다는 것이다. 만일 오지 개척자로 가야 되는 사람이 힘이 없거나, 밉보이거나, 아니면 말 잘 듣고 착한 후배 선교사가 되는 것이라면, 존즈가 볼 때 세람포르 시스템이 정당하지 못하고 뭔가 '억압적'이라고 생각할 개연성이 있어 보인다.

시니어 선교사들은 자신들이 세람포르와 캘커타의 자리를 비울 수는 없다고 생각했을 것이다. 그들이 오지로 개척을 나가면 번역과 인쇄와 선교회를 책임질 사람이 없다고 생각했을지 모른다. 그러나 인쇄

---

171 *Ibid.*, 30.
172 *Ibid.*, 39.

공으로 치면 윌리암 워드를 대신할 인쇄 전문가로 나다니엘 워드가 있었다. 마쉬만은 학교 사역의 책임자인데, 젊은 선교사들은 자신들이 그 일을 더 잘 할 수 있다고 생각했다. 심지어 그들은 자신들이 캐리의 역할도 대체할 수 있다고 생각했다. 반드시 능력이라는 측면이 아니라 캐리가 나이가 들고 노쇠해 가므로 그의 사후를 대비해야 한다고 보았던 것이다.

존즈의 말을 계속 들어보자.

> 시니어 선교사들의 경우는 다른 사람들이 계승할 수 있도록 현장에서 물러나는 것과 관련된 어떤 규정도 없다. 캐리가 죽을 경우 그의 사역을 계승하도록 왜 로빈슨으로 하여금 산스크리트어 공부에 집중하도록 하지는 않는가? 마쉬만이 문제가 생길 경우 그의 중국어 연구를 대신할 사람을 바로 세워야 하는데 어디에 그런 사람이 있는가?[173]

당시의 평균 수명은 매우 낮았다. 인도에 도착한 여러 선교사들이 몇 년 되지 않아 젊은 나이에 열병과 이질과 풍토병으로 목숨을 잃었다. 그러므로 선배 선교사들의 계승을 고려하는 것은 반드시 무례한 일만은 아니었다. 사실 존즈와 젊은 선교사들이 겉으로 내세운 명분은 대체 인력 양성이고 역사 계승이었지만, 선배 선교사들만이 현실적인 특권을 향유하고 젊은 사람에게는 그 기회를 배제하는 것 때문이었다.

이것은 단지 선교사 배치만의 문제가 아니었다. 선교 기지에서는 현

---

[173] *Ibid.*, 31.

지인 심방을 위해 말이 필요하니 말을 사달라는 요청이 들어오지만 말을 사 준 적은 없었다. 그러나 캐리와 마쉬만, 워드는 모두 말을 가지고 있었다. 물론 워드의 말은 친구로부터 얻은 말이었고, 마쉬만이 쓰는 말은 세람포르 공용으로 공동자금에서 산 것이지만 주로 쓰는 사람은 마쉬만과 그의 아내였다.[174]

마쉬만의 집에는 최고로 화려한 가구와 고급 식기가 있었고, 그 아들 존 마쉬만은 학교의 유능한 교사를 개인 가정교사로 사용했다. 캐리의 해명의 말을 들어 보면 손님 접대를 위해서라는 명분이 있었던 것은 사실이다. 그러나 어쨌든 젊은 선교사의 입장에서 보면 이 모든 특권적인 위치와 혜택은 모두 시니어 선교사들에 집중되어 있었다. 존즈는 세람포르 재산이 공유제라고 하지만 실제로는 마쉬만과 그의 아들이 이 재산의 유전적 소유권을 갖고 있다고 주장했다.[175]

사람마다 입장차에 따라 모든 행동에는 정당한 이유가 있고, 비판에도 일단의 근거가 있으므로 여기서는 어느 누가 옳고 그르다는 이야기는 하지 않고자 한다. 대신에 존즈의 제안에 어떤 점에서 건설적으로 고려할 부분이 있는지 살펴보도록 하자.

첫째, 인도 땅이든 인도 외지이든 새로운 기지 개척자로서는 어학 능력으로 보나 경험으로 보나 신임 2세대 선교사보다는 시니어 선교사가 더 낫지 않았을까 하는 생각이 든다. 만일 존즈의 비판을 긍정적으로 받아들여 선교 경력 15–20년 되는 마쉬만과 워드가 신 개척지로 나가

---

174 John, Dyer, *Letters from the Rev. Dr. Carey, Relative to Certain Statements Contained in Three Pamphlets*, 9.

175 William Johns, *The Spirit of the Serampore System*, 64.

고 세람포르 운영과 캘커타의 기지를 2세대 선교사에게 이양했더라면, 선교 기지 개척도 잘 됐을 뿐만 아니라 이후에 있을 갈등과 분열로 인한 어마어마한 정신적 고통과 에너지 낭비를 막을 수 있지 않았을까?

많은 선교사들이 처음에는 어렵게 고생하며 개척을 하다가 어느 정도 안정기가 되면, 설립자 또는 시니어 선교사를 중심으로 한 작은 왕국을 건설하는 경향을 띠게 된다. 이렇게 될 때 이 왕국의 재산과 특권으로 인하여 같은 선교사들 간에, 또는 현지인과의 사이에 많은 갈등과 다툼이 일어나는 것을 종종 본다. 시니어 선교사가 후배 선교사에게 길을 열어 주고 새로운 개척지로 옮겨 나가는 어려운 일이지만 캐리와 후배 선교사들 간의 갈등과 분열을 볼 때 꼭 필요한 일이 아닌가 생각된다.

둘째, 존즈의 비판 중에는 캐리 사역의 방법에 있어서 중요한 지적이 나온다. 그것은 집중과 확산의 두 가지 방법 사이에 선택하는 문제였다. 존즈는 말했다.

"왜 몇 명 안 되는 일꾼들이 주어진 모든 수단을 사용하여 어떤 곳에 집중하기보다 그렇게 널리 흩트려 놓는 데 힘을 쓰는 것인가?"[176]

그는 로빈슨이 벵골어에 익숙한 사람으로서 그렇게 되기까지 많은 세월이 흘렀는데, 캐리의 확장 정책에 따라 계속 새로운 지역으로 옮아가는 것의 비효율성을 지적했다. 이는 선교사만이 아니라 현지인 전도자도 마찬가지였다. 유럽 또는 아시아 선교사와 함께 현지인 전도자가 한 팀으로 갔지만 그들 역시 그 지역에서는 외국인과 다를 바 없이 언어와 문화와 사람들이 낯설었다. 벵골에서 먼 지역에 열매가 적었던 이

---

[176] *Ibid.*, 31.

유가 바로 여기에 있었던 것이다.

존즈의 말대로 빨리 많은 곳에 깃발을 꽂는 데 힘쓰기보다는, 먼저 출발점이었던 벵골에 집중해서 여기서 충분히 많은 인재를 길러낸 후에 시간을 두고 확장을 했더라면, 재정적인 면에서도 현지인이 충분히 자립을 할 수도 있고, 많은 사역자도 길러낼 수가 있었을 것이다.

7) 캘커타의 영국 관료, 존 보우웬

존 보우웬(John Bowen)은 영국 소머셋샤이어(Somershetshire) 브리지워터(Bridgewater) 출신으로 캐리와 같은 시기 인도 정부 관료로서 캘커타에 여러 해 살았다. 그는 귀국 후 자신이 직접 경험한 일과 세람포르 선교사의 선교 보고서를 자료로 하여 선교사의 "선동적" 선교 행위와 그로 인한 "힌두 도덕의 황폐화"를 고발하는 소책자를 씀으로 당시 영국 사회에 큰 파문을 일으킨 사람이었다. 세람포르는 이 문제에 적극적으로 대처할 필요성을 느껴 자신들의 영어 월간지 「인도의 친구」에 보우웬의 주장에 반박하는 글을 실었으며, 1년 후인 1822년 세람포르선교회 출판사를 통해 그들 사이의 논쟁을 소책자로 출판한 바 있다.

보우웬의 글이 흥미로운 것은 영국인이, 인도인의 관점에서 인도인을 대변하여, 일반적인 선교사가 아니라 특별히 세람포르 선교사들의 선교 행위에 대한 피드백을 당대에 내어 놓았다는 점이다. 그는 인도인의 입장에서 매우 민감한 기독교인의 '카스트를 버리는' 문제, 그리고 그 결과로 인하여 '가족과 사회 공동체를 떠나는' 문제가 인도 사회에 끼치는 심각한 사회질서 파괴 현상에 경종을 울리며, 이에 대해 책임이 있는 세람포르 선교사들의 잘못된 선교 방식을 비판했다.

보우웬은 다소 거친 표현이긴 하지만 인도에서 당시 진행되는 방식의 선교 행위에 대해 이렇게 말했다.

> 힌두의 미덕을 파괴하고 있는 이 인도의 적들은 정부의 공식 조치로 인도에서 추방시켜야 한다. 이렇게 몇 년 만 더 선교사들이 일하면 인도는 완전 혼란과 무질서에 빠질 것이다.[177]

보우웬은 세람포르 선교사들을 "인도의 적(원수)들"로 보고 "세람포르 선교 시스템 전체에 대한 전쟁을 벌이고자" 했다. 그는 왜 선교사들을 인도의 적으로 보고 세람포르 선교 시스템의 작동을 중단시키고자 하는 이런 극단적인 생각을 갖게 되었는가?

세람포르 선교사들 간의 논쟁을 보면 보우웬이 반드시 반 기독교주의자로 보이지는 않는다. 그는 도리어 세람포르 선교사들이 그렇게 소리 높여 주장하는 성경의 정신이나 인도주의적인 관점으로 볼 때에도 선교사들의 선교 방식은 뭔가 옳지 않다고 보았던 것이다. 어떻게 기독교인들이 남의 나라에 가서 그 나라가 소중히 여기는 아름다운 미덕과 사회 질서를 깨뜨릴 수가 있느냐는 것이다. 인도 사회에 "혼란과 무질서를 선동하는" 사람들이 있고, 그 피해자들이 피지배자들이라 목소리를 내기가 어렵다면, 자신이라도 인도 사람들을 돕고자 나선 것이다.

---

[177] John Bowen, "Reply to Missionary Incitement, and Hindoo Demoralization; Including Some Observations on the Political Tendency of the Means Taken to Evangelize Hindoosthan." (London, Publisher Unclear, 1821), 2.

보우웬이 런던에서 "영국의 선한 사람들"을 대상으로 이 책을 펴냄으로 호소와 경종의 소리를 울렸던 것은, 인도인을 위한 사랑의 마음으로 여론의 힘이라도 모아서 인도에서 세람포르 선교사들에 의해 벌어지는 부당한 일을 막고자 했던 것으로 보인다.

그러면 보우웬이 세람포르 선교사들의 선교 방식에 대해 구체적으로 지적한 것이 무엇인가?

선교사들이 어떤 식으로 인도의 미덕과 사회질서를 파괴하고 혼란을 조장한다고 본 것인가 살펴보기로 하자.

첫째, 보우웬은 선교사들이 공감과 사랑의 태도가 없이 정죄와 심판, 공격적 태도로 일관하는 설교의 문제를 지적했다. 보우웬은 세람포르 선교사들은 "하나님이 우상 숭배를 싫어하시기에 섭리 가운데 우상 숭배하는 나라의 죄악을 심판한다고 선언한다"고 말했다. 그는 하나님이 우상 숭배를 싫어하시고 죄악을 심판하시는 것은 맞지만, 전염병으로 고통받던 당시 인도인들에게 하나님이 "섭리 가운데 우상 숭배하는 나라의 죄악을 심판한다"고 말하는 것이 적절한가라고 질문한다. 보우웬은 콜레라가 창궐하던 때, 알라하바드의 아시아 선교사 매킨토쉬가 워드에게 보낸 편지를 인용한다.

> 때때로 힌두들에게 다음과 같은 질문을 받을 때가 있습니다. '당신네 사람들은 전염병으로 인한 이러한 희생을 줄일 수 있는 뭔가를 좀 개발해 낼 수 없을까요?' 나는 '물론 그렇게 할 수가 있지요, 그러나 참 하나님을 버리고 우상을 섬기니 이런 재앙이 생기는 것'이라고 말해 주었습니다. 그러자 한 힌두가 말했습니다. '그런데 당신이 온 이후로 이전보다 더 많은 사람이 죽었는데

요.' 저는 말했습니다. '당신은 이 진리의 말씀을 들었으니 말씀을 거절하는 책임이 더욱 큰 줄을 알아야 합니다.'[178]

매킨토쉬의 의도는 이런 사건을 통해 사람들이 우상 숭배하는 죄의 심각성을 깨닫고 회개함으로 성경의 하나님께로 돌아오게 하려는 것이었을 것이다. 그러나 질병으로 많은 사람이 고통받고 죽어가고 있는 와중에 같이 마음 아파하고 기도해 주며 치료를 위해 무엇이든지 섬기는 자세보다는, 성급히 콜레라를 '하나님의 섭리적 심판'으로 규정하고 말씀을 거절하는 책임을 따지는 태도가 얼마나 많은 사람들의 마음을 열어 복음을 영접하게 했을지는 의문이다.

현지인은 유럽에서 온 사람들이라면 이런 질병을 고칠 어떤 의약품 같은 것을 행여라도 갖고 있지 않을까, 개발할 수 있지 않을까 기대하며 도움을 바랬던 것이다. 그런데 선교사가 거기에다 대고 하나님의 심판 메시지를 전한 것이다. 이에 대한 현지인이 반응이 흥미롭다.

"당신(선교사)이 온 이후로 더 많은 사람이 죽는 것(심판이 증가하는 현상)을 보니 당신도 심판받는 데 책임이 있지 않느냐, 당신 같은 사람이 여기서 떠나면 오히려 질병(심판)이 더 줄어들지도 모르겠다."

그는 이렇게 에둘러 이야기한 것이다. 이를 보면 알 수 있듯이 정죄와 심판의 태도는 죄를 깨닫게 하기보다는 반발심을 불러 일으켜 결국에 선교사와 복음을 거부하게 하는 것이다. 보우웬은 선교사의 태도와 자세를 정죄에서, 사랑으로 전환할 필요를 말한 것으로 이해된다.

---

[178] *Ibid.*, 14.

둘째, 부모와 일가친척의 반대를 무릅쓰고서라도 공개적으로 세례를 주는 세람포르의 방식에 문제 제기를 했다. 보우웬은 선교사들이 "가장 사랑하는 가족과 친척들의 반대를 무릅써서라도, 그리스도 안에 신실한 신자로 간주하는 힌두 배경의 개종자들은 반드시 세례를 받음으로 자신의 신앙을 공개적으로 고백하라고 권면한다"고 말했다.

여기서 오해하지 말아야 할 것은 보우웬이 그리스도인이 된 자에게 세례를 주지 말아야 한다고 주장하는 것은 아니라는 것이다. 그가 의도하는 바는, 개종자가 신앙인으로서 세례 받는 것은 당연할지라도, 인도 상황에서는 그것이 카스트의 상실, 사회 공동체로부터의 축출, 직업의 상실, 가족 관계의 단절과 같은 사회 경제적으로 심각한 문제를 야기하기 때문에, 공개적으로 반드시 모든 신자에게 요구하는 방식으로 하는 것은 선교적인 측면에서 지양할 필요가 있지 않겠느냐는 제언이었던 것이다.

그는 이런 방식의 선교는 "기독교 정신과 일치하지 않는다"고 말한다. 그가 이것이 기독교 정신과 일치하지 않는다고 본 이유는, "세례가 그것을 받는 자의 부모와 처자식을 유기하는 결과를 가져오게 하므로 개종자는 자연인의 의무를 즉각 저버리게 된다. 세례는 경건에 도움이 되지 않을 뿐더러 실익이 전혀 없다"고[179] 보기 때문이다.

이러한 보우웬의 주장에 대한 세람포르 선교사의 입장은 매우 단호했다.

---

[179]　*Ibid.*, 29.

보우웬이 주장하는 바에 대해 그리스도와 그의 사도들은 무엇이라 가르치셨는가?

신실한 개종자가 공개적으로 신앙고백을 하고 있음에도 불구하고 주변 사람이 좀 불편하게 여긴다고 하여 그 문제가 모두 해결될 때까지 세례주기를 거절한 경우가 단 한 차례라도 있었는가?

사랑하는 부모와 일가친척들이 개종자의 신앙을 허용할 때까지는 세례를 주지 않았었던가?

그렇다면 왜 우리 주님께서 '아비나 어미를 나보다 더 사랑하는 자는 내게 합당치 아니하고 아들이나 딸을 나보다 더 사랑하는 자도 내게 합당치 아니하다'고 말씀하셨겠는가?….

우리는 사람이 아니라 오직 하나님께 순종해야 한다. 부모와 처자식을 죽일 수 있는 사람들을 두려워 말라.[180]

세람포르 선교사들의 말대로 세례는 그리스도의 명령이기 때문에 반드시 받아야 하며, 아비나 어미를 그리스도보다 더 사랑해서는 안 되고, 부모와 처자식을 두려워할 것이 아니라 하나님을 두려워하는 것이 마땅하다. 그럼에도 불구하고 인도인이 카스트를 잃는 문제, 또는 공동체에서 쫓겨나는 문제를, 세람포르 선교사들이 "좀 불편한" 정도의 문제로만 인식했다는 것은 그들이 정서적으로 문화적으로 인도인이 경험하는 현실과 얼마나 거리가 먼가를 잘 보여준다. 세람포르 선교사는 약간 억지스럽게 카스트 상실의 문제가 어렵기는 어렵지만 그렇게 심각

---

180 *Ibid*., 26, 29.

한 문제가 아니라는 것을 여러 가지 많은 말로 변명한다.

> 오늘날 일반 힌두들 중에도 카스트를 잃어버리고 사는 자들이 많다. 카스트 공동체에서 축출된다고 해도 그렇게 많이 마음 상할 일은 아니다. 심지어 어떤 힌두들은 개인적인 욕심을 채우고자 스스로 카스트를 잃어버리기도 한다. 오늘날 카스트 상실로 고통을 받는 여러 가지 일이 있지만 이 중에 기독교와 아무 관계없는 일도 많다.
>
> 이제 카스트를 잃어버리는 문제는 사람마다 가지고 있는 여러 가지 문제꺼리 중 하나에 불과한 것이다. 우리의 현지 기독교인 형제들은 우상 축제나 음란한 행사를 꺼리고, 그런 사람들과 교제하기를 원치 않으며, 브라만의 속임수이자 본질상 공동체에 해로운 카스트로 사람을 차별하는 것을 경멸하기에, 힌두들보다 카스트를 잃어버리는 일이 훨씬 적다. 그들이 (인도 사회와는 거리를 두게 되었을지라도) 이제 마음으로 하나가 된 유럽의 기독교인 친구들과의 교제를 더 편안히 여기고 있다.
>
> 그 뿐인가?
>
> 천 년이 넘는 세월 동안 토착 기독교인이었던 사람들을 포함하여 이제는 우상을 던져 버린 사람들의 숫자가 늘어나고 있다. 제소르에서 힌두 이발사가 기독교인들에 대한 반감으로 기독교인의 머리를 깎아 주지 않은 일도 있기는 하지만, 카스트와 관련한 이러한 어려움들은 매일 줄어들고 있다.[181]

상층 힌두들의 경우에도 세람포르 선교사가 말한 대로 정욕과 욕심

---

[181] *Ibid.*, 26.

으로 카스트의 정결 규정을 어김으로 카스트를 잃어버리는 일이 왕왕 일어난다. 이런 이들에 비해 기독교인들은 죄를 멀리 하고 경건하게 사는 자들이 많다는 것도 인정할 수 있다. 그러나 그렇다고 하여 "힌두들보다 기독교인들이 카스트를 잃어버리는 일이 훨씬 적다"는 말은 궤변이다. 힌두들의 경우는 개인적으로 지극히 일부 그런 사람이 있다 할지라도, 세람포르 선교사들이 전도한 힌두 개종자들의 경우는 카스트를 잃어버리지 않은 사람이 없었다. 카스트를 잃지 않으면 기독교인으로서 세례를 주지 않았기 때문이다.

힌두들이 개인적인 이유로 카스트를 잃어버리는 것은 그들 내부의 일이지만, 힌두 배경의 개종자가 카스트를 잃어버리는 것은 외국인 선교사, 또는 비 힌두 외부자(현지 기독교인)의 전도 행위에 의해 일어나는 일이기 때문에 적든 많든 그 자체가 사회적인 문제가 되는 것이다. 선교사가 스스로 인정하는 대로, 인도인들은 자신들과 같은 나라 사람(개종자)이 동족은 멀리하면서도, 유럽인과 마음으로 하나 되어 그들과의 교제에만 힘쓰며 서양화 되는 것에 대해 분개하고 있었다. 뿐만 아니라 카스트와 관련한 어려움들이 매일 줄어들고 있다는 말은 사실도 아니거니와 그런 어려움을 한 번도 겪어보지 못한 유럽 선교사들이 할 말은 아닌 것으로 보인다.

세람포르 선교사들은 별 것 아니라고 보는 문제가 인도 사회 내에서는 어떤 영향을 끼치는지 보우웬은 구체적인 예를 제시한다.

먼저, 고쿨(Gokool)이라는 한 개종자가 선교사들의 말을 듣고 자신의 가난한 어머니를 내버려둠으로써 거의 굶어 죽을 뻔했다는 이야기를 꺼낸다. 그는 어머니와 처를 떠나 세람포르 선교 기지에서 일자리를 얻어 살았다. 1804년에는 소룹(Soroop)이라는 한 힌두 구루의 아들 역시 집을 떠나 세람포르에 가서 살았는데, 상심한 그의 아버지가 아들을 설득하려 세람포르에 찾아간 적이 있었다. 아들이 이미 성인이고 영생을 찾아 이곳에 왔는데 자신의 구원의 문제는 스스로 선택할 권리가 있지 않느냐는 선교사의 말을 듣고, 인격적인 그 아버지는 그냥 집으로 발걸음을 되돌렸다.

선교사들의 분리주의 방식 때문에 아버지와 아들 사이에 왕래 없이 살아가는 – 다른 나라 사람들에게도 그렇겠지만 가족과 친척과의 관계가 유달리 중요한 인도인에게는 더욱 가슴 아픈 – 일들을 보우웬은 "탈도덕적 시스템"의 결과라고 주장했다.[182] 바그와트(Bhagvat)라는 한 젊은 개종자는 공개적으로 세례를 받은 사람인데, 세례 받기 전에도 그랬지만 세례 받은 후에도 아내와 떨어져 살았다.

힝엄 미서(H. Misser)는 몽기르(Monghyr)의 브라만 배경 개종자로서 현지인 설교자가 된 사람이었는데, 그의 경우는 "복음을 위하여 아내와 네 아들, 두 딸과 고향의 많은 친척들을 버리고 나왔다."[183] 미서는 나름대로 가족과 같이 살아보려고 애를 쓰기는 했지만 카스트를 잃어버려 부정하게 된 그와 같이 살기를 원하는 처자식은 없었다. 아들 중 하나는 경멸에 찬 표정으로 아버지에게 신발 한 짝을 던지기도 했다.

한 남자의 경우는 아내와 세 자식을 남기고 왔는데, 많은 가족과 카스트를 버리게 된 동기에 대해 질문을 받았을 때, 그는 "자신의 영혼의

---

182 *Ibid.*, 39.
183 *Ibid.*, 43.

구원이 유일한 동기"라고 대답했다.[184] 그는 물론 아내와 가족을 버리고 싶은 마음은 추호도 없었다. 오히려 그의 아내가 카스트를 잃은 남편에게로 가기를 거절했다. 보우웬은 이런 이야기들을 나열하면서 선교사들의 선교 행위가 결국 인도인에게 있어서 "혼인의 신실성과 부모 자식 간의 사랑의 관계를 파괴시키고 있다"고[185] 지적한다.

1819년 7월의 침례교 잡지에 의하면 "우상 숭배의 사슬에서 빠져나와 우상을 섬기는 옛 생활로 되돌아갈 마음이 전혀 없는 116명의 사람들이 세람포르에 살고 있었다"고 한다.[186] 이는 세람포르 기지의 경우만이 아니라 캘커타 주변에 세운 후 존 맥(John Mack, 1797-1845) 선교사가 수시로 방문했던 기독교 마을, 그리고 페르난데즈와 또 다른 선교사들이 기지 또는 기지 인근에 건설한 다른 기독교 마을에서도 동일하게 벌어진 일이었다. 영혼의 구원과 신앙을 갖는 것은 좋은데 선교 기지가 세워지고 복음이 전해지는 곳마다 부부 사이, 부모와 자식 사이, 그리고 개종자가 태어나고 자란 출신 공동체와의 모든 관계를, 우상을 섬기는 사람들이라는 이유로 피하고 버리고 단절한 것이다.

선교사들이 반드시 가족을 버리라고 한 것은 아니었다. 가족을 버리면 이교도보다 더 나쁜 것이므로 반드시 가족을 돌보라고 이야기는 했지만 카스트를 잃어버리는 문제 때문에 가족과 공동체의 입장에서는 그들을 수용할 수가 없었다.

결국 보우웬의 주장의 핵심은 카스트를 버리는 세람포르 선교사들

---

184   Ibid.
185   Ibid., 43, 46.
186   Ibid., 51.

의 방식을 철회하지 않는 한 "인도의 미덕과 도덕을 무너뜨리고, 인도의 전통 사회 질서를 혼란에 빠뜨리는" 이런 상황을 개선할 수가 없다는 것이다. 보우웬의 지적에 대해 세람포르 선교사들은 자신들은 가족을 버리라고 한 적이 없으며 개종자들도 가족을 돌보기 위해 애를 썼다고 강력하게 변호한다. 그것은 사실이었다.

그러나 동시에 선교사들은 기독교인이 되려면 반드시 카스트를 잃어버려야 하며, 우상이 만연한 기존의 공동체 속에 남아 있어서는 안 된다는 것을 가르친 것도 사실이었다. 그들은 세례 문제, 카스트 문제, 우상 문제 등 모든 것을 조직신학적, 교리적으로만 풀려고 했지 선교적인 측면에 대한 고려는 거의 하지 않았다. 이런 점에서 보우웬의 비판은 인도인의 관점에서 카스트와 가족과 공동체의 중요성을 제기하면서, 이것을 무시하고 적절하게 다루지 않는 선교는 결코 인도 사회에 뿌리내릴 수 없다는 것을 명백히 보여 주는 당대의 예라고 하겠다.

8) 남인도의 가톨릭 선교사, 아베 뒤부아

아베 뒤부아(Abbe Dubois)는 '사제, 뒤부아'란 뜻으로 그의 본명은 장 앙투안 뒤부아(Jean-Antoine Dubois, 1765-1848)였으며, 그는 프랑스 가톨릭 선교사로 1792년 남인도에 도착하여 마이소르에서 32년간 파리 외방 선교회의 일원으로 인도 선교를 섬긴 사람이다. 그는 인도 옷을 입고 채식만을 하며 가능한 한 인도인(힌두)의 삶의 방식을 채택하여 산 사람으로, 그의 이런 경험과 관찰을 기초로 『힌두의 방식과 관습, 그리고 예식』(*Hindu Manners, Customs and Ceremonies*)이란 기념비적인 책을 썼다. 동인도 회사에서 그 출판권을 사서 1816년 영어판이 출판되었는데, 이 책은 이 방면의 대표적인 서적으로 지금까지도 인도 기독교 서점에서 팔리는 스테디셀러이다.

흥미롭게도 뒤부아는 오랜 선교사 생활에도 불구하고 별 열매 없이 1823년 귀국했는데, 이때부터 기독교에 대해 오랫동안 뿌리박힌 브라민의 편견으로 인하여 힌두를 개종시키는 것은 불가능하다는 자신의 확신을 강의와 책을 통해 말하기 시작했다. 그가 1823년 런던에서 출간한 『인도 기독교의 상태에 관한 편지』라는 책도 이런 맥락에서 써진 것인데, 이는 침례교선교회 출범 이후 1799년 교회선교회(Church Missionary Society)를 설립하는 등 선교에 열심을 내고 있던 영국에 강력한 도전이 되었다. 그래서 두 명의 성공회 목사들, 제임스 휴(James Hough)와 타운리(H. Townley)가 각기 뒤부아의 주장에 반박하는 책들을 썼으며(1824년), 세람포르의 『인도의 친구』에도 죠수아 마쉬만이 논박의 글을 실었다(1825년).

뒤부아가 자신의 책에서 질문하는 바는 두 가지이다.

첫째, 인도 현지인 가운데 진정한 개종자를 낳는 것이 가능한가?

둘째, 개종을 목적으로 사용하는 여러 가지 수단 중에 현지어로 성경을 번역하는 것이 과연 도움이 되겠는가?

물론 그는 두 가지 질문에 다 부정적이었다.[187] 풍토병으로 많은 선교

---

187 Abbe J. A. Dubois, *Letters on The State of Christianity in India*; *In Which The Conversion of the Hindoos Is Considered as Impracticable. To Which Is Added, A Vindication of the Hindoos, Male and Female, In Answer to a Severe Attack Made upon Both by the Reverend ***** (London: Printed for Longman, Hurst, Rees, Orme, Brown, and Green, 1823), 1,2.

사가 수명대로 살지 못하고 죽어가는 험한 오지 인도에서 30년이 넘는 세월 동안 선교를 하던 사람이 선교 무용론을 말하고, 인도는 안 된다는 말을 하는 것은 참 이상하게 보인다. 스미스는 뒤부아의 주장이 "심리학적으로 일관성을 보이지 않는다"는 말을 하기도 했지만, 죠수아 마쉬만도 뒤부아의 주장들이 말도 안 된다는 것을 조목조목 전투적으로 반박하는데, 많은 부분에 공감이 가기도 한다. 그럼에도 불구하고 뒤부아의 주장이 다 틀린 것은 아니며, 적어도 상층 힌두 선교에 관한 한 힌두 선교는 어렵다, 안 된다고 하는 거의 대부분의 선교사의 입장을 대변하고 있는 것이라고도 볼 수 있다.

무엇보다 몇 가지 점에서는 시대를 앞서서, 세람포르 선교사들이 놓치고 있는 문제에 대해 중요한 지적과 조언의 말을 하고 있다는 점은 주목할 필요가 있다. 뒤부아가 세람포르 선교사들의 선교 방식과 관련하여 제기하고 있는 다음의 문제들에 대해 살펴보도록 하자.

첫째, 성경 번역의 질에 관한 문제이다. 뒤부아는 "세람포르"의 "새로온 선교사들"이 번역한 번역본의 수준에 대해 이렇게 말했다.

> '형편없이 낮은 수준이고, 조잡하며,' '이해하기 어려운' 그 성경들은 현지인들에게 한 번 읽어보라고 권할 수가 없을 정도이다. 이 형편없는 번역들은 기독교 신앙을 따르는 자들을 대중의 조롱거리로 만들 것이며…만일 그 조잡한 엉터리 번역본을 당장 개정하지 않으면 아무것도 남는 것이 없게 될 것이다.[188]

---

188 J. Marshman, *Reply to the Abbe J. A. Dubois's "Letters on the State of Christianity in India." Originally Published in the "Friend of India"* (Serampore: The Mission Press,

뒤부아는 성경을 번역하는 것도 중요하지만 제대로 번역하지 않으면 도리어 선교와 전도에 방해가 될 수 있다는 점에서 성경 번역의 질적인 문제를 날카롭게 지적한 것이다.

그러나 마쉬만은 뒤부아의 입장과는 정반대로 캐리가 번역한 성경이 얼마나 번역이 잘 된 것인가를 보여주기 위해 한 가지 예를 든다.[189] 1803년 윌리엄 워드가 캘커타 주변 한 마을의 가게에 벵골어 신약 성경 초판 한 권을 놓고 가면서 누구든지 원하는 사람이 있으면 읽어보도록 했다. 그런데 그곳에 한 번도 전도하러 간 사람이 없었는데, 2년 후 그 성경을 읽은 마을 사람 둘이 스스로 세람포르에 와서 그리스도께 대한 신앙고백을 하고 세례를 받았다는 것이다. 그들은 뒤에 현지인 사역자가 되어 오릿사에 가서 일하다가 1813년에 죽은 끄리쉬누 다스(Krishnu Das)와 구르 다스(Gour Das)였다.

누가 가르쳐준 사람이 없어도 스스로 성경을 읽고 신앙을 갖게 되었다면 그 번역은 그리스도의 복음을 "알아듣고 이해할 수 있도록" 잘 전달했다는 것을 말하는 것이 아닌가?

그래서 마쉬만은 확신 있게 말했다.

> 만일 우리의 솔직하고 공정한 저자(뒤부아)께서 선언한 대로 우리의 번역이 형편없고 조잡하고 부정확한 것이라면 우리의 사역은 실패하고 아무도 성공할 수가 없을 것이다. 그 번역본을 읽는 모든 인도인이 그건 쓸모없다고

1825), 58.
189 *Ibid.*, 117.

말했을 것이다.[190]

이렇게 번역이 잘 됐다는 구체적인 증거가 있다고 보는 마쉬만의 입장에서는 뒤부아의 비판이 쓸데없는 흠잡기, 시기, 복음의 원수 노릇 외에 아무것도 아닌 것으로 보였을 것이다.

마쉬만과 뒤부아의 견해가 이처럼 차이가 있는 이유는 세람포르 번역본을 보는 기준 또는 관점의 차이로 보인다. 뒤부아는 말했다.

> 실제로 힌두 지식인들의 호기심을 불러일으키고 관심을 붙들어 두기 위한 성경의 번역은, 인도인이 쓴 작품과 어느 정도 수준이 같아야 한다. 세련된 시어와 유려한 문체, 그리고 최고의 수사적 표현, 이런 것이 기록할 가치가 있는 모든 인도인의 경전에 보편적으로 사용되는 방식이다.[191]

뒤부아 역시 성경 번역이 전혀 필요 없다고 보지는 않았다. 성경은 사람들의 "호기심을 불러일으키고 관심을 붙들어 두며" 복음을 전하는 역할을 한다는 것을 인정했다. 다만 그가 보는 관점은 세람포르 선교사들이 대상으로 하는 못 배운 사람들이 겨우 이해할 수 있는 번역이 아니라 배운 사람도 편안하게 읽을 수 있는 글이 되어야 한다는 것이다.

물론 캐리가 무학자들도 쉽게 이해할 수 있게끔 구어체도 섞고 직설체를 사용한 것은 평가할 만하지만, 문제는 이것이 힌두들의 입장에서

---

190 *Ibid.*, 124.
191 Abbe J. A. Dubois, *Letters on The State of Christianity in India*, 41.

경전의 언어, 경전을 기록하는 방식이 아니라는 데 있다. 힌두들이 익숙한 경전은 낭송하기 좋게 시어로 되어야 하며 유려한 문체, 최고의 수사적 표현을 쓴 것이었다.

그러나 캐리가 당대에 여러 차례 개정을 했던 벵골어 성경조차 뒤부아가 제시하는 수준, 힌두들이 표준으로 여기는 경전의 수준에 도달하지 못한 것으로 보인다. 마쉬만은 이에 대해서 "현재로는 이해가 좀 덜 되더라도 매년 개정을 하게 되면 문자를 읽을 수 있는 인도인들이 늘어남에 따라 그들이 더욱더 명료하게 잘 이해하게 될 것으로 믿는다"고 답변했다.[192]

둘째, 뒤부아는 카스트를 잃어버리게 하는 방식의 선교에 대해 문제 제기를 했다. 뒤부아가 힌두 선교가 실제로 불가능하다고 한 배경에는 카스트 문제가 있었다. 그는 말했다.

> 기독교 신앙을 받아들인 사람들은 카스트를 잃게 되는데, 그러면 자신의 것을 모두 잃어버리게 된다. 재산과 물건들, 유산과 모든 것, 심지어는 목숨까지도 잃을 수 있다. 어떻게 그렇게 넘기 어려운 장벽에도 불구하고 우리의 거룩한 신앙이 번창할 수 있을까?
>
> 이곳에서는 기독교 신앙을 받아들이면 곧장 불법이 되고 금지되고 만다. 상층 카스트 중에 기독교를 받아들이는 자는 기존의 도마 교인 외에 지난 60년간 새롭게 받아들이는 자가 거의 없었고, 있어도 대부분 불가촉천민(paraiahs)

---

192 J. Marshman, *Reply to the Abbe J. A. Dubois's "Letters on the State of Christianity in India,"* 138.

이나 거지, 부랑자들, 그리고 카스트 공동체에서 파문된 자들뿐이다.[193]

뒤부아의 문제 제기에 대해 마쉬만은 매우 단호한 어조로 답변한다.

> 그는 아무것도 모르는 사람이다. 우리는 단 한 건도 뒤부아가 말한 종류의 예(모든 것을 잃어버리는)를 본 적이 없다. 그는 오로지 추측으로만 이야기한다. 지난 25년간 우리는 적어도 1,000 명의 현지인에게 세례를 주었는데 그 가운데 10명의 불가촉천민도 받아들인 적이 없기 때문이다…게다가 우리가 세례를 준 사람들은 여타 카스트보다 더 많은 숫자의 브라민과 문인 카스트들이었다…그리고 카스트를 없애기를 원치 않는 선교사들이 일부 존재한다는 것은 거의 믿기 어려운 일이다. 성경과 순수한 (기독교) 도덕 체계를 받아들임으로 카스트가 없어지기까지는, 카스트가 위선을 막는 담장으로서 계속 기능을 발휘할 것이다. 마음으로는 죄를 사랑하면서도 이름만 기독교를 받아들이는 많은 명목상의 개종자들을 거르기 위한 유익한 검증인 것이다.[194]

여기에서도 카스트를 잃는 사람들이 겪는 고난에 대한 뒤부아와 마

---

193 Abbe J. A. Dubois, *Letters on The State of Christianity in India*, 13, 134.

194 J. Marshman, *Ibid.*, 85,87. 마쉬만은 세람포르 기지에 있는 현지인 신자들을 카스트별로 분류하여 이야기해준다. 남녀 어린아이들 모두 포함해서 157명이 세람포르에 있는데, 브라만 가족 20명이 포함되고, 라즈풋 또는 크샤트리아가 8명, 문인 카스트가 28명, 그리고 다른 수드라 가족이 64명, 무슬림 가족은 2명, 포르투갈인이 7명, 코친의 유대 5명이라고 한다. 그래서 세람포르에는 56명, 1/3이 넘는 사람들이 브라만, 크샤트리아와 문인 카스트, 곧 힌두 중 최상층 카스트의 사람들이 있다고 말했다(*Ibid.*, 161). 당시 북인도에 기독교 신자 비율이 남인도에 비해 현저하게 적었기 때문에 상대적으로 상층 카스트 비율이 남인도보다 많을 수 있었다. 그렇다고 해도 1/3에 불과하고 다수의 신자는 여전히 하층에서 나온 것으로 보인다.

쉬만의 견해가 매우 다르다. 뒤부아는 기독교 신앙으로 카스트를 잃어버리면 모든 것을 잃는다고 했는데, 마쉬만은 그런 경우는 단 한 건도 본 적이 없다고 한다. 뒤부아의 우려는 모두 추측과 상상에 의한 것이라고 하며 실제로 그런 일은 없다고 한다. 도리어 카스트를 잃어버리고 기독교 신앙을 가진 자들은 "사랑하는 기독교 친구들 안에서 훨씬 더 나은 공동체"를 발견하고, 그 안에서 "더 순수한 도덕적 생활을 하며" 잘 살고 있다고 주장한다.

둘 중 누가 맞는 것인가?

기독교인이 됨에 있어서 카스트를 잃어버리는 것은 심각한 장애인가, 아닌가?

그것이 꼭 필요한 것인가, 아니면 그렇게 하지 않고서도 기독교인이 될 수 있는 길은 있는 것일까?

이것은 현대 힌두 선교의 고민일 뿐만 아니라 200년 전 캐리 시대의 고민이기도 했다. 뒤부아는 이에 대해, 카스트를 잃는 방식의 선교는 선교를 불가능하게 만드는 장벽이기 때문에 이것을 제거해야 한다는 입장에 서 있는 선교사였다. 그리고 마쉬만도 언급했지만 일부 선교사들 중에는 이 문제의 심각성을 인식했기에 "카스트를 없애기를 원치 않는" 선교사들도 있었다.

이것의 대척점에 서 있는 사람들이 캐리와 마쉬만으로 대표되는 대부분의 전통적인 선교사들이었다. 여기서는 적절한 자리가 아니므로 양쪽의 논쟁을 다루지는 않겠다. 이 부분에서 중요한 것은 캐리와 세람포르 선교사들이 카스트 문제에 있어 자신들과 다른 견해를 가진 사람들의 문제 제기를 알고 있었다는 것이다.

셋째, 뒤부아는 선교사들이 개종자들에게 이식하는 서구 문화가 인도에서 복음을 전하는 데 장벽이 되고 있음을 지적하였다. 마쉬만은 뒤부아에 대한 답변의 글에서, 세람포르 도서관에 가톨릭 중국 선교사인 모리슨(Morrison) 박사가 13년 전에 보내주어 소장하고 있는 중국어판 바울서신서를 언급했다. 그는 모리스가 고린도전서 11장, 예수님의 성만찬 부분을 번역할 때, '컵'에 관련된 내용은 빠뜨렸다고 말했다.195 그러면서 "서구의 브라만"인 예수회 선교사라면 그뿐만 아니라 "신구약 가운데 고기 먹는 것과 관련된 것이라면 모든 구절을 다 삭제했을 것"이라고 조롱조로 말했다.196

이를 보면 알 수 있지만 당시 뒤부아와 함께 예수회 선교사들은 술과 고기를 부정한 음식으로 보고 기피하는 인도의 문화를 고려하여 기독교인들이 술과 고기 먹는 것을 삼가야 한다고 주장하고 있었다. 무엇보다 그들은 유대인을 얻기 위해서는 유대인과 같이 되고, 율법 없는 자들을 얻기 위해서는 율법 없는 자같이 된 바울을 모본 삼았다. 그리하여 아무쪼록 몇몇 힌두 사람들을 구원하기 위해 스스로 "브라민 힌두들과 같이 살고, 그들과 똑같이 술과 고기 먹는 행위를 끊고 채식과 우유만을 먹고 살았던 것이다."197

이에 대해서 마쉬만은 "스스로를 기만하는 광신주의"라고 비난하

---

195 컵(포도주)에 관련된 부분이 당시 중국 문화에 민감한 부분이어서 번역 시 이 부분을 뺀 것으로 보인다. 발효한 포도주는 인도에서도 대표적으로 부정하게 여기는 음료로 기피되는데, 이런 이유로 마쉬만은 뒤부아를 비롯한 가톨릭 선교사를 공격하기 위해서 모리스가 컵에 대한 번역을 뺀 것을 문제로 삼고 있다.

196 J. Marshman, *Reply to the Abbe J. A. Dubois's "Letters on the State of Christianity in India,"* 139, 140.

197 Abbe J. A. Dubois, *Letters on The State of Christianity in India*, 6.

며, "컵(성찬)과 관련된 구절은 로마 가톨릭 선교사들이 중국, 일본, 인도에 결코 준 적이 없었던 성경의 핵심을 구성한다"고 말했다. 그는 성경의 핵심 부분인데, 인도의 문화를 고려하여 번역 시 그에 대한 언급을 뺀다든지, 포도주와 고기를 삼간다든지 하는 것을 결코 상상할 수 없었다.

뿐만 아니라 그는 문화와 복음을 구분하지 못했기 때문이기는 하지만, 성경에 나오기 때문에 인도의 신자들도 술과 고기 먹는 데 아무 문제가 없다고 보았다. 도리어 술과 고기를 먹음으로써 카스트의 위선에서 나오게 할 수 있고, 이름만 기독교인이고 실제로는 옛 생활의 죄를 사랑하는 명목상의 개종자를 거르는 검증의 수단으로 필요하다고 보았다.

마쉬만의 말대로 술과 고기가 개종자로 하여금 과거 생활, 과거 자신이 속한 사람들과 확실하게 관계를 끊고, 신앙을 강화시키는 데는 도움이 되었을 것이다. 그러나 뒤부아가 말한 대로 전도에 얼마나 도움이 되었을까는 의문이다. 술과 고기 먹는 문화 때문에 기독교는 인도인에게 부정하고 부패한 집단이 되어버리고, 부패한 이들이 전하는 복음에는 귀를 기울이지 않게 되는 문제가 발생된다. 서양 문화를 표준 문화, 빛의 문화로 보고, 인도의 문화는 미개한 야만의 문화, 사악한 어두움의 문화로 보았기 때문에 캐리와 마쉬만은 뒤부아의 말을 거들떠보지도 않았던 것으로 보인다.

그러나 어쨌든 캐리 시대에도 문화를 고려하고 문화를 존중하는 것의 중요성을 인식하고 이를 소리 높여 외치는 선교사들도 존재했었고, 그들이 세람포르 선교사들에게 듣든지 안 듣든지 경고의 목소리를 냈었다는 것은 주목할 만하다.

9) 영국 언론인, 제임스 버킹검

제임스 버킹검(James Silk Buckingham, 1786-1855)은 영국의 여행가, 언론인, 작가, 국회의원, 사회개혁가로서 1818년 인도에서 정기 간행물 「캘커타 저널」(Calcutta Journal)을 발행해서 큰 성공을 거둔 사람이다. 그는 인도에서 자유 언론을 위해 싸우는 데 큰 공헌을 하였지만 동인도회사에 대한 노골적인 비판 때문에 1823년 인도에서 추방되어 영국으로 되돌아가게 되었다.

그는 1824년부터 런던에서 「동방의 선구자와 식민지 리뷰」(Oriental Herald and Colonial Review)라는 잡지를 시작했는데, 1825년 6월 호에 "인도에서 기독교 전파를 위해 현재 사용하고 있는 방법들의 비효율성에 대하여"라는 제목의 글을 기고한다. 이는 대중들의 기부금을 개인적 용도를 위해 쓴 세람포르 선교사들의 물질 문제, 개종자 숫자를 부풀려 보고하는 문제, 개종자들과 현지인 사역자들의 비도덕성과 무능력 문제, 그리고 성경 번역의 질적 문제 등을 지적함으로써 세람포르 선교사들의 신뢰도에 큰 타격을 입혔다. 이에 시니어 선교사들을 대신하여 죠수아 마쉬만의 아들인 존 마쉬만(John Clark Marshman, 1794-1877)이 1826년, 『세람포르 선교사에게 가한 버킹검 씨의 공격에 대한 존 마쉬만의 답변』이라는 소책자를 써서 명예 회복을 시도했다.

존 마쉬만도 답변의 글 서두에 언급했지만, 버킹검은 이 사건이 있기 전까지는 세람포르 선교사들에 대해 호의적이어서 여러 번 긍정적인 글을 썼었다. 버킹검은 인류의 진보와 발전에 가치를 두는 사람으로서 인도 사람들의 도덕적, 영적 진보를 위해 힘쓰는 세람포르 선교사들에 고마움을 표하고, 특히 교육적인 면에서 큰 공헌을 하는 것에 대해 찬사를 바쳤다.

그러다가 그는 세람포르 선교사들이 더 나은 세상을 만들기 위해 기여하는 것으로만 알고 있었는데, 사실은 그렇지 않은 것을 발견하고 큰 실망을 하게 된다. 버킹검은 대중들이 선교사들을 신뢰하고 인도의 진보를 위해 헌금한 돈을 그들이 "허랑방탕하게 낭비하거나 잘못 쓰고 있다"는 것을 발견하고, 그들이 이런 부분을 소명하고 잃어버린 신뢰를 되찾기를 촉구하였다.

버킹검이 문제 삼는 부분을 차례대로 살펴보기로 하자.

첫째, 세람포르 선교사들의 도덕성 문제이다. 버킹검은 세람포르 선교사들이 재산의 사유화를 위해 모(母) 선교회인 영국의 침례교선교회의 통제를 거부하고, 선교 사업을 위해 헌금한 돈을 개인과 가족의 사치스러운 생활에 사용하며, 본업인 전도와 선교에 힘쓰기보다 더 많은 금전적 이득을 위해 세속적 사업에 매달림으로써 대중의 신뢰를 잃었다고 비판했다. 문제의 발단은 세람포르선교회에 천문학적 규모의 후원금이 들어가 많은 재산이 생기게 되었는데, 세람포르 선교사들이 재산권 문제로 본국 선교회로부터 독립 선언을 한 것에 있었다. 1차 독립 선언은 1817년에 캘커타의 2세대 선교사들과 분리함으로써 이뤄졌지만 완전 분리는 1826년에 이뤄지게 되었다. 양쪽 다 정당한 이유가 있지만 분리의 당사자들이 아닌 제 삼자의 입장에 있는 버킹검의 이야기를 들어보자.

만일 (선교사들의 횡령이) 사실로 밝혀지면, 기독교인들이 이교도 선교 목적으로 기부한 기금이, 신뢰하기에 매우 부적절한 사람들 손에 들어간 것이 된다. 우리는 일반 후원자를 대신해서 선교사들이 대중 앞에 어떻게 소명할 것인지 물어볼 권리가 있다. 20년간 하나님을 위해 헌신했다고 하며 자신들을 위해서는 단 한 푼도 취한 게 없다고 선교사들은 말하지만, 기독교인들로부터 최소한 6만 파운드의 돈이 그들의 손에 들어갔다.

그런데 그들은 선교회 소속 부동산의 경영에 관해서는 영국의 모(母) 선교회의 감독이나 통제를 전혀 받지 않겠다고 선언했다. 그들은 자신들이 재산을 사용하는 행동에 대해서는 오직 하나님께만 책임을 지겠다고 한다. 그들은 이제 모든 지상의 권위는 거절하고 오직 하늘의 관리인만 되겠다는 것이다! 이 일은 1817년 본국 침례교 협회에는 알렸지만 일반 대중들에게는 6년이 지날 때까지도 알리지 않았다. 바로 이 시점에서 동방 잡지를 통해 그들의 독립 선언이 알려지게 되었을 때 분명히 선교사들은 많이 당황했을 것이다. 그들은 사적인 편지를 공개적으로 발표하는 것은 매우 나쁜 범죄 행위라고 말했다. 그렇지만 우리는 그런 사실을 오랫동안 숨겨온 것이 더 심각한 문제라고 본다.[198]

세람포르 선교사들이 본국 침례교선교회로부터 분리 독립을 선택한 것은 캐리의 친구 안드류 풀러의 사후 리더십이 교체되면서 이전과는 달리 세람포르선교회의 방침에 협조적으로 나오지 않았기 때문이기도 하다. 캐리가 생각한 것은 본국과 세람포르가 대등한 관계 속에서 느슨

---

198 James S. Buckingham, "Examination of the Defence Put Forth by the Missionaries of Serampore," *The Oriental Herald and Journal of General Literature*, Vol. X, (London: Printed for the Editor, 1826), 130.

한 연합을 하는 것이었지만, 본국의 2세대 리더십은 세람포르가 본국의 리더십에 전적으로 따라야 한다는 입장이었다.

토지를 비롯한 재산권 행사 문제에 있어서는, 본국에서 재정적 지원을 해준 바가 없고 세람포르 삼인방 선교사가 개인적으로 일을 해서 구입한 것이기 때문에, 세람포르 선교사들은 자신들에게 전적인 권한이 있다고 보았다. 이 점에 대해서 버킹검은 말한다.

> 침례교선교회의 이름과 영향력이 아니었으면 어떻게 그들이 그런 재산을 축적할 수 있었겠는가?
>
> 선교회가 영감을 주지 않았더라면 어학의 재능도 소유하지 못했을 것이며, 성경의 번역과 인쇄와 배포 역시 그러하다. 그들의 재산은 분명히 침례교선교회에 속해야 한다…선교사들은 자신들이 벌어 재산을 모았기 때문에 자신들이 소유권을 갖는다고 했다. 그러나 영국의 선교회 측은 선교회와 일반 후원자들 역시 많은 재정 후원을 했기 때문에 권한이 있으며, 세람포르는 모든 것을 선교위원회에 소속시켜야 한다고 했다.
>
> 그러나 그들은 단 한 푼도 그렇게 못하겠다고 한다…그럼에도 불구하고 그들은 선교회의 대리인이지 주인이 아니다. 인도에 있는 유럽 사람들이 많은 헌금을 한 것도 기독교 신앙의 전파를 위해, 그들이 본국의 침례교선교회의 감독하에 있다고 믿었기 때문이었다. 1824년 9월 「캘커타 리뷰」(Calcutta Review)의 편집자가 말한 대로 세람포르는 영국 침례교선교회의 한 부분으로 모두들 생각하는 것이다. 그런데 선량한 캘커타 사람들은 선교사들이 모 선교회와의 모든 관계를 부정하고 있다는 것을 나중에야 알게 되었다.[199]

---

199 James S. Buckingham, *The Oriental Herald*, 137-139.

본국의 모(母) 선교회와 선교 현장 사이의 문제는 결국 양측이 대화를 통해 해결할 문제이지만 버킹검이 관심 갖는 것은, 많은 기독교인의 재정 후원을 받는 캐리의 세람포르선교회가 두 세 명의 개인에 의해 독립적으로 운영되기보다는, 공신력 있는 단체의 감독하에 있는 것을 더 신뢰할 수 있다고 보았기 때문이었다.

버킹검이 이렇게 말하는 이유는 세람포르 삼인방 선교사들 가운데 일반적으로 알려진 것과는 달리 여러 가지 의심스러운 문제들을 발견하였기 때문이었다. 버킹검은 선교사들이 선교를 위해 모든 것을 희생하는 것처럼 말하지만 실제로는 평범한 일반 사람들의 기준으로 볼 때 부유한 생활을 하고 있다고 보았다.

> 세람포르 선교사들은 상당한 개인 재산을 축적하고 있으며, 적어도 외적으로 나타나는 모습을 볼 때 호화로운 삶을 산다. 세람포르에 대저택을 유지하면서 외국 여행을 다니고, 아들들은 옥스퍼드대학과 캠브리지대학에 보내고, 딸들은 바스(Bath)의 상류 사회로 보낸다. 그들의 처음 열정은 얼음처럼 식어져서 개인적 입신출세에만 얽매임으로 대중들의 실망을 가져왔다.[200]

버킹검은 세람포르 선교사들이 호화스럽게 사는 것을 어떻게 알았을까?

캘커타의 영국인 사회가 좁기 때문에 쉽사리 사생활이 알려지는 것도 있겠지만, 주요한 정보원은 캐리와 함께 있다가 갈라진 캘커타의 침

---

[200] *Ibid.*, 136.

례교선교회 안에서 여전히 활동 중이던 윌리암 아담 선교사로 보인다.

또한 버킹검은 캐리와 마쉬만 등이 인디고 공장 일과 기숙학교 비즈니스를 시작한 이후에, 본국 선교회에서 보내주는 재정 지원을 거절한 것에 대해서도 다른 관점을 제시한다.

> 선교사들이 세람포르에 정착하게 된 1799년 말 이후부터는 본국의 재정 지원을 안 받았다고 해도, 그 이전에는 선교회로부터 지원을 받았다. 그들이 재정 지원을 더 이상 받지 않은 것은, 부유한 벵골 지역에서 선교회가 지원해주는 연봉 360루피를 받고 복음을 전하는 것보다는, 자신이 직접 일을 하면 더 많은 수익을 얻을 수 있었기 때문이었다. 말씀의 씨를 뿌리는 것에 집중하기보다는 인디고 공장 일이 더 유익이 되기 때문에 그들은 봉급이 적은 선교사 일을 거절했는데, 이제 지원받기를 그만둔 것을 가지고 선교회의 통제를 거절하는 것을 정당화하는 데 사용하고 있다.
>
> 그들은 결코 선교회가 그들에게 재정 지원을 할 여력이나 의사가 없었다고 주장할 수는 없다. 1816년까지 본국 선교회는 그들에게(세람포르 삼인방 선교사를 제외한 여타 침례교 선교사들) 22,000파운드의 돈을 보내주었으며, 아홉에서 열 명의 선교사를 더 파송하고 지원했다. 그러기에 선교회가 4명을 지원할 여력이 없었기 때문에 자신들이 직접 돈벌이에 나설 수밖에 없었다고 하는 것은 말도 안 되는 핑계이다…그들은 본국이 그동안 재정 지원을 한 바 없기 때문에 모 선교회가 세람포르 일에 간섭할 수 없다고 했는데, 실상은 선교회가 지원을 했음에도 불구하고 선교사들이 더 나은 수익 사업을 위해 지원받기를 스스로 그만 둔 것이었다.
>
> 선교사들은 자신들이 이 돈을 횡령하지 않았다고 열정적으로 말하고 있다.

그러나 사람들이 10만 파운드나 되는 많은 돈을 그들에게 후원한 것은 선교 목적에 어긋나는 직업을 갖고 개인적인 이득을 취하라는 것이 아니라 인도 현지인의 도덕적, 영적 진보를 위해 일하라는 것이었다.[201]

버킹검의 치명적인 이러한 문제 제기에 대한 세람포르 측의 답변을 들어보자.

> 1805년에서 1822년까지 17년 동안 성경 인쇄를 위해 후원받은 돈은 총 17,140파운드였습니다…세람포르의 땅은 세 필지로 되어 있는데, 선교회로부터 후원받은 돈으로 구입한 것이 아니라 세람포르 선교사들이 일해서 번 돈 30,520루피를 주고 산 것입니다. 그리고 그 땅들은 침례교선교회 소유로 우리가 자발적으로 증여한 바 있습니다…내 동료들은 1799년 세람포르에 정착할 때로부터 침례교협회나 다른 어떤 모임으로부터도 개인적인 후원으로는 동전 한 푼도 받은 적이 없습니다. 본국의 침례교 선교협회와 세람포르 선교회 사이의 관계는 '형제적 연합과 동등'의 관계라고 할 수 있습니다. 선교회 총무인 풀러는 언제나 이런 관점을 가지고 있었습니다.
>
> 풀러는 1813년의 편지에서 '우리는 여러분들을 동역자 이상의 다른 어떤 관점에서도 보지 않고 있다'고 말한 바 있습니다…1799년에서 1804년까지 선교회가 선교사들에게 보내준 돈은 총 17,947파운드였는데, 세람포르 선교사들의 전체 사용 경비는 58,613파운드였습니다. 이 금액에서 17,947파운드를 제하면 내 동료들이 지불한 돈이 모금 받은 돈의 총계를 훨씬 상회하는 것을

---

201 *Ibid*., 141, 142.

알게 될 것이며, 이것은 적어도 우리가 사람들의 돈을 횡령해왔다는 생각을 불식시킬 수 있을 것입니다.[202]

둘째, 세람포르 선교사들의 성경 번역 문제에 대한 버킹검의 비판의 말을 들어보자.

> 세람포르 선교사들이 번역한 성경의 가치에 대해서는 이미 인도에서 매우 심각하게 비판과 정죄를 받은 바 있다. 인도에서는 그 번역의 정확성 여부를 평가할 수 있는 사람들이 많음에도 불구하고, 선교사들은 백만 명 중 한 명도 그 주제에 대해 제대로 판단할 사람이 없는 영국에다가 대답을 하겠다고 한다!
>
> 완성된 번역판의 숫자에 대해서도 그들은 지난 26년간 완성된 성경 전권은 6개밖에 안 되고, 나머지 23개는 신약 외에는 번역이 되지 않았다. 여러 가지 인도 방언 사이의 차이는 매우 적어서 그 작업의 어려움은 상상할 수 있는 것보다 실제로는 매우 적다. 여기에다가 동방잡지에 주어진 정보를 추가적으로 말하고자 한다. (그동안 알려진 바와 달리) 세람포르 번역본들은 실제로 선교사들이 번역한 것이 아닌 것으로 드러나게 되었다는 것이다!
>
> 성경 번역은 전부 현지인에 의해 이뤄진 것이고, 캐리 박사는 개정 작업정도만 한 것으로 보인다. 선교사들은 단지 이 현지인 번역자들을, 대중이 후원한 돈으로 고용하여 일을 하게 끔 한 것밖에는 공로가 없다. 게다가 아담 씨에 따르면 이 30개 번역본의 대부분은 형편없는 재질에다가 인쇄를 했으며, 그

---

202   J. C. Marshman, *Reply of Mr. J. C. Marshman to the Attack of Mr. Buckingham on the Serampore Missionaries* (London: Kingsbury, Parbury, and Allen, 1826), 5, 9, 11, 18.

래서 1825년 말 경 존 클락 마쉬만이 마침내 훨씬 나은 품질의 종이를 세람 포르에서 만들어내기 시작했다고 말했을 때도, 사실 그 품질은 영국에서 만든 것보다도 좋지 않은 것이었다.

그 당시 인쇄 중인 몇 가지 번역본은 20년이 넘는 동안 인도에서 생산한 가장 좋지 않은 재질로 만들었다. 그들은 이 번역 사업을 위해 자기들의 개인 재정에서 많은 비용을 썼다고 말하고 있지만, 가난과 무명을 사치와 영광으로 바꾼 것을 과연 희생이라고 말할 수 있는가? 그들은 형편없는 수준으로 출판한 성경을 전 인도에 퍼뜨린 공로가 있노라고 말하고 있지만 이는 단지 이교도들 가운데 조롱과 경멸만을 가져올 뿐이다![203]

캐리가 번역한 성경의 품질에 대해서는 이미 앞에서 여러 차례 언급한 바가 있기 때문에 다루지 않겠지만 그 정도의 번역도 사실은 캐리나 여타 세람포르 선교사가 한 것이 아니라 인도 사람이 대부분 했다는 버킹검의 주장은 흥미롭게 들린다. 그는 구체적으로 대부분의 번역을 감당한 나다니엘 사밧(Nathaniel Sabat)이라는 번역자를 제시한다. 그는 힌두 배경에서 개종한 인도인으로서 당시 영국 교회에도 "동방의 별," "힌두의 사도"라는 이름으로 그 이름이 널리 알려진 사람이었다. 심지어 선교사들조차도 사밧은, "인도 성경 번역을 위해서 하늘이 보내주신 사람"으로 여긴다는 것이다.[204]

버킹검의 주장이 사실이라면, 캐리가 거의 단독으로 30여 개의 성경

203　James S. Buckingham, *The Oriental Herald*, 147, 148.
204　*Ibid.*, 148.

을 번역한 것으로 알려진 기존의 통념은 확실히 과장된 것이거나 잘못된 것으로 보인다. 물론 캐리가 여러 인도인 학자들의 도움을 받아 번역한 것으로는 기존에도 알려진 바 있지만, 그렇게 많은 숫자의 언어를 짧은 기간에 혼자서 다 습득하고 성경 번역까지 했다는 것은 캐리가 아무리 어학의 천재라고 해도 믿기 어려운 바가 있었다. 그런데 현지 인도인이라면 가능한 일이다. 그러므로 세람포르의 성경 번역의 역사를 기록할 때, 캐리의 이름과 함께 대부분의 번역본의 초벌번역을 한 사밧의 이름을 빠뜨리지 않고 언급하는 것이 옳다고 본다.

그런데 버킹검의 이야기에는 뜻밖의 반전이 나오면서 번역 이야기가 갑자기 캐리 사역의 열매인 현지인 개종자 또는 사역자의 자질 문제로 옮아간다.

> 그런데 이 사람(번역자 사밧)이 인쇄소에 자유롭게 접근할 수 있는 기회를 이용하여, (비밀리에) 영국 정부와 기독교 종교를 비판하는 아랍어 글들을 인쇄했던 것으로 밝혀졌다. 세람포르 선교사들은 (사밧으로 말미암아) 기독교 경전의 가치를 그렇게 떨어뜨린 것에 대해서는 어떻게 책임을 지겠는가? 그렇게 기술 좋은 사기꾼을 결코 알아차리지 못한 것에 대해서는 어떤 공로를 주장할 텐가? 세람포르 선교사들은 지난 30년 동안에 이런 식의 방법으로, 수백만의 사람들 가운데 겨우 3-4백 명의 비참한 천민들만을 기독교 신앙으로 끌어들일 수 있었다. 지적으로나, 도덕성으로나 사회 계층이나 그 어떤 면으로 보든지 그들은 기독교의 이름을 경멸로 이끌기에 충분하다. 우리는 인도에 살아본 경험이 있는 분 중에 아무라도, 힌두 불가촉천민 중에 이른바 '현지인 개종자'라고 불리는 사람들보다 '덜' 존중받는 부류의 사람들이 과연 어디에 있는지

말씀해 주시기를 부탁드린다.

선교사들의 이른바 직접 개종 사역이라는 것은, 이제까지 그런 것처럼, (그들이 하는 것이 아니라) 가장 무지하고 천한 사람들을 사역자로 고용해서 하는 것인데, 그들(현지인 사역자들)은 (실제로) 거의 하는 것이 없다. 이것은 선교사들이 후원받은 돈을 횡령했든지 아니면 돈을 잘못 사용했든지 간에, 그들이 인류 진보를 위해 실상 아무런 유익을 주는 일도 하고 있지 않다는 것을 의미한다. 그들이 세상을 개선하는 데 아무런 일도 함이 없이 허랑방탕하게 낭비했다는 것은 의심할 여지가 없다. 만일 그들이 이제라도 이성적이고 신실하게 교육과 삶의 모범을 통해 현지인들의 진보를 위해 헌신한다면, 그들이 거의 잃어버린 신뢰를 다시 회복하게 될 것이다…선교사들이 인도의 최고의 친구요 은인이라는 타이틀을 획득하기를 바라마지 않는다.[205]

버킹검과 같은 외부인의 언급 외에 세람포르 선교사들이 출판한 글에 '사밧'이라는 걸출한 현지인 번역가의 이름이 빠진 것은 신비스러운 일이나, 아마도 그가 선교사들 몰래 그들의 인쇄소에서 반기독교 책자를 인쇄한 이중적인 행동에서 그 답을 찾을 수 있을 것 같다.

어쨌든 버킹검은 사밧의 예를 들며 캐리 사역의 열매라고 할 수 있는 현지인 개종자들과 사역자들의 거짓과 도덕성 문제를 지적하였다. 무엇보다 버킹검은 그들이 사회 계층상 사람 대우를 받지 못하는 최하층 천민일 뿐 아니라 지적 도덕적으로 사회에 전혀 영향력을 끼치지 못하며 결정적으로는 사역적인 면에서도 전혀 하는 일이 없다고 맹공격을

---

[205] *Ibid*. 괄호 안의 내용은 인용문의 이해를 돕기 위해 필자가 첨가한 것임.

가했다.²⁰⁶

　세람포르 측은 아마도 이런 배경에서 세람포르 기지 내에 얼마나 많은 상층 카스트 개종자들이 있는지 힘주어 강조한 것으로 보인다.²⁰⁷ 그리고 비기독교인들은 거짓과 간음과 온갖 부패로 가득한 반면, 기독교 신앙으로 개종한 자신의 개종자들은 얼마나 도덕적으로나 지적으로나 영향력 면에서 좋은가를 말하고 있다.²⁰⁸ 그리고 개종자 숫자를 명확히 보고하지 않은 것도 숫자를 부풀리고자 하는 의도가 아니라 "자신들이 하고 있는 사역을 널리 알려야 할 필요가 없었기 때문"²⁰⁹이라고 말했다. 그래서 세람포르는 그 이후부터 처음부터 시작해서 매년 정확한 개종자 숫자를 보고하게 되었다.

10) 영국령 인도 총독, 민토

　민토(Minto)는 영국 에딘버러 출신으로 본명은 길버트 엘리엇(Gilbert Elliott, 1751-1814)인데 백작이 되어 1807-1813년 사이에 인도 총독으

206　현지인 사역자 중에는 천민 배경이라도 끄리슈나 빨과 같이 헌신적으로 일하고 열매 맺은 사람들이 있었지만, 버킹검은 일부 돈만 바라고 하는 일이 없는 사람들의 문제에 초점을 맞춘 것으로 보인다.
207　각주 179를 참조하기 바란다. *Serampore's Quarterly Paper, Friend of India*, VIII, May 1823, 561.
208　사실 이런 입장은 캐리나 워드가 남긴 기록과 상충되기 때문에 매우 의심스럽다. 1804-1806년 사이에 세람포르 선교사들은 "개종자들로 인해 매우 가슴 아픈 실망감을 많이" 겪었다(Carey to Fuller, 27 Feb 1804)고 말했는데 여기에는 "많은 간음행위가 포함된다"(Ward's Journal, 26 May 1806). 1806년에는 다소 줄어들었지만 1804년에는 신앙을 저버린 사람들이 많이 발생했다(Carey to Sutcliffe, 1 Jan. 1806, p.1; JCM 1859(1): 282).
209　J. C. Marshman, *Reply of Mr. J. C. Marshman to the Attack of Mr. Buckingham on the Serampore Missionaries*, 28.

로 재위했다. 이 기간에 그는 몰루카(Moluccas), 자바(Java)와 기타 동인 도 제도의 네덜란드 식민지를 정복한 바 있다. 민토 총독은, 캐리에게 호감을 갖고 포트윌리암대학의 벵골어 교수직을 준 전임 총독 웰레슬리(Marquess Wellesley)의 뒤를 이어, 선교사와 선교 활동에 관용적인 총독이었다. 민토가 총독으로 부임한 초기에는 남인도 벨로어(Vellore)에서의 세포이(Sepoy) 폭동의 여파로 공격적인 선교 사업에 대한 주의를 주었으며, 세람포르 인쇄소가 이슬람과 힌두교에 대한 공격적인 글을 출판한 적이 있음으로 출판 활동을 일시 금지한 바 있다.

그러나 민토는 이것이 선교 활동에 부정적인 영향을 끼칠 것과 본국에 미칠 평판을 고려하여 얼마 지나지 않아 금지 조치를 푼다. 이후로 선교사에 대한 그의 태도는 점점 더 관대해졌다. 그는 공개적으로 캐리의 인도어로 이루어지는 각종 번역 사업을 치하했다. 선교사의 중국어 공부에 보탬이 되도록 개인적으로 금일봉을 주기도 했으며, 심지어 그의 책임하에 두 명의 침례교 선교사들을 공식적으로 아그라와 델리에 파견하기도 했다.[210]

개인적으로 선교의 후원자라고 할 수 있는 민토 총독은 세람포르 선교사들의 선교에 깊은 관심을 갖고 나름대로의 관찰에 기초하여 그들의 선교 방식에 대해 매우 중요한 비평을 한다. 그가 아래의 편지를 보낸 사람은 에드워드 패리(Edward Parry)라는 동인도 회사의 이사장이다. 패리는 부이사장이었던 찰스 그랜트(Charles Grant)와 함께 복음주의자로서 벨로어에서의 폭동은 소문난 것과는 달리 선교사의 책임이 전혀

---

210 Kenneth Ingham, *Reformers in India 1793-1833 An Account of the Work of Christian Missionaries on Behalf of Social Reform* (Cambridge: Cambridge University Press, 1956), 7, 8.

없다는 것을 설득력 있게 잘 대변함으로 인도 선교에 끼치는 파장을 조기에 진화시킨 사람이었다. 민토는 1807년 말, 패리에게 다음과 같은 편지를 보낸다.

> 내 의견으로는 이곳 선교사들이 현지인들과 어울려서 살고, 그들의 신앙 중에서 좀 더 친화적인 부분에 익숙해지고, 신앙의 교리적 주장보다는 그 신앙이 그들에게 도움이 되는 측면으로 사람들의 주목을 끈다면, 훨씬 더 큰 진보의 역사가 있을 것으로 보인다. 현지인들이 궁극적으로 신앙과 교리를 받아들이기 위해 이와 같은 방식으로 잘 준비될 수 있게 하면 좋겠다. 나에게는 선교사들이 출판한 문서와 단상에서 전하는 설교가 별로 효과가 없는 것으로 여겨지는 몇 가지 이유가 있다.[211]

민토의 지적은 선교 분야에 비전문가요, 19세기 초 사람의 평가라고 보기에는 매우 날카롭고 방법적인 면에서 적절한 지적을 한 것으로 보여 진다.

첫째, 그가 가장 먼저 지적하는 것은 세람포르 선교사들이 현지인들 속에서 그들과 같이 섞여서 살지 않는다는 것이었다.

선교사들이 현지인들 속에 들어가 그들과 같이 살지 않는다면 어떻게 그들과 친구가 되며 그들에게 전도할 기회를 얻을 수 있겠는가?

민토는 주중 시간의 대부분을 캘커타에서 보내는 캐리를 누구보다 가까이서 볼 수 있었기 때문에, 그의 관찰은 매우 정확하고 신빙성 있는 것으로 보인다.

---

211   Lord Minto's Letter to Edward Parry. Dated 2 Dec. 1807 (National Library of Scotland Edinburgh MSS 11339, 53 et seq.).

둘째, 민토는 선교사들이 힌두들의 신앙 가운데 좀 더 친화적인 부분, 덜 적대적인 부분을 알고 그런 점에 익숙해지면 좋지 않을까 하는 바람을 이야기한다. 선교사들의 보고서에 나오는 설교문의 내용을 보면 늘 "우상 숭배, 미신, 악마적인 카스트 제도"와 같은 이야기만 나온다. 민토는 그렇게 상대방을 정죄하고 부정적인 측면만을 적의감을 갖고 표출하면 과연 복음 전도가 될 것인가 하는 의문을 가졌던 것으로 보인다.

민토의 제안대로 힌두에게 접근할 때 처음부터 덜 친화적이고 적대적인 교리를 제시하기보다는 그들과의 공통점과 유사한 내용, 예컨대 제사제도나 성육신과 같은 것을 출발점으로 제시한다면 좀 더 좋은 반응을 이끌어 낼 수 있는 것이 사실이다. 민토의 접근은 기독교의 교리를 상대방에게 심어야겠다는 의욕과 열정에 사로잡혀, 현지인 입장에서 우호적인 접근을 흔히 놓치기 쉬운 선교사들에게 좋은 안내를 주었다고 본다.

셋째, 민토는 선교사들의 설교들이 주로 기독교 입장에서 교리를 선포하는 데 주안점이 있지, 그것이 힌두들의 입장에서 어떤 점에서 도움이 되는지를 소개하지 않기 때문에 인도인의 주목을 끌지 못하는 게 아니냐고 지적한다. 예를 들어 기독교의 신, 그리스도는 유일한 신이며 구원자인 반면, 힌두의 신들은 거짓 신이고 죽은 신이라는 방식의 소개는 힌두들의 마음에 감화를 주기 어렵다. 그보다는 힌두들이 자신들의 신앙으로는 잘 해결이 안 되는 문제들에 기독교 신앙이 어떻게 희망이 되고 대안이 될 수 있는지, 힌두들의 입장에서 기독교 신앙을 통해 무엇을 체험하고 무엇을 제공할 수 있는지 매력이 끌리게끔 제시할 필요가 있다는 것이다.

넷째, 민토는 선교사들이 출판한 전도 책자와 설교가 현지인들에게 잘 전달이 되지 못하는 문제를 지적했다. 선교사들의 문서와 설교는 대부분 공격적이며, 상대방에 대한 존중과 배려가 부족하여 부정 일변도의 정죄를 일삼았다. 인도인들에게는 카스트 제도가 물고기의 물과 같은데 그것을 마귀의 제도로 언급하며, 그것을 잃어버림이 없이는 기독교인이 될 수 없다고 했다. 이런 설교와 변증서가 사람들에게 복음의 기쁨과 평화를 주기는 어렵다고 본 것이다.

민토가 자세한 이야기를 다 언급하지 않았지만 그가 지적한 몇 가지는 캐리와 세람포르 선교사들이 곱씹어보고 자신들의 선교 방식을 재검토할 만한 가치가 충분한 것이었다. 그런데 "선교의 비전문가요, 문외한"인 민토가 보는 것, 그가 역설하는 것을 "선교의 전문가"인 캐리와 세람포르 선교사들은 안타깝게도 깨닫지 못하였고, 듣지도 않았다.

11) 에딘버러의 친구, 크리스토퍼 앤더슨

크리스토퍼 앤더슨(Christopher Anderson, 1782-1852)은 선교사로 나가기 위해 신학을 공부했으나, 건강상의 이유로 선교회에 허입이 되지 않아 목회로 전환한 사람이었다. 그는 에딘버러 샬럿 채플의 침례교 목회자로서 앤드류 풀러의 사후에 그와 같은 마음을 품고 세람포르 삼인방 선교사를 본국에서 가장 가깝게 동역하며 재정 지원을 했다. 이런 그가 캐리가 죽기 1년 전이던 1833년 죠수아 마쉬만에게 재정 문제에 대해 중요한 코멘트를 한다.

호프(M. Hope)와 내가 곧 후원의 도랑물에 빠진 자네를 건져내기 위해 할 수 있는 일이 무엇인지 알아봐야 하겠네. 선견지명이 있는 우리의 친구 풀러가 오래 전에 자네에게 엄숙히 경고한, 바로 그 후원의 도랑 말이네.[212]

여기서 "후원의 도랑물"이란 벌려 놓은 선교사업(또는 프로젝트)이나 빚이 너무 많아 아무리 후원을 많이 받아도 부족한 재정 상태를 이르는 말이다.

풀러는 1815년에 죽었는데 이미 1810년대부터 풀러는 캐리와 마쉬만 등에게 이러한 후원의 도랑물을 진지하게 경고했었다. 성경 번역과 인쇄, 그리고 문서 사역은 종이 공장과 잉크 공장을 갖춰야 했으며 수십 명의 직원이 고용되어야 돌아가는 사업인데, 대부분의 출판물은 무상으로 나누어 주었기 때문에 이 사업은 물먹는 하마와 같았다. 학교 사역은 유럽인 대상의 기숙학교를 통해 유럽인들에게 돈을 많이 벌어들이기도 하였지만, 가난한 인도인을 위한 자선학교는 거의 수업료를 받지 않고 학생들을 교육시키고 있었기 때문에 이 역시 많은 재정이 필요하였다.

결정적으로는 풀러의 사후인 1818년에 세람포르대학을 설립하고 운영하면서 많은 빚을 지게 되었다. 여기에다가 20개에 달하는 선교 기지는 거의 자립을 하고 있지 못했기 때문에 지속적으로 재정을 요구해 왔다. 엎친 데 덮친 격으로 동인도 회사의 재정이 악화되면서 선교회 재정 수입의 50%가 넘는 캐리의 수입이 크게 줄면서 세람포르는 상시적으로 '후원의 도랑물'에 빠져 허우적거리고 있었다. 앤더슨은 풀러가

---

212 Anderson's Letter to Joshua Marsman, Dated 17 June 1833, in Hugh Anderson, *The Life and Letters of Christopher Anderson* (Edinburgh: William P. Kennedy 1854), 301.

그러했듯이 이곳저곳을 다니면서 계속 후원금을 모아서 보냈지만 물먹는 하마들을 당해 낼 재간이 없었다.

캐리와 마쉬만은 본국의 가장 가까운 두 친구와 후원자들로부터 재정 규모를 줄이지 않으면 선교회가 큰 위기에 봉착할 것이라고 반복적으로 들었지만, 도리어 사업을 늘리고 재정규모를 확장해 나갔다. 그것은 아마도 세람포르 삼인방 선교사들이 적지 않은 돈을 스스로 벌고 있었기 때문에 가진 자신감이 있었기 때문이었을 것이다. 거기에 유럽과 북미, 심지어는 인도에 거주하는 많은 유럽인 독지가들의 지속적인 후원을 믿어 의심치 않았다. 그러나 본국 침례교선교회 지도부와 젊은 후배 선교사들과의 지속적인 갈등과 선교회의 분리는 그동안 정기적으로 들어오던 후원에도 큰 차질이 생기는 것을 피할 수 없게 되었다.

선견지명을 가졌던 풀러의 말, 그리고 재차 경고를 주었던 앤더슨의 말을 듣고 사업과 재정의 구조조정을 했더라면 아마도 좀 더 바람직한 방향으로 갔었을 텐데, 아쉬움이 든다.

12) 다카 기지 개척자, 오웬 레너드

오웬 레너드(Owen Leonard)는 캘커타에서 선교사로 부름 받은 아일랜드 태생의 선교사이다. 크리스토퍼 스미스는 그를 앵글로 인디언이라고 잘못 소개했는데, 세람포르 비망록은 그가 "아일랜드 국적의 유럽인 형제"로서 아시아 선교사 다 크루즈(Da Cruz)의 조력을 받아 다카 기지의 책임자로 개척 사역을 섬긴 사람이라고 명확히 말해 주고 있다.[213] 그는 매우 경건하고 열심이 많은 선교사였던 것으로 보인다. 캘커타의 랄바자교회의 집사로 있으면서 자선학교도 섬기는 등 교사로서 활동을 하다가 다카 개척자로 파송 받았는데, 13개 학교에서 1,200명의 학생들을 섬기면서 복음을 전했다고 한다.

레너드의 사역을 보면 몇 가지 점에서 다른 유럽 선교사와 차이가 난다. 로빈슨의 예에서 알 수 있듯이 대부분의 선교사들은 학교나, 번역과 같은 간접 전도에 힘쓰고 직접 전도는 아시아 선교사나 현지인 사역자에게 맡기는 경향이 있었다. 그런데 레너드는 아침과 저녁으로 모든 계층의 사람들에게 자신의 집을 일 년 내내 개방을 해서 현지인과 적극적인 교류를 통해 복음을 전할 기회를 잡았다.[214] 그는 영어와 힌디어 벵골어를 사용하여 다양한 부류의 사람들에게 전도했을 뿐 아니라, 심지어는 현지에서 벌어지는 각종 축제나 모임을 기피하지 않고 적극적으로 찾아가서 전도하기도 했다.[215] 일반적으로 세람포르 선교사들의 경우 힌두 축제는 우상 축제로 여겨 기피하는 것과는 다른 모습이었다.

레너드는 무엇보다 개종자들로 하여금 카스트를 잃게 하는 세람포르의 방침이 그들을 현지인 공동체와 분리하도록 함으로 인해, 복음 전도를 원천적으로 가로막는 방식인 것을 인식한 유일한 사람이었던 것으로 보인다. 그는 3년 전부터 먼저 와서 다카를 개척했던 크루즈의 영향을 받은 개종자들이 기독교인이 됨과 동시에 가족을 떠나는 모습을 보고 말했다.

---

213 Joshua Marshman, *Brief Memoir Relative to the Operations of the Serampore Missionaries*, 37.
214 Serampore Missionaries, *Missionary Herald*, 13.
215 Baptist Missionary Society, *Annual Report* 1825, 37.

그리스도께 대한 신앙고백을 한다고 해서 당신이 속한 사회 공동체를 떠나는 것은 저의 바라는 바가 아닙니다. 그렇게 해서는 안 됩니다. 우리는 당신이 힌두로 남아 있기를 바랍니다. 그러나 그냥 힌두가 아니라 기독교인 힌두가 되는 거지요. 우상 숭배와 모든 죄를 떠나 거룩한 하나님의 사람으로 살면서 힌두 공동체 속에서 살아가십시오.[216]

"기독교 힌두"란 신앙으로서는 기독교인이지만, 문화적 사회적으로는 힌두로 살아가는 사람을 의미한다. 외양적으로는 카스트의 전통을 지키고 출생 공동체 내에서 그대로 살아가기 때문에 힌두로 보이지만 실상 내면적으로는 우상 숭배를 버리고 그리스도와 그의 말씀으로 거룩한 삶을 사는 사람인 것이다.

그러나 당시 캐리와 워드, 마쉬만 등은 이처럼 힌두교에 있어서 문화와 신앙을 구분하지 않았다. 그들의 눈에는 힌두의 모든 것이 다 사악한 미신이고 어두움이었다. 그러기에 우상 숭배와 우상 축제로 부패한 힌두 사회에 남아 있을 수 없다고 보았고, 카스트 역시 인도인을 얽어매는 사단의 사슬로 보았기 때문에 유지하기보다는 파괴해야 할 장벽이었다. 그러나 레너드는 카스트 공동체를 떠나지 않으면서도 예수님을 따르며 거룩한 삶을 살 수 있다고 보았으며 개종자들에게 이러한 방침을 격려하였다.

그리고 그는 이러한 내용을 워드에게 편지로 보냈다. 안타깝게도 이에 대한 워드나 캐리의 반응에 대한 기록은 찾을 수가 없다. 캐리나 워

---

[216] O. Leonard's Letter to Ward. Dated 10 July 1818.

드가 이런 방향을 받아들이기는 어려웠겠지만, 레너드의 분명한 입장과 그로 말미암아 다카에서 일어나는 활발한 사역은 카스트와 현지 공동체에 대한 그 동안의 부정 일변도의 방침에 대해 한 번쯤 다시 생각해 볼 기회는 분명히 주어졌을 것으로 보인다.

13) 랄바자교회의 집사, 끄리슈나 쁘리사다

끄리슈나 쁘리사다(Krishna Prisada)는 벵골에서 첫 번째로 세례 받은 브라민 배경의 개종자였다. 그는 우상 숭배를 비롯해 성경이 금하는 죄를 끊어버리고 참된 그리스도인으로 살기에 힘썼으며 주위의 친족들과 이웃들에게 복음을 전하기에 힘썼다. 그는 세례 받은 지 3년 후인 1806년 1월에 집사로 세움 받을 만큼 세람포르 선교사회에서 깊이 신뢰받고, 현지인 개종자들 가운데 영향력이 큰 인물이었다.[217] 그러나 집사가 된 그해 7월에 젊은 나이로 안타깝게도 요절한다. 만일 그가 살아 있었다면 현지인 신자들이 자신들의 땅에 신앙의 뿌리를 내리며 사는 데 적지 않은 영향을 지속적으로 끼쳤을 것이다.

그에 대해 많지 않은 기록 가운데 주목할 부분은 그가 우상 숭배에 대해서는 매우 단호했음에도 불구하고 "힌두의 다른 관습은 결코 포기하지 않았다"는 것이다.[218] 그는 "개종자들을 영국인으로 만드는 것에 적극 반대"를 표명했는데, 이는 그것이 현지인들로 하여금 "복음을 영

---

[217] Serampore Missionaries, *Monthly Circular Letters, Relative to the Mission in India* (Serampore: The Mission Press, 1807), 137.
[218] *Ibid.*, 133, 134.

접하는 데 치명적인 장애물"이 되는 것을 알고 있었기 때문이었다. 예를 들어 그는 "영국식 의복을 입는 것은 힌두들에게 혐오감을 불러일으키는 것"이라고 말했다.

그가 평상시 하는 이런 말들이 세람포르와 캘커타에서 사역하는 대부분의 유럽인 선교사들에게 어떤 모양으로든 직간접적으로 영향을 끼치지 않았을까?

그는 캘커타에 큰 재산을 소유한 가까운 브라민 친척에게 복음을 전하고자 많은 애를 썼는데, 서양인과 어울림으로써 카스트를 잃어버릴 것을 극도로 두려워하는 것으로 인하여 강한 저항을 경험했다. 그는 이를 통해서 기독교인이 서양인의 정체성, 서양의 문화를 따를 필요가 없고, 인도인의 정체성을 갖고 인도의 문화와 관습을 존중하고 인도 공동체 속에서 살아야 하는 것을 깊이 인식했던 것으로 보인다.

쁘리사다의 이러한 분명한 태도는 선교사들에게 적지 않은 영향을 끼친 것으로 보인다. 그가 죽기 1년 전 워드가 작성하고 모든 선교사들이 서명한 약속문서에 "힌두와 만날 때에 그들에게 혐오감을 주는 영국식 관습들은 최대한 멀리해야 한다"[219]는 내용이 나오기 때문이다. 비록 잘 실행된 것으로는 보이지 않지만 세람포르 선교사들이 적어도 영국식 관습이 현지인들에게는 매우 혐오스럽게 느껴지기 때문에 반드시 피해야 한다는 것을 알게 된 것은 쁘리사다 같은 현지인 리더의 영향 때문이라고 본다.

---

219   윌리암 캐리, 『이교도 선교 방법론』, 112.

제3장

캐리가 쌓아 올린 장벽들

캐리의 인도 선교의 공적이 적지 않음에도 불구하고 그가 타문화권 상황에서 복음을 전달하는 측면에서는 뜻밖에도 그것을 훼방하는 높은 장벽을 쌓는 데 기여했다는 것은 참으로 놀라운 일이다. 그가 쌓아 올린 장벽들은 돈 의존 방식, 문화 우월주의 방식, 분리주의 방식인데 이러한 방식들이 그가 꿈꾸었던 인도 선교를 어떻게 어렵게 만들었는지 살펴보고자 한다. 필자는 이런 방식들이 성경적으로도 적합한 방식이 아닐 뿐더러 결정적으로 인도인의 문화와 정서에 얼마나 혐오감과 반감을 주는 방식인가 말하고자 한다.

이 섹션에서 언급하는 장벽에 대한 비판적 관점은 21세기를 사는 저자의 관점이기도 하지만, 앞에서 언급했지만 캐리와 동시대를 살았던 많은 사람들이 이구동성으로 지적했던 문제이기도 하다. 필자는 여기에 인도의 문화적 관점을 더하고자 한다. 문화란 인도 사람들이 살아가는 방식, 생각하고 느끼고 옳고 그름을 판단하는 방식, 몸에 익어서 자연스럽게 나오는 습관이다. 선교사들은 외부인으로서 이런 방식을 대부분 모르거나 오해하거나 쉽게 무시해 버린다.

그러나 타 문화권에서 복음을 전한다는 것은 단지 "진리를 선포"하기만 하는 것이 아니다. 복음 전달의 대상이 되고 그 땅에서 살아가는 현지인을 "사랑하는" 것이 반드시 포함되어야 한다. 그것이 예수님이 하나님의 아들이시면서 팔레스타인 땅에 사는 한 유대인 청년으로 성육신하사 현지인들과 함께 거하고 십자가에 죽으신 이유이다. 현지인을 사랑하는 사람이라면 현지인들이 중요시 여기는 것에 무관심하거나 쉽게 무시할 수 없다. 설사 그것이 마음에 들지 않는 "나쁜" 문화로 보일지라도.

그리고 우리가 그동안 "나쁜" 문화라고 판단했던 것들이 어쩌면 서양 문화를 표준으로 하거나 한국의 문화를 표준으로 하는 자문화중심주의의 영향일 수 있다. 또한 "나쁜 문화"를 다룰 때 많은 선교사들이 이교도의 "구원"에 관심을 가지기보다는 대부분 "성화"에 무게를 둠으로써 스스로 선교의 길을 차단해 버리는 결과를 가져 왔다.

이 섹션에서는 현지의 사회와 문화와 신앙에 대한 올바른 정보와 이해를 바탕으로, 선교사들이 선교하러 왔음에도 불구하고 의도치 않게 쌓아 올린 장벽들이 무엇이며, 그것을 어떻게 해결하는 것이 좋은지 논의하고자 한다.

1. 돈 의존 방식

1) 돈 의존 방식의 정의

돈 의존 방식의 선교란 한 마디로 "값비싼 비용이 들기 때문에 돈에 의존적이 되는 방식의 선교"라고 말할 수 있다. 모든 선교에는 돈이 든다. 선교사가 타국으로 가는 여비가 들고, 현지에 살고 사역하는 데 경비가 들지 않을 수 없다. 그렇기 때문에 어디까지는 괜찮고, 어디서부터 돈 의존이라고 말할 수 있는지 경계선이 분명치 않아 보인다.

'값비싼 비용'이라는 것도 보는 사람의 입장에 따라 다를 수 있고, 심지어 값비싸지만 그것이 사역에 꼭 필요한 경우는 어쩔 것인가?

윌리암 캐리는 자신의 사역을 돈 의존 선교라고 봤을까?

사역 때문에 빚에 쪼들려 말할 수 없는 고생을 했지만 결코 돈 의존 방식이라고는 생각하지 않았을 것이다. 왜냐하면 그것이 성경 번역과 출판 사역을 위해서, 그리고 복음 전도와 기지 개척을 위해서 꼭 필요한 것이라고 여겼기 때문이다. 그러기에 도대체 무엇이 돈 의존 방식이고, 캐리의 경우가 왜 이 경우에 해당되는지 먼저 밝힐 필요가 있다.

첫째, 돈 의존 방식은 전도의 수단으로 돈을 사용하는 방식이다. 복음을 전함으로 복음에 감동이 되어 개종을 하게 하는 것이 아니라 돈, 음식, 옷, 직장, 집 같은 물질적 혜택을 제공함으로써 개종을 시도하는 것이 여기에 해당이 된다. 베드로가 "은과 금은 내게 없거니와 내게 있는 것으로 네게 주노니 곧 나사렛 예수 그리스도의 이름으로 일어나 걸으라(행 3:6)"고 했는데, 돈 의존 선교는 정확히 반대로 은과 금을 매력으로 해서 사람들을 끌어들인다. 이러한 방식의 선교로 전형적인 예는 남인도 코친에서 포르투갈인들이 그들의 주둔지에서 했던 방식에서 찾을 수 있다.

제2대 포르투갈 총독 알부커키(Alponso de Albuquerque, 재임기간 1509-1515)는 "선교를 위한 특별 재정 보조금을 책정하여 개종자들에게 매일 1쿠루자도와(당시 화폐 단위)와 1개씩의 빵을 무상으로 나누어 주었다."[1] 이 돈과 빵을 얻기 위해 "1510년, 코친 항구를 관리하는 현지인 공무원들 1,000명이 집단적으로 개종을 했다." 이 개종자들을 위해 가톨릭교회에서는 "교구 사제가 토요일마다 정기적으로 자선 물품까지 나누어 주었다"고 한다. 포르투갈은 돈과 빵만이 아니라 높은 연봉을 주는 용병을 모집하여 "매년 3천 명의 나야르족이 포르투갈 군에 참여"하게 되었는데, 이 직장을 얻으려면 "개종과 세례가 필수"였다.[2]

둘째, 돈 의존 방식은 아무리 전도를 위한 것이라고 해도 상대적으로 값비싼 수단을 동원하고 그것을 유지 및 운영하기 위해 지속적으로 돈에 얽매이는 방식이다. 값비싼 수단 중에는 대표적으로 토지 구입, 건물 건축, 그리고 기관의 설립 및 운영과 같은 것이 포함될 수 있다. 이는 생계에 필요한 통상적 비용을 크게 넘는 것이기 때문에 이런 수단을 만들고 그것을 지속적으로 확보하기 위해 많은 시간과 에너지를 사용하게 된다. 이런 돈 의존 방식은 이 방식을 사용하는 선교사가 자비량으로 하든지 후원을 받아서 하든지 필요한 재정이 중단되면 사역도 자

---

1 진기영, 『인도 선교의 이해 I』 (서울: CLC, 2015), 150.
2 앞의 책, 151.

동적으로 중단되는 특징을 갖는다. 왜냐하면 대부분의 현지인은 그런 일을 계속할 재정을 만들어 낼 수가 없기 때문이다.

그러나 선교를 위해 토지 구입을 하거나 건축하는 일, 그리고 학교와 같은 기관을 세우는 일은 선교 현장에서 흔히 있는 일이며 대부분 많은 비용이 드는 것이 사실이다.

그렇다고 하여 이 모든 것이 돈 의존 선교라고 할 수 있는가?

비용이 어느 정도 든다고 하여 모든 것이 다 돈 의존이라고 할 수는 없겠다. 돈 의존이란 기본적으로 나사렛 예수 그리스도의 이름, 말씀과 성령을 의지하기보다는 은과 금과 같은 물질의 매력을 의지하는 마음의 태도이다. 그러므로 돈 의존은 반드시 사용되는 물질의 양에 달려 있다기보다는, 값비싼 비용의 결과물인 건물과 기관, 그리고 기술과 각종 수단을 의지하고 그것에 얽매이는 방식이라고 말할 수 있다.

셋째, 돈 의존 방식은 사역의 대상이 되는 가난한 현지인과 같이 생활하기에 어울리지 않는 선교사의 부유한 삶의 방식이 될 수 있다. 일반적으로 돈 의존 방식은 사역의 방법과 관련되어 언급되지만, 그것만이 아니라 선교사의 삶과도 밀접한 관계가 있다. 왜냐하면 선교사의 부유한 삶이 사역에 도움이 되기도 하지만 가난한 현지인이 접근하는 데 도리어 장벽이 될 수가 있으며, 가난한 현지인들에게 물질 숭배의 전형으로 잘못 비칠 수가 있기 때문이다.

중앙 아프리카에 갓 부임한 두 명의 교회선교회(CMS) 선교사들에게 선임 선교사들이 이런 말을 해 주었다.

그들은(현지인들) 자네들의 집과 정원을 지켜 볼 것일세. 그리고는 자네들이 그들보다 지식과 에너지 면에서 우월한 존재임을 알고 어떤 주제에 대해 말해도 들을 가치가 있다고 생각할 걸세."[3]

선교사의 부는 이렇게 가난한 현지인에게 권위와 영향력을 준다는 점에서 전도에 도움이 될 수도 있다. 그러나 이는 양날의 칼이다. 선교사의 부가 선교에 끼치는 치명적인 영향에 대해 미국의 선교학자 죠나단 봉크(Jonathan J. Bonk)는 『선교와 돈: 선교사의 문제로서 풍요』에서 이렇게 말한 바 있다.

첫째, 봉크는 돈이 선교사와 현지인 사이를 분리시키는 결과를 가져온다고 했다. 선교사는 현지인을 만나고 그들을 복음으로 섬기러 왔지만 현지인들은 선교사가 가진 부의 장벽 때문에 가까이 접근할 수 없는 문제가 발생한다는 것이다.[4] 접근이 안 되면 현지인과 관계를 맺을 수 없고, 관계가 없으면 복음을 전할 수도 없을 뿐더러 많은 오해와 편견만 쌓이게 된다.

둘째, 선교사의 부는 선교사가 전하는 복음을 왜곡시키거나 이해에 어려움을 가져다 준다고 했다.[5] 선교사가 입으로 가르치는 것과 삶으로 행하는 것에 큰 차이가 있기 때문에 복음의 전달을 가로막게 된다는 것이다. "여기에 길이 있다"고 외치면서 자신은 그 길을 가지 않는 선교사의 위선을 보는 현지인들은 아무도 그들이 외치는 길을 가지 않는다는 것이다.

---

3 Jonathan J. Bonk, *Missions and Money Affluence: As A Missionary Problem... Revisited* (New York: Maryknoll, 2006), 50.
4 *Ibid.*, 53-56.
5 *Ibid.*, 74.

2) 풍요의 덫에 걸린 세람포르

앞에서 돈 의존 방식의 세 가지 요소를 말했는데, 캐리의 세람포르 선교는 이 세 가지 모습을 전형적으로 보여준다.

첫째, 캐리와 그의 동료들이 물질을 전도의 수단으로 어떻게 활용했는지 살펴보자.

캐리는 현지인들에게 돈을 나누어 준 것은 아니지만 가난한 그들에게 살 거처와 일자리를 주는 방식으로 개종을 유도했던 것으로 보인다. 캐리는 1794년 무드나배티에서 인디고 공장 감독 일을 맡게 되었을 때 본국의 침례교협회에 이렇게 편지했다.

"누구라도 복음을 위해 카스트를 버리는 사람이 생기면 우리는 그들에게 줄 아주 좋은 일자리를 갖고 있다."[6]

캐리의 세람포르선교회는 다양한 기관에 많은 일자리가 있었는데 여기에 기독교로 개종한 현지인을 고용했다. 캐리는 거의 재벌 기업 수준으로 다양한 일자리를 갖고 있었는데, 이것은 가난한 현지인들에게 커다란 매력이었음에 틀림이 없다.

먼저 세람포르와 캘커타를 중심으로 하여 100개가 넘는 초중등학교 및 세람포르대학교를 설립하여 운영하고 있었는데,[7] 여기에 교사를 제외하고도 많은 현지인 일꾼을 고용했던 것으로 보인다. 또한 세람포르에는 인쇄 및 출판소가 있었을 뿐 아니라 이에 연관된 종이 공장과 잉

---

6 Eustace Carey, *Memoir of William Carey*, 128. Mudnabatty, Agu. 5, 1794.
7 Edward Beasley, *Empire as the Triumph of Theory*, 46.

크 공장을 운영하고 있었는데, 여기에 활자공, 주물공, 인쇄공, 제본공 등 최소 70명이 넘는 인도인이 고용되어 있었다.[8]

뿐만 아니라 수많은 학교와 대학 건물, 공장 건물의 건축 및 늘어가는 인원에 따른 교실 건물 신축 역사가 멈출 날이 없어서 건축에 필요한 인원을 지속적으로 필요로 하였다. 첫 개종자인 끄리슈나 빨은 목수였는데, 그를 위해서 선교사들이 세람포르와 캘커타의 목수 일감을 다 몰아서 그에게 주었다.[9] 그래서 그는 상당한 재산을 축적함으로 둘째 딸을 결혼시킬 때, 사위에게 땅을 결혼 지참금으로 줄 수가 있었다.

이와 함께 캐리의 선교 기지 개척은 현지 마을로부터 분리하는 원칙에 따라 필수적으로 기독교 마을을 건설해야 했는데, 세람포르 선교사들은 가진 바 재산이 전혀 없는 개종자들을 위해 일자리와 함께 땅과 주택까지 제공한 것으로 보인다. 캐리가 풀러에게 보낸 편지를 보면 그는 동인도 회사에서 일자리를 얻기 전부터 총독에게 개종자들이 거주할 미개발지를 무상으로 임대해 달라고 요청한 바 있었다.[10] 아시아 선교사 페르난데즈는 사다말(Sadamahl)을 개척할 때 2개 지역에 개종자 거주 마을을 건설했는데 그곳에 가족 포함 159명이 거주했으며, 이들을 위해 인디고 공장과 종이 공장을 만들어 기독교인에게 우선적으로 일자리를 주었다는 기록이 나온다.[11]

---

[8] Calcutta Nov. 11, 1826, *Missionary Herald*, 45.
[9] *The First Hindoo Convert: A Memoir of Krishna Pal* (Philadelphia: American Baptist Publication Society, 1852), 67.
[10] Eustace Carey, *Ibid.*, 81.
[11] Joshua Marshman, *Brief Memoir Relative to the Operations of the Serampore Missionaries*, 39. A. Smith, *The Serampore Mission Enterprise*, 76.

뿐만 아니라 세람포르와 캘커타 주변 지역에는 존 마쉬만이 1826년에 세운 기독교 마을 존 나가(John Nagar)가 있었는데 이들의 경우 많은 사람들이 선교사가 운영하든지, 지인 영국인이 운영하는 인디고 공장에 취직시켜 일할 수 있도록 하였다.[12] 이 선교 기지 중 가장 큰 곳은 역시 세람포르인데 이곳에는 15세에서 60세 사이 연령대에 있는 거의 100여명의 인도 기독교인이 상시적으로 하인으로 고용되어 일했다고 하였다.[13]

이와 함께 빠뜨릴 수 없는 것은 기지 개척에 고용된 현지인 사역자들이다. 1814년 자료에 19명의 현지인 사역자가 고용되어 일하고 있었는데, 이들은 아시아 선교사나 유럽 선교사들을 도와 시골 마을을 순회 전도하는 역할을 맡았다. 현지인 사역자들이 받는 월급은 15-20루피였는데 이는 인디고 공장 노동자들이 받는 2.5루피에 비해 6-8배가 되는 많은 봉급이었다. 이와 별도로 마을을 돌아다니며 성경을 읽어주거나 기독교 문서를 배포하는 사람들도 고용되었다.

랄바자교회의 구성원에 대한 앞의 기록에서 알 수 있듯이 캐리의 사역의 대상은 일부 예외적으로 상층 카스트가 있었지만 거의 대부분이 하층이었으며, 그들은 재산이 전혀 없을 뿐만 아니라 평균 수준의 봉급을 받는 자들도 거의 없었다. 그들은 이미 카스트를 상실한 이유로 공동체에서 쫓겨나서도 그렇지만 그 이전부터도 사회에서 '존중받는 부

---

12 Ibid., 33.
13 James, Hough, *Reply to the Abbe J. A. Dubois's "Letters on the State of Christianity in India,"* 182.

류의 사람'이 아니었다.¹⁴ 그러기에 사회에서 천대와 학대를 당할 뿐 아니라 끼니를 잇기 어려운 가난한 현지인들에게 안정되고 보호받는 일자리와 삶의 터전을 제공해주는 것은 개종의 적지 않은 동기로 작용했을 것으로 보인다.

둘째, 캐리가 인도 선교를 위해 채택한 수단에 얼마나 많은 비용이 들었으며 그가 이런 재정을 마련하기 위해 어느 정도로 시간과 에너지를 쓰고 그것에 얽매여 살았는지 확인해 보자.

주지하다시피 캐리가 인도에서 사용한 전도의 수단 중 가장 중요한 것은 성경 번역과 출판이었다. 캐리는 나다니엘 사밧과 여러 인도인 학자들의 도움을 받아 성경을 번역했는데 이것을 출판하려면 무엇보다 인쇄기와 활자가 필요했다. 무드나배티 시절에는 목제로 된 수동 인쇄기를 사용했지만 세람포르에 정착한 1800년부터는 직접 금속활자를 주조하여 인쇄했다. 벵골의 최고 기술자를 고용하여 40개의 언어 당 각기 18개씩의 금속 활자체를 깎아 만들었는데 이것으로 1832년까지 21만 2천 종의 책을 출판했다. 이는 당대에 유럽을 제외하고는 가장 규모가 큰 인쇄소였다.

활자뿐 아니라 성경을 인쇄하려면 잉크와 종이가 필요했기에 캐리는 직접 잉크 공장과 종이 공장까지 만들었다. 당시 인도는 아직 종이가 희귀한 시대인데 캐리는 1809년, 당시 최고 기술인 증기 엔진으로 움직이는 종이 제조 공장을 만들어 막대한 물량을 자급자족하였다. 이러한 인쇄소에서 일한 직원의 숫자는 70여명이었으며, 캐리는 27년간

---

14 James S. Buckingham, *The Oriental Herald*, 148.

51,500파운드 이상의 돈을 들여 성경 번역을 한 것으로 추산된다.

셋째, 캐리의 주요 사역 수단이었던 선교 기지 개척 및 학교 설립 비용에 대해 살펴보자.

마쉬만은 41명의 유럽인, 아시아인 선교사들과 현지인 사역자들이 선교 기지 개척을 위해 지불된 인건비와 사역비가 1년에 15,000파운드였다고 한다.[15] 마쉬만의 1826년 보고서에는 세람포르가 사역을 위해 지출된 전반적인 내역이 나온다.

그에 의하면 27년간 현지인 학교에 2,000파운드, 세람포르대학교 건물 건축과 4,000권의 도서 구입비로 15,400파운드, 대학설립을 위한 토지 구입비 3,750파운드, 대학의 개축과 확장 비용 8,500 파운드, 1805-1816년 사이 선교사 증가에 따른 추가 비용 9,000파운드, 12년간 아시아 선교사 및 현지인 사역자들의 6-9개 기지 개척비 12,500파운드, 랄바자교회 건축비 2,000파운드가 지출되었다. 9개의 기지 개척비가 12,500파운드 들었다고 했는데, 가장 많았을 때가 24개였으니 총 기지 개척비는 대략 33,000파운드가 들었던 것으로 추정된다. 그러므로 24개의 기지 개척비 포함하여 마쉬만의 보고서에 나온 액수를 합하면 73,650파운드가 된다.

크리스토퍼 스미스는 캐리 시대의 72,000파운드를 지금으로부터 26년 전인 1991년 기준의 가치로 환산하면 200만 파운드(약 35억원)라고 말했다.[16] 앞의 번역, 인쇄, 출판 등에 사용된 비용을 합하면 125,150파

---

15 J. Marshman, *Statement Relative to Serampore*, 148.
16 A. Smith, *The Serampore Mission Enterprise*, 169.

운드로서 이는 거의 70억원에 가까운 돈인데 제외시킨 많은 내역을 더하여 계산한다면 100억 원은 족히 넘었으리라고 본다.

캐리의 번역, 학교, 기지 개척 사역은 이처럼 막대한 재정이 없이는 유지될 수가 없었는데, 이러한 재정을 확보하는 것은 캐리와 마쉬만, 그리고 워드의 주된 책임이었다. 캐리의 교수 봉급과 마쉬만의 기숙학교, 그리고 워드의 일부 상업적 출판 등을 통해 매년 2,000파운드 가량의 수입이 들어오지만 이것으로는 진행되는 수많은 프로젝트를 수행하기에 역부족이었다. 그러기에 기금 마련을 목적으로 윌리암 워드는 1819년부터 1821년까지, 죠수아 마쉬만은 1825-1827년 사이에 장기간 영국, 스코틀랜드, 네덜란드, 독일, 미국 등으로 기금 모금을 위한 여행을 떠나지 않을 수 없었다. 제임스 버킹검은 이렇게 세람포르선교회가 전 세계적으로 후원한 모금액은 최소 6만에서 10만 파운드에 달한다고 하였다.[17]

캐리와 워드, 마쉬만은 이렇게 선교 재원 마련과 각종 프로젝트 지휘 및 관리에 모든 에너지를 소진함으로 선교회의 동력 상실을 자초하게 되었다. 자신들의 수입으로는 도저히 감당이 안 될 정도로 많은 사업들을 오랫동안 독자적으로 진행하다 보니 잔뜩 빚만 쌓이게 된 것이다. 1826년 선교회 재정 모금을 위해 본국으로 간 마쉬만에게 보낸 캐리의 편지는 세람포르 선교회의 현실을 단적으로 보여준다.

> 우리는 지난 1년간 끔찍할 정도로 돈에 짓눌려 살아왔다. 대학 건축은 우리

17　James S. Buckingham, *The Oriental Herald and Journal of General Literature*, 130.

를 거의 파산 상태로 몰아넣었다. 본국 선교회가 우리 사역의 꽃인 개척 선교 기지를 지원하지 않으면, 선교사들이 진행되는 사역은 중단될 수밖에 없다. 사역비가 우리 수입보다 800-1000루피를 넘어서고 우리는 나이 늙어 감당할 여력이 안 되기 때문에 이런 상태로는 오래 버틸 수가 없는 형편이다.[18]

그나마 캐리가 포트윌리암대학의 교수로 근무할 때까지는 괜찮았지만 1831년 여기에서 물러나게 되고, 그해 주거래 은행이었던 캘커타은행이 파산하면서 세람포르선교회는 완전히 빚더미에 올라서게 되었다. 그리하여 죠수아 마쉬만은 이런 고백을 했다.

건물 짓는 일 때문에 재정이 완전히 고갈되어 만 파운드의 의무가 우리의 목에 연자 맷돌과 같이 내리 눌러서 우리를 수치와 파멸로 끌어가고 있다.[19]

캐리는 천문학적 규모의 재정으로 성경 번역과 세람포르대학 설립이라는 주목할 만한 업적을 쌓게 되었지만 이로 인해 풍요의 덫에 걸리고 말았다. 사역을 유지, 확장하려면 계속 많은 돈이 필요한데, 그런 돈은 여러 가지 변수로 인하여 결국에 축소, 중단되지 않을 수 없었다. 이때 그들은 그들의 가장 가까운 동역자들인 풀러와 앤더슨이 경고한 대로

---

18 W. Carey, *Letters from the Rev. Dr. Carey, Relative to Certain Statements Contained in Three Pamphlets* (London: Parbur, Allen and Co., 1828), Letter XXI from Dr. Carey to Dr. Marshman Serampore Sept. 12, 1826, 142, 43.
19 A. Smith, 169.

"후원의 도랑"에 빠져 계속 돈에 짓눌리고 얽매이며 살다가 생애를 마치게 되었으며, 그들의 사후 돈이 끊어짐과 함께 그 큰 사역은 거짓말같이 중단되고 말았다. 박물관에 보관될 성경과 대학 건물만 남긴 채 말이다.

3) 성육신의 원리를 저버린 캐리

여기서는 돈 의존 선교의 세 번째 요소인 물질적으로 풍요로운 삶이 캐리의 현지 선교에 어떤 영향을 주었는지 살펴보기로 하자.

1793년 11월 11일에 처음 캘커타에 당도해서 1794년 3월 1일 인디고 공장 감독 일에 대한 제안을 받기까지 4개월 동안의 캐리는 매우 순수하고 이상적인 태도를 가지고 있었다. 특히 성육신 선교의 원칙에 대해서는 분명한 태도를 견지하고 있었다. 캐리는 인도에 도착한 지 2달이 지났지만 어디서 정착할 것인지 하는 문제로 계속 고민 중이었다. 같이 온 선교 동역자 토마스는 캘커타에 정착을 했는데, 캐리는 생활비가 비싸기도 했지만 당시 임시로 거하던 반델(Bandell)이라는 곳보다도 더 오지로 옮기기를 원했다. 그 이유가 무엇이었는지 그는 친구 셧클리프(Sutcliff)에게 1794년 1월 4일자로 보낸 편지에서 이렇게 밝히고 있다.

> 이곳(반델)만 해도 선교사가 들어가 살 곳이 못 된다…그래서 우리는 내륙 안

쪽으로 더 깊이 들어가서 사람들과 같이 어울려 살기를 계획하고 있다.[20]

1월 13일자 캐리의 일기에 의하면 그는 처음에 반델에서 집을 살려고 생각했으나 막상 돈을 지불할 때가 돼서는 마음을 바꾸어 먹게 되었다고 한다. 왜냐하면 그때부터 캐리는 "마음으로 시골로 들어가서 움막집을 짓고, 현지인과 똑같이 살고자 완전히 결심했기" 때문이었다. 물론 캐리만큼 "선교에 중요성을 두지 않는" 그의 아내와 처제는, "토마스는 도시에서 부요하게 사는데, 우리들만 광야 같은 곳에 들어가서 빵과 같은 필수품이 거의 없는 곳에서 산다는 것은 정말 힘들어요"라고 말했다. 그럼에도 불구하고 캐리는 "캘커타에 사는 것은 절대 안 된다(불가능하다). 선교사는 현지인과 같이 되어야 하고, 현지인들 속에서 사는 것이 중요하다는 점에 대해서 나는 매우 확고부동했다"[21]고 말했다.

캐리는 왜 영국군과 법의 보호도 없고, 대도시의 편리함이나, 생활의 필수품도 없는 내륙과 시골 오지에 정착하여 사역하기를 원했던 것인가?

그것이 당시 일반적인 인도인의 삶의 모습이었고, 현지인들과 같은 수준에서 그들 속에 살아야 그들과 하나 되어 그들의 마음을 얻고, 그들 속에 복음의 뿌리를 내릴 수 있다고 보았기 때문이었다. 이것은 성경에 나오는 예수님의 모델이면서 그가 오지 선교의 선구자로 존경해 마지않는 모라비안 선교사들의 모델이었다.

그런데 그는 이렇게 확고부동한 신념을, 전 선교사 생애 동안에 단지

---

20 Eustace Carey, *Memoir of William Carey*, 91.
21 *Ibid.*, 90.

'넉 달 동안만' 가지고 있었다. 영국인 우드니 씨로부터 무드나배티의 인디고 공장 감독 일의 제안을 받기 전까지만 말이다. 캐리는 3월 1일자 일기에 어떻게 그렇게 쉽게 마음이 바뀌게 되었는지 아주 간단한 기록을 남겼다.

> 나는 오늘 인디고 공장 감독 일을 맡아달라는 제안을 받게 되었다. 이는 우리의 안락한 지원을 위해서 하나님이 놀라운 섭리의 문을 열어 놓으신 것으로 보인다. 그래서 나는 바로 그 제안을 수락했다.[22]

캐리의 일기는 그가 무드나배티로 이주하기 전 데하르타에서 안락하지 못한 삶, 힘든 삶을 살았던 것을 암시하고 있다. 인간적으로는 안락하지 않았어도 그가 꿈꾸던 선교를 위해, 인도인들 속에 움막을 짓고 인도인들과 유사한 삶을 살고 있었는데, 몇 달 사이에 그는 선교사라면 마땅히 가야 할 길을 놓치고 말았다. 아내와 처제가 그랬던 것처럼 "선교의 중요성(또는 우선권)"을 붙들지 못하고, "안락한 지원"을 찾아 자리를 옮겼던 것이다.

그가 옮긴 자리는 분명히 모든 것이 불편한 움막집이 아니라 "안락한 이층 벽돌집"이 있었고, 한 달에 200루피의 월급이 나오는 "안락한 직장"이 있었으며, 빵을 비롯한 모든 "생활의 필수품"이 가득한 곳이었다. 모든 "안락한 것들"이 다 있었는데, 결정적으로 한 가지가 빠졌다. 그것은 바로 "현지인과 같이 되는 것," "현지인들 속에서 사는

22　*Ibid.*, 99.

것"이었다.

"안락한 생활"뿐 아니라 선교와 관련해서 캐리가 인디고 공장 일을 하면서 세 가지 추가적인 이점들을 갖게 되었다. 첫째, 인도인을 고용하여 성경 번역 작업을 할 수 있게 된 것과, 둘째, 영국 정부로부터 추방될 위험이 사라진 것, 셋째, 500명이 넘는 직공들에게 복음을 전할 희망을 갖게 된 것이다.

그는 이 세 가지 기회를 갖게 된 것을 "하나님의 섭리"로 해석했다. 그러나 그것은 하나님의 섭리가 아니라 하나님의 '테스트'였던 것으로 보인다. 예수님의 본을 따라 현지인과 함께 그들 속에 살 것인지, 아니면 그들과 분리된 삶을 살 것인지, 그의 중심을 보는 테스트였다. "성육신적 선교"로의 길인지, 아니면 "안락한 삶"으로 갈 것인지 선택하는 테스트였다.

이 선택은 단 한 번의 사건이었지만 그가 기획해 두었던 사역의 방향을 완전히 바꾸어 놓았다. 그는 인디고 공장 일을 시작으로 해서 동인도 회사와 유착 관계를 갖게 되었으며, 동인도 회사의 중견 관리이자 동인도 회사가 세운 포트윌리암대학의 교수가 된다. 그리하여 그는 평생의 사역 동안 인도 대중이 있는 자리를 완전히 떠나, 식민 지배자를 재정적으로 의존하여 유럽인 사이에 "안락한 지원"을 받으며 특권 계층으로 살게 된다.

그가 뜻하던 바 성경 번역 작업을 한 것은 나름 의미 있는 일이라고 하겠으나, 앞에서 살펴보았듯이 그가 번역한 성경 번역은 당대나 후대에 계속 품질 문제로 논란의 대상이 되었다. 이렇게 된 근본 이유 역시 그가 성경 번역을 할 때에도 "인도인들과 같이 되지" 않고, "인도인들 속에 들어가 살지" 않았기 때문이었다. 그는 인디고 공장의 직공들에게 나름대로 정의롭게, 그리고 자비롭게 대하며 열정적으로 복음을 전하였으나 단 한 명도 그가 전한 복음에 호의를 갖는 자가 없었다.

인디고 공장 노동자들이 캐리가 전한 복음을 거부한 이유가 무엇이었을까?

간디가 기독교 선교사 친구들에게 한 말을 들어보자.

> 저는 저의 선교사 친구들에게 말했습니다. 당신들은 (자신이 믿는 바 신앙을 전하고자 멀리 인도에까지 오다니) 참 고상한 분들입니다. 그런데 이상하게도 당신들은 당신들이 섬기기를 원하는 사람들과 분리된 삶을 사는군요.[23]

누군가를 사랑하며 섬기기를 원하는 사람이, 그 사랑과 섬김의 대상이 되는 사람과 같이 있기를 원치 않고 떨어져 산다는 것은 상대방으로부터 이해받기 어려운 행동이다. 이 경우 아무리 사랑하기를 원해도 그 사랑이 전달되지 않는다. 오랫동안 같이 삶으로 사랑과 신뢰의 관계가 이미 형성된 사람 사이에는 특별한 일이 있어 잠깐 떨어질 수는 있으나, 선교사는 현지인들과 그런 사이가 아니다.

선교사는 떨어져 살기 위해 온 사람이 아니라, 같이 붙어 살며 섬기고 사랑하기 위해 온 사람들이다. 선교사가 떨어져 있으면 현지인은 선교사가 자신에게 관심이 있는지, 자신을 사랑하는지, 알 수도 없고 믿을 수도 없다. 자신이 먹고 살아가는 방식(음식 등)을 싫어하거나 불편하

---

23 Jonathan Bonk, *Missions and Money Affluence*, 53.

기 때문에 함께 있지 않고 거리를 두고 사는 것이라고 의심하고 불신하게 되는 것이다.

조나단 봉크는 대부분의 서양 선교사들이 흔하게 저지르지만 치명적인 "격리된 삶"의 문제를 아프리카의 예를 들어 이렇게 설명한다.

> 격리된 삶을 사는 선교사들의 분리된 공동체가 세상에서 가장 관계적인 복음인 기독교 신앙을 전파한다는 것은 아이러니칼하고 비극적이다. 몇 년 전 케냐에서 가장 큰 선교 기지를 방문한 적이 있는 두 명의 내 제자로부터 온 상세한 보고서는 슬프게도 이러한 분리의 경향이 단지 과거의 일만은 아님을 확인해 주었다. 그 기지에 사는 서양 선교사들은 가장 가까운 거리의 아프리카 이웃들과 사실상 분리하여 살고 있음을 발견했다.
>
> 성경적 신앙은 무엇보다도 관계적인 신앙이기 때문에, 이것은 단지 슬프기만 한 것이 아니라 비극적일 정도로 과녁에서 크게 빗나간 (죄악이다). 선교사들의 개인적 부와 특권은 가난한 현지인들과 선교사 사이의 관계를 가로막고, 왜곡시키며, 심지어 파괴시키는 결과를 낳는다. 이것이 선교사가 현지인에 비해 풍요롭게 사는 것에 대한 거의 피할 수 없는 대가이다.[24]

아시아와 아프리카에서 유럽 선교사들이 그렇게 치열한 노력을 기울였음에도 불구하고 그렇게 적은 열매를 맺은 이유에 대해, 지금으로부터 백 년 전 아이삭 테일러(Issac Taylor)가 다음과 같이 평가한 말은 귀 기울여 들을 만하다.

---

24 *Ibid.*, 56.

남아프리카와 서인도 제도에서 성공적으로 일했던 모라비안 선교사들에게 배울 필요가 있다. 그들의 목적은, 단순히 더 고귀한 삶과 더 높은 존재를 보여 주면서 현지인이 되는 것이며, 현지인이 사는 것과 정확히 똑같은 방식으로 현지인들 속에 사는 것이다. 그들에게는 단지 두 가지 규칙이 있을 뿐이다. 지속적인 기도, 그리고 영국인들과의 모든 교제를 완전히 차단하는 것이다…인도의 구세군들은 단지 아시아인만이 아시아인들에게 성공적으로 전도할 수 있다고 믿는다. 그들은 아시아인들의 삶은 받아들이되 유럽인의 복장과, 유럽의 음식, 그리고 유럽의 관습은 멀리한다.

우리는 이것이 지혜롭다고 본다. 변발을 한 중국인, 달팽이와 새 둥지와 도마뱀을 먹는 중국인이 영국의 쟁기질하는 농부들을 불교도로 개종시킬 가능성이 있다고 보는가?

그들은 그 중국인을 조롱하거나 싫어할 것이다. 반대로 검정색 코트를 입고 돼지고기와 소고기를 먹는 영국인 선교사가 힌두를 개종시킬 가능성은 어떠한가?

그러한 고기 먹는 것을 혐오하는 인도의 농부들이 기독교로 개종할 가능성은 매우 희박하다.[25]

이제 다시 캐리에게로 돌아가 캐리의 부요하고 특권적인 삶이 현지인과의 관계에 있어서 어떤 영향을 주었는지 구체적으로 살펴보자.

앞에서 언급한 바와 같이, 제임스 버킹검은 자신의 목격과 내부자의

---

25 Isaac Taylor, *The Great Missionary Failure* (Toronto: The National Publishing Company, 1888), 10, 11.

제보를 참조로 캐리와 마쉬만에게 가슴 아픈 말을 한다.

"가난과 무명을 사치와 영광으로 바꾼 것을 과연 희생이라고 말할 수 있는가?"[26]

캐리가 "사치와 영광"을 바라고 선교사 생활을 한 것은 분명히 아닐지라도, 선교사로 오기 전에는 "가난과 무명" 속에 있었는데, 선교사로 온 이후, "사치"라고 하면 논란의 여지가 있겠지만, 적어도 "부요"와 "영광"을 누리게 된 것은 사실이다. 본국에 있을 때 그는 겨우 연봉 50-70파운드를 받던 찢어지게 "가난한" 교회 목사였다. 그러나 그는 무드나배티의 감독 시절에는 2층 벽돌집이 제공되면서 연봉 2,400루피(현지인 노동자는 30루피) 이상을 받아 나중에 인디고 공장을 세울 땅을 구입할 정도로 재물을 모았으며, 포트윌리암대학에서는 연봉 1,000파운드(10,000루피)를 받는 선교사였다. 당시 유럽 선교사가 본국으로부터 받는 1인당 연봉은 2,400루피였는데, 현지인 사역자는 그 1/10 수준이었으므로 240루피를 받았던 것과 비교하면 그가 얼마나 큰 돈을 받았는가를 알 수 있다.

물론 그는 선교사들과 재산을 공유했기 때문에 개인적으로 사치스럽게 쓴 적은 없다고 말할 수 있다.

그러나 세람포르대학 구내에 있는 캐리 하우스를 방문해 본 적이 있는가?

천장이 높고 넓은 거실, 그리고 크고 넓은 여러 방들과 침대와 시설들은 200년의 세월이 지난 지금에 와도 여전히 고급스럽다. 당시 인도

---

26 James S. Buckingham, *The Oriental Herald*, 147,148.

인들은 푹신푹신한 침대를 사용하지 않았는데 선교사들은 영국식으로 편안하게 살 수 있는 모든 환경을 갖추고 살았다.

캐리는 거대한 이층집과 넓은 개인 정원을 갖고 배와 마차를 타고 캘커타에 출근하였다. 대학의 연례 모임이 있으면 벵골의 영국 총독과 함께 캘커타의 유력 인사 및 고위 관리들과 교제를 나누고 식사를 했으며, 세람포르에 관심 갖는 귀부인들과 교제를 하기도 했다. 캐리는 포트윌리암대학에서 번역 일에 종사하는 학자들과 자신에게 어학을 배우는 영국 관료들, 그리고 세람포르의 선교사들과만 교류했을 뿐, 심지어는 세람포르 선교회 구내에 거주하는 100여 명의 인도인 하인들의 섬김을 받으며 귀족과 임금처럼 살았다.

뿐만 아니라 캐리와 마쉬만은 성경 번역에 대한 공로를 인정받아 미국 로드아일랜드 소재 브라운대학으로부터 1807년과 1811년 차례대로 명예 신학박사 학위를 받았다. 대학교 문턱은커녕 공식 교육조차 받아 본 적이 없었던 캐리가 인도에 선교사로 와서 박사가 된 것이다. 그는 이후로 "캐리 선교사"로 불리우지 않고 언제나 "캐리 박사"로 불리우게 된다. 죠수아 마쉬만도 마찬가지로 같은 대학에서 명예박사 학위를 받았다. 캐리는 비국교도인 침례교도였기 때문에 영국에서는 정부 관료도 될 수 없었고, 대학교수가 될 자격도 없었다. 그런데 그는 인도에 선교사로 와서 벵골어를 가르칠 사람이 없었던 이유로, 동인도 회사의 관료이자 정부가 세운 포트윌리암대학에서 교수직을 얻는 특별한 혜택을 받게 되었다.

뿐만 아니라 캐리는 인도에서 첫 아내 도로시의 사망 이후 덴마크 공작 집 딸이었던 샬럿 에밀리아(Charlotte Emilia von Rumohr)와 재혼을 하게 된다. 덴마크 지사인 비(Bie) 대령의 소개로 샬럿에게 영어를 가르쳐 주다가, 구두수선공 출신이었던 그가 문맹이자 선교에 관심이 없었던 도로시와는 달리, 공작 가문 출신의 지적인 여성을 반려자와 선교의 동역자로 얻게 된 것이다. 또한 인도에서 왕립 농경원예학회의 회장이며, 런던의 린네 식물학협회의 회원, 런던 지질학협회 회원, 런던 원예학회 회원이 되는 명예를 얻었다.[27] 물론 그의 재능과 능력으로 된 것이지만 인도에 와서 세람포르의 개인 정원과 캘커타의 동인도 회사 정원을 자유롭게 가꾸며 연구할 기회가 주어졌기 때문에 가능했다는 것은 의문의 여지가 없다.

우리는 여기에서 선교사의 삶을 살았을 때 하나님께서 얼마나 캐리를 복 주셨는가를 알 수 있다. 개인적으로 캐리는 선교사로 와서 정말 복 받은 사람이라고 할 수 있다. 선교사로 오지에 가면 고생과 희생만 많이 하는 줄 아는데, 그런 측면도 분명히 있지만, 선교사로 가서 이렇게 잘 될 수도 있다는 것을 캐리는 보여준다. 개인적으로는 그렇다. 그러나 선교적으로는 그의 부와 특권적 지위가 도움이 되지 못했다. 그는 현지인들과 격리되어 풍요 속에 책상 앞에 앉아서만 살았기 때문에 현지인의 아픔과 슬픔과 눈물을 피부로 느낄 수가 없었다.

앞에서도 언급했지만 캐리가 이질로 잃은 아들 피터의 시신을 매장하는 과정에서 그를 위해 땅을 파주었던 네 명의 인도인은 종교적으로 부정한 행위를 한 대가로 촌장으로부터 먹고 마시는 권리를 박탈당하는 어려움을 겪게 되었다. 만일에 그가 현지인이 처할 곤경을 고려

---

27 J. T. K. Daniel, R. E. Hedlund, *Carey's Obligation and India's Renaissance*, 261, 262.

했다면 인부들에게 그 일을 맡길 것이 아니었다. 본인이 하거나 아니면 당시 관습대로 이런 일을 전문으로 하는 포르투갈 사람을 고용했어야 했다. 그가 아무리 공장의 지배인이라고 해도, 일꾼들에게 그 사회에서 관습상 수용될 수 없는 요구를 해서는 안 되는 것이었다. 그는 이런 사실을 일기에 기록하면서도 곤경에 처한 불쌍한 인도인을 위해 어떤 일을 해 주었는지에 대해서는 아무런 기록이 없다.

풀러가 "세람포르는 유럽인이 너무 많아서 거의 현지인과 교류가 어려울 것"이라고 했는데, 그의 우려하던 바대로 번역 일과 학교 강의일로 너무 바빴던 캐리는 현지인을 하인으로 부릴 때 외에는 만날 일이 없었다. 오죽했으면 민토 총독이 "이곳 선교사들이 현지인들과 어울려서 산다면…훨씬 더 큰 진보의 역사가 있을 것으로 보인다"는 말까지 했겠는가?

캐리는 선교 기지 개척을 적극 추진하면서 선교 기지가 "우리 사역의 혼이며, 우리의 영광이자 기쁨이고, 목숨보다 귀중하다"고 말했지만, 그는 40년이 넘는 선교사 생애 동안 단 한 번도 세람포르와 캘커타를 벗어나 그 어떤 선교 기지도 방문한 적이 없었다. 기지 개척을 하는 다른 선교사들과는 달리 전용 마차도 가지고 있었는데도 말이다.

4) 인도 문화의 관점에서 보는 돈 의존 방식

인도인은 돈과 풍요, 안락한 삶, 그리고 돈 의존 방식의 기독교 선교에 대해 어떻게 생각할까?

어떤 철학과 신앙 체계를 가졌는가에 따라 돈에 대한 인도인의 관점이 다양하기 때문에 한가지로 말하는 것은 적절하지 않다. 당연히 인도인이라고 모두 돈의 가치를 경시하고 하늘만 쳐다보고 사는 것은 결코 아니다. 도리어 인도인의 생각과 행동에 항구적인 영향을 끼치는 삶의 네 가지 단계에 따른 목표 중, 두 번째 단계인 가장의 단계(Grihastha)에서 이행해야 할 중요한 의무가, 결혼해서 자식을 낳고 돈을 버는 것임에 주목할 필요가 있다.[28] 돈을 버는 것은 가족 부양의 의무뿐 아니라 종교 의식과 사원, 그리고 각종 종교 축제 때에 신자의 의무를 다하기 위한 것이다.

뿐만 아니라 네 가지 카스트 중 세 번째 카스트인 바이샤(Vaishya)는 장사를 해서 돈을 버는 것이 신으로부터 부여받은 의무이기도 하다. 또한 일반적으로 힌두들이 삶의 목표로 말하는 네 가지 중에 낮은 수준의 목표이긴 하지만 까마(kama, 쾌락)와 아르타(artha, 부)가 포함된다. 이런 점에서 돈(재물)의 획득을 통한 부의 축적, 풍요의 추구는 매우 합법적인 신앙의 행위이다.[29] 그러기에 서구인이 돈에 큰 가치를 두고 재물의 획득에 전력투구하는 것처럼, 다수의 인도인들 역시 돈 욕심을 갖고 돈벌이를 위해 사력을 다하는 모습을 보는 것은 전혀 이상한 일이 아니다.

---

28 힌두의 네 가지 삶의 단계는 아쉬라마(ashrama)라고 하는 것으로서, 스승인 구루 밑에서 베다 경전을 공부하는 학생기(brahmachari), 결혼을 해서 자식을 낳고 돈을 버는 가장기(grihastha), 아내와 함께 숲속에 들어가 마지막 단계를 준비하는 은둔기(vanaprastha), 그리고 마지막으로 가족과 세상의 모든 것을 버리고 목사(윤회로부터 해방)를 추구하는 사냐시(sannyasi)가 있다. 이 단계에 따른 의무를 성실히 이행하는 것이 힌두의 삶의 목표인 것이다. 그런데 앞의 세 단계는 나이가 드는 시간 순서이지만 마지막 사냐시 단계는 다른 단계를 거치지 않고도 아무 때라도 할 수 있다. Robert Jackson and Dermot Killingley, *Moral Issues in the Hindu Tradition* (Stoke-on Trent: Trentham Books Limited, 1991), 5 참조.

29 *Ibid.*, 6.

이렇게 인생의 단계별로 해야 할 의무가 다르고, 단계별 목표가 다 합법적이지만, 그럼에도 불구하고 힌두교의 교리에서 "낮은 것은 높은 것에 굴복시켜야 한다"는 원리를 기억할 필요가 있다.[30] 여기서 더 높은 목표는 다르마(dharma, 도덕, 의무)와 목샤(moksha, 윤회로부터의 해방)이다. 네 가지 삶의 단계에서도 이 세상에 속한 의무를 다한 후에는 "세상의 모든 것을 버리고 신을 만나 목샤를 추구하는 것은 힌두들의 강력한 이상"이다.[31] 스티픈 하일러(Stephen P. Appenzeller Huyler)는 힌두들이 신을 만나고 구원에 이르는 길은 물질로부터 멀어지는 것과 관계가 있음을 다음과 같이 말한다.

> 힌두교도들은…우주의 창조주인 절대자는 영원한 존재이고 결코 변하지 않는 반면, 우주 자체는 상대적이고 끊임없이 변화한다고 믿는다. 따라서 진정으로 신에게 도달하려면 일체의 물질적인 집착을 끊고 우리의 마음과 정신을 무한한 우주공간에 열어 놓아야 한다.[32]

돈에 대해서 힌두 경전은 어떻게 가르치고 있는지 살펴보자.

마하트마 간디는 만일 힌두의 모든 경전이 갑자기 불에 타 재로 변하는 일이 벌어져서 이샤 우빠니샤드(Isha Upanishad)의 첫 번째 구절만 힌두의 기억 속에 남는다고 할지라도 힌두교는 영원히 계속될 것이라

---

30 Ibid.
31 Ibid., 5.
32 스티픈 하일러, 『인도, 신과의 만남』(Meeting God: Elements of Hindu Devotion), 김홍옥 역 (서울: 다빈치, 2002), Stephen P. Appenzeller Huyler, Meeting God: Elements of Hindu Devotion (New Haven: Yale University Press, 1999), 34.

고 말한 적이 있다.³³ 그가 힌두 가르침의 핵심으로 보는 이 내용은 다음과 같다.

> 이 세상의 모든 것들은 신에 의해 둘러싸여 있으니, 변하는 것들이 변하지 않는 존재 안에 있는 것이다. 이 변하는 것들을 끊어버림으로써 그대는 기쁨을 누리라. 다른 사람의 재물을 탐내지 말지니라(Isha Upanishad, 1).

여기서 '변하는 것들'이란 사라지는 세상의 것들을 말하는데, 돈(재물)을 여기에서 대표적으로 언급하고 있다. 돈이라는 물질은 신에게서 나온 것이므로 그 자체는 선하거나 악한 것이 아니지만 언젠가 사라질 유한한 돈에 집착하는(또는 탐심을 부리는) 것은 슬픔의 원인이 된다. 그러므로 돈에 대한 집착을 버릴 때에만 변하지 않는 존재인 신을 만날 수 있고, 참된 기쁨을 누리게 된다는 것이다. 이러한 간디의 이해에 따르면 재물을 쌓아 두거나 풍요를 누리는 것은 복(기쁨)이 아니다. 도리어 재물을 남에게 나누어 주고 가난하게 살며, 변하지 않는 주님을 구하는 것이 힌두교가 가르치는 이상적인 삶의 모습이라고 할 수 있다.³⁴

우빠니샤드와 함께 힌두의 주요 경전인 바가바드 기따(Bhagavad Gita)가 핵심적으로 가르치는 것을 보자.

> 선한 행위 자체만이 그대가 해야 할 옳은 일이지, 그 행위의 열매를 구해서

---

33 T. M. P. Mahadevan, *Outlines of Hinduism*, 3rd Edition (Mumbai: Chetana, 2009), 25.
34 간디는 힌두의 이상을 따라 가난한 삶을 살았다. 그의 삶이 뒷받침되기에 델리에 있는 그의 묘지에 써 있는 말, "삶이 메시지이다"라는 말이 매우 인상적으로 들린다.

는 안 된다. 네 행위의 동기를 그것의 열매에 두지 말라…성공에도 실패에도 연연하지 말라(Gita 2:47, 48).

언제나 집착을 버리고 네 의무를 수행하라(Gita 3:19).

욕망은 집착을 증가시키고, 무엇인가를 소유하고자 하는 갈망을 낳게 되는데, 기따에서는 그것에서 벗어나기를 촉구하고 있다.[35] 기따는 단지 쾌락이나 재물에 대한 욕심은 말할 것도 없고, 심지어 의로운 행동을 했을 때 신으로부터 받을 수 있는 대가까지도 버리라고 한다. 아무리 거룩한 일이라고 할지라도 열매를 얻고자 하는 모든 이기적이고 세상적인 동기에서 슬픔과 다툼과 미움과 시기가 생기게 된다.

그러므로 열매를 구하는 동기를 버리고 오직 신이 부여한 의무 수행에만 힘쓸 때, 신이 그 행동을 기쁘게 받는다는 것이다. 이것을 인도인들은 니쉬까마(Nishkama, 무욕)라고 지칭하는데, 결국 세상의 모든 것을 버리고 신 한 분만을 사랑하며 그 한 분만을 예배하라는 것이다.[36]

근대 인도의 성자로 유명한 라마끄리슈나(Ramakrishna Paramahamsa, 1836-1886)라는 사람이 있었다. 그는 경전을 읽다가 "모든 것이 흙이고…모든 것이 황금이라는 것은 진리이다(찬도기야 우빠니샤드 VI, 1, 2-6)"라는 구절 앞에 고민한다. 그의 눈에는 흙이 황금으로 보이지 않

---

35 Swami Narendranand, *Hindu Spirituality* (Allahabad: Paul Publications, Year Not Known), 114.
36 다음의 구절에서 이것이 아주 분명하게 나타난다. "사랑으로 나를 섬기되 다른 이는 섬기지 말라(기따, 4.30)." "모든 일을 던져 버리고 내게로 오며, 나에게만 집중하고 영적 훈련 가운데 나를 묵상하며 다른 이가 들어올 여지를 주지 않으며 나만을 진실로 섬기라(기따, 12.6)."

았고, 황금에 대한 갈망을 버릴 수가 없었기 때문이었다. 그는 동전 한 닢과 한 줌의 흙을 양손에 쥐고 이 구절을 깨닫기 위해 몇 달 간 명상에 명상을 거듭했다.

그런데 어느 날 아침 강가에서 기도를 하고 있는데 한 줄기 빛이 비추어 왔다. 갑자기 온 세상이 빛나는 황금빛으로 번쩍거렸다. 그런데 그 색깔을 자세히 살펴보니 그것은 금이 아니라 금보다 더 아름다운 갈색 흙이었다! 이 비젼과 함께 그는 영혼 깊은 곳에서 들려오는 소리를 들었다. "흙과 금이 신께는 하나이니라."

그는 기도의 응답을 받은 후로부터 순례자들이 자신에게 가져다주는 은과 금을 모두 갠지스 강가에 던져 버리기 시작했다.[37] 그는 돈이 필요하다는 것은 인정했으나 "천국으로 가는 사다리는 황금으로 만들어지지 않았음"을 설파하였다. 라마끄리슈나의 제자 중 서구권으로 간 최초의 힌두 설파자이자 라마끄리슈나 선교회의 창립자인 스와미 비베까난다(Swamy Vivekananda, 1863-1902) 역시 "순결과 포기"를 중요한 삶의 원리로 가르치며 살았다.[38]

라마끄리슈나와 비베카난다는 근대 인도의 대표적인 구루(정신적 지도자)로서 지금도 인도인에게 심대한 영향을 끼치는 사람들이다. 이러한 구루는 개인적으로 신의 탐구에 머무는 자가 아니라 자신이 발견한 진리를 다른 사람에게 나누어 주는 사람이며 제자들의 어두운 눈을 밝

---

[37] Swami Nikhilananda and Dhan Gopal Mukerji, ed., *Sri Ramakrishna, The Face of Silence* (New Delhi: Ameryllis, 2005), 34.

[38] T. M. P. Mahadevan, *Outlines of Hinduism*, 261.

혀 주는 사람이다.[39] 그러기에 구루는 인도인의 영성 생활의 중심에 자리 잡고 있는 신앙의 스승이고, 어두움을 밝히는 등불이며, 인생 문제의 상담자와, 치료자, 친구이며 안내자이다. 이런 점에서 힌두교의 구루는 기독교의 목사, 또는 선교사와 가장 가까운 기능을 담당하는 자라고 할 수 있다.

그런데 인도에서 구루로 인정받기는 쉬운 일이 아니다. 왜냐하면 구루는 물욕이나 정욕과 같은 세상 욕심으로부터 자유롭고 초탈해야 하기 때문이다. 물론 인도에 고급차를 수십 대 소유하며 황금 오토바이를 타고 다니는 구루도 있지만 전형적이고 일반적인 구루의 모습은 아니다. 구루는 도리어 라마끄리슈나, 비베카난다와 같이 "재산이 없고 가난하고 외로운 삶을 살아야 한다."[40] 사람들에게 영향을 끼치는 진정한 구루는 다음과 같은 사람이다.

> 세상의 모든 것을 내려놓은 사람이다…구루는 생명 유지를 위해 조금 먹는 정도이지 결코 맛을 위해 많이 먹지 않는다. 그들은 영원히 가치 있는 것을 위해 세상의 사치스러운 라이프 스타일을 버린 사람들이다…가난하고 검소한 것이 구루의 라이프 스타일이다. 세상일에 초연하고 영원한 하늘의 보화를 위해 세상의 모든 것을 버리는 것이 참된 구루의 이상적인 모습인 것이다.[41]

---

39 Joel D. Mlecko, "The Guru in Hindu Tradition," *Numen*, Vol. 29, Fasc. 1, Jul., 1982, 56.
40 Srikant Prasoon, *Indian Saints & Sages from Before Shankaracharay to Vivekanand* (Delhi: Hindoology Books, 2009), 29.
41 진기영, 『인도 선교의 이해 II: 인도 문화에 적합한 선교 방식의 탐구』 (서울: CLC, 2016), 270, 271.

이상에서 보듯이 인도에서 적어도 헌신적인 신앙인들과 표준적인 구루들의 경우는, 돈 의존적인 삶의 태도를 어리석은 미몽과 악의 뿌리로 여긴다. 대신에 신을 갈망하는 삶과 가난하고 검소한 삶을 추구한다. 유한하고 사라질 세상 재물을 포기하고 버리는 것이 미덕이고 지혜이며 진실한 신앙이라는 것이다. 이와 같은 관점을 가진 인도인들이 돈을 개종의 수단으로 활용하는 기독교인의 선교 활동을 어떻게 볼 것인지 예를 들어보자.

1954년 마디야 쁘라데쉬(Mydhya Pradesh) 주 정부는 기독교의 개종으로 고통받는 시민들의 청원을 받아들여 "기독교 선교사 활동 조사위원회"를 만들어, 1956년 조사 단장이었던 니요기(M. Bhawani shankar Niyogi)의 이름을 딴 니요기 보고서를 발표했다. 조사단은 특히 돈을 활용한 선교 방식에 관심을 갖고 조사한 결과에 대해 이렇게 말했다.

> 정부는 문맹의 원주민과 다른 가난한 사람들이 기독교로 개종한 배경에, 기독교 선교사들의 강압이나 사기, 또는 금전에 대한 유혹이 있었다는 불만을 접수했다. 또한 그와 같은 방식의 개종으로 비기독교인들이 분개의 감정을 가지고 있다는 것을 알게 되었다(1.1.2)…1950년 제헌 헌법 선포의 결과로 기독교 선교 사업이 시작된 이후로 수르구자(Surguja) 복음 전도를 위해 많은 액수의 돈이 뿌려진 것으로 밝혀졌다(3.3.9)…이런 대량 개종 프로그램은 분명히 외국인에 의해 기획되고 대부분의 재정 지원이 이루어졌다(3.3.12)…선교사가 가져온 이러한 돈은 인도 선교 역사의 초기부터 가난한 계층 가운데 개

종자를 확보하는 데 주요한 역할을 해왔다(3.3.19).⁴²

니요기와 같이 개종을 반대하는 반(反) 개종주의자들이 돈 의존 방식의 선교를 비판했지만, 인도 기독교인 중에도 현지인이 선교사에게 물질적으로 의존적이 되는 것을 반대하는 반 의존주의자의 비판의 목소리도 높았다. 인도 성공회 최초의 인도인 주교였던 아자리야(V. S. Azariah, 1874-1945)는 인도적인 기독교 만들기의 개척자로서, "인도인, 인도의 돈, 인도인의 경영"을 주창함으로써,⁴³ 재정적으로 자립적인 인도의 교회를 세우기에 힘썼다.

라젠드라 다스(Rajendra C. Das, 1887-1976)는 20세기 인도의 힌두 선교 분야에서 논쟁의 여지가 없는 핵심 인물인데, 서구의 돈 의존 선교가 어떻게 복음의 가치를 훼손하며 인도인의 자립정신과 자존감에 독이 되는지 신랄한 비판을 아끼지 않았다. 좀 길지만 그의 이야기를 들어보자.

> 선교사들이 전개하는 교육사업, 의료 활동, 마을 개선, 산모와 어린이 복지, 농업 증진, 난민 사역, 사회봉사와 인도주의 활동과 같은 것들을 어떻게 봐야 하는가?
> 나는 이러한 것들이 정말 좋고 꼭 필요한 일이라고 주저 없이 말하겠다. 인도는 오늘날 물질적인 부분에서 기독교인의 봉사에 대한 필요가 매우 크다.

42　Frampton F. Fox, "Foreign Money for India: Antidependency and Anticonversion Perspectives," *International Bulletin of Missionary Research*, Vol. 30, No. 3, 138.
43　*Ibid.*, 137.

그러나 인도인이 가져야 할 영적인 관점을 놓쳐서는 안 된다. 만일 이 모든 일을 하다가 영적인 동기를 잃어버리고 외적인 역사에 빠져 버리게 된다면, 만일 우리가 그런 일에 몰두하다가 이 땅에 사는 선남선녀들과의 개인적인 접촉을 가질 수 없다면, 우리는 그리스도를 위해 그 사람들의 영혼을 얻을 수가 없을 것이다.

이 모든 고상한 인도주의적 사역들도 진행이 되어야 한다. 그러나 기독교인이 인도와 세계에 줘야 하는 가장 크고 가장 열매가 많으며 가장 복된 선물은, 예수 그리스도 자신이며 성경 말씀이다. 단지 물질적 축복만으로는 사람의 마음을 다시 살릴 수가 없고 사람들을 속박과 타락에서 건져낼 수가 없는 것이다. 생수와 생명의 떡이 없다면 인도는 기아와 갈증에서 결코 벗어나지 못한다….

모든 기독교인 사역자들이 실제로 행하고 있는 대규모 대중 전도나 시장 전도는 시대착오일 뿐만 아니라 일종의 범죄 행위라고 할 수 있다. 그들은 예수 그리스도의 사랑과 진리를 전한다는 명목으로 이런 형편없는 방법에 거액의 돈을 쏟아 붓고 있다. 복음에 대한 몰이해, 그리고 철학자와 성자와 구도자와 예언자의 땅인 인도에 대한 몰이해가 놀랍기만 하다. 그들이 하는 행위 가운데는 개인적으로나 사회적으로 사람들과의 만남이 없다. 선교사들과 서구식의 인도 교회들은 대회를 조직하는 것과 인건비로 너무 많은 돈을 쓰고 있다….

외부인이 가져오는 큰 돈을 무기한 사용하는 것은 인도 교회에 아무런 유익이 없다. 돈은 큰 매력이기도 하지만 동시에 올가미가 되기 때문이다. 그것은 사람을 얽어매고 도덕성을 무너뜨린다. 선교사는 돈만 가져오는 것이 아니라 그것으로 말미암아 우리 인도인을 노예로 삼아 버린다는 것을 명심해야

한다.[44]

이상을 통해서 우리는 돈 의존 방식이 성경에도 안 맞는 방식일 뿐만 아니라 인도 문화와 너무도 거리가 먼 방식이기 때문에 인도인의 마음을 결코 얻을 수 없다는 것을 여러 가지로 살펴보았다. 인도에서는 "돈으로 일하는 방식"이 아니라 반대로 "돈을 버리는" 방식이 필요하다. 선진 기술과 많은 돈, 큰 건물이 빠르고 큰 선교의 결실을 가져올 것 같지만, 인도인과 인도 문화의 관점에서는 선교사들이 세상 물질에 집착하고 그것에 얽매여 자유를 상실한 노예의 모습으로 보일 뿐이다.

인도의 구루는 사람을 진정으로 만족시키는 길이 물질이나 일시적인 고통의 경감이 아니라 신의 말씀인 것을 알기에 늘 제자들에게 경전의 말씀을 가르치기에 힘쓴다. 구루는 구루쿨(Gurukul)이라는 자신의 집에서 제자들과 동고동락하며 삶과 인격으로 제자들을 지도한다. 그러기에 인도의 기독교 신학교는 구루의 제자 양성 방법을 따라 모든 교수들과 학생이 같은 캠퍼스 내에 거주하며 생활과 실천 속에서 진리를 교수하기에 힘쓴다.

이런 관점에서 보면 은과 금으로 일하는 선교사들의 방식이 인도 문화 속에서는 얼마나 우습게 보이겠는가?

인도에서는 은과 금의 힘으로 일하면 실패한다. 인도에서는 모든 것을 다 버리고 불편함을 감수하며 희생하는 영성이 사람을 감화시키는

---

44 H. L. Richard, ed., *R. C. Das: Evangelical Prophet for Contextual Christianity* (Bangalore: CISRS, 1999), 67, 68, 85, 175. 이계절 역, 『알씨다스: 힌두 복음화에 불을 밝히다』 (서울: 해피소드, 2017), 127, 128.

힘이다. 뿐만 아니라 많은 프로젝트 경영자로 바쁘게 일하는 사람이 아니라 경전의 말씀을 가르쳐 사람을 기르는 것이 존경받는 종교 구루와 선교사가 되는 길이다.

마지막으로 돈 의존 방식의 선교 대신에 인도에서 사용해야 할 방식에 관한 영국인 아이삭 테일러(Isaac Taylor)의 말을 인용하면서 이 부분을 마무리하고자 한다.

> 인도인의 마음에 가장 잘 와 닿을 수 있는 사람은 독신자와 고행자이며, 술을 금하고, 현지인과 같이 쌀(또는 짜빠티)을 먹고 사는 자이며, 사역을 하는 대가로 돈을 받지 않으며,[45] 구걸을 하든지 자기 손으로 벌어서 사는 자이며, 삶을 안락하게 해주는 모든 것을 버리고, 논증에 의해서가 아니라 현지인이 이해하는 유일한 언어인 절대적 자기 포기를 삶으로 보여줌으로써 개종 사역을 섬기는 자이다.[46]

---

45 인도의 구루나 종교 교사는 경전을 가르치거나 제자들을 기르는 일로 월급을 받지 않는다. 인도인의 삶을 규정하는 마누 경전에 따르면 돈을 받고 베다경을 가르치는 것은 소를 죽이거나 간음을 행하는 것과 같은 범죄 행위로 규정되었다. J. M. Macfie, *The Laws of Manu: A Summary in English with Introduction and Notes* (Madras: The Christian Literature Society for India, 1921), 107.

46 Isaac Taylor, *The Great Missionary Failure*, 10.

2. 문화 우월주의 방식

1) 타불라라사주의와 로고스

서양인이 자신의 문화에 대한 자부심을 넘어 문화 우월주의를 갖고 비서구권 문화를 열등하게 본다고 반드시 타박할 만한 일은 아닐 것 같다. 그리스인과 로마인, 그리고 그들의 후예인 서양인이 비서구권 나라를 야만의 나라로 봤지만, 중국과 한국도 서양을 '야만'과 '금수'의 나라로 여기지 않았는가! 인의예지(仁義禮智)와 같은 인도(人道)를 가진 우리나라는 문명국이지만, 금수지도(禽獸之道)를 가진 서양은 '대식국'(大食國, 영토를 게걸스럽게 먹는 나라), 또는 '서양 오랑캐'('오랑캐'는 미개한 민족이란 뜻)'라고 했던 것이다. 각 나라마다 여러 가지 이유로 이런 우월감을 가질 수는 있는데, 문제는 이런 감정과 태도를 가지고 타국에 가서 선교를 하게 될 때이다. 특히 서양의 개신교 선교 운동이 19세기 초 본격적으로 시작되면서 서양인들의 서양 문명 우월주의는 아시아, 아프리카 등 비서구권의 문화와 직접적 충돌을 겪게 된다.

서양 선교사들의 입장에서 볼 때 그들은 서양 문화의 일원으로서 자신들이 문명인이라는 많은 증거를 가지고 있었다. 특별히 19세기에 아시아에서 일했던 선교사들의 경우는 서양의 발달된 과학 기술과 군사 기술에 대해 특별한 자부심을 가지고 있었다. 뿐만 아니라 그러한 과학 기술의 힘을 빌려 영국의 경우는 인도와 같은 거대한 아대륙(亞大陸)을 통치하게 되었다. 비서구권 세계 각처에 세워지는 식민지들은 서양 문화 문명의 탁월함을 웅변적으로 보여주는 것으로 보였다.

게다가 선교사들은 말할 것도 없이 자신들의 종교인 기독교의 탁월성에 대한 굳은 확신을 가지고 있었다. 구원을 주는 유일하고 참된 신앙은 기독교밖에 없고, 여타 종교는 모두 거짓과 미신일 뿐이요, 그것을 믿는 자들을 어두움과 파멸로부터 구원할 수 없는 것으로 보았다. 이렇게 서양 문명과 기독교 신앙의 우위에 대한 확신이 결합되어, 비서양권의 모든 것, 곧 현지 문화와 신앙 전반에 대해 부정일변도의 태도를 크게 강화시킨 것으로 보인다.

서구 선교사의 비서구권 문화에 대한 태도와 그것이 선교에 미치는 결과에 대해서는, 폴 히버트(Paul G. Hiebert)가 아프리카 가나의 신학자인 존 포비(John Pobee)의 말을 인용한 다음의 글에 잘 나타난다.

> 대략 1800년에서 1950년 사이 인도 및 아프리카에서 활동했던 대부분의 개신교 선교사들은 그들이 섬기는 사람들의 신앙과 관습을 '이교도 문화'라는 말로 거절했다. 존 포비는 말했다. '오늘날에 이르기까지 대체로 모든 역사적인 교회들은 타불라 라사(Tabula rasa, 라틴어로 '깨끗이 지워진 빈 서판'이란 뜻)라는 교리를 가지고 있었다. 즉, 비기독교 문화는 그 안에 아무런 선한 것도 없으므로 기독교를 그 땅에 세우기 전에 먼저 전통적인 비기독교 문화의 요소들은 모두 파괴되어야 한다는 선교사 교리이다.' 선교사들이 이 교리를 실천함으로 말미암아 복음은 현지인들의 눈에 이질적인 외국 복음으로 보이게 되었다. 기독교인이 되기 위해서 그들은 기독교 신앙을 영접해야 했을 뿐만 아니라 서양의 문화적 방법까지도 받아들여야 했던 것이다. 이러한 문화적 이

질성이 복음의 전파에 커다란 장벽이 되었다.[47]

복음은 사실 어떤 문화권에 갈지라도 이질적으로 여겨질 수밖에 없다. 왜냐하면 그것은 어디에서든지 사람들로 하여금 죄를 회개하고 비성경적 문화의 변혁을 요청하는 선지자적 목소리를 내기 때문이다. 히버트는 이를 긍정하면서도 선교사들은 종종 이러한 선지자적 목소리 외에 "서구 문화 곧, 서양 의복과 건축, 의자, 번역된 찬송가, 서양식 리더십 스타일, 그리고 수입된 기술과 같은 이질적 문화를 첨가시켰는데, 이로 인하여 현지 기독교인들은 자신들의 나라에서 반역자로 여겨졌다"[48]고 한다.

포비와 히버트의 관찰은 선교에 장벽이 되는 방식과 관련하여 대답해야 할 두 가지 심각한 질문을 제기한다.

첫째, 비기독교 문화 안에는 정말로 선한 것이 전혀 없는가 하는 질문이다.

아프리카 문화, 인도의 문화, 중국과 한국의 문화 안에는 기독교 진리와 유사한 것이 전혀 없는가?

만일 비서구권 문화가 모두 사악하고 미신과 우상으로만 가득 차 있으면 선교사들의 타불라 라사 교리는 옳은 것이며, 선교사와 기독교인들은 어떤 대가를 치르더라도 계속해서 마귀적인 현지 문화를 파괴 혹

---

47 Paul G. Hiebert, "Critical Contextualization," *International Bulletin of Missionary Research*, 11 No. 3, Jul. 1987, 104, 106.
48 Paul G. Hiebert, *Christian Mission and Modern Culture Missiological Implications of Epistemological Shifts: Affirming Truth in a Modern/Postmodern World* (Harrisburg: Trinity Press International, 1999), 27.

은 변혁시키는 일을 수행해야 할 것이다.

그러나 적어도 힌두교 경전의 증거들은 이들의 신앙과 문화 속에도 일정한 정도의 선한 것이 존재함을 보여준다. 힌두교의 최고 경전인 리그베다(Rig Veda)를 보자.

> 태초에 무엇이 있었는가?
> 만물의 창조자께서 땅을 만드시고 하늘을 펼쳐 놓으신 것이 아닌가?
> 팔과 날개로 그분이 하늘과 땅을 지으시고 낳으셨나니, 그분은 한 분이신 하나님이라(X, lxxxi, 2, 3a). 그분은 우리를 낳으신 우리의 아버지시니라(X, lxxxii, 3b).
> 오! 수백 수천의 사람들을 치료하신 우리의 왕이시여!
> 당신의 은혜는 얼마나 넓고 깊은지요.
> 불의와 부패를 몰아내어 주시고, 우리가 저지른 죄악으로부터 우리를 구원하소서.
> 순종과 제사와 헌신을 당신께 드리오니 오! 주님이시여 진노를 거두어 주옵소서.
> 지혜로운 주재자시며 왕이신 주님이시여, 우리의 죄를 사하여 주옵소서. 우리가 저지른 죄는 당신만이 사할 수 있나이다.
> 우리를 얽어매고 있는 사슬로부터 우리를 풀어주시옵소서(I, xxiv, 9, 14).

이제는 다섯 번째 베다로 불리우며, 간디를 비롯한 인도인들로부터 가장 많은 사랑을 받는 경전인 바가바드 기따(Bhagavad gita)의 이야기를 들어보자.

의가 시들고 불법이 그 머리를 들이밀 때 내가 땅으로 내려오나니(아바타), 선인을 보호하고 악인을 멸망시키며, 의를 세우기 위해 시대마다 올 것이니라 (IV, 7, 8).

너의 마음을 내게 두고, 그대의 신뢰를 내 안에 두라(VII, 1).
사랑으로 나를 섬기되 다른 이는 섬기지 말라(IX, 30).

남을 해치지 말고, 진실하며, 화내지 말며, 모든 것을 버리며, 평화로우며, 남을 비방하지 말며, 모든 존재하는 것들을 사랑하며, 욕심을 버리며, 온유하며, 겸손하며, 변덕스럽지 말라(XVI, 2).

누구든지 경전의 가르침을 버리고 자기 욕망의 변덕대로 사는 자는 거룩함에 이르지 못하고 위로가 없으며 고귀한 길을 가지 못하리. 그러므로 경전을 그대의 규범이 되게 하며, 옳고 그름의 잣대가 되게 하라(XVI, 23, 24).

너의 모든 존재와 모든 사랑으로 주님께만 피난처를 찾으라. 그리하면 주님의 은혜로써 영원한 생명을 얻으며 가장 깊은 평화를 얻으리라…나의 말에 귀를 기울이라. 그리하면 내가 너를 사랑하며 구원하리라…내게로 돌이키며 나만을 피난처로 삼으라. 내가 너를 모든 악에서 구하리라(XVIII, 62, 64, 66).

마지막으로 성육신한 신들의 행적과 가르침을 모아 놓은 뿌라나(Purana)라고 하는 경전 중에서 시바 신의 사제가 죄 문제로 고통받는 한 여인에게 전하는 메시지를 들어보자.

오, 브라만의 아내여, 두려워 말고 주님께로 피하시기 바랍니다. 그러면 주님의 은혜로 당신의 모든 죄가 즉시 사해질 것입니다. 주님의 말씀을 듣고 마음을 돌이켜 회개하십시오. 그러면 당신의 마음이 순결하게 되어 세상 쾌락을 끊을 수 있을 겁니다. 죄를 씻는 가장 좋은 방법은 죄를 회개하는 것입니다. 지혜로운 자는 회개하고 죄사함 받는 자인 것입니다.[49]

힌두교 신앙 중 우상 숭배와 같은 것은 명확히 성경의 가르침과 다르다. 그러나 힌두교는 단일한 교리를 가르치는 하나의 종교가 아니라 여러 다양한 신앙과 교리들이 그 안에 다 들어 있는 특이한 종교이다. 그러기에 위의 인용구에서 볼 수 있는 대로 창조주 개념, 유일신 개념, 신의 거룩성과 함께 죄를 용서하는 신의 사랑, 그리고 죄에 대한 회개와 성육신에 대한 가르침도 포함이 되고 있다.

물론 그 속에는 십자가와 부활이 없으며, 기독교의 가르침과는 여러 가지 면에서 분명한 차이점이 있다. 그럼에도 불구하고 최소한 인도 땅에서 복음을 전할 때, 인도인들도 알아들을 수 있도록 복음을 전하는 데 유용하게 사용될 수 있는 어떤 근거, 곧 이리안자야 선교사, 돈 리챠드슨(Don Richardson)이 말한 바, 구속적 유비(Redemptive Analogy)[50]는 있다는 것을 발견할 수 있다.

---

49 Shankti Lal Nagar, trans., *Shiva Mahapurana* (Delhi: Parimal Publications, 2007), 13,14.
50 '구속적 유비'란 돈 리챠드슨이 선교지 이리안자야에서의 경험을 기초로 『평화의 아이』(*Peace Child*, South Bloomington: Bethany House Publisher, 2005)란 책에서 말한 개념으로, 모든 문화마다 기독교 복음 메시지를 적용하고 설명할 수 있는 어떤 이야기나 의식이나 전통을 가지고 있다는 것을 말한다. 그는 이러한 구속적 유비를 접촉점으로 해서 그 위에 타종교인에게로 나아갈 수 있는 다리를 건설할 수 있는 것으로 보았다.

그러기에 19세기 인도에서 정통 기독교 신앙의 변증가로 유명한 느헤미야 고레(Nehemiah Goreh, 1825-1895) 목사도 힌두교 속에 있는 '선한' 요소를 이렇게 긍정했다.

> 나는 힌두교를 버리고 기독교로 개종한 사람이다. 왜냐하면 나는 힌두교가 하나님께로부터 나온 종교가 아니라고 보았기 때문이다. 그래서 나는 힌두 신앙의 오류에 대해 계속 지적해 왔던 것이다. 그러나 나는 하나님이 육신이 되었다는 (아바타, avatar) 개념에서만큼은 아무런 문제를 발견하지 못했다. 하나님의 성육신을 가르치는 끄리슈나와 라마의 이야기들은 우리나라 사람들에게 오랫동안 매우 큰 영향을 끼쳐왔다…이 때문에 우리 인도인들은 기독교 진리를 인정하고 받아들일 수 있는 준비가 어느 정도 이루어진 것으로 볼 수 있다.[51]

영국 옥스퍼드대학의 종교학자인 로버트 재너(Robert Charles Zaehner, 1913-1974) 역시 베다와 우빠니샤드와 같은 힌두 경전에 제사 개념, 하나님과 인간 사이의 중보자 개념이 나타난다고 한다. 특별히 베다의 창조주인 쁘라자빠티(Prajapati)는 제사 제도의 기원으로서 창조주 자신이 희생 제물이 됨으로써 만물의 생명을 창조하고 그 생명을 유지시킨다고 하였다.[52]

---

51 N. Goreh, "Proofs of the Divinity of Our Lord," Stated in A Letter to A Friend, 1887. Cited from Robin Boyd's *An Introduction to Indian Christian Theology* (Delhi: ISPCK, 1969), 55,56.

52 R. C. Zaehner, *Hinduism* (London: Oxford University Press, 1966), 19.

장로교 선교사인 알렉산더 더프(Alexander Duff, 1806-1878)의 제자로서 브라만 배경의 인도 기독교 학자인 끄리슈나 바너지(Krishna M. Banerjea, 1813-1885)는, 쁘라자빠티란 신명이 갖고 있는 이러한 희생 제사 개념을 다음과 같이 하나님의 어린 양과 연결시킨 바 있다.

> 우리는 베다 경 안에 만물의 주이자, 스스로를 제물로 삼은 쁘라자빠티를 갖고 있다. 그는 태초부터 존재했으며 오늘날 인도 사회를 구성하는 모든 사람들을 낳았다. (물론 성경의 가르침과 달리) 희미하고 왜곡된 측면은 있지만, 그럼에도 불구하고 베다의 제사 개념과 쁘라자빠티의 존재는 기독교의 신비, 곧 세계와 모든 믿는 자들의 토대가 되는 죽임당한 어린 양을 소개하는 데 요긴하게 사용될 수 있음은 의심의 여지가 없다.[53]

이상을 볼 때 힌두 신앙의 상당한 부분은 기독교의 가르침과는 거리가 있을지라도 적어도 일정 부분에는 선한 요소가 있고 기독교 진리와 유사한 면이 있다고 할 수 있다. 그러기에 인도와 실론에서 선교를 했던 웨슬레 선교회의 정기 간행물 「추수밭」의 편집장은 "모든 선교사들은 힌두교 안에 부분적이지만 진리와 선한 요소가 어느 정도 있다는 것을 알고 있다."[54]고 말했던 것이다. 모든 선교사라고 하면 과장된 것일 수 있지만 1910년 에딘버러 선교대회 문서를 볼 때, 적어도 19세기 후

---

[53] K. M. Banerjea, *The Arian Witness: or the Testimony of Arian Scriptures in Corroboration of Biblical History and the Rudiments of Christian Doctrine Including Dissertations on the Original Home and Early Adventures of Indo-Arians* (Calcutta: Thacker, Spink & Co., 1875), 214, 215.

[54] Editorial Notes, *The Harvest Field*, June 1895, 253.

반으로 가면 다수의 선교사들이 이것을 인식했기 때문에 타종교에 대해 공감적 태도를 갖게 되었던 것으로 보인다.

만일 힌두교 내에 부분적이라도 선한 것이 있다면 그것을 다 파괴시키기보다는 거르고 정화시키고 새롭게 하여 현지 기독교를 세우는 데 활용할 수 있지 않은가?

그러기에 뉴욕 유니온 신학교 총장이었던 찰스 홀(Charles Cuthbert Hall)이 1903년 인도에서 하스켈(Haskell) 강의를 할 때, 선교사들에게 힌두교에 대한 공감적 접근을 권면했으며, 서구 교회로 하여금 초대 교회의 영성으로 되돌아가게 하는 "동양의 네 가지 복음"을 언급했다. 그것은 "명상하는 삶, 보이지 않는 하나님의 존재, 궁극적 존재에 대한 갈망, 그리고 과거 행위 처벌에 대한 존중"의 복음이었다.[55] 그는 이러한 네 가지 영성을 가진 인도의 교회가 그것이 부족한 서양의 교회를 보충함으로써 세계 기독교회에 공헌할 수 있다고 보았다.

이처럼 타종교 속에 있는 계시의 가치에 대해서는 인도 내부에서만이 아니라 바깥에서도 많은 사람들이 동의하는 바이다. 미국의 선교학자 데이빗 헤셀그레이브(David J. Hesselgrave)는 히포의 감독 어거스틴의 말을 인용하여 타종교(문화) 속에 있는 진리를 다음과 같이 긍정했다.

> 어거스틴은 계시된 기독교 진리와, 그 진리에 본질적으로 거스르지 않는 이교도의 지적 성취 사이의 평화적 관계를 어떻게 맺을까 하는 질문에 대해 출애굽기에 기초한 유명한 비유, '애굽의 금도 금이다'라고 말한 바 있다. 애굽

55　T. E. Slater, "The Contribution of the Church in India to the World's Interpretation of Christ," *The Harvest Field*, Vol. XXX, No. 3 (March, 1910), 107.

인들은 유대인이 결코 받아들일 수 없는 우상과 여러 이교 종교들도 가지고 있었지만, 이스라엘이 출애굽 시 필요해서 취한 옷들과, 금과 은으로 된 그릇과 장신구들도 가지고 있었다.

이것으로부터 어거스틴은 그가 고민하던 문제에 대해 다음과 같은 결론을 내렸다. 비록 시와 철학과 종교에서 얻을 수 있는 유용한 정보의 양을 성경과 비교하면 적을지라도, '애굽의 금도 여전히 금은 금인 것이다.' 그러기 때문에 그 금은 교회의 유익을 위해 최대한 활용되어야 한다고 했다. 어거스틴은 그러므로 진리는 어디에서 발견되든지 주님의 진리라고 믿고, 자신의 제자들에게 그렇게 가르쳤던 것이다(어거스틴, 『기독교 교리에 대하여』, II:28).[56]

백석대의 주만성 교수는 타종교가 어떻게 진리를 말할 수 있는지 칼빈의 말을 인용하여 일반은총론으로 설명했다.

> 칼빈은 인간의 본성의 타락 가운데서도 하나님의 은혜, 즉 악한 본성을 깨끗케 하는 은혜가 아니라 내적으로 그것을 억제하는 은혜가 들어설 여지가 얼마든지 있다는 사실을 강조하고 있다. 칼빈은 일반은총 분야의 신학적 사고에 있어서 선도적 역할을 했음이 분명하다. 비록 그가 성숙한 일반은총론을 꽃 피우지는 않았지만, 그는 분명히 하나님의 은총이 있어 비록 그것이 인간의 죄성을 제거하지는 않지만, 인간 삶에서 죄의 출현을 억제하며, 비신자로 하여금 많은 진리를 발하도록 하시며, 많은 문화적 소산들을 산출케 한다고

---

56 David, J. Hesselgrave, "Gold from Egypt: The Contribution of Rhetoric to Cross-Cultural Communication," *Missiology: An International Review*, 4 No. 1, Jan. 1976, 89, 90.

가르치고 있다.[57]

화란의 개혁주의 신학자인 요한 바빙크(John Herman Bavinck, 1895–1964)도 타종교 속에 있는 "부스러기 지식"과 "불완전한 지식"의 존재를 인정하는데, 이는 "가장 멀리 떨어진 민족들에게까지도 자기를 증거하시는 하나님의 사역"이라고 했다.[58] 그는 타종교가 하나님의 진리를 말할 수 있는 이유를 이렇게 설명했다.

> 우리는 로마서 1장에서 바울이 밝혔던 두 가지 사상에서 출발해야 옳음을 분명히 깨닫는다. 거기서 우리는 하나님께서 태초부터 모든 사람에게 언제나 자신을 계시하셨음을 보았다. 하나님께서는 모든 사람에게 관심을 갖고 계신다. 하나님께서 감동시키지 않으신다면, 부처도 구원의 도리를 명상조차 하지 못하였을 것이다. 마호멧도, 하나님께서 그에게 관심이 전혀 없었더라면, 그의 예언적 증언을 한마디도 하지 못하였을 것이다. 어쨌든 모든 종교는 하나님의 이 침묵적 사역을 억눌러 왔다.[59]

이와 같이 앞에서는 교리적, 사상적 측면에서 비기독교 문화 속에 있

---

[57] 진기영, "인도 박띠(bhakti) 신앙에 대한 개혁주의 선교적 접근"에서 재인용(『인도 선교의 이해 II: 인도 문화에 적합한 선교 방식의 탐구』, 49). 주만성, "일반은총의 진보적 작용에 대한 신학적 논쟁," 『대학과 선교』, 제82집, 2005, 270.

[58] J. H. Bavinck, 『기독교 선교와 세계 문화』(*The Impact of Christianity on the Non-Christian World*), 권순태 역 (서울: 이레서원, 2000), 67.

[59] J. H. Bavinck, 『절과 모스크 사이의 교회』(*The Church Between Temple and Mosque: A Study of the Relationship Between the Christian Faith and Other Religions*), 전호진 역 (서울: 성광문화사, 1983), 242, 243.

는 선한 요소를 언급했는데, 존 포비는 좀 다른 측면 곧, 나라와 민족의 정체성이라는 측면을 말했다. 아프리카 신학의 개척자로서 포비는 기독교인의 정체성에 선행하는 아프리카인으로서의 정체성과 관련하여 다음과 같이 타불라라사주의의 폐기를 주장했다.

> 아프리카인으로서의 나의 정체성은 어머니의 젖을 먹으면서부터 갖게 된 것인데 비해 기독교인으로서의 정체성은 그 후에 얻게 된 것이다. 그러므로 기독교 선교사들이 타불라 라사 사상을 갖고 선교하는 것은 단지 시간 낭비일 뿐이다.[60]

아프리카든 인도든 현지 문화는 현지인들의 몸에 밴 삶의 방식, 사고의 방식, 심리적인 틀이다. 이 모든 것들이 모여 현지인의 정체성이 형성되는 것이다. 문화와 정체성은 물고기가 그 속에 사는 물이라는 환경과 같은 것이다. 외부 사람(선교사)이 들어와서 이 물은 모두 '사악한' 물, '마귀적인' 물이기 때문에 다 없애야 한다고 하면, 아프리카 사람은 아프리카 사람이 되기를 멈추어야 하고 인도 사람은 인도 사람이 되기를 멈출 수밖에 없는 것이다.

그러므로 쉽지 않지만 인도 사람의 정체성과 인도 기독교인의 정체성은 같이 가야 한다. 모든 것을 부수겠다는 비장한 태도보다는 예수님이 우리를 있는 그대로 받아들이시는 것처럼, 그렇게 이해하고 받아들이며 성경 말씀을 통해 점진적으로 변혁시켜 나가는 것이 바람

---

60 John S. Pobee, *Sense of Grace and Mission* (Kaneshie-Accra: Amanza Limited, 2012), 20.

직하다.

　이런 점에서 사도 요한이 요한복음 1장에서 이교도의 사상을 다룬 방식은 매우 주목할 만하다. 그는 헬라(이교도)의 철학 용어이자, 신명이라고 할 수 있는 '로고스'를 파괴하기보다는 도리어 그것을, 그리스도를 소개하는 도구와 수단으로 활용했다. 헬라인들에게 있어 죽을 수밖에 없는 육체, 영혼을 가두는 육체를 가진 존재는 신이 될 수가 없었다. 그러기에 육신을 가지신 그리스도를 헬라인들에게 이해시키는 데 있어서는, 반드시 모든 피조물의 배후에 영원히 존재하는 '로고스'로 소개되어야 했다.

　그러나 헬라의 로고스 개념에는 살아 있는 인격적 존재, 그리하여 우리에게 찾아와 우리와 함께 거하시는 성육의 개념을 결여하고 있었다. 그래서 요한은 말씀이 육신이 되어 우리 가운데 거하셨고 그분으로 인하여 우리가 은혜와 진리에 충만하게 되었음을 추가적으로 밝혔던 것이다(요 1:14). 선교사로서 사도 요한의 예는 비기독교인의 문화는 그 안에 아무것도 선한 것이 없음으로 파괴되어야 한다는 타불라라사주의가 맞지 않다는 것을 웅변적으로 말해 주고 있다. 동시에 작지만 이교도 문화 속에 있는 그 선한 것을 바탕으로 해서 새로운 기독교 문화를 세워 나가야 할 필요성을 제기한다.

2) 선교사의 편안함, 현지인의 불편함

　선교의 장벽과 관련하여 우리가 던져야 하는 또 한 가지 중요한 질문은 '선교사가 타 문화권에 가서 복음을 전할 때 왜 반드시 동질의 문화를 사용해야 하는가,' '이질적인 문화가 무엇이 문제란 말인가' 하는 것이다. 선교지의 문화는 전부 비성경적인 문화이고, 하나의 표준적인 성경적 문화가 있다고 믿는 사람은, 선교지의 기독교가 현지 문화와 다른 이질적인 모습을 띠는 것은, 전혀 문제가 안 될 뿐 아니라 도리어 반드시 그렇게 해야 한다고 본다.

  필자는 한국의 장로교회 배경에서 자랐는데 영국 스코틀랜드의 에딘버러에서 공부할 때 현지 교회의 예배에 참석하는 것이 그렇게 편안할 수가 없었다. 예배의 순서, 예배 장소, 찬송, 설교 등 모든 것이 한국의 예배와 매우 흡사했다. 그런데 인도에 가서 인도 교회 예배를 참석해 보니 건축양식, 드럼과 키보드와 기타를 사용하는 예배와 예배 순서 등 모든 것이 역시 고향의 모 교회에 온 것처럼 편안했다.

  적지 않은 선교사들 중에 기독교회는 이렇게 어느 나라를 가든 공통된 요소, 표준적 모습이 있어야 한다고 보는 사람들이 있다. 기독교의 모습이 현지인들에게 이질적으로 보일지라도 그것은 기독교의 독특한 특징이기 때문에 어쩔 수 없다고 생각한다. 그것이 바로 기독교의 모습이기 때문에 현지인들은 선택의 여지가 없이 표준적인 기독교의 문화를 받아들이고 기독교의 방식에 적응해야 한다고 보는 것이다. 그들은 만일 반대로 기독교가 현지 문화를 받아들이고 현지 방식에 적응해야 한다고 주장하는 것은 타협이나, 혼합주의를 낳게 되는 위험한 주장으로 이해한다.

  그런데 관점을 좀 바꾸어 현지인의 입장에서 보면 전혀 새로운 문제가 등장한다. 앞에서는 외국인인 필자의 관점에서 경험하는 느낌을 예로 들었지만 필자의 편안함은 '외국인과 선교사의 편안함'이고, '기독교인'의 편안함이라고 할 수 있다. 그러나 '외국인'과 '선교사'와 '기독교인'의 편안함이 반드시 현지인들의 편안함은 아닐 수 있다. 인도 현지인의 관점에서 보면 선교사가 세운 교회 건물의 건축 양식은 서양식이다.

현재의 인도는 영국으로부터 정치·경제적으로는 독립했지만 기독교 교회는 서양인들이 자금줄이므로 아직도 외국의 식민지배에서 벗어나지 못한 곳으로 본다. 교회 건물을 보면서 현지인들은 반역자들의 소굴로 생각할 수 있고, 천민들이 집단으로 모이는 장소로 폄훼할 수도 있다. 그러므로 밖에서 보는 서양식 교회 건물부터가 현지인의 입장에서 보면 매우 불편하고 결코 들어가기를 원치 않는 곳이 될 수 있다.

그럼에도 불구하고 기독교인이 말하는 진리가 무엇인지 알고 싶어서 용기를 내어 안에 들어간다고 하여도, 그 구도자는 교회 입구에서부터 기겁하게 된다. 사람들이 신발을 신고 교회에 들어가는 것을 보기 때문이다. 외국인과 기독교인은 편할지 몰라도 죽은 동물의 가죽으로 만든 것을 부정하게 여기는 힌두의 관점에서는 신발을 신고 성소에 들어가는 것이 말할 수 없이 불편하게 느껴진다.

그런데 예배당 안에 들어갔더니 모든 사람들이 다 의자에 앉아 있는 것이 아닌가?!

인도의 가정집에서 뿌자(가정 예배)를 드릴 때마다, 그리고 인도의 마트(math, 수도원)에서 기도를 드릴 때마다, 그리고 삿상(satsangh, 대중 예배)에서 구루의 이야기를 들을 때마다 그들은 모두 바닥에 앉는다. 그것이 신 앞에 겸비한 자세라고 보기 때문이다.

아무튼 그래도 시작 시간이라 남들처럼 의자에 앉았더니 기타와 드럼 등 요란한 서양 악기와 함께 큰 소리의 찬양이 시작된다. 인도인들도 서양 음악 좋아하고 시끄러운 볼리우드(Bollywood) 노래도 즐겨 부른다. 그러나 신 앞에 예배드릴 때는 언제나 단순하지만 명상적인 전통 바잔(찬양)을 드린다.

이래저래 힘든 시간을 보내고 있는데 마침내 설교자가 단상 위에 올라서는데 양복에 넥타이를 맨 사람이 등장한다. 인도 사람도 비즈니스맨은 호텔과 사무실에 갈 때 그런 옷차림을 할 수 있지만, 그런 모습은 결코 뿌자(예배)를 인도하는 사제의 모습은 아니다. 꾹 참고 설교를 듣는데 마침 누가복음 15장에서 '돌아온 탕자' 이야기에서 갑자기 가슴이 쿵하는 소리를 듣게 되었다. 그것은 탕자의 아버지가 돌아온 아들을 위해 살찐 송아지를 잡아 그 고기를 먹고 마시며 즐긴다는 이야기였다. 이 아버지가 기독교 하나님의 비유이고, 그들의 신인 예수라는 사람이 이런 이야기를 했다는 것은 정말 충격적이다.

어떻게 거룩한 사람이 살생을 하고 신성한 동물인 송아지 고기를 먹는 것을 언급할 수 있단 말인가?

이쯤 되면 이 구도자의 마음은 완전히 닫힌다. 나아가 분노마저 일기 시작한다.

게다가 가는 날이 장날이라고 그날 성찬식까지 있으면 어떻게 될까? 포도주는 대표적인 부정한 음식인데 여기 있는 대부분의 기독교인들이 포도주를 마시고 있는 것이다!

헌금 시간도 참 이상한 경험이 된다. 힌두들은 사원의 입구에 헌금함이 있어 원하는 사람만 자발적으로 헌금을 한다. 그런데 이곳은 헌금함을 돌려 헌금을 강요하는 인상을 받게 된다.

이것이, 정도의 차이는 있겠지만, 대다수 힌두가 보는 기독교의 모습이다. 이런 관점과 의식을 갖고 있는 사람들이 바로 선교사가 복음을 전해야 할 대상이다. 이들이 바로 선교사가 섬기고 얻어야 할 사람들인 것이다.

여기서 우리는 다시 질문을 던지게 된다.

선교사가 자신에게 익숙한 문화를 바꾸어서 상대방의 문화를 수용해야 할까?

아니면 현지인이 바꾸어서 선교사의 문화, 기존 기독교인의 문화에 적응하도록 요구해야 할까?

대부분의 선교사와 전통적인 현지 기독교인 신자들은 이질적인 기독교의 문화, 교회의 문화를 결코 바꾸지 않는다. 이런 이유로 비기독교인 구도자 중에 자신의 문화를 버리고 (서양, 또는 한국) 기독교의 문화를 받아들이는 사람만 개종을 하고 남을 수 있다.

그러면 도대체 자신의 문화와 정체성을 버리고, 뒤에 더 설명하겠지만, 자신의 사회적인 지위와 재산과 가족과 모든 것을 버리고 기독교인이 되려는 '특별하고 이상한' 사람들이 도대체 얼마나 되겠는가?

그러기에 인도에 서양 선교가 시작된 지 500년의 세월이 더 흘렀지만, 기독교 인구의 비율이 2.2%이고 그나마 믿는 사람들도 사회의 최하층인 불가촉천민과 가난한 자들이 대부분이라는 것이 조금도 놀랍지가 않다.

현지 문화와 다를지라도 복음의 독특성을 반드시 지켜야 하는 것과, 현지 문화의 관점에서 이해되고 익숙한 방식으로 전달해야 하는 것 사이의 균형을 잡기란 쉬운 일이 아니다. 영국의 선교 역사가인 안드류 월즈(Andrew F. Walls)는 복음의 전달에 관한 그의 연구서에서, "순례자의 원리"와 "현지화의 원리"는 서로 반대적인 성향이 있기 때문에 교회 역사를 통해서 언제나 상호 투쟁을 벌여왔는데, 사실 이 원리들은 둘 다 복음 그 자체에 기원을 두고 있기 때문에 어느 한쪽이라도 버려서는 안 된다고 말한다.[61]

순례자로서 기독교인은 자신이 태어나서 사는 곳이 한국이든 인도든 세계 어디이든 그곳이 항구적으로 거할 땅이 아니라 천국에 있는 집으로 가는 순례자일 뿐이다. 그러므로 한국과 인도와 세계 어느 곳에 있든 기독교인으로서 보편적이고 표준적인 신앙과 삶의 방식이 있게 되고, 그것이 현지인들에게는 이질적으로 보일 수도 있다. 또 순례자로서 기독교인은 때로 자신의 출생 공동체와 가족보다도 신앙의 가족, 신앙의 공동체에 더 큰 우선권과 충성심을 가질 수 있다고 본다.

이와 대조되는 현지화의 원리는, 하나님이 우리를 구체적인 시간과 장소와 문화와 사회에 의해 조건 지워진 존재 그 자체를 있는 그대로 받으신다는 것이다. 우리는 특정 문화와 공동체에 속한 사람들로서 어떤 문화에서는 편안하지만 다른 문화에서는 불편을 느낄 수 있다. 그리스도 안에 새로운 피조물이 된다고 해서 어떤 진공상태나 정신적인 무의 상태에서 자신의 삶을 새로 시작하는 것이 아니라, 이전에 있었던 문화와 사회관계에서 지속적인 영향을 받는다. 그러므로 모든 교회는 다양한 문화적 교회이지 하나의 표준적인 기독교 문화라는 것은 없다.

월즈가 말한 대로 순례자의 원리와 현지화의 원리는 각기 복음에 그

---

[61] Andrew F. Walls, *The Missionary Movement in Christian History: Studies in Transmission of Faith* (N.Y.: Orbis Books, 2001), 7, 8.

뿌리를 두고 있는데, 하나만 취하고 다른 하나는 버리는 데서 모든 문제가 생긴다. 사회의 다수가 기독교인이거나 적어도 기독교인이 사회의 주류 계층으로 자리 잡은 나라에서 순례자의 원리에 무게를 두는 것에는 이의가 없다. 그러나 타문화권에 와서 선교를 하는 상황은 이와 전혀 다르다.

짧은 치마를 입었다고 해서 자국인 여성을 체포하고 실형을 주는 사우디아라비아 같은 나라에서 히잡과 부르카를 벗고 복음을 믿으라고 하면 어떤 반응이 나올까?

비기독교인이 98%이며 힌두 극우정권이 지배하는 인도에서, 인도의 문화는 사악하니 다 버리고 복음을 믿으라고 요구하면 잘 믿을 수 있을까?

선교 현장에서 선교하는 사람은 마땅히 현지화의 원리에 무게를 두어야 한다. 현지화의 원리에 80-90%의 무게를 두라는 말이 아니다. 그러나 순례자의 원리와 균형을 맞출 필요에 대한 문제의식이 조금이라도 있다면, 선교의 장벽이 많이 제거되고 선교 커뮤니케이션이 획기적으로 개선되어 이전과 비교할 수 없는 좋은 결실을 맺지 않겠는가?

이 단계에서 문화 우월주의 방식을 극복하기 위한 한 가지 중요한 자질에 대해 생각해 볼 필요가 있다. 그것은 겸손히 현지 문화를 배우고 존중하는 태도이다. 미국세계선교센터(USCWM) 힌두교연구소의 파니(D. D. Pani)는 서양선교사들의 문화 우월주의를 강화시키는 요인으로 잘 가르침을 받지 않으려는 태도를 지적한 바 있다. 선교사는 현지인으로부터 '가르침을 잘 받고,' '잘 배우는' 사람이라야 한다. 언어든 문화든 잘 배워야 현지에 잘 적응하고 현지인들과 소통을 잘 해서 좋은 결실을 맺을 수 있는 것이다. 이런 점에서 파니는 다음과 같이 말하였다.

생각하는 힌두들이 복음에 대한 반응이 거의 없는 것을 볼 때, 인도 문화의 좋은 점에 대해 서양 선교사들이 배우는 자세가 없이 문화 우월주의 태도를 계속 고수하는 한, 힌두 세계는 지속적으로 그리스도를 거부하게 될 것이라는 결론을 내릴 수밖에 없게 된다.[62]

서양이든 한국이든 기술적으로 더 발달하고 물질적으로 더 잘 산다고 하여 교만한 마음을 갖고 문화 우월주의의 태도를 계속 가진다면, 이런 문제에 민감한 힌두들의 마음 문은 더욱 굳게 닫히고, 인도 복음화의 과제 앞에 더 높은 벽들이 쌓이게 될 것이다.

3) 캐리: 건설자인가, 파괴자인가?

캐리가 문화 우월주의 방식으로 선교했는가 아닌가에 대해서는 논쟁의 여지가 매우 많다. 대체로 대부분의 학자들은 그가 문화우월주의 방식으로 선교했다는 것에 대해 동의하지 않는다. 도리어 그는 인도 문화의 부흥에 공헌했을 뿐만 아니라 서구 문화를 개종자에게 강요하지 않은 선교의 모델케이스로 제시되어 왔다. 그러나 다른 부분이 그런 것처럼 이 점에서도 스미스가 말한 바, 캐리를 둘러싼 '신화적' 이미지가 작동한다. 필자는 여기에서 캐리가 벵골어로 사전을 편찬하고 산스크리트어 경전을 번역한 공로는 인정하지만, 전통적인 견해와는 달리 캐리

---

62 D. D. Pani, "Fatal Hindu Gospel Stumbling Blocks," *International Journal of Frontier Missions*, 18:1 Spring 2001, 24.

는 서양문화우월주의 방식으로 선교를 함으로 인도 선교의 장벽을 쌓은 데 책임이 크다는 것을 발견하였다.

기존의 다수 학자들이 캐리의 선교 방식에 대해 긍정적으로 보는 것은 캐리와 그 동료들이 남긴 자료 전체를 살피지 않고 일부 자료만을 선택적으로 활용하여 조급한 결론을 내렸기 때문이라고 본다. 사실 캐리와 그 동료들이 남긴 자료가 방대하기 때문에, 대부분의 연구자들의 경우 다니엘 포츠나 크리스토퍼 스미스처럼 세람포르 선교에 집중하지 않아서 생긴 문제로 본다.

어쨌든 양측의 논쟁을 공정하게 진행하기 위해 먼저 캐리 방식을 긍정적으로 평가하는 사람들의 주장과 그 근거들을 살펴보고 다음으로 반대편의 입장에서는 어떤 증거들이 있는지 제시하고자 한다. 이렇게 양쪽의 증거들을 비교하면 캐리 선교 방식의 실체에 좀 더 근접하리라고 본다.

로저 헤들런드(Roger E. Hedlund)는 미국인으로서 30년간 인도에서 사역한 베테랑 선교학자이다. 그가 캐리 선교 200주년을 기념하는 논문에서 캐리의 중요성을 이렇게 말했다.

> 캐리와 동료들은 세람포르에서 선교 역사를 섬기면서 이와 함께 의식적으로 벵골의 문화 발전에 참여했다. 그 결과는 '그들이 설립한 교회뿐 아니라 그들이 섬긴 문화에 대해 항구적 기여'를 했다. 그들이 성취한 업적은 신앙과 문화 사이의 필수적 관계에 대한 자신들의 믿음의 기념비로 서 있다.[63]

63　Roger E. Hedlund, "William Carey's Universal Significance," *Carey's Obligation and India's Renaissance*, 108.

그는 세람포르 삼인방 선교사들이 "인도 문화의 베스트를 인정하고 인도의 변화를 위해 과학과 기독교를 포함하여 자신들의 베스트로 공헌했다"고 했다.

역시 인도에서 오랫동안 사역했던 뉴질랜드 출신 선교사이자 신약학자인 브루스 니콜스(Bruce J. Nicholls)는, 캐리가 보는 신앙과 문화의 관계를 이렇게 설명했다.

> 윌리엄 캐리는 기독교 신앙과 인도의 문화가 화해 못할 것으로 보지 않았다. 그는 복음과 충돌되지 않는 벵골 문화를 긍정하기에 힘씀으로써 개종자들이 자신들의 문화적 정체성을 유지할 수 있게 했으며, 새로운 교회 안에서 그들에게 전도 분야에 대한 리더십을 주었다. 그는 인도 문화를 이른바 서구의 기독교 문화로 대체하는 시도에 저항하였다. 그는 전도가 주로 현지 기독교인의 임무라는 확신뿐만 아니라 인도 문화의 최상의 가치에 대해 존경심을 갖고 있었다.
>
> 이러한 문화긍정의 태도는 여러 가지 방법으로 표현되었다. 예를 들어 첫 개종자인 끄리슈나 빨의 이름이 힌두 신의 이름이지만 캐리는 그의 이름을 바꾸도록 요구하지 않았다. 그 당시나 오늘날까지도 개종자들은 세례 시 영국식 성경 이름이나 자신을 인도해 준 선교사의 서양식 이름을 취하는 것이 일반적인 경향이었다. 마찬가지로 의복에 있어서도 캐리와 동료들은 새 신자들이 전통 의상을 그대로 유지하게 했으며, 심지어는 상층 카스트의 신성한 실(paita)도 허용했다.[64]

---

64   신성한 실이란 상위 3계층 카스트에 해당되는 소년이 구루의 문하에 정식으로 입문하여 베다 경전을 배울 때 어깨 위로부터 가슴에 걸치는 면실을 착용하게 되는데 이후로 평생을

브라민 개종자 끄리슈나 쁘라사드가 세례 전 자신의 신성한 실을 내팽개치고 짓밟았을 때, 워드는 그것을 잘 보관했다가 영국에 보내었다. 그리고 난 후 워드는 끄리슈나 쁘라사드에게 돈을 주어 다른 실(paita)을 사게 했으며, 이 때문에 몇 년간 끄리슈나 쁘라사드는 전도 여행을 갈 때 그 실을 착용하고 다녔다.[65]

이번에는 인도인 학자 프레드릭 다운즈(Frederick S. Downs)가 문화와 사회 문제의 관점에서 캐리의 인도 선교의 공헌에 대해 말한 이야기를 들어보자.

> 모든 침례교 선교사들 중에 가장 영향력이 큰 윌리엄 캐리는, 전통적 인도 문화를 파괴한 뒤에야 만이 복음화가 일어날 수 있다는 생각을 갖고 사역하는 사람들에게 강력히 반대했다. 문화를 파괴하기보다 세례를 받게 해야 한다고 그는 주장했다. 만일 사람들이 처한 문화적 상황에서 그들을 떼어 내어 자신들의 나라에서 외국인으로 만든다면 복음 전도에 큰 어려움을 겪게 될 것이라고 그는 믿었다. 인도인의 문화는 파괴시킬 것이 아니라 기독교화해야 하며, 분명히 영국령 인도 내의 영향력 있는 사람들이 장려하는 서양 문화의 한 형태인 계몽주의와 같은 것으로 대체될 수는 없다.
>
> 캐리의 이러한 확신을 극명하게 보여주는 것 중의 하나는, 당시 선교사들 중에 흔한 관습이었던, 개종자들에게 '기독교' 이름을 지어주는 것을 거절한 사

차고 다녀야 한다. 이 실은 상층 카스트의 표식이라고 할 수 있다.
65 Bruce J. Nicholls, "The Theology of William Carey," *Carey's Obligation and India's Renaissance*, 120.

례이다. 선교사들은 때때로 성경 이름을 지어주기도 했지만 종종 스미스, 브라운 또는 파웰과 같은 일반 서양 이름을 붙여 주기도 했다. 그러나 캐리는 첫 번째 개종자의 이름 중에 힌두 신의 이름이 포함되었음에도 불구하고 기존의 관행을 분명히 거절했다. 첫 세람포르 개종자는 끄리슈나 빨이었다. 다른 선교사들은 새 이름을 지어야 한다고 말이 많았지만 캐리의 주장으로 세례 후에도 그는 자신의 이름을 계속 유지할 수 있었다. 마찬가지로 세람포르 기독교인들은 전통 의복을 그대로 입고 다니도록 권장되었으며, 심지어는 종교적인 복장으로 여겨지는 오렌지색 옷을 입거나, 상층 카스트 힌두임을 나타내는 신성한 실을 착용하는 것도 허용했다.[66]

위의 세 사람의 이야기는 아마도 윌리엄 워드가 1821년 더글라스(J. Douglass)에게 보낸 다음 편지의 내용으로 더욱 확고히 뒷받침되는 것으로 보인다.

> 우리는 개종자들을 영국 풍으로 만들 만한 모든 것을 조심스럽게 피했다. 우리는 그들의 의복, 이름과 음식, 언어, 또는 관습 같은 것을 바꾸려고 하지 않았다. 세례 받은 지 20년도 더 되는 끄리슈나는 지금도 자신의 나라 힌두들과 똑같은 옷을 입고 다닌다. 만일 우리가 개종자들에게 영국식 이름과 의복과 외양을 갖추도록 했다면 승리하는 것은 우리가 아니라 그 우상 숭배자들이 될 것이다. 왜냐하면 그렇게 영국화 된 신자들은 교수대 위로 높이 매달려, 영국인들의 손아귀에 빠지는 놈들은 이렇게 된다는 경고용 본보기가 되

---

66 Frederick S. Downs, "Reflections on the Culture/Society Issue in Contemporary Mission," *American Baptist Quarterly*, 8 No. 4 Dec. 1989, 240.

었을 것이기 때문이다.⁶⁷

워드는 현지인이 영국화 될 때 사람들에게 어떤 취급을 받게 되는지 아주 인상적으로 설명했다. 좀 섬뜩하기는 하지만 "교수대 위에 달린 사람"으로 비유했다. 이는 영국화(또는 이질화) 되는 것이 얼마나 사람들의 분노와 적개심을 자극하는지, 그리하여 이는 결국 복음의 승리가 아니라 실패를 가져올 것이라는 것을 시각적으로 생생하게 잘 보여 준다. 워드가 한 이 말을 잘 기억할 필요가 있다.

워드가 앞에 한 말은 선교지로 온 지 21년이 지나 한 말이지만 선교사 생활을 시작한지 초기에 작성한 약속문서의 내용, 즉 복음에 대한 편견을 가중시키는 것들을 삼가야 한다는 방침과 일관성이 있다. 워드는 여기에서 사람들이 복음을 거절하는 것은 복음 때문이 아니라 선교사들이 가지고 오는 편견 때문임을 인식하고 있었다. 힌두들이 매우 불쾌하게, 때로는 모욕적으로 느끼는 외국 선교사의 방식과 태도와 말들이 이러한 편견을 가중시키기 때문에 이러한 것들을 최대한 멀리하는 것이 선교에 필수적이라는 것이다.

이를 보면 그는 영국식의 이질적 방식이 선교에 방해가 되는 것을 명확히 인식하고 있었음을 알 수 있다. 그리고 구체적으로 힌두 신을 공격하고 정죄하는 행위, 신상 파괴 행위, 심지어는 차이점을 강조하는 말까지도 조심할 필요가 있다고 제시한다. 이런 모든 행위들은 현지인

---

67 William Ward, *Farewell Letters to A Few Friends in Britian and America on Returning to Bengal in 1821* (Lexinton, K. 1822), 162.

들을 선교사와 전도자로부터 멀어지게 만듦으로써, 아무리 그들을 위해 하는 행위와 말이라도 도움이 안 된다는 것이다.

워드의 이상과 같은 견해와 주장이 감동적인 것은 선교사의 입장이 아니라 복음을 받는 현지인의 입장, 현지인의 정서, 현지인의 반응을 고려하고 있기 때문이다. 현지인의 입장에서 보면 외국인으로서 자신의 방식과 태도와 말들이 그들에게는 몹시 불쾌하게 느껴질 수가 있고, 선한 의도에도 불구하고 편견만 가중되어 선교에 어려움을 줄 수 있다는 것이다.

이와 같이 인용된 말만 보면 앞의 세 학자들의 말이 전적으로 맞는 것으로 보인다. 그런데 아래에서 언급할 여러 가지 증거들을 보면 워드와 캐리, 마쉬만과 그의 동료들은 실제로 그들이 아는 대로, 그들이 말한 대로 거의 행하지 않은 것으로 보인다. 이점이 캐리에 대한 혼란과 오해를 가져 온다.

예를 들어보자.

복음은 사랑으로 정복하는 것이기에 남의 신들의 죄에 대해 악담을 퍼붓거나 공격하거나 신상을 파괴하는 일을 당장 중지해야 한다고 하지 않았던가?

그런데 워드가 1821년에 쓴 앞의 그 감동적인 편지의 다른 부분을 보면 그는 힌두의 신을 상습적으로 욕하고 있다. 힌두 신들 가운데 가장 사랑받는 신 중 하나인 끄리슈나 신을 "호색한 끄리슈나"라고 반복적으로 말하고 있으며, 끄리슈나의 배우자인 라다(Radha)를 아내가 아니라 "첩"이라고 불렀다.[68] 이뿐만이 아니다. 힌두의 신들과 그들의 신앙과 삶 전체를 싸잡아 악담하는 이야기를 들어보자.

> 힌두는 도덕도 없다. 악의 괴물들(화신들)을 신으로 섬기는 그들이 어떻게 도덕적일 수가 있겠는가?
> 그들의 사제들은 범죄의 우두머리이다[그러면 신자들은 그들의 하수인 범죄자라는 말이 된다!]. 그들의 경전은 교만과 불의와 거짓과 복수와 살인을 조장한다.
> 그들의 예배는 말로 다 표현 못할 혐오스러운 것으로 가득하며, 그들이 들어갈 천국은 갈보집이 아닌가?[69]

워드는 힌두의 신만이 아니라 전도 여행 중 예수님의 탁월함을 무슬림의 예언자 마호멧과 비교하는 논쟁 중에 마호멧을 "살인자와 간음을 행한 자"라고 비난했으며,[70] 모든 무슬림 한 사람 한 사람이 "마음으로 살인자들"[71]이라고 했다.

이런 말을 듣는 힌두와 무슬림 중에 과연 신들과 자신의 잘못을 깨닫고 기독교 신앙을 갖는 사람이 생기게 되었을까?

아니면 "불편함과 편견이 가중되어" 선교사에게 멀어질 뿐 아니라 복음으로부터 아주 멀어지게 되지 않았을까?

68　William Ward, *Farewell Letters*, 52, 53, 87.
69　Ibid., 57. "괄호 [ ]는 저자가 첨가한 것."
70　E. Daniel Potts, *British Baptist Missionaries in India 1793-1837*, 218. B.M.S' M.S.S., Ward's M.S.S., Journal 21 Oct. 1801.
71　Ibid. Journal 28 Dec. 1801.

워드뿐 아니라 캐리도 예외가 아니었는데, 캐리의 공격적인 설교를 들어보았던 두 사람의 이야기를 들어보자.

첫째, 영국 동인도 회사 관리 중 하나였던 프렌더가스트(M. G. Prendergast)가 1813년 직접 목격한 후 남긴 기록이다. 그는 캐리의 설교에 대해 이렇게 말한다.

> 캐리가 한 번은 큰 군중을 모아 놓고 벵골어로 열변을 토하고 있었는데, 그 내용은 현지인의 종교를 심하게 모독하는 것이어서, 만일 경찰의 개입이 아니었다면 그는 살해되고 말았을 것이다.[72]

둘째, 또 한 사람은 영국 선교사 헨리 마틴(Henry Martyn, 1781-1812)인데, 그는 캐리의 설교를 듣고 느낀 바를 이렇게 말했다.

> 많은 힌두들이 큰 존경심을 가지고 경청하고 있었는데, 캐리는 너무나 자주 브라민들에 대한 경멸감으로 설교하여 그것을 듣는 내내 가슴이 아팠다.[73]

죠수아 마쉬만은 세람포르 삼인방 중에서도 가장 전투적인 태도를 가지고 있었던 사람인데, 그의 부정일변도의 메시지를 듣다 못한 사람들이 큰 소란을 일으키며 그를 공격하기도 했다.[74] 그는 자신의 저서

---

72 E. Daniel Potts, *British Baptist Missionaries in India 1793-1837*, 213. P. Deb. xxvi, 2 May-22 July 1813, Cols. 873, 1080.
73 *Ibid.*, 216. S. Wilberforce ed.,, Henry Martyn, I, 469-70, Journal of 20 July 1806.
74 *Ibid.* B.M.S. M.S.S., Ward's M.S.S. Journal II, 28 Nov. 1802.

『인도 선교론』에서 힌두교에 대해 이렇게 말한 사람이다.

> 인도는 세상에서 최악의 종류의 우상 숭배를 오랫동안 해온 나라이다. 그러므로 힌두교를 파괴시키는 것은 아마도 하나님이 인간을 위해 성취하실 가장 자비로운 일이 될 것이다.[75]

캐리와 동료들의 인도 종교에 대한 공격적 태도와 모욕적인 발언은 현지인들에게 강한 반발과 적개심을 불러일으켰다. 그나마 캐리의 경우처럼 경찰의 보호로 인하여 유럽 선교사들이 직접 공격의 대상이 되는 경우는 드물었다. 마쉬만이 공격을 받아 좀 다친 정도였고, 존 체임벌린(John Chamberlain)도 막대기로 얻어맞은 정도였다. 그러나 현지인 기독교 신자의 경우는 1829년에 일어난 사건처럼, 분노한 군중에 의해 살해되는 일들이 왕왕 일어나기도 했으며, 심한 구타를 당한 후 마을에서 간신히 도망 나오기도 하였다.[76] 그리하여 세람포르에서 본국 침례교선교회에 공동으로 보낸 편지 중 "복음에 대한 현지인 일반의 견해"라는 보고서를 보면 "매우 확고한 반대가 만연하고 있으며, 원한을 품은 적의감이 뚜렷하였다"[77]고 했다.

75　J. Marshman, *Thoughts on Missions to India*, 2.
76　E. Daniel Potts, *Ibid.*, 225. 첫 개종자이자 현지인 사역자인 끄리슈나 빨의 설교 중에 "람(Ram) 신은 라반 왕을 죽이고 끄리슈나 신은 자신의 삼촌과 한 여자를 죽였다. 이런 이들을 신이라고 할 수 있겠는가?"라는 대목이 나온다(*The First Hindoo Convert: A Memoir of Krishna Pal*, Philadelphia: American Baptist Publication Society, 1852, 30). 이를 볼 때 현지인 사역자는 선교사와 함께 현지 신들에 대해 공격적인 태도를 공유하고 있었던 것으로 보인다.
77　*Ibid.*, 216. B.M.S. M.S.S., Carey and others to B.M.S., Serampore, Aug. 1803.

선교 기지가 캘커타를 넘어 확대되면서부터는 현지인들의 전통과 문화 파괴에 대한 두려움으로 기지 건설에 대한 반대가 이어졌다. 1804년 체임벌린이 카트와(Katwa) 기지 자리로 좋은 곳을 선정했지만 마을 사람들의 격렬한 반대에 부딪혀 강제로 쫓겨 나와야 했다.[78] 1805년 워드와 리처드 마든(Richard Mardon)이 제소르(Jessore) 기지 건설을 위해 땅 구매를 시도했을 때에도 똑같은 식으로 거절당했다.

그러나 유럽 선교사나 현지인 사역자들의 전도 시 나타난 현지인의 일반적 반응은 무력을 사용하기보다는 조롱으로 반대하는 것이었다. 예를 들어 체임벌린이 힌두 신전 부근 사람들 앞에서 설교할 때 몸집이 뚱뚱한 한 남자가 자리에서 일어나더니 옷을 다 벗고 나체로 사람들 가운데 일어섰다. 그러자 사람들의 "와!" 하는 웃음소리와 소란 때문에 체임벌린의 설교를 아무도 들을 수가 없었다. 체임벌린이 장소를 옮겨 다른 곳으로 갔지만, 그 남자는 끝까지 따라다니면서 옷을 벗어대는 바람에 그날 전도는 그것으로 공을 쳐야 했다.[79]

4) 유럽식 복장을 고수했던 선교사들

그럼에도 불구하고 캐리와 그의 동료들이 현지인의 이름과 의복을 영국식으로 하지 않고 현지 식대로 보존하는 데 관심을 둔 것은 사실이다. 현지인들이 혐오스럽게 여기는 쇠고기를 먹도록 강요하지 않은

---

[78] Ibid., 217.
[79] Ibid.

것도 사실이다. 그러나 이것으로 현지인의 의심을 풀기에는 매우 충분치 못하다. 이 정도를 가지고서 그들이 "벵골 문화를 긍정하기에 힘씀으로써 개종자들이 자신들의 문화적 정체성을 유지할 수 있게 했으며…인도 문화를 이른바 서구의 기독교 문화로 대체하는 시도에 저항했고…인도 문화 최상의 가치에 대해 존경심을 갖고 있었다"고 말하는 것은 필요 이상으로 높이 평가한 것으로 보인다.

먼저 의복 문제부터 말해 보자.

캐리가 인도 사람에게 영국식 의복을 입히지 않았다고 하는데, 그것이 얼마나 큰 의미가 있는지는 의문이다. 그 이유들은 다음과 같다.

첫째, 캐리가 입었던 옷이 양모로 짠 검정색 일반 영국식 외투 같은 것이었기 때문이다. 세람포르대학 내 캐리 박물관에서 파는 캐리, 워드, 마쉬만, 그리고 존 맥(John Mack, 1797-1845)의 초상화를 보면 똑같은 검은색 외투에 심지어 넥타이까지 차고 있는데, 보기만 해도 숨이 턱 막히는 옷이다. 또한 이 옷에 종이를 넣어 두면 베어 나오는 땀과 옷의 물감이 섞여 시꺼멓게 변했다고 한다. 그런 옷은 영국과 같이 추운 나라에나 맞는 옷이지 인도와 같은 더운 나라에는 매우 부적절한 옷이다. 또한 그런 비싼 영국제 옷을 사서 입을 수 있는 인도 사람은 아무도 없었다. 현지인 입장에서는 엄두도 못낼 비싼 옷을 그들에게 입힐 생각을 하기는 어렵다. 그러기에 인도인에게 영국 옷을 입도록 강요하지 않았다는 것이 특별한 현지 문화 존중의 예로는 보이지 않는다.

둘째, 인도의 문화를 존중하는 마음이 정말로 있었다면, 선교사들은 영국식 복장을 벗어버리고 인도식 의복을 착용했어야 한다고 본다. 아베 뒤부아 같은 가톨릭 선교사뿐 아니라, 오릿사의 쿠탁(Cuttack)에서 세람포르로부터 독립적으로 선교를 했던 침례교 선교사 뱀튼(William Bampton, 1787-1830) 같은 경우는 현지인들과 쉽게 어울리며 순회전도에 용이하도록 현지 의복을 입고 다녔다.[80]

벵골 문화를 "적극 긍정하고 인도의 최상의 가치에 대한 기본적인 존경심"을 가졌다면 뒤부아와 뱀튼의 예를 따르는 것이 옳다고 본다. 영국식 옷을 입는 인도인들을 "교수대 위에 올려진 경고용 본보기"라고 할 정도로 혐오스럽게 쳐다보고 있는데, 인도인의 감정과 정서를 존중하는 선교사라면 당장 현지인의 옷으로 갈아입는 것이 마땅하지 않을까?

유럽 선교사의 이러한 영향으로 말미암아 현지인 사역자와 함께 기지 개척의 실질적 책임을 맡았던 아시아 선교사들은 유감스럽게도, 윌리암 버킹검(William Buckingham)의 예에서 볼 수 있는 대로, 모두 유럽식의 이질적인 복장을 하며 사역을 했다.[81] 아시아 선교사들은 유럽인의 피가 일부 섞였을지라도 현지인과 외모로 보나 피부색 면에서 큰 차이가 나지 않는다. 캐리가 지역 전도의 주축이 되는 앵글로 인디언 사역자들로 하여금 영국식 복장을 하도록 허용한 것은, 그가 "복음과 충돌되지 않는 현지 문화 존중"에 정말 관심이 있었는지, "현지인과의 사이에 존재하는 편견을 제거"함으로 복음 전도를 제대로 하는 데 진정한 관심이 있었는지 의문이 들게 한다.

현지인들로 하여금 영국 옷을 입지 않도록 한 것은 잘한 것이지만 그

80　E. Daniel Potts, *British Baptist Missionaries in India 1793-1837*, 210.
81　*Ibid.*, 221. B.M.S., M.S.S., xvii de. 1828, 135-7. Journal of Buckingham for 18/19 Nov. 1818.

것으로는 충분히 않다. 왜냐하면 인도 기독교인의 문화적 정체성을 형성하는 데 있어서는 현지인의 역할이 있을 뿐 아니라 선교사의 역할도 중요하기 때문이다. 기독교에 대한 편견은 현지인 기독교인에 의해서도 생기지만 그에 못지 않게 선교사들에게 받는 영향이 매우 크다는 것은 명약관화하다.

그러므로 현지인에게 외국 종교로서의 기독교가 아니라 현지인도 편하게 가질 수 있는 국민적 신앙으로서 문화적 정체성을 세우기 위해서는 선교사들도 현지인들과 같이 현지식의 옷을 입는 것이 요구된다. 이런 점에서 현지인 신자뿐만 아니라 선교사 자신들과 선교의 양대 주축이었던 아시아 선교사들도 영국식 옷을 벗어버렸더라면, 개종자가 현지 문화와 현지 사회에 뿌리를 내리는 데 기여할 수 있었고, "복음의 정복은 사랑으로" 하는 것이라는 그들의 말에 진정성을 느낄 수 있었을 텐데 하는 아쉬움이 크다.

5) 인도식 이름에 불편했던 선교사들

다음에는 '이름' 문제를 살펴보자. 캐리와 동료들이 첫 개종자이자 모범적인 현지인 사역자인 끄리슈나 빨의 이름 가운데 힌두 신의 이름이 들어가 있었지만 그 이름을 바꾸지 않고 그대로 사용한 것은 그들이 현지 문화를 고려하고 존중한 대표적인 사례로 제시가 된다. 이런 부분을 인정하면서도 이름 문제에 있어서는 두 가지가 마음에 걸린다.

그 중에 하나는 그들이 정말로 그렇게 했는가 하는 질문이다. 왜 이런 질문을 하냐면 끄리슈나 빨의 전기를 읽어보면 끄리슈나란 이름 외에 선교사들이 그를 부른 또 하나의 이름이 있었기 때문인데, 그것은 "크리스트노(Kristno)"란 이름이었다. 첫 개종자 끄리슈나 빨의 둘째 딸의 결혼식이 있던 다음 날 윌리엄 워드는 "오늘 저녁 우리는 모두 크리스트노의 집에 저녁을 먹으러 갔다"고 말했다.[82] 처음에는 철자가 잘 못 인쇄된 줄 알았는데, 자세히 읽어보니 이 전기에서 끄리슈나와 크리스트노라는 이름이 수차례 번갈아 가며 사용된 것을 알 수 있다.

그런데 '크리스트노'란 이름은 힌두 신명에도 없을 뿐 아니라 일반적 인도 이름에도 사용되지 않는 이상한 이름이다. 이 이름은 힌두 신인 '끄리슈나'의 이름과도 발음이 비슷하지만 기독교의 신 '그리스도'(Christ)란 이름과도 발음이 매우 유사하며, 철자 하나를 'K'에서 'C'로 바꾸면 '그리스도'가 된다. 이 이름은 분명히 서양식 이름도 아니다. 어떻게 보면 인도식 이름 같기도 하고, 어떻게 보면 기독교식 이름 같기도 하다.

크리스트노란 이름을 침례교 선교사가 붙인 이름인지, 아니면 끄리슈나가 스스로 만든 이름인지 그것은 확실하지 않다. 그런데 끄리슈나가 영국 침례교선교회에 보낸 편지를 보면 자기 스스로를 '크리스트노'로 호칭하는 것을 볼 수 있다.[83] 이를 통해서 끄리슈나가 크리스트노란 이름을 기꺼이 사용했으며, 그러기에 선교사들도 서양식 이름은 아니지만 서양식 이름과 비슷하기에 이 이름 쓰기를 좋게 여겼는지 모른다. 서양식 이름을 쓰는 것이 조심스럽기 때문에 대외적으로는 끄리슈나라

---

82 American Baptist Society, *The First Hindoo Convert*: 43.
83 Ibid., 22.

는 이름을 사용했지만, 선교사 모임에서는 크리슈나와 함께 크리스트 노란 이름을 겸용했던 것으로 보인다.

그런데 1817년에 발간된 침례교 잡지에 끄리슈나 빨의 개종과 세례에 관한 이야기의 제목은 매우 충격적이다. 왜냐하면 거기에는 아예 끄리슈나 빨의 이름이 통째로 사라지고 그와 유사한 발음의 영국식 이름으로 대체되었기 때문이다. 그 글의 제목은 "크리스트노 폴(Kristno Paul)의 개종과 세례에 관한 간략한 이야기"였으며 본문에는 "끄리슈나 빨"이란 이름은 안 나오고 대신 "크리스트노"란 이름만 나온다.[84] 이 글은 런던의 침례교 잡지의 내용을 받아서 그대로 옮긴 것이며, 세람포르 선교사 중의 한 사람이 쓴 것임에 틀림이 없다.

왜 선교사들은 끄리슈나 빨의 이름을 크리스트노 폴로 바꾸었을까? 인도 이름 '끄리슈나'는 '그리스도'(Christ)와 유사하고, '빨'(Pal)은 영국 이름 '폴'(Paul)과 발음이 유사하다. 선교사들은 어쩌면 본명과 비슷하면서도 뭔가 기독교적 냄새를 풍길 수 있는 크리스트노와 바울이란 이름을 더 선호한 것 같다. "폴"이라는 이름을 인도 내부에서도 사용했는지 여부는 확실치 않지만, "크리스트노"란 이름이 여러 자료에 반복적으로 등장하는 것으로 보아 인도 안에서는 빈번하게 사용된 것으로 보인다.

이를 볼 때 세람포르 선교사들이, 영국식 이름을 사용하는 것의 문제점은 분명히 인식했음에도 불구하고, 힌두 신의 이름을 부르는 것을 썩 좋아한 것은 아니라는 것을 알 수 있다. 그들은 사실 속마음으로는 개종

---

84 "Short Account of the Conversion and Baptism of Kristno Paul," *American Baptist Magazine, and Missionary Intelligencer* New Series, Vol. I (Boston, 1817), 65–67.

자의 이름을 영국식으로 바꾸기를 원하였는지 모른다. 누가 먼저 이 이름을 사용하기 시작했든지 간에 끄리슈나도 '크리스트노'란 이름을 좋아했기 때문에 선교사들도 부담 없이 이 '유사 서양식' 이름을 사용했다.

선교사들의 이러한 이중적인 태도는 알게 모르게 개종자들에게 적지 않은 영향을 끼친 것으로 보인다. 필자가 제기하는 두 번째 질문은 이와 관계가 있다. 다니엘 포츠는 개종자의 이름 문제에 있어서 인도의 문화적 정체성을 배려해야 한다는 캐리의 방침과 달리 여타 선교사들은 그런 배려가 없었다고 말한 적이 있다.

그러나 현지인의 문화적 정체성에 대한 캐리의 입장이 분명했다면 후임 선교사들이나 인도인 개종자들이 어떻게 서양식 이름을 빈번하게 사용할 수 있었을까?

실제로 세람포르 선교사들이 세운 캘커타 주변 기숙학교의 인도 기독교인들의 이름 중에는 "쉠, 갈렙, 야곱"과 같은 구약 성경 이름이 많이 나온다.[85] 이들은 세람포르 사역의 직접적 열매이고 캐리에게 영향 받은 캐리의 사람들이라고 할 수 있다. 캐리가 이름 문제에 있어서 현지인의 문화적 정체성을 지키도록 하는 데 큰 관심을 기울였다면, 후임 선교사들이나 현지인 개종자들이 그 영향을 받지 않을 수가 없었을 것이다.

캐리가 그의 첫 번째 개종자인 끄리슈나의 이름을 크리스트노로 부르는 것을 본 개종자들은 무슨 생각을 했을까?

"아, 선교사들은 우리들이 조상 때부터 섬겨오던 신들의 이름을 좋아

---

85 E. Daniel Potts, *British Baptist Missionaries in India 1793-1837*, 226.

하지 않는구나!"

　제자들은 누구보다 선교사들의 마음을 잘 안다. 그들은 선교사로부터 인정받기 위해서 이름을 바꿀 수도 있으며, 본인들도 힌두의 신명을 싫어할 수도 있다. 그러기에 선교사들의 삶의 모범과 교육이 중요한 것이다. 이름과 삶의 방식을 바꾸는 것은 개종자들을 현지 사회로부터 분리시킴으로써 기독교가 그 사회에 뿌리를 내리지 못하게 막는다.

　그러므로 이름을 서양식으로 하기보다 현지식으로 하는 것이 왜 중요한지 지속적인 교육이 필요한 것이다. 이런 점에서 현지 기독교인들 가운데 서양식 이름이 등장한 것은 여타 선교사들과는 달랐던 캐리의 탁월함을 말하기보다, 도리어 그의 삶의 모본의 결핍과 교육의 결핍이 끼친 영향임을 보여준다고 보는 것이 더 적절하다고 생각한다.

6) 극악한 범죄 행위: 고기 먹는 선교사들

　이제 우리는 이름과 의복 문제를 넘어서서, 캐리와 동료 선교사들의 음식 문제에 대한 태도를 조사해 보기로 하자. 앞의 더글라스에게 보낸 편지에서 워드는 자신이 "현지인의 음식과 관습과 같은 것을 바꾸지 않았다"고 말했다. 1805년의 약속문서에 의하면 워드는 다음과 같이 말했다.

　"우리는 세상에 복음을 전파하게 하시려는 하나님의 섭리의 커다란 목적은 이름이나 옷이나 음식이나 인류의 관습을 바꾸려는 것이 아니라 사람들의 마음과 행동에 있어서 도덕적, 신앙적 변화를 가져오게 하려는 것이다."

이러한 그의 견해에 나는 전적으로 동의한다! 로마서에서 말한 대로 "하나님 나라는 먹는 것과 마시는 것이 아니기" 때문이다(롬 14:17). 우리는 화평의 복음 전하는 일과 서로 덕을 세우는 일에 힘써야지 "식물을 인하여 하나님의 사업을 무너지게 말아야" 하는 것이다(14:19, 20). 그런데 또 다시 세람포르 삼인방 선교사들은 자신의 말과는 다른 행동을 보인다. 그들이 다른 선교사들과 마찬가지로 고기와 술을 마실 뿐 아니라 개종자들에게도 그렇게 하게 함으로써 "식물을 인하여 하나님의 사업을 무너지게" 한 정황이 드러난다.

1854년 미국에서 발간된 끄리슈나 빨의 전기를 보면 끄리슈나의 둘째 딸의 결혼식이 있던 날 선교사들이 그의 집에 가서 저녁 식사를 한 기록이 나온다. 여기에 보면 끄리슈나는 식탁과 칼과 포크와 유리잔을 선교사 집에서 빌려왔다. 선교사는 인도인들의 관습과 달리 손으로 먹지 않고 도구를 사용하고 있었기 때문이었다. 그날 저녁 식사 메뉴는 벵골식 커리(Curry)와 기름에 튀긴 생선과 야채 등등이었다. 그런데 커리의 재료에 대한 설명이 나오는데, "닭고기와 다른 육고기에 많은 소스를 얹어 양념한 스튜를 밥과 함께 먹었다"고 나온다.[86]

여기서 "육고기"는 특별히 밝히지 않았지만 아마도 쇠고기는 아니고 돼지고기였을 것으로 보인다. 왜냐하면 세람포르 선교사들은 개종자들로 하여금 카스트를 잃게 하는 증거로 일부러 유럽인과 같은 식탁에서 식사를 하게 했는데, 일반적으로는 그들이 혐오하는 음식(예를 들면 소고

---

[86] *The First Hindoo Convert: A Memoir of Krishna Pal*, 43.

기)은 억지로 먹게 하지는 않았기 때문이다.[87] 그들에게는 현지인들에게 억지로 소고기를 먹게 해서는 안 된다는 최소한의 분별력은 있었다.

그러나 포츠에 의하면 세람포르 선교사들은 현지인에게 강요는 안 했지만 본인들은 "모든 종류의 음식," 특히 "고기"를 먹었으며, "알콜 음료"를 마셨기 때문에 인도인들이 의심의 눈초리로 바라보았다고 한다.[88] 죠수아 마쉬만의 아내였던 한나 마쉬만 선교사에 관한 전기를 보면 세람포르 선교사들은 염소, 닭, 생선, 돼지고기를 정기적으로 먹었으며 쇠고기를 종종 먹었다는 기록이 여러 차례 나온다.[89] 선교사들끼리만 먹은 것이 아니라 기숙사의 학생들과 한 탁자에서 같이 소고기를 먹었다는 기록도 나온다.[90] 대부분 유럽 학생들이라고 보지만 부유한 인도인 학생도 그중 포함되었을 가능성도 배제 못한다. 이렇게 선교사들이 고기 먹는 것을 즐겼기 때문에 어느 날 성경 책 읽기를 권유받은 한 힌두가 손사래를 치며 아르메니아계 아시아 선교사였던 아라툰(Carapeit Aratoon)에게 말한 적이 있었다.

"만일 성경이 '그렇게 좋은 책'이라면, 당신과 다른 기독교인들이 고기 먹는 것을 삼갔을 것입니다."[91]

포츠는 이런 이야기를 "아라툰만이 아니라 모든 선교사들이 다 들어

---

87 E. Daniel Potts, *British Baptist Missionaries in India 1793-1837*, 225.
88 Ibid., 211.
89 Sunil Kumar Chatterjee, *Hannah Marshman: The First Woman Missionary in India* (Hoogly: LASERPLUS, 2006), 47, 51, 52.
90 Ibid., 47.
91 Ibid. B.M.S. M.S.S. C. L. VI (July 1813), 149. Extract from the Journal of C. C. Aratoon.

보았을 것"이라고 말했다. 이를 보면 선교사들은 인도에서 사는 동안 영국의 관습대로 계속 고기를 먹었으며 그 영향하에 인도인 개종자들도 모두 고기를 먹었던 것으로 보인다. 고기 먹는 것은 포르투갈 선교사로부터 시작해서 거의 모든 서양 선교사들의 관습이며 인도 기독교인들의 관습이다. 필자는 적지 않은 세월 인도에 살면서 상층이든 하층 배경이든 고기 먹지 않는 인도인 기독교인은 본 적이 없다.

이 고기 문제는 인도 선교 최대 장벽 중에 하나이다. 앞에서도 언급했지만 인도인은 기독교를 '가이 카네 다르마'(Gai Khane Dharma, 소를 먹는 종교)라고 한다. 기독교인들은 힌두교에서 우상 숭배-교리-문제에 관심을 갖지만, 힌두는 기독교에서 그들이 소(또는 고기)를 먹는 데 관심을 갖는다. 소고기 먹는 문제가 인도에서는 하나님 나라 사업에 얼마나 큰 장애가 될 수 있는지 놀라울 정도이다. 그러나 더 놀라운 것은 '선교사, 또는 기독교인들'의 고기 문제에 대한 둔감한 태도이다. 즉, 인도의 관습을 "몰라서"가 아니라 "알아도" 그것을 무시하고 먹는다는 것이다.

워드는 고기 먹는 문제가 단순한 관습이 아니라 종교적 정결 규례와 관련된 것을 정확히 알고 있었다. 인도에서 고기 먹는 문제를 그가 어떤 관점에서 이해하고 있었는지 다음의 선상 편지에 잘 나타난다.

> 힌두들은 모든 외국인들을 부정한 존재로 가르치고 있다. 왜냐하면 외국인들은 자신들의 의식적 정결 문제에 아무런 주의를 기울이지 않기 때문이다. 외국인들은 물론 금지된 음식도 먹으며, 최하층 천민과도 어울린다. 한마디로 그들은 힌두가 아니기 때문이다. 외국인들에 대한 이러한 '부정한 자'라는 관념은 매우 심각한 정도여서 우리와 가까이 어울리는 힌두들은 모두 부정

해진다.[92]

힌두들은 유대인과 비슷한 정결의식을 가지고 있었다. 유대인이 레위기(11장), 신명기(14장)의 정결법을 기초로 낙타, 토끼, 돼지, 까마귀, 갈매기, 타조 등의 고기 먹는 것을 금지한 것처럼 힌두들도 금지하는 음식이 있다. 유대인이 특정 부류의 사람 즉 사마리아인과 상종하기를 꺼렸던 것처럼 힌두도 부정한 것을 취급하는 천민 카스트를 꺼리는데, 그들은 외국인을 이 천민 카스트(Mleccha)에 속하는 사람으로 본다.

1910년 에딘버러 세계 선교사 대회 제 4분과에 속하는 "힌두교에 대한 선교사 메시지"와 관련된 내용을 보면, 인도에서 고기를 먹는 것은 여러 선교의 장애물 중 "도덕적 장애물"에 속하는 것으로 나온다. 찰스 로빈슨(Charles H. Robinson)의 보고서를 보면 소고기 먹는 문제와 관련된 인도인의 관점을 다음과 같이 잘 표현했다.

> 소는 종교적으로 신성하다는 관념뿐 아니라, 영국에서 애완용 개가 아낌없는 사랑과 친절의 대상인 것처럼, 인도에서 아낌없는 사랑과 친절의 대상이다. 기독교인이 너무도 흔하게 소를 잡아먹는 것은 기독교에 대한 말할 수 없는 혐오감을 낳는다. 힌두들과 만나 복음을 전해 본 경험이 있는 많은 선교사들은 소고기 먹는 것을 삼가기만 한다면, 힌두들이 기독교 복음을 영접하는 데 가장 심각한 장애물 중 하나를 제거할 수 있을 것이라고 이구동성으

92　William Ward, *Farewell Letters*, 115. Letter XI to C. Anderson, at sea April 6, 1821.

로 말한다.[93]

같은 보고서에서 보나(W. Bonnar) 선교사는 말한다.

> 우리 영국인의 많은 습관들이 인도인의 시각으로 볼 때 부정한 것이지만, 특히 소를 잡아먹는 것에 대한 힌두의 편견의 깊이는 측량하기가 어렵다. 우리가 소고기 먹는 것을 엄격히 금하는 계층의 사람들이라고 말할 수가 있다면, 선교사들에 대한 반감이 크게 줄어들게 될 것이다.

북인도에서 오랜 경험을 가진 선교사 웨스트코트(G. H. Westcott)는 말했다.

"힌두의 눈으로 볼 때 우리의 최악의 범죄는 아마도 소를 잡아먹는 것이다."

영국 감리교 선교사로서 19세기에 남인도 마이소르(Mysore)에서 힌두 선교를 했던 벤자민 로빈슨(Benjamin Robinson, 1852-1913)은 음식 문제에 대한 힌두의 시각이 단순한 '정결함, 부정함'의 문제를 넘어서서 "신에게 바치는 제사"라고 말한다.

> 힌두들마다 종파가 다르고 카스트 차이가 있지만 상위 3개 상층 카스트가 다 동의하는 것이 있는데, 그것은 먹을 것을 위해서 생명을 취하는 것은 결

---

93 World Missionary Conference, *World Missionary Conference 1910 Report of Commission IV: The Missionary Message in Relation to Non-Christian Religions* (Edinburgh: Oliphant, Anderson and Ferrier, 1910), 163.

코 사함 받을 수 없는, 모든 죄 중에 가장 큰 죄이며, 특히나 음식을 위해 소를 도살하는 것은 모든 치명적인 죄 중에 가장 끔찍한 죄라는 것이다. 소를 잡는 것은 사제인 브라만을 죽이는 것보다 더 악한 죄이다.

소는 시바 신에게 신성할 뿐 아니라 비슈누파[94] 신자들도 소에 대한 깊은 존경심을 가지고 있다. 그러므로 소고기를 먹는 행위는 모든 카스트가 가지고 있는 가장 깊고 가장 신성한 종교적 감정에 분노를 자아내게 된다…음식은 가장 신성한 의미에서 하나의 제사이다. 그러기에 음식은 의식적으로 정화시킨 후에 먹어야만 한다. 브라만이 먹는 음식에 이방인인 내가 눈길만 줘도 그 음식은 부정해 진다.

한 번은 한 브라만과 대화를 나누게 되었는데 나는 그에게 영국인과 브라만 사이에 식탁에서 사회적 교제를 할 수 있으면 좋겠다고 말했다. 그랬더니 그는 그것은 결코 일어날 수 없는 일이며 그런 일을 생각하는 것 자체도 끔찍한 일이라고 말했다. 여기서 내가 알게 된 사실은 음식은, 힌두로 태어난 사람만이 가질 수 있고 해야 하는 하나의 가족 제사라는 것이다.[95]

로빈슨은 힌두 사제와의 만남을 통해, 죽은 동물의 고기뿐 아니라 동물 가죽이 힌두들에게 기독교 복음을 얼마나 부정하게 보이도록 만들었는지 스스로를 돌아보며 이렇게 말했다.

한 링가야트(시바파 힌두교) 사제와 신앙에 대한 대화를 나누게 되었다. 그가

---

94 비슈누를 최고신으로 모시는 힌두교의 최대 종파.
95 Benjamin Robinson, *In the Brahman's Holy Land: A Record of Service in the Mysore* (C. H. Kelly, 1912), 20.

대화 중 '당신의 신성한 경전을 잠시 봐도 되겠습니까?' 하길래, 무심코 그에게 성경을 건네주었다. 그런데 그는 갑자기 기겁을 하며 뒤로 몸을 도사렸는데, 그런 모습은 이전에 결코 본 적이 없었다. 그는 숨을 한 번 크게 내쉬며, '차마(charma, 가죽)이군요'라고 말했다. 아무 생각도 없이 가죽으로 제본 된 성경책을 건네주었는데, 그에게 있어서 가죽에 손을 대는것은 결코 상상도 할 수 없는 부정하고 혐오스러운 행동이었던 것이다.

나는 너무 부끄러워 땅바닥으로 꺼지고 싶은 심정이었다. 나는 진심으로 사과했다. 그때 내 마음에 갑자기 한 가지 질문이 파고 들어왔다.

'링가야트 힌두들에게 가죽이 그토록 혐오스러운 것처럼, 혹시 내가 진리를 가르치고 돕기를 그토록 바라는 사람들에게 나 자신과 나의 삶의 방식이 그렇게 혐오스러운 것은 아닐까?'

나는 그에게 하나님의 말씀(성경)을 전해주기를 원하였으나 그것은 그가 도저히 접근할 수 없는 혐오스러운 것으로 둘러싸여 있었던 것이다.[96]

윌리암 캐리는 인도인에게 하나님의 말씀을 전해주기를 그렇게 열망하여 40여권에 달하는 현지어로 성경을 번역한 사람이었다.

그런데 그것은 현지인이 도저히 접근할 수 없는 혐오스러운 가죽으로 둘러싸였고, 음식을 위해 생명을 해치는 끔찍한 관습을 가진 선교사들에 의해 갇혀 있었던 것을, 로빈슨처럼 그들이 자신들을 돌아보았다면 얼마나 좋았을까?

더 심각한 것은 일반 인도인들이 그렇게 혐오스럽게 여기는 행위와

---

96 *Ibid.*, 22.

습관들을 고치지 않고 계속 유지하는 것이다. 몰라서 그랬다면 어쩔 수 없는데, 그것을 가장 잘 아는 워드와 캐리가 알면서도 그렇게 했다는 것은 이해하기 어렵다.

고기를 안 먹고서는 살 수 없기 때문에 그랬을까?

아니면 현지인은 인도 관습을 지킬 필요가 있지만 외국인은 예외라고 생각했을까?

아니면 그것은 미신으로 가득 찬 힌두교의 사악한 관습이기 때문에 지킬 필요가 없다고 생각한 것일까?

이유야 어쨌든 한 가지 확실한 것은 세람포르 선교사들은 인도인들이 외국인에게 가장 주목하며 가장 혐오스럽게 여기는 관습을 적극적으로 행했다는 것이다.

여기서 세람포르 선교사들의 직접적인 열매라고 할 수 있는 끄리슈나 빨을 잘 아는 한 이웃 사람이 그에게 한 다음의 질문이 우연이 아니라는 생각이 든다.

"그런데, 끄리슈나! 자네는 조상 대대로 내려오는 관습들을 모두 다 내어 버렸네. 도대체 그 이유가 무엇인가?"

이에 대한 끄리슈나의 대답은 이러했다.

"나는 그동안 힌두 신을 섬기느라 애를 써봤지만 아무 도움이 되지 않았네. 그러다가 성육신하사 선한 일을 많이 하시고 마침내 죄인들을 위해 자신의 목숨을 버리신 그리스도에 대한 이야기를 듣게 되었다네. 이 얼마나 놀라운 사랑인가 알게 되었고, 나는 여기에서 참 안식을 발견하게 되었다네."

이 대화에서 끄리슈나는 상대방으로부터 "조상 대대로 내려오는 관습들을 모두 다 내어버렸다"는 지적을 받았을 때, 그것을 부정하지 않았다. 만일 전통 관습을 지키는 데 조금이라도 관심이 있었으면 적극적으로 자기변호를 했을 것이다. 그런데 그는 동문서답처럼 전통을 버린 이유를 답하기보다 자신의 신앙 간증만 했다. 결국 끄리슈나의 대답은 기독교 신앙 때문에 전통적인 관습을 버리게 되었다는 말이 된다.

그는 어떻게 해서 "기독교 신앙과 인도의 전통 문화가 전혀 화해 못할 것"으로 보았는가?

그는 어떻게 해서 "조상 대대로 내려오는 모든 관습들이 복음과 충돌된다"고 보았을까?

이는 브루스 니콜스나 프레드릭 다운즈가 캐리의 공적에 대해 말한 것과 정확히 반대가 아닌가?

필자는 캐리와 그 동료들이 인도인 개종자들의 먹는 문제에 있어서 인도의 관습을 따르지 않고 서양의 관습으로 대체한 것에 대해 매우 유감스럽게 생각한다. 왜냐하면 먹고 마시는 것과 관련된 관습은 사람이 일상사에 매일같이 반복하는 것일 뿐만 아니라 사람과의 교제 및 사회생활에 매우 중요한 것이기 때문이다. 인도인에게 10,000가지 관습이 있다고 할 때 그중 가장 중요한 관습 중 하나로 먹는 문제를 들 수 있기 때문이다. 인도의 독립 운동의 출발점이 간디의 "암소" 보호운동이었고, 기독교가 "소를 먹는" 종교로 취급받는다는 것을 상기한다면, 왜 먹는 문제로 선교사가 복음을 전할 기회를 스스로 차단하고 있는지 정말 진지하게 고민해봐야 한다.

7) 전통 결혼 관습의 파괴: 승리인가, 패배인가?

인도의 관습 중 먹는 문제와 함께 가장 중요한 것 중의 하나로 결혼 문제를 꼽을 수 있다. 결혼은 힌두의 4가지 삶의 단계 중의 두 번째(Grihastha, 가장기)에 해당되는 것으로서, 모든 나라에서 다 중요하겠지만 특히 인도에서는 더욱 중요하다. 왜냐하면 결혼하고 돈을 버는 이 시기에 있는 사람들이 나머지 3가지 단계에 있는 가족들과 사회 공동체를 재정적으로 지원하기 때문이다. 또한 결혼해서 부모의 장례식을 거행할 아들을 낳는 것이 부모 및 조상들의 구원과도 관계가 있기 때문이다.[97]

세월이 흐르면서 카스트와 관련해서 까다로운 먹고 마시는 문제, 부정한 것과 접촉하는 문제 등이 많이 약화되어 가고 있지만, 결혼 관습은 거의 변함이 없이 굳게 지켜지고 있다.[98] 이러한 결혼 관습 중 중요한 것은 같은 카스트끼리 결혼을 하는 것이다. 이는 가문의 순결, 신분의 유지, 명예와 관련된 것이기 때문에 매우 중요하다. 이런 이유로 각기 다른 카스트 간 결혼은 엄격히 금지 된다. 오늘날에는 어느 정도 느슨해져서 종종 카스트를 뛰어넘는 결혼이 이루어지지만 금기시되기는 마찬가지이다.

그런데 1803년 4월 4일 세람포르에서, 최상층 카스트인 브라만 개

---

[97] Manusmriti III, 77-78; G. Buhler trans., *The Laws of Manu* (Oxford: Clarendon Press, 1886), 89.

[98] World Missionary Conference, *World Missionary Conference 1910 Report of Commission IV*, 164, 165.

종자 끄리슈나 쁘라사드(Krishna Prasad)와 네 번째 천민 카스트인 수드라 개종자 끄리슈나 빨의 둘째 딸 오눈다(Onunda)의 카스트 간 결혼식이 거행되었다. 주례자인 캐리는 이 결혼식이 힌두 관습상 부적절한 것을 알았기에 고린도후서 6:14-18에 기초하여 기독교인은 믿지 않는 자와 멍에를 같이 할 수 없고, 신앙의 결혼을 하는 것이 축복임을 강조한 것으로 보인다. 결혼 축하연은 다음 날 저녁 끄리슈나 빨의 집에서 선교사들과 신혼부부, 동네 사람이 참석한 가운데 열렸는데, 워드가 남긴 그날의 기록을 보자.

> 이 날은 우리가 현지인 형제 집에서 처음으로 식사하는 날이라서 우리는 더할 나위 없이 기뻤다. 몇몇 이웃 사람들은 놀라운 표정으로 우리를 쳐다보고 있었다…이 날은 카스트에 대한 영광스러운 승리의 날이었다! 브라만이 수드라와 기독교식으로 결혼을 하다니! 영국인이 현지인 부부와 그들의 친구들과 한 탁자 주변에 앉아 같이 식사를 한 것이다. 힌두의 연대기가 맞는 것이라고 본다면 수백만 년 동안에 이런 광경은 결코 볼 수 없는 것이었다.[99]

선교사들은 이 카스트 간 결혼을 통해 카스트의 장벽이 무너지고 복음이 승리하는 비전을 보았다. 그러기에 그들의 눈에 그날은 "영광스러운 승리의 날"이었던 것이다. 그러나 현지인 가운데 기독교 신앙으로 세우는 첫 가정인데, 꼭 현지인들이 금기시하는 이런 극단적인 선택을

---

[99] George Smith, *The Life of William Carey: Shoemaker & Missionary* (London: J. M. Dent; New York: Erdutton, 1909), 127, 128.

해야 했을까 하는 생각이 든다.

오눈다는 수드라 카스트이므로 같은 카스트에 해당되는 기독교인 신랑감을 구하기는 어렵지 않았을 것이다. 또 캐리는 아베 뒤부아에 대한 답변의 글에서 세람포르 기지 내에만 브라만이 20명에 달하고, 도합 56명의 상층 카스트가 있다고 자랑처럼 말한 적이 있다.[100] 만일 그렇다면 끄리슈나 쁘라사드의 결혼 상대를 찾는 것 역시 반드시 어려운 것으로 보이지 않는다. 캐리가 인도의 문화를 존중한다면 최소한 최상층인 브라만과 최하층 신분인 수드라 배경 여자와의 결혼은 좀 더 신중했어야 한다.

여기에서 우리는 끄리슈나 쁘라사드의 결혼을 과연 "영광스러운 승리"로 볼 것인가 하는 질문을 진지하게 던질 필요가 있다.

일시적으로 국지 전투에서는 승리한 것처럼 보일 수 있지만, 전체 전쟁의 전망을 본다면 이는 사실 패배를 자초한 것은 아닐까?

결혼을 통한 브라만과 수드라의 연합은 서구 평등사상의 입장에서는 큰 승리일 수 있다. 기독교 선교의 목표가 인도의 전통 사회 관습인 카스트를 파괴하는 것이라면 '그날만큼'은 축하할 만한 영광스러운 승리의 날일 것이다.

그러나 전통 관습과 질서가 무참히 파괴되는 모습을 지켜보는 쁘라사드의 가족과 친척들, 친구들, 그리고 결혼식에 참석하는 이웃 힌두들의 입장은 어떨까?

100　James Hough, *Reply to the Abbe J. A. Dubois's "Letters on the State of Christianity in India,"* 161.

그들은 도리어 기독교 신앙에 대한 마음의 문을 닫게 되는 결정적 사건이 되지는 않았을까?

외부 사람들 곧, 외국인(침략자들)과 이질적인 신앙을 가진 기독교인들이, 현지인들로서는 이해할 수 없는 이질적인 사상으로 사회의 근간이 되는 질서를 깨뜨릴 때 그것을 환영하고 받아들일 사람이 과연 얼마나 될까?

눈앞의 작은 승리에만 관심 있는 평범한 사람이라면 모를까, 선교의 개척자로서 먼 미래를 내다보고 초석을 놓는 사람이라면 카스트로부터의 일시적 승리가 선교에 미칠 항구적인 영향까지 고려해야 하지 않을까?

선교사가 타문화권에서 선교를 할 때 복음을 전해서 신앙을 가짐으로 사람이 새로워지는 것이 먼저가 되어야 할까, 아니면 개인의 행동과 사회의 변혁이 먼저 와야 할까?

다른 말로 하면 신앙이 먼저일까, 죄악된 습관을 끊는 것이 먼저일까?

성경에 맞지 않는 개인의 행동과 사회적 관습과 제도를 바꾸려면 먼저 성경을 삶의 기준으로 받아들여야 한다. 그러려면 먼저 그리스도의 사랑을 체험하고 신앙을 갖지 않으면 안 된다. 사람의 행동과 사회의 변화는 신앙의 결과이지, 신앙을 갖기 위한 전제 조건, 또는 선행 조건이 될 수 없다. 신앙의 조상으로 일컫는 아브라함과 이삭과 야곱은 일부다처제와 노예 제도라는 비성경적 사회 관습과 제도를 갖고 살던 사람들이었다.

그러나 창세기의 하나님은 단 한 번도, 이 문제를 해결하지 않으면 믿음의 조상이 될 수 없다고 하지 않으셨다. 신약 시대 역시 노예 제도가 사회에 깊이 뿌리내리고 있던 시대였지만 사도 바울은 노예 제도 폐지를 한 단 번도 언급하지 않았다. 그것들이 명백히 성경에 맞지 않는 제도와 관습일지라도, 육적인 해방보다는 영적인 해방이 더 중요하며 선행되어야 했기 때문이다. 신앙의 토대를 먼저 견고히 쌓으면 행동의 변화는 언젠가 반드시 올 것이기 때문이다.

빨리 결과를 보려는 조급함이 하나님 나라의 일을 망친다. 성경과 충돌되는 인간의 관습과 제도를 다 없앤 후에 신앙을 가지려면 세상의 종말이 있기까지 신앙을 가질 사람은 아무도 없을 것이다. 타락한 인간의 관습과 제도를 없애는 것을 개종 또는 세례의 선행조건으로 내거는 것은 신앙의 장벽만 쌓는 행위요, 율법으로 신앙의 구원을 가로막는 행위일 뿐이다. 신앙이 먼저, 행동의 변화는 나중이다. 갱생이 먼저이고 사회 제도의 변혁은 서서히 일어나는 것이다.

이것이 성경이 가르치는 바이고, 교회 역사가 보여주는 것이다. 유럽 세계는 2,000년 가까운 기독교 신앙의 전통이 있는 나라들이며 아시아, 아프리카, 아메리카 대륙에 복음을 전해 준 나라이다.

이런 나라가 노예 제도를 폐지한 때가 언제인가?

복음이 들어간 지 100년쯤 후, 아니면 200년 후였는가?

테오도시우스 로마 황제가 기독교를 국교로 선언한 기원 후 380년이었던가?

아니다! 영국의 모든 식민지에 노예 제도가 폐지된 것은 1833년 8월 22일이었으며, 미국의 링컨이 노예 해방 선언을 한 것은 1863년이었다.

모두 19세기가 아닌가?

2천 년의 세월 동안 기독교 신앙은 도대체 어디에 있었는가?

하나님 안에 인류는 모두 한 형제자매요, 높고 낮음이 없다는 성경의 가르침이 어디로 사라졌다가 갑자기 19세기 중반에야 나타났는가?

그런데 서양 선교사가 인도 선교를 하면서 참으로 놀라운 일을 단행했다. 그것은 2천 년의 세월 동안 자신들도 결코 하지 못했던 어려운 요구를 선교지의 현지인들에게 하라는 것이다.

"카스트 제도를 지금 당장 버리라는 것이다."

"카스트를 잃지 않으면 기독교인이 될 수 없다는 것이다."

죠수아 마쉬만은 1807년에 다음과 같이 공공연하게 선포했다.

"그리스도를 찾는 자들은 카스트를 잃을 준비를 해야 한다."[101]

윌리엄 워드는 1821년 그의 힌두교 연구서 서론에 기독교 신앙으로 개종하는 자들이 겪게 될 어려움을 이렇게 표현했다.

"모든 기독교 개종자는 세례 받는 순간부터 죽는 그날까지 살아 있는 순교자의 삶을 살아야 한다."[102]

왜 인도에서는 기독교인이 살아 있는 순교자가 되어야 했던가?

그것은 기독교인이 됨과 동시에 카스트를 잃어버릴 것을 선교사들이 힌두들에게 요구했기 때문이다.

기독교인으로 살아가기가 그렇게 험한 길이라면 도대체 누가 그런 위험한 신앙을 가지려 할까?

그러기에 1827년 캘커타의 침례교 선교사 죠지 퍼스(George Pearce)는

---

101 A. Smith, *The Serampore Mission Enterprise*, 150.
102 W. Ward, *A View of the History, Literature, and Mythology of the Hindoos*, xi.

친구에게 보낸 편지에 이렇게 말한다.

> 힌두가 예수님을 따르겠다고 선언을 하게 되면, 그 자신의 카스트만 잃는 것이 아니라 가족의 카스트까지 잃게 만들게 된다. 그러므로 '우리 가운데 어찌 그렇게 적은 사람이 개종했는가' 하는 의문을 갖기보다는, '그럼에도 불구하고 어찌 그렇게 많은 사람이 기독교인이 되었나'라고 생각해야만 한다.[103]

퍼스가 말한 개종의 어려움은 마쉬만의 『인도 선교론』에서도 확인된다. 마쉬만은 선교사가 "이른 아침부터 저녁까지 일을 해도" 개종자를 얻는 것이 얼마나 어려운지, 이를 "바위 위에다 쟁기를 가는 것"으로 비유한 적이 있다.[104] 그러나 개종을 이렇게 어려운 일로 만든 것은 선교사들이 카스트의 파괴를 개종의 전제 조건으로 내건 것이 중요한 이유였다.

침례교 역사가 다니엘 포츠는 침례교 선교사들을 통한 복음의 전도가 인도인의 마음을 얻지 못하고 참담한 실패를 겪을 수밖에 없었던 이유를 이렇게 설명한다.

> 왜 모든 다양한 기독교 선교, 특히 침례교 선교사의 시도가, 인도인의 마음을 붙드는 데 실패했는가? 완전한 대답은 불가능하겠지만, 여러 가지 요인이 합해져서라고 본다…무엇보다 새로운 신앙을 가질 때 이와 함께 새로운

---

103 Serampore Missionaries, *Missionary Herald*, 81. CVI. October, 1827 Calcutta. George Pearce's letter to his friend the Rev. S. Whitewood of Andover.

104 J. Marshman, *Thoughts on Missions to India*, 23.

삶의 방식으로 바꿈으로써 가족, 카스트, 그리고 마을 공동체의 정상적인 삶의 방식을 파괴했기 때문이다. 침례교 선교사들은 초대 교회 교인들이 그랬던 것처럼, 인도인들은 공동체의 일원으로 움직이는 것을 알면서도, 가족이나 카스트 또는 마을 공동체와 같은 사회적 응집 관계보다는 개개인의 구원을 더 중요하게 여겼다. 이러한 가족과 사회 공동체로부터 인도 사람을 떼어내는 것은 쉬운 일이 아니었다. 실제로 거의 떼어내지 못했다.

포츠는 여러 가지 요인 중에서도 "새로운 삶의 방식으로 바꾸기"를 요구하는 선교사의 정책을 지적했다. 물론 기독교인이 복음으로 새로워지면 마땅히 삶의 방식이 변화해야 한다. 성경과 충돌되는 관습과 제도 역시 바뀌어져야 한다. 그러나 그것은 개종한 현지인이 자발적으로 시간을 두고 할 일이지, 외국 선교사가 강제로 당장에 하라고 요구할 일은 아니다.

더군다나 이것을 기독교 개종의 전제 조건처럼 요구하는 것은 1세기 이방인 신자들이 기독교회로 들어올 때, 유대인 신자들이 그들에게 할례를 요구한 것과 무엇이 다른가?

그러한 복음의 장벽이 무너졌기 때문에 서양 기독교인들이 할례를 받지 않고서도 기독교인이 되었는데, 이제 그들은 왜 동양으로 와서 거꾸로 "카스트"를 잘라내는 "할례"를 요구하는 것인가?

8) 카스트 제도, 파괴와 보존의 논리

세람포르 선교사들은 카스트를 잃게 하는 것이 개종자를 힘들게 할 뿐만 아니라 선교의 결실을 맺는 데에도 어려움이 있는 줄을 잘 알았다. 그럼에도 불구하고 그들이 카스트를 파괴시키는 데 모든 노력을 경주한 데에는 그럴 만한 이유가 있었다.

첫째, 선교사들은 카스트는 힌두교의 필수적인 부분으로서 힌두교에 의해 만들어진 종교적인 제도로 보았기 때문이었다. 19세기의 대부분의 선교사 그랬던 것처럼 그들은 "힌두교가 카스트 제도이고, 카스트 제도가 힌두교"라고 보았다.[105] 선교사들은 힌두교를 "어두움의 종교"라고 말했는데, 힌두교와 카스트가 갖고 있는 어두움의 기원을 마귀로 보았다. 캐리는 "마귀가 인간의 영혼을 노예로 삼기 위해 만든 가장 저주받은 엔진 중의 하나"가 카스트라고 했다.[106] 마귀가 만든 신앙과 그것을 공고히 하기 위한 제도로서 카스트는 그러므로 마땅히 정죄와 파괴를 피할 수 없다는 것이다.

둘째, 선교사들이 카스트 제도를 혐오한 것은 그것이 사람과 사람을 높고 낮음, 거룩함과 부정함으로 나누고 차별하기 때문이었다.[107] 이는 성경의 가르침과 충돌하는 것으로 보았다. 그들은 국내에서 윌리암 윌버포스(William Wilberforce, 1759-1833)와 같은 복음주의자들이 주도하고 있는 노예 해방 사상의 영향으로, 다수의 인도인을 노예로 만드는 카스트의 사슬로부터 인도를 해방해야 된다고 생각했다.[108] 세람포르

---

105 World Missionary Conference, *World Missionary Conference 1910 Report of Commission IV*, 164.
106 A. Smith, *The Serampore Mission Enterprise*, 148.
107 *The First Hindoo Convert: A Memoir of Krishna Pal*, 12.
108 Gunnel Cederlof, "The Politics of Caste and Conversion: Conflicts among Protestant Missions in Mid-Nineteenth Century India," *Swedish Missiological Themes*, 88, I (2000), 146.

선교사의 카스트 문제에 대한 방침을 밝히는 마쉬만의 다음 글에는 유럽의 평등사상이 내포되어 있다.

> 만일 상층 브라만 개종자가 예수님을 사랑하는 하층 수드라 카스트와 함께 천국에 가고자 하는 자세가 없다면, 세람포르 선교사들은 그런 브라만에게는 결단코 세례를 주지 않을 것이다. 만일 불가촉천민이나 무슬림, 심지어 주님을 따르는 유럽인이라도 다 같이 평등하게 주님의 구속의 사랑을 기념하고자 하는 자세가 없다면 어떤 상층 카스트라도 기독교 성찬에 참여시키지 않을 것이다.[109]

셋째, 카스트 제도가 실제로 복음 전파의 큰 장애가 되는 것으로 인식했기 때문이었다. 카스트 제도가 갖고 있는 정결과 오염의 관념으로 인해 고기 먹는 유럽인은 불가촉천민 카스트인 믈레차(Mleccha) 취급을 받으므로 같은 식탁에서 먹고 마시려는 현지인이 없었다. 심지어는 그리스도에 대한 호감을 갖고 기독교 신앙을 가지려는 사람조차 카스트 상실과 가족을 잃을 두려움 때문에 개종과 세례를 꺼렸다. 침례교 선교사들이 공동으로 본국 선교회에 보낸 1800년의 편지에 다음의 내용이 보고되고 있다.

> 인도는 현재 모든 사람들이 카스트라는 사슬에 묶인 상태에 있기 때문에, 그 사슬을 깨뜨리는 자는 자신의 자식들과 친구들과 모든 사람들에 의해 완전

109　Reply to the Abbe J. A. Dubois's "Letters on the State of Christianity in India," 148.

히 버려지고 혐오의 대상이 되는 것을 감수해야 한다. 아버지, 자식, 이웃으로 얽혀 있는 모든 관계들이 그리스도께 자신을 드리기 전에 먼저 잘라내지 않으면 안 되는 것이다.[110]

카스트를 버리기가 이렇게 어렵기 때문에 카스트는 현지인 개종을 가로 막는 최대 장벽인 것이다. 이런 실제적인 이유로 인해 선교사들은 카스트가 복음의 원수이며, 이 원수를 없애지 않고 복음 전파를 할 수 있는 길은 없다고 보았다.[111]

카스트 파괴에 대한 세람포르 선교사의 입장은 19세기에 인도에서 활동했던 다수 선교사들의 입장과 정확히 일치한다. 1858년 남인도 선교사 수양회의 결의문 중 카스트에 대한 다음의 내용을 보자.

> 이 수양회는 힌두의 카스트 제도가 이론상으로나 실제로나 단지 사회적 구별로서만이 아니라 틀림없는 종교적 제도이며 인도의 사악한 괴물이라고 간주한다. 그러므로 기회가 닿는 대로 모든 계층의 사람들에게 카스트 제도가 얼마나 큰 해악인지, 카스트 제도의 사악함을 정죄하는 것은 말할 것도 없고, 그것의 터무니없음과 거짓됨을 드러내는 데 수고를 아끼지 않는 것은 모든 선교사의 의무이다. 카스트를 잃고 그것의 모든 외적인 표식을 없애는 것을 거부하는 사람은 기독교인의 이름에 합당히 여김을 받을 사람이 되지 못한다. 직접적으로든 간접적으로든, 군대에서든 민간에서든, 정부의 모든

---

110 *Memoir of Dr. Carey*, 271. Oct. 10, 1800.
111 W. Ward, *A View of the History, Literature, and Mythology of the Hindoos*, 116.

공적 업무를 수행할 때 카스트를 인정하는 모든 행위에 대해 힘을 합하여 저항하는 것은 모든 기독교인들의 마땅한 의무이다.[112]

앞에서는 선교사의 의무를 강조했는데 42년 후의 선교사 수양회 때에는 현지인 기독교인의 카스트 박멸 의무를 다음과 같이 결의한다.

> 1900년의 남인도 선교사 수양회는, 교회에 존재하는 카스트는 금지하고 억제해야 할 커다란 악으로 취급하기를 권고한다. 어떤 사람도 교회와 관련된 일을 함에 있어, 카스트를 지킴으로써 그리스도의 법을 깨뜨리는 일이 절대 없어야 하며, 모든 인도의 기독교인은 비기독교적인 이 제도를 근절하는 데 모든 합법적 수단을 다 사용하기를 강력히 요청한다.[113]

이상에서 보듯이 카스트 제도가 성경적이지 않은 요소들을 내포할 뿐만 아니라 복음 전도에 장애로 작용한 것은 분명하다. 그러나 그것을 파괴시키는 방법이 반드시 성경적으로 적절하고, 선교 전략적으로 도움이 되는 방법인지에 대해서는 적지 않은 의문이 든다. 왜냐하면 윌리암 캐리는 카스트에 대한 비관용적 방침을 채택함으로 평등에 관한 "기독교의 법은 지켰으나," 카스트를 지키는 인도 인구의 절대 다수가 복음으로 나올 기회를 원천적으로 차단시킴으로써 인도 복음화를 크게

---

112 *Proceedings of the South India Missionary Conference*, Held at Ootacamund, April 19th–May 5th, 1858 (Madras: The Society for Promoting Christian Knowledge, 1858), 294–295.

113 *Report of the Fourth Decennial Indian Missionary Conference*, Held in Madras, December 11th–18th, 1902 (London: Christian Literature Society, 1903), 27.

퇴보시켰다고 볼 수 있기 때문이다.

　카스트를 파괴하는 방침을 채택했던 윌리암 캐리의 주 사역지인 세람포르의 오늘날 기독교 인구는 0.25%(2011년 기준)이며, 캘커타는 0.88%에 불과하다. 그러나 카스트에 대한 관용적인 입장을 취했던 크리스챤 슈바르쯔(Christian Schwartz)를 비롯한 루터교 선교사 사역의 중심지였던 티루넬벨(Tirunelvel)은 11%, 티루치라빨리(Tiruchirapalli)가 10.89%, 그리고 라마나타뿌람(Ramanathapuram)이 6.73%이다.[114]

　침례교 선교사와 루터교 선교사가 사역한 곳들이 열매 면에서 왜 이런 엄청난 차이가 난다고 보는가?

　여러 가지 요인이 있겠지만 결정적인 것은 카스트에 대한 정책 차이, 또는 복음이 얼마나 현지에 뿌리를 내렸는가와 관련이 있는 것으로 보인다. 필자는 이런 점을 고려하여 침례교 선교사들의 카스트 비관용 정책의 문제점 두 가지를 지적하고자 한다.

　먼저 세람포르 선교사들은 카스트 제도를 종교적 제도로만 규정함으로써 카스트에 대한 오해와 편견을 가중시켰으며 힌두들의 기독교 신앙에 대한 적대감을 필요 이상으로 강화시켰다. 카스트 제도는 브라마(Brahma)라는 힌두의 창조의 신이 제정한 것으로 알려져 있는데, 이를 볼 때 기원에서부터 분명히 종교적인 요소가 있다. 전생의 행위의 결과가 이생의 카스트를 가져오고, 이생에서 카스트에 따르는 의무를 다하

---

[114] 인도 전체로 볼 때는 침례교도의 숫자가 루터교도의 숫자보다 3% 정도 더 많다. 그러나 인도의 침례교도는 캐리 사역의 주 대상이었던 (카스트 제도를 갖고 있는) 힌두 배경의 주류 인도인이 아니라, 인도에서 남인도와 함께 또 하나의 바이블 벨트라고 할 수 있는 동북부 지역 몽골계 부족민들이 절대 다수이다. 이들은 미국 침례교 선교사들에 의해 개종했으며, 카스트를 갖고 있지 않는 비힌두 배경의 침례교도들이다.

는 것이 다음 생을 좌우한다는 점에서 카스트 제도는 업보(karma)와 윤회(samsara)라는 힌두교의 핵심 교리를 바탕으로 한다.

또한 정결과 오염에 관한 관념으로 사람과 음식 등의 정, 부정을 규정하는 것 역시 종교적 관념이다. 이렇게 카스트에서 종교적인 부분을 떼어낼 수 없지만 이와 함께 사회, 문화, 시민 생활의 영역도 떼어낼 수 없는 것 역시 사실이다.

힌두 법에 관한 가장 중요하고 권위 있는 책으로 인정되는 마누법전(Manusmriti)은 카스트를 "사회의 질서와 규칙성의 기초"라고 말한다. 스콧(John Scott)과 마샬(Gordon Marshall)의 책에서는 카스트가 "직업과 신분 그리고 사회적 관계, 배타적인 습관을 포함하는 삶의 방식의 세습적 전수, 그리고 족내혼(族內婚)을 특징으로 하는 사회 계층 구조의 한 형태"라고 철저히 사회학적인 측면에서 정의된다.[115]

카스트에 의해 지배되는 삶의 세 가지 핵심 영역 중에 예배가 한 가지 들어가지만 나머지 두 가지는 결혼과 음식, 곧 사회, 문화, 시민생활의 영역이다. 카스트는 개개인에게 신분, 결혼, 직업, 건강 보험, 삶의 방식 등 사회적 안전감을 제공해 주기 때문에 인도인의 입장에서는 없어서는 안 되는 것이다.[116] 카스트는 다양한 관습과 문화를 가진 여러 민족과 종족들을 하나로 묶어 사회를 통합시키는 역할도 한다.[117]

115　John Scott, Gordon Marshall, "Caste," *A Dictionary of Sociology* (Oxford, New York: Oxford University Press, 2005), 66.

116　J. H. Hutton, *Caste in India: Its Nature, Function and Origins* (Bombay: Indian Branch, Oxford UP, 1963), 27.

117　Carlo Caldarola, ed., *Religions and Societies: Asia and the Middle East* (Berlin: Mouton Publishers, 1982), 37.

무엇보다 자본주의의 발달과 함께 인도 사회가 경제를 중심으로 한 계층사회(class oriented society)로 급격히 변화되면서 카스트의 수직적 계급 구조적 측면이 크게 약화되는 한편, 개인과 가족과 종족의 사회적 문화적 정체성을 부여하는 토대로서의 카스트의 중요도는 더욱더 커져 가고 있다. 이런 점에서 델리 대학교 사회학 교수인 굽타(Dipanka Gupta)는 인도 사회에서 새로이 부각되는 카스트의 중요성을 다음과 같이 말한다.

> 카스트 제도가 이념적으로는 죽었거나 거의 죽었지만, 인도인의 정체성의 핵심이라는 점에서는 여전히 그 존재 가치가 있을 뿐만 아니라 더욱더 번창하고 있다.[118]

카스트 제도는 오늘날 인도에서 제헌 헌법과 함께 법적으로는 없어졌으나, 카스트를 기반으로 한 정치, 카스트를 유지하기 위한 결혼, 그리고 카스트를 근거로 한 개개인과 공동체의 정체성은 결코 사라지지 않고 더욱더 견고해지고 있는 현실이다.

그동안 윌리암 캐리를 비롯한 다수의 선교사들은 카스트 제도를 주로 종교적인 측면으로만 이해한 결과 카스트에 대한 적대감을 갖고 있었다. 카스트를 파괴의 대상으로 규정하고 있었기 때문에 인도 사회에서 카스트의 순기능과 긍정적인 기여에 대한 이해가 없이 주로 부정적

---

118 Dipankar Gupta, ed., *Caste in Question: Identity or Hierarchy?* (New Delhi: Sage Publications, 2004), 189.

인 부분만 부각시켰다.

반대로 일부 선교사, 예를 들면 카톨릭과 복음주의 루터교 선교사들의 경우는 카스트 제도의 종교적 성격보다 사회 문화적인 것으로 봤다. 그들은 카스트가 시민 사회의 제도이기 때문에 간섭해서는 안 되고 교회 안에서도 이를 수용할 수 있다고 보는 입장이었다.[119] 루터교 선교사들이 이런 입장을 취한 것은 종교, 신앙의 영역과 시민, 세속적 영역을 구분하는 루터의 두 왕국 이론의 관점에서 힌두교 신앙과 카스트 제도를 분리해서 이해했기 때문이다.[120]

그러나 세람포르 선교사들은 성찬 시 상층 카스트가 먼저 잔을 마시고 하층이 후에 마시는 것과 같은 카스트 차별을 교회 내에서 도저히 허용할 수 없었다.[121] 이것은 성경적인 교회의 모습이 아니며 모든 사람을 위해 죽으신 그리스도의 사랑의 정신에 위배되는 것이라고 보았기 때문이다. 필자는 이러한 마쉬만의 주장에 100% 동의한다.

그리스도의 몸 된 교회와 주님이 제정하신 성찬식에 어떻게 차별과 분리를 허용할 수 있겠는가?

모든 선교사와 기독교인은 성경적인 교회, 그리스도의 정신을 실천하는 교회로 만들기에 힘써야 한다고 본다.

그러나 그럼에도 불구하고 카스트를 종교적 제도로만 이해하는 세람포르 선교사나, 사회적 제도로만 이해하는 가톨릭 예수회 선교사는

119　Gunnel Cederlof, "The Politics of Caste and Conversion: Conflicts among Protestant Missions in Mid-Nineteenth Century India," 135.
120　*Ibid.*, 136, 137.
121　J. Marshman, *Reply to the Abbe J. A. Dubois's "Letters on the State of Christianity in India*," 148.

양극단에 서 있는 것으로 보인다. 카스트를 사회 제도로 보면 기독교에 대한 거부감이 제거되기 때문에 현지인의 복음에 대한 적극적 반응을 이끌어낼 수 있고 복음의 현지화에 유리한 장점이 있다. 인도의 기독교에서 개신교는 30%밖에 안 되지만 카스트에 관용적인 가톨릭은 70%(2,000만 명)에 달하며 가톨릭에 대한 호감도가 높은 것은, 가톨릭의 역사가 더 오랜 것을 고려하더라도 결코 우연은 아니라고 본다. 그럼에도 불구하고 개신교 개혁주의자의 입장에서는 복음의 순수성 훼손, 그리고 사회 변혁의 의무를 소홀히 한다는 점에서 가톨릭의 입장이 그리 매력적으로 보이지는 않는다.

그러나 300년의 서양 개신교 선교 역사에도 불구하고 인도 교회가 지금처럼 2%의 극소수 천민과 빈자 중심의 교회로만 계속 머무를 것이라면, 그 '타협치 않는 순수한 복음'과 '전투적인 개혁 의지'는 누구를 위한 것이며, 무엇을 위한 것인가 하는 질문을 던지지 않을 수 없다. 더군다나 이른바 '타협치 않는 복음과 사회 개혁 사상에 불타는' 교회조차도 인도에서는 카스트 제도에서 결코 자유롭지 못하다.

실제적으로 인도의 교회는 카스트에 따라 앉는 좌석과 성찬의 잔과 묘지를 구분하며, 대부분의 목사와 고위 성직자는 거의 상층 카스트가 차지한다. 5,000명의 가톨릭 주교 중 천민인 달릿 출신은 겨우 12명에 불과며 개신교 상황도 크게 다르지 않다. 우리는 이런 점에서 사회적인 측면과 종교적인 측면의 양극단에 서지 않고, 양쪽의 요소를 다 같이 인정함으로 양쪽의 장점을 취하면서도 약점을 최소화 할 수 있는 길을 모색할 필요를 느끼게 된다. 이 작업을 위해서는 먼저 인도 선교 역사를 통해 카스트를 종교적 제도로 규정하여 이를 교회 내에서 없애고자 했던 그 동안의 시도들의 성공 여부를 돌아볼 필요가 있다.

다니엘 포츠는 "침례교 선교사들의 주요한 목표 곧, 인도 대중들로 하여금 카스트를 버리고 그리스도를 믿으며 그들의 우상을 두더쥐와 박쥐에게 던지게 하는 데 실패했다"고 말했다.[122] 발터 군(Walter Gunn), 크리스챤 프레시어(Christian F. Pressier), 빌헬름 링글타우베(Wilhelm T. Ringletaube) 등의 선교사는 교회에서 카스트 차별을 허용했는데, 이는 "성숙한 신자들이라고 해도 뿌리깊이 박힌 카스트 편견을 제거하는 것이 불가능하다"고 판단했기 때문이었다.[123] 선교사 제임스 물렌즈(James Mullens)는 상대적으로 상층인 수드라 기독교인이 교회 내에서 "불가촉천민과 같은 편 자리에 앉기를 거절하며 성찬식 때 천민 다음에 잔을 마시기를 거절했다. 그들은 천민들과 음식을 먹거나 물을 마시지 않았으며, 천민이 아무리 교양 있고 부유한 사람일지라도 결코 결혼하려 하지 않았다"고 한다.[124] 그러기에 글래서(Arthur F. Glasser)는 "인도 교회 내에 카스트 구별이 여전히 십자가에 못 박히지 않고 있다"고 지적한 것이다.

---

122 E. Daniel Potts, *British Baptist Missionaries in India 1793-1837*, 208. L. and M. Williams eds. *Serampore Letters*, 62-3, Carey to John William, Serampore, 9, Dec. 1800.

123 C. B. Firth, *An Introduction to Indian Church History* (Madras; ISPCK), 1976, 136-138; Robert Caldwell, *Records of Early History of Tinnevelly Mission of the Society for Promoting Christian Knowledge and the Society for the Propagation of the Gospel in Foreign Parts*, (Madras: Higginbotham and Company, 1881), 58-59; Robert Hardgrave, *The Nadars of Tamilnadu: The Political Culture of a Community in Change* (Berkeley: University of California Press, 1969), 44; Kooiman Dick, *Conversion and Social Equality in India: The London Missionary Society in South Travencore in the 19th Century* (New Delhi: Mahohar Publications, 1989), 178.

124 James Mullens, *Missions in South India* (London: Publisher Not Clear, 1903), 88-89.

대부분의 선교사들이 카스트 제도를 없애고자 그렇게 노력했는데, 정작 인도인 신자 중 지도 계층들은 카스트를 없애는 것에 강력히 저항했다. 뿐만 아니라 매우 낮은 하층 카스트인 수드라(Other Backwards Class, 여타 후진 계층)조차도 카스트 구별의 폐지를 절대 원하지 않는다. 이들은 인도 인구 분포상 가장 숫자가 많으며, 비교적 복음에 수용적인 카스트인데, 기독교인이 된다고 하여 더 낮게 취급받는 불가촉천민으로 대우받기를 결코 원하지 않기 때문이다. 오직 달릿이라고 하는 – 카스트 4계급에도 들어가지 못하는 – 불가촉천민만이 동등권을 요구하고 있는 형편이다.

그러기에 글래서는 교회 내에 카스트의 존재를 인식하면서도 선교적인 측면에서 카스트를 없애는 방침에는 강하게 반대한다. 그 이유를 그는 이렇게 설명한다.

> 인도의 기독교는 결코 반 카스트 운동을 하는 종교로 알려져서는 안 된다, 그렇지 않으면 그나마 복음에 반응을 보이던 카스트(수드라)가 곧장 적대적으로 돌아설 것이요, 그 장벽은 이전보다 훨씬 더 높아지게 될 것이다.[125]

여기서 의식의 전환이 필요하다는 생각이 든다. 즉 마쉬만처럼 인도에서 교회를 어떻게 그리스도의 가르침에 가까운 순결한(또는 평등한) 교회로 만들까 하는 관심이 중요하긴 하지만 그보다는, 글래서처럼 어

---

125 Arthur F. Glasser, "Missiology: At the Cutting Edge, Thoughts about Church and Caste in India," *Missiology: An International Review*, Vol. X, No. 2, (April, 1982), 140.

떻게 하면 카스트 관념에 투철한 대다수의 힌두들이라도 구원할 수 있을까, 어떻게 하면 그동안 버려진 98마리(98%의 타종교 인도인들)의 양들도 목자 되신 그리스도가 양육하는 우리 안으로 들일 수 있을까 하는 데 더 큰 관심을 가질 필요가 있다.

마쉬만의 관심이 교회의 성화, 성숙의 문제라면 글래서의 관심은 구원과 갱생의 문제이다. 선교사와 교회는 두 가지 관심을 다 기울여야 하지만 마쉬만처럼 성화에 더 큰 무게를 두게 되면 불신자의 구원과 전도는 뒷전에 놓이게 된다. 성화의 관점에서 보면 인도의 문화(카스트)는 제거해야 할 원수로만 보일 수밖에 없다.

순결과 성화의 중요성을 놓칠 수는 없지만 그 작업은 평생에 걸쳐서 이뤄지는 것이며, 그리고 사회제도의 경우에는 그것을 정화하는 데 때로 2,000년의 세월이 걸릴 수도 있는 작업인 것이다.

이러한 '정화작업'에 매몰되어 소중한 한 영혼을 구원하는 일을 내 팽개칠 수 있는가?

13억 영혼들의 대부분이 카스트 힌두라고 해서, 교회 안에 있는 '2마리의 양들'(2%의 기독교인들)만 돌보고 나머지는 나 몰라라 할 것인가?

기존의 성숙한 신자들에 대해서는 성화의 기준을 당연히 높게 잡아야 하지만 어린 신자, 구도자, 그리고 타종교인에 대한 우리의 성화의 눈높이는 많이 낮춰야 하지 않을까?

사실 선교사는 현지인의 구원에 더 큰 관심을 기울여야 하지 않을까?

일단 그들이 하나님의 자녀가 되면, 그들을 구원하신 거룩하신 하나님, 진리의 하나님이 그들을 모든 진리와 성화로 이끌어 주시지 않겠는가?

우리를 이제까지 이끌어 주신 것처럼!

성화도 그리스도의 뜻이지만, "모든 사람이 구원을 받으며 진리를 아는 데 이르기를 원하는 것"(딤전 2:4) 역시 주님의 뜻이다. 인도 13억 인구의 80%가 힌두이고 비기독교 인구가 98%인데, 그들에게 개종의 조건으로 카스트를 잃기를 바라고, 개종 후에도 카스트를 근절하기 위해 선교사와 기존 신자가 모든 노력을 기울인다면, 카스트의 굴레에 있는 주류 계층이 복음으로 나아올 길은 영원히 없을 것이다. 지난 2,000년 간의 인도 교회 역사, 특별히 지난 500년간 서양 선교사의 인도 선교 역사가 이미 증명하는 대로 말이다. 계속 카스트 파괴를 주장한다면 단지 한 주먹만큼의 소외된 교회만이 남을 것인데, 현재 인도 교회가 그렇듯이 그 교회도 역시 카스트를 갖고 있는 교회일 것이다.

세계 4대 종교인 불교의 발생지는 인도인데, 인도에서 불교도는 기독교도보다 숫자가 적어 0.7%에 불과하다. 여러 가지 이유가 있지만 핵심적인 이유 중 하나는 그것이 카스트 제도를 반대했기 때문이다. 아이러니컬한 것은 그럼에도 불구하고 불교도들 역시 카스트에서 자유롭지 못하다는 것이다. 무슬림도 카스트 제도를 부정하지만 인도의 무슬림 역시 카스트가 있다. 인도는 심지어 공산주의자도 카스트 관습을 따르는 나라이다.

그럼에도 불구하고 여전히 카스트를 박멸하기를 바라는 사람들을 위해 한 가지 실현 가능한 방법을 소개한다. 그것은 글래서의 다음과 같은 제안인데 필자는 그것에 전적으로 동의한다.

> 카스트를 파괴하는 최선의 길은 최대한 많은 카스트 내부에 수많은 개종자를 얻는 것이며 그럼으로써 수천 종류의 각 카스트 안에 강력한 기독교 공동

체를 세울 수가 있다.[126]

이는 인도 기독교인의 절대 다수를 차지하는 천민만이 아니라 다수 카스트인 수드라(OBC)와 상층 카스트 가운데 많은 개종자를 얻어, 다양한 카스트 내부에 소수일지라도 기독교 공동체를 세우자는 제안이다.

이렇게 모든 상층 카스트 안에 존재감을 인식할 정도의 기독교 공동체가 생겨나게 되면, 기독교인이 된다고 하여 천민으로 떨어진다는 편견이 사라지게 됨으로 카스트 구별을 고집할 이유가 사라지게 될 것이다. 카스트를 없앨 수는 없지만 카스트에 관련된 기독교인에 대한 편견은 없앨 수 있다. 둘 다 어렵지만 둘 중에 실현 가능성이 있고, 후유증이 없고, 더 쉬운 것은 분명 후자이다.

다음으로 카스트는 성경의 평등에 대한 가르침을 위배하는 것이기 때문에 결코 허용할 수 없다는 입장에 대해 생각해 보자.

9) 캐리와 히버: 반역의 방법, 순종의 방법

"천민과 함께 천국을!"
"천민과 함께 성찬식에서 주님의 구속의 사랑을 기리자!"
이와 같은 마쉬만의 주장은 전적으로 성경의 가르침에 일치한다. 우리 주님은 세리와 죄인들의 친구이셨다. 우리 주님은 남녀노소, 인종과

126　*Ibid.*

신분, 부자와 빈자를 구분하시지 않고 세상 만민을 위해 대속의 피를 흘리셨다.

그러므로 이와 같은 주님의 삶, 가르치심, 죽으심을 기억할 때 수직적인 계급 질서를 갖는 카스트를 어떻게 허용할 수 있겠는가?

이와 같은 생각은 전적으로 성경적이지만 또 동시에 서양의 계몽주의 및 평등사상을 그 배경으로 하는 것도 사실이다. 선교학자 데이빗 보쉬(David J. Bosch)는 서양 계몽주의의 유산을 언급하는 중에 서양인이 이해하는 인간은 "해방되고 자율적인 개인"이라고 했으며,[127] "많은 선교회의 탄생, 노예제 반대 및 감옥 개혁 운동의 배경에는 민주주의의 사회적 정치적 평등사상이 있다"고 말했다.[128]

이러한 평등사상을 가진 서양 선교사, 특히 종교개혁 시대의 저항사상(Protestant)을 가진 개신교 선교사들이 인도에 와서 카스트 제도를 보게 되었을 때, 그들은 거기에서 인도인을 사슬로 묶는 노예 제도를 볼 수 있었고, 그것에 저항하여 노예의 사슬에서 인도인을 해방시키는 것을 자신들의 고귀한 사명으로 여기게 된 것이다. 또한 세람포르 선교사들은 "해방되고 자율적인 개인"의 가치를 중시하는 서양의 개인주의 문화를 가지고 있었기 때문에, 인도인이 "공동체의 일원으로 움직이는 것을 알면서도," "개개인의 구원"을 위한다는 명분으로 "가족과 사회 공동체로부터 인도 사람을 떼어내는" 방식의 선교사역을 했다. 그러나 이런 방식의 선교를 하면서 그들은 한 명을 떼어냄과 동시에 '백 명,'

---

[127] David J. Bosch, *Transforming Mission : Paradigm Shifts in Theology of Mission* (New York : Orbis Books, 2011), 240. 『변화하는 선교』, 김만태 역 (CLC, 2017).
[128] *Ibid.*, 285.

또는 '만 명'의 영혼을 잃어버리는 결과를 낳는 것에 대해서는 심각하게 고민하지 않았다.

선교사들은 자신들에게 익숙한 서양의 평등 문화를 인도의 구도자들과 개종자들에게 강요하기를 주저하지 않았다. 신앙에 대한 우월감에 더해서 서양 것은 옳은 것, 문명적인 것으로 보았기에 어떤 대가를 지불하더라도 타협함이 없이 관철시키고자 했다. 그래서 교회 내부뿐 아니라 일반 학교의 교실에서도 카스트 구별 없이 학생들의 자리를 앉히고, 카스트를 섞는 기숙학교 제도를 시행했다. 선교사는 이 모든 것이 기독교 정신을 실천하는 신앙적, 선교적 행위로 생각했겠지만 문제는 이것이 현지인들 입장에서는 현지의 사회 질서를 깨뜨리는 반사회적 행위라는 것이다.

끄리슈나 빨이 한 번은 힌두 신을 공격하는 설교를 했을 때 청중들은 "이 사람들이 카스트를 파괴하러 온 사람들이로구만!"이라고 말하며 그 자리를 떠나갔다.[129] 그가 바라나시에서 5일을 머무르며 복음을 전했는데, 한 브라만이 말했다.

> 세람포르에는 많은 이들의 카스트를 파괴시키는 사람들이 있다는 말을 들은 적이 있는데, 당신도 여기 바라나시에서 같은 일을 하러 왔는가 봅니다.[130]

---

129 *The First Hindoo Convert*: *A Memoir of Krishna Pal*, 30.
130 *Ibid.*, 32.

왜 단지 설교를 듣고 복음 메시지를 들었을 뿐인데, 현지인들은 끄리슈나가 "카스트를 파괴하러 온 사람"이라고 이해했을까?

왜 세람포르 선교사들의 활동에 대한 현지인들의 이해는 한 마디로 "카스트를 파괴하는 일"일까?

윌리암 워드는 그의 힌두교 연구서에서 유럽인들이 어떻게 인도의 카스트를 파괴하고 있는지 이렇게 말했다.

> 벵골에서 영국의 통치가 확고히 세워진 후 캘커타 브라만들의 카스트는 유럽인들에 의해 파괴되었다. 유럽인들은 브라만의 입에 억지로 고기와 술을 집어넣었다.[131]

브라만들은 영국인의 벵골 통치에 협력함으로 일정한 권력과 부를 획득했는데, 이 과정에서 영국인들에게 원치 않게 카스트가 오염당하는 봉변을 당했다. 워드는 이러한 유럽인의 잘못을 비난하는 어투가 아니라 도리어 공감하고 박수갈채를 보내는 취지로 계속 말했다.

> 만일 힌두가 기독교 신앙의 탁월함을 알게 되면…문자적으로 그가 가진 모든 것을 버리고 그리스도의 제자가 된다. 카스트는 양심과 이성의 모든 권리를 반대하며 진리를 확장시켜 나아가는 데 거의 넘을 수 없는 장벽을 제공한다.[132]

---

131 W. Ward, *A View of the History, Literature, and Mythology of the Hindoos*, 115
132 *Ibid.*, 115, 116.

워드가 볼 때 양심과 이성의 요청은, 하층민의 권리를 반대해서는 안 된다는 것이었다. 이런 이유로 선교사들은 하층 카스트의 잃어버린 권리 획득을 돕고, 카스트 질서에 도전하는 말과 행위를 반복적으로 제시했던 것이다.

미국세계선교센타(USCWM)의 파니(D. D. Pani)는 힌두 선교 실패의 원인을 분석하는 글에서, 이처럼 하층민의 권리를 찾는 일과 인도의 기존 질서에 도전하는 것이 인도 선교의 중요한 장벽이 되어 온 것을 다음과 같이 이야기한다.

> 인도 기독교 선교에 있어서 최대 비극 중의 하나는 대부분의 서양 선교 운동이 천민 카스트들 가운데 힌두의 사회 질서에 대한 반역 운동으로 나타나게 되었다는 것이다. 직접적으로든 간접적으로든, 의도적이든 비의도적이든, 인도의 기독교인들은 힌두 문화를 증오하고 정상적인 사회 질서로 여기지는 것들에 대해 경멸로 대하도록 가르침을 받는다.
>
> 카스트 제도가 불공정하고 천민들에게 매우 착취적이라는 것은 부정할 수 없다. 그러나 문제를 해결하는 선교사들의 방식은 초대 교회 때 이방 교회의 정신과 일치하지 않는다. 초대 교회 때 억압받던 노예들은 교회의 지도자들로부터 그들의 신앙과 복음의 증거를 위하여 기존 문화와 관습들로 인한 고통과 손해를 받아들이도록 가르침 받았다. 초대 교회는 노예 제도와 같은 그 시대의 악한 제도와 관습들에 도전하지 않았다. 그런 억압적인 상황에 부딪치게 되었을 때 신자들은 선제적으로 대응했다. 그들의 증거의 진정한 힘은 불의한 고난을 받았을 때 그들의 얼굴에서 나오는 광채에 있었다.
>
> 이것이 그들의 최신의 전도 방법이었다. 초대 교회 시절 순교는 흔한 일이었

으며 핍박과 박해는 많은 지역에 일상적인 일이었다. 그들은 하나님의 자녀와 상속자로서 위대한 지위에 자부심을 갖고 복음의 증거를 위해 이 세상에서는 기꺼이 자신들의 권리를 포기하였다. 그들은 주님이 하신 것처럼, 도살자에게 끌려가는 순한 양같이 자신들의 입을 열지 않는 것을 기쁨으로 선택했다.[133]

힌두 선교를 위한 파니의 제언은 권리의 주장이 아니라 권리를 포기하는 것이며, 질서를 경멸하고 반역하는 것이 아니라 순복하라는 것이다. 이는 특별히 하층민에게 순교와 같은 험난한 길일 수 있지만 이것이 초대 교회가 그리스도를 증거하는 길이었다는 것이다.

선교사들의 활동이 천민 카스트들 가운데 기존 질서에 대한 반역으로 이해된다는 것은 현지인들로 하여금 선교에 대해 큰 혼란을 주는 주요 원인이다. 기독교 진리와 신앙의 나눔을 반대할 사람은 없지만 선교사가 천민 카스트를 선동하고 기존 질서에 도전하도록 하는 것은 반사회 운동이며, 혁명을 조장하는 정치 운동으로 이해될 수밖에 없다. 이는 상층과 하층 카스트 사이에 반목과 갈등을 증폭시키는 일이며, 상호 첨예한 이해관계에 외부인이 개입하는 모양새이다. 이는 노예제 사회에서 노예들을 선동하여 노예제를 무너뜨리려는 시도와 다를 바 없다. 로마 시대에 스파르타쿠스와 같은 노예들의 반역이 얼마나 잔인하게 응징되었는가를 생각해 보라.

인도에서 선교사들이 일으키는 이런 반역과 혁명에 위협을 느끼는

133　D. D. Pani, "Fatal Hindu Gospel Stumbling Blocks," 25, 26.

상층 카스트 중에 아무리 그리스도에 대해서는 매력을 느낄지라도 기독교라는 종교를 받아들일 사람이 과연 있을 것인가?

그러기 때문에 서양 선교 500년의 역사에도 불구하고 오늘날 기독교 인구가 2.2%에 불과하며 95%에 달하는 기독교인이 전부 천민 카스트에 해당되는 것이다.[134] 그것보다 더욱 놀라운 것은 대부분의 인도 기독교인은 피해자 의식과 함께 정부에 대해 기독교인의 권리만을 요구할 뿐, 상층 카스트에 대해서는 전혀 전도의 의무를 수행하지 않는다는 것이다. 이는 오랜 세월 동안 하층 카스트에 대해 권리 찾기와 반역 사상만을 주입시킨 서양 선교사들의 책임이며, 오늘날 다수가 된 비서구권 선교사 역시 무비판적으로 기존의 틀을 따라 가고 있다. 선교사들 역시, 상층 카스트가 반응이 없다는 이유로 상층 카스트와 중산층의 선교는 외면한다. 그러나 사실 그들이 반응이 없는 것은 반응이 없게끔 선교사들이 계속 조장하고 있기 때문인 것으로 보인다.

"권리를 주장하는 것이 아니라 포기하고, (비성경적인 나쁜) 사회 질서라도 반역하지 말고 따르라"는 것은 개인의 인권, 평등사상, 자유 민주주의 사상을 중시하는 사람에게는 말도 안 되는 이야기이지만 성경에서는 파니가 말한 대로 그리스도께서 몸으로 보여주신 매우 익숙한 가르침이다. 물론 나쁜 제도 밑에 고난 받는 피해자 입장에서는 참으로 어려운 말씀이 될 수 있겠지만 이것이 중요한 이유는, 기독교 복음 전파가 사회 혁명 운동으로 오해되지 않고 신앙 운동으로 남기 위해서이다. 만일 초대 교회 시대와 로마 시대에 기독교가 노예 해방 운동의

---

134 Arthur F. Glasser, "Missiology: At the Cutting Edge," 134.

이념으로 사용되었다면 기독교가 유럽에서 살아남을 수가 있었을는지 의문이다.

사회 질서를 경멸하고 증오하도록 가르침 받고 권리 주장과 반역 운동에 힘쓰는 선교사와 교회는 어느 사회에서나 성공할 수 없다. 카스트 제도가 수천 년의 세월 동안 강고하게 자리잡고 있는 인도에서는 더욱 더 그러하다. 카스트 문제는 더 이상 서양의 평등사상, 저항사상, 인권의 관점에서 접근되어서는 안 된다. 카스트는 그리스도께서 남기신 "도살장으로 말없이 끌려가는 순한 양"의 모델, 초대 교회의 "순복"의 모델을 따라, 13억 영혼을 구원하는 선교적 관점에서 접근해야 한다.

필자는 이 점에서 윌리엄 캐리와 동시대 캘커타 교구에서 영국 성공회의 주교로 활동했던 레지널드 히버(Reginald Heber, 1783-1826)에 주목하게 된다. 그는 1823년 인도에 부임하여 1826년 그곳에서 사망하기까지 짧은 기간 주교로 활동했지만, 인도 선교의 흐름을 바꿀 수 있는 매우 중요한 유산을 남겼다. 그는 카스트 문제를 다룬 기존의 방식(캐리와 슈바르쯔의 방식)을 자세히 검토한 끝에 기존의 개신교 선교사들이 간과하고 있었던 중요한 통찰을 제시했던 것이다. 히버는 1825년 크리스챤 슈바르쯔의 제자이자 현지인 기독교 지도자였던 크리스챤 데이빗(Christian David)과의 편지에서 이렇게 말했다.

> 기독교가 허용할 뿐만 아니라 주의를 기울이도록 명하는 것은…사도 바울이 기독교인 노예들로 하여금 그들의 이교도 주인들을 경멸하지 말라고 특

별히 명한 것에 관한 것입니다.[135]

히버가 말한 사도 바울의 명은 에베소서 6:5에서 "종들아 두려워하고 떨며 성실한 마음으로 육체의 상전에게 순종하기를 그리스도께 하듯 하라"는 것이었다. 골로새서 3:22에서도 같은 취지로 말한다.

> 종들아 모든 일에 육신의 상전들에게 순종하되 사람을 기쁘게 하는 자와 같이 눈가림만 하지 말고 오직 주를 두려워하여 성실한 마음으로 하라(골 3:22).

윌리암 캐리를 비롯한 수많은 개신교 선교사들이 있었지만 사도 바울의 가르침을 인도 상황에 적용한 사람은 히버 외에는 아직까지 발견하지 못했다. 히버는 바울의 가르침대로 인도의 노예인 불가촉천민과 수드라에게, 그리스도께 순종하듯 상층 카스트에게 순종하라고 가르친 것이다. 그는 마지못해서, 억지로가 아니라 그리스도께 하듯이 그렇게 적극적으로 카스트 제도에 따르라고 한 것이다.

물론 상전 카스트에 순종하고 노예제를 인정한다고 해도 우상 숭배와, 죄와, 부도덕을 따르라는 것은 아니라는 것을, 히버는 1826년 쉬라이보겔(D. Schreivogel) 목사에게 보낸 다음의 편지에서 분명히 밝힌다.

> 우리의 개종자들 중 그 어느 누구도 반기독교적이거나 부도덕한 관습을 행

---

135 Reginald Heber, Amlia S. Heber, *The Life of Reginald Heber, Lord Bishop of Calcutta, with Selections from This Correspondence, Unpublished Poems, and Private Papers Together with a Journal of His Tour*, Vol. II. (London: John Murray, 1830), 226, 227.

하도록 우리가 권면해서는 절대 안 될 일입니다. 그렇지만 (그리스도 안에서 서로 한 형제로서 숨김없이 말하지만) 최근 선교사들은 이 문제에 대해, 슈바르쯔와 그 동료들이 적절하다고 보는 그 이상으로 불필요하게 매달려 있는 것은 아닌가 걱정이 듭니다. 우리는 결코 죄를 수용할 수는 없습니다. 그렇지만 또한 그리스도께서 만드신 좁은 생명의 문보다 더 좁게 만들어서도 안 되고, 사도 바울과 초대 교회가 유대인 개종자가 가지고 있었던 거의 유사한 편견을 다룰 때보다 이곳 인도 사람의 편견을 다룰 때 덜 유리하게 다루어서도 안 됩니다![136]

히버가 언급한 "최근의 선교사들" 속에는 교회선교회(CMS)와 해외복음전파회(SPG) 선교사들이 해당되겠지만, 그와 함께 세람포르와 캘커타를 무대로 활동했던 캐리를 빼놓을 수는 없을 것이다. 세람포르 선교사들은 의도하지는 않았겠지만 카스트에 대해서 "필요 이상으로 매달리다 보니," "그리스도께서 만드신 생명의 문보다 더 좁은 문"을 만듦으로써 현지인의 구원을 매우 어렵게 만들고 있었다.

카스트를 버리고서는 생존할 수 없는 사회 속에서 "카스트를 버려야만 기독교인이 될 수 있다"고 하니, 이것이 "그리스도께서 만드신 생명의 문보다 더 좁은 문"을 만들고 있는 것이 아니고 무엇이겠는가?

먼저 사람을 살려 놓고, 성화를 시켜야 하는데, 먼저 죽으라고 하니 죽을 사람이 몇이나 되겠는가?

서양인도 메지 못하던 무거운 멍에에 대해, 20세기에 가장 위대한

---

136 Reginald Heber, Amlia S. Heber, *The Life of Reginald Heber*, 402.

선교사로 알려진 스탠리 존즈(E. Stanley Jones, 1884-1973)의 자성적인 다음의 이야기를 들어보자. 그는 인도의 카스트 제도와 "미국의 카스트 제도"를 비교하는 글을 남겼는데 여기에서 미국의 카스트란 1947년 당시 흑인에 대한 인종차별주의를 가리킨다.

> 미국의 카스트 시스템은 비교적 최근의 현상이다. 힌두 카스트 시스템은 종교에 의해서 유지되는데, 미국의 카스트 시스템은 기독교의 가르침에 정면으로 위배되는 것이다. 그런데 인도의 카스트 시스템은 현재 미국보다 더 빨리 붕괴되어 가고 있다. 기차와 버스와 대기실과 대중교통에서 천민을 차별하는 것이 인도에서는 과거의 일이 되었지만, 미국에서는 여전히 광범한 지역에서 현재 진행 중이다.
>
> 북인도에서 식당은 모든 계층의 사람에게 열려져 있다. 그런데 미국의 식당의 3/4은 아무리 존경할 만하고 교양 있는 흑인이라도 금지된다. 불가촉천민이 인도 사원에 출입 금지되는 것처럼 흑인들은 남부와 북부 소재 백인 교회에 출입금지 된다. 마하트마 간디는 여러 명의 천민을 자신의 자식으로 입양을 했다. 그런데 얼마나 많은 미국의 상층 백인들이 흑인 아이를 입양하고 있는가?….
>
> 미국은 중심부가 변하지 않고 있다. 주변부는 변하지만 편견의 성채가 너무나 견고하다. 일부 개인과 단체 중 잘하는 데도 있지만 일반 대중의 마음은 여전히 편견에 사로잡혀 있다. 인도는 카스트 제도를 빨리 변화시켜 나가고 있는데, 미국과 남아프리카 공화국은 카스트 제도를 유지하는 마지막 나라가 될 것으로 보인다. 아이러니컬한 것은 두 나라 모두 민주주의를 주장하며,

두 나라 모두 기독교에 대한 신앙을 고백하고 있다는 것이다.[137]

선교사 자신의 문화 속에 있는 반기독교적인 부패한 사회악은 그대로 가진 채, 선교 현지의 개종자에게만 카스트를 없애라는 것은 문화 우월주의의 편견에 다름 아니다. 선교사 중에 사회 정의 실현에 사명감을 가진 사람도 있겠지만, 선교사의 주류는 그리스도를 전하러 온 사람들이지 반사회 혁명을 하려고 온 것은 아니라고 본다.

그렇다면 평등, 인권, 저항 사상 등의 서양 문화 우월주의를 내려놓고, 겸손히 우리 주님께서 보이신 순한 양의 모범과 사도 바울이 명을 따라 인도 사회 질서를 존중하고 따르는 것을 가장 먼저 배울 필요가 있다. 카스트라는 외부의 장벽을 부수는 데 우리의 관심을 집중할 것이 아니라, 문화 우월주의의 편견, 그리고 이질적인 선교사 자신의 문화 장벽을 무너뜨리는 데 집중해야 할 것이다.

마지막으로 침례교 역사학자인 다니엘 포츠, 그리고 세람포르 선교사 사역의 열매라고 할 수 있는 현지인 개종자 중 한 사람이, 침례교 선교사들에 대해 내린 평가의 말을 인용하면서 이 섹션을 마치고자 한다. 먼저 포츠는 윌리엄 캐리가 먹는 것, 입는 것, 결혼 문제뿐 아니라 전방위적으로 모든 삶과 신앙의 영역을 얼마나 철저하게 서양화 했는지에 대해 다음과 같이 이야기한다.

(세람포르 선교사들은) 그들이 전파하기를 원하는 기독교 신앙에 인도의 문화

---

137 E. Stanley Jones, "India's Caste System and Ours," *The Christian Century*, 64, No. 34, Aug 20, 1947. 995, 996.

적 옷을 입히는 데 실패했다. 그들 자신의 교회 건축, 음악, 예배 의식, 신학의 대부분을 인도의 환경에 그대로 이식시켰거나, 이식시키려고 시도했다…심지어 세람포르 삼인방은 유럽식의 삶, 유럽의 관습, 그리고 무엇보다도 유럽의 교리의 상세한 부분까지 결코 버리지 않았다. 그들이 사는 집, 부리는 하인들, 먹는 음식, 말들과 기타 탈 것들이 비록 다른 부유한 유럽인이나 인도인과 비교하면 검소한 편일지라도, 그것들은 힌두의 관점으로 볼 때 경건한 신앙의 사람들의 사는 모습과는 결코 조화되지 않는 것이었다….

그들은 힌두교, 이슬람교 그리고 다른 비기독교 종교의 모든 부분을 다 삐딱하게 보는 경향이 있었으며, 그들이 이해하지 못하는 것들에 대해서는 노골적으로 정죄했다. 예를 들어 세람포르 선교사들이 공동으로 본국 침례교협회에 보낸 편지에 따르면, 인도 음악은 서양 음악과 근본적으로 다른 것임에도 불구하고, 그것이 '이교도적이고,' '역겨워서' '하나님께 수치스럽고,' '사람의 영혼을 망치게 한다'고 하였다. 연극이나 무도회에도 눈살을 찌푸리는 그들인데, 인도 음악과 인도 언어에 대해서는 오죽했을는지 이해가 안 가는 것은 아니다….

그들의 사역을 마치던 해인 1837년까지, 침례교 선교사들의 사역은 매우 서양적인 형태의 기독교를 주창했으며, 뿐만 아니라 그것을 서구 제국주의와 연결시킴으로써 인도 선교가 매우 어렵게 된 것은 틀림없는 사실로 보인다.[138]

---

138 E. Daniel Potts, *British Baptist Missionaries in India 1793-1837*, 209-213. B.M.S' M.S.S., Carey and Others to B.M.S. Serampore, 25 Sept. 1804.

1812년 발라소르(Balasore)의 아시아 선교사 존 피터스가 윌리엄 워드에게 보낸 편지에서 말했다.

> 저는 오리야 사람들로부터 종종 '그리스도는 단지 유럽인의 그리스도이지, 우리 인도인의 그리스도는 아니'라는 말을 듣습니다. 그들은 말합니다. '우리는 복되신 그리스도의 모든 말씀을 받아들입니다. 그러나 우리가 그 분의 제자가 될 희망은 전혀 보이지 않는군요. 카스트를 떠나라는 당신들의 말은 너무 어렵습니다. 그 분이 이 나라에 태어나셨더라면 우리 모두는 마음으로 그 분을 받아들일 겁니다.
>
> 그러나 우리는 당신들의 나라를 전혀 모르고, 예수 그리스도의 이름도 모릅니다. 우리가 아는 것은 단지 그 이름이 오직 파랑기(Pharangi, 부정한 사람들 곧, 유럽인)들을 위한 것이라는 것입니다. 우리는 (당신을 통해) 그 분이 살아계신 하나님이시고, 우상은 아무것도 아님을 알게 되었습니다. 그럼에도 불구하고 우리는 암소를 도살하며 생명을 해치는 믈레차(외국인)가 될 수는 없습니다. 우리는 다른 유럽 사람들하고는 다른 당신을 좋아합니다. 그러나 당신도 고기를 먹는 것이 우리의 가슴을 몹시 아프게 합니다.[139]

---

139 *Circular Road*, I Orissa Mission Balasore To Brother Ward, Balasore January 22, 1812, 18.

3. 분리주의 방식

1) 분리주의 방식: 자연적 다리 불태우기

분리주의 방식이란, 개종자들을 그가 속한 가족과 친족, 친구 및 사회 공동체로부터 '분리(또는 적출)시켜' 따로 별개의 '기독교 공동체'를 만들어 살아가게 하는 선교 방식을 말한다. 이는 한마디로 기존의 사회로부터 몇몇 사람을 외부로 '빼어 내오기 식'의 선교를 하는 것을 말한다. 선교사들이 이런 방식을 사용하는 데에는 여러 가지 이유가 있다.

첫째, 가족과 공동체로부터 박해와 핍박을 받는 개종자를 보호하기 위해서이다. 현지 기독교인들이 종종 신체적, 정신적으로 위기에 처하는 일이 발생하는데, 이때 선교사들이 일종의 긴급 피난처와 거주지를 제공해 주는 것이다.

둘째, 개종자들에게 생계 수단과 일자리를 제공해 주기 위해서이다. 개종자가 출생 공동체로부터 추방될 때 직장과 재산을 잃는 일들이 종종 생긴다. 이들의 생계를 위해서 선교사들은 선교 기지의 기관 내에, 또는 기독교 마을에 이들을 고용했다.

셋째, 개종자들의 신앙의 유지와 교육에 편리했기 때문이다. 힌두 또는 무슬림이 지배적인 공동체에서는 어린 신앙인들이 옛 생활로 되돌아갈 위험이 있을 뿐만 아니라, 기존의 익숙한 이교도 문화에 타협하며 살아가기도 쉽다.

그러나 개종자들이 '본토 친척 아비 집'을 떠나 선교사들이 접근하기에 용이한 곳에 거주하게 되면, 이러한 위험과 악영향을 선제적으로 차단하고 선교사들이 목표하는 성숙한 신앙인으로 그들을 양육, 또는 관리 감독하기에 수월해진다.

이러한 분리주의 방식은 재럴 피켓(Jarrell. W. Pickett, 1890-1981), 도널드 맥가브란(Donald A. McGavran, 1897-1990) 등이 말한 '선교 기지' 방식(Mission station method)과 유사하나, 리처드(H. L. Richard)가 말한 '통전적 상황화 방식'(Holistic contextualization method)과는 대조적이다. 통전적 상황화란 힌두에 대한 복음적 접근으로 제시한 것 중 가장 이상적인 방법이다.

이는 개종한 현지인들이 단지 입으로만 그리스도를 증거하는 것이 아니라, 자신이 속한 기존 공동체에서 삶의 전 영역을 통해 그리스도를 따르고 증거하는 방식을 말한다. 문화적으로도 현지 상황에 적절할 뿐만 아니라, 개종자 개개인의 정체성의 초점을 외부가 아니라 자신의 출생 공동체에 두게 하는 방법이다.[140]

이와 달리 선교 기지 방식은 예수 그리스도와 복음을 위하는 자는 반드시 집과 가족과 전토를 버릴 수 있어야 한다고 본다. 이 경우 문화적으로 이질적이 되더라도 불가피한 일로 보며, 개종자 개개인의 정체성은 우상 숭배 문화가 지배적인 기존 출생 공동체보다는 도리어 그리스도 안에 영적 가족인 외부자(외국인)에게 둔다. 선교 기지 방식에서 개종자는 선교 기지에서 거주하게 되는데, 개종자의 수가 증가함에 따라 선교 기지는 현지인 기독교 마을 건설로 확대된다.[141]

140　H. L. Richard, "Evangelical Approaches to Hindus," *Missiology* Vol. XXIX. No. 3, July 1, 2001, 307.
141　"선교 기지 방식"은 선교의 주체가 선교사이며, 개종자들이 선교 기지에만 거주한다는 인

선교사들의 전통적인 방식이었던 이러한 선교 기지 방법의 문제점을 거론한 사람은 여럿 있었지만, 공동체 정체성과 관련하여 이것이 폐기 처분해야 됨을 체계적으로 제시한 최초의 사람은 감리교 선교사 재럴 피켓(Jarrel Waskom Pickett) 주교였다. 그는 개개인에 대한 접근보다는 동일 공동체와 족속 단위의 접근이 인도 문화와 상황에 적절하다는 입장에서, 서양의 개인주의의 위험성을 경고하고, 개종자가 출생 공동체를 떠나 사회적 이동을 하는 것이 얼마나 인도 복음화에 해가 되는지를 역설했다.[142] 그는 또한 교회 의식과 예배의 외국적인 요소를 피하고 현지의 문화적 형태와 상징을 사용해야 할 필요에 대하여 논하였다.

도날드 맥가브란은 피켓의 입장을 그대로 수용하면서도 교회의 수적인 성장에 초점을 맞추어, 선교 기지 방식이 "재생산이 없고 정체된" 매우 적은 교회와 기관을 가지고 있으며, 사회로부터 "전방위적으로 매우 커다란 저항"을 받는 방식이라고 말했다.[143] 그는 피켓 주교의 말을 인용하며 왜 개개의 개종자를 빼어 내오기 식의 선교를 해서는 안 되는지에 대해 이렇게 말했다.

상을 준다. "분리주의 방식"은 이를 포함하면서도 선교의 실제 담당자를 현지인으로 확대하며, 개종한 현지인들이 선교 기지 바깥에 별도의 기독교인 마을을 건설하여 자신들의 출생 공동체와 분리해서 사는 것까지 포함하는 좀 더 광의의 개념이라고 할 수 있다. 세람포르 선교사는 선교 기지 바깥에도 기독교 마을을 세웠으며, 아시아 선교사와 함께 현지인 사역자가 실제적인 선교의 담당자였기 때문에 저자는 선교 기지 방식이라는 용어보다는 분리주의적 방식이 본서의 주제에 더 적합하다고 본다. 그러나 현지 사회와 분리한다는 면에서 내용상 큰 차이는 없다.

142 Art McPhee, "Bishop J. Waskom Pickett's Rethinking on 1930s Missions in India: Gospel Ferment in India among Both Hindus and Christians," *International Journal of Frontier Missions*, 19:3 Fall 2002, 35.
143 Donald McGavran, "New Methods for a New Age in Missions," *International Review of Mission*, 44 No. 176, Oct 1955, 396, 397.

힌두와 무슬림 공동체로부터 개개인을 빼어 내오는 방식으로는 교회를 세우지 못한다. 도리어 그것은 기독교에 대한 적대감을 불러일으킬 뿐이며, 복음 전파를 어렵게 하는 장벽만을 쌓게 한다. 더구나 그러한 과정은 많은 불행한 결과를 낳았으며, (선교사들이) 가장 깊이 관심을 갖고 있는 사람들의 삶에 많은 비극적인 결과들을 가져왔다…그러한 방식은 개종자를 자신의 족속으로부터 분리시킴으로써 개종자가 갖고 있는 많은 전도의 가능성을 죽인다. 그것은 진정한 리더십을 알지 못하며, 선교나 선교사에 매우 의존적인 무기력한 교회를 낳을 뿐이다.[144]

인도 선교사로서 미국인들의 전통적 방식의 선교를 바꾸는 일에 지배적인 영향을 끼치고 있는 미국인 리처드(H. L. Richard)는, 분리주의 방식의 선교는 만시지탄이지만 지금이라도 속히 버려야 됨을 다음과 같이 말했다.

모든 기독교인들이 관심 가져야 할 일은, 새로이 개종한 제자가 자신의 가족과 사회 속으로 자연스럽게 들어갈 수 있는 그 다리가 빨리 무너지고 있다는 것이다. 그리하여 그리스도를 전하기 위해 친족들에게 도달할 새로운 다리를 만들기 위해서 이 후에 수년 혹은 수십 년이 소요된다는 것이다. 그 다리를 처음부터 아예 불태우지 않는 편이 더 낫지 않을까?…
자신의 문화적 상황에서 적출된 각 개종자는 다른 힌두와 무슬림들의 마음속에, 기독교인들은 자신들의 문화적 전통을 반대한다는 오해를 강화시

---

144 Rick Wood, "A Church Planting Movement within Every People: The Key to Reaching Every People and Every Person," *Mission Frontiers*, May June 1995.

킨다. 이런 점에서 (자신의 가족과 출생 공동체를 떠나는) 이러한 개종자들은, 오늘날 힌두와 이슬람 공동체로부터 많은 사람들을 얻는 일에 실제적인 걸림돌이 되고 있다고 말할 수 있다.145

2) 캐리의 인도 기독교: 덩어리 밖의 누룩

캐리와 그의 동료 선교사들이 분리주의 방식의 선교를 진행했던 것은 명백하다. 캐리는 선교의 중심 센터 역할을 했던 세람포르 기지를 비롯하여 "사역의 혼이자 실질적 내용"인 24개의 선교 기지를 세워 현지인들과 분리된 생활을 했다. 이 선교 기지는 선교사들의 거주지였을 뿐만 아니라 현지인 개종자들이 그들의 가족과 친구를 떠나 사는 거주지였으며 그들이 여러 가지 선교 기관에 고용되어 일하는 일터였다.146 뿐만 아니라 현지인들은 개종 이전 그들에게 속했던 공동체를 떠나 별도의 기독교 마을에 살았는데, 이것을 세워준 이는 선교사들이었다.

이 중에 첫 번째 세워진 것은 포즈에 의하면 제소르의 크리스챤포르 (Christianpore)였다.147 또 앞 섹션에서 언급한 대로 사다말에 아시아 선교사 페르난데즈가 세워 159명이 함께 살았던 2개의 기독교인 마을, 그리고 존 마쉬만 선교사가 세우고 존 맥 선교사가 수시로 방문 관리했

---

145 H. L. Richard, "Is Extraction Evangelism Still the Way to Go?" *Mission Frontiers Bulletin* 18:9-10 (September-October 1996).

146 예를 들어 앞 섹션에서 말한 대로 세람포르에는 상시적으로 고용되어 일하던 100여명의 기독교인이 있었다. James Hough, *Reply to the Abbe J. A. Dubois's "Letters on the State of Christianity in India,"* 182.

147 E. Daniel Potts, *British Baptist Missionaries in India 1793-1837*, 226. S. P. A. New Series, XI (January-March 1823), 23-4.

던 존 나가(John Nagar)¹⁴⁸ 마을이 그 예가 될 것이다.

세람포르 선교사들이 이렇게 현지인 사회와 자신들을 분리할 뿐만 아니라 현지인 사회와 개종자들을 분리하는 방식을 사용한 것은 카스트를 비롯한 인도 사회의 문화를 종교적 관점에서 부정일변도로 보았기 때문인 것으로 보인다. 마쉬만은 1807년 "그리스도를 찾는 구도자는 카스트를 잃어야만 한다"고 했고,¹⁴⁹ 1826년 쓴 편지에서 캐리 역시 말했다.

"어느 나라에서건 기독교인이 되면 가족, 친척, 재산과 소유한 모든 것을 떠나야 한다."¹⁵⁰

캐리가 자신의 형제자매들과 빈번하게 편지한 것을 보면 그 자신은 기독교인이 된 후 가족들을 떠나지 않은 것으로 보인다. 캐리가 영국에서는 가진 재산이 없었지만 인도에서는 많은 돈을 벌었고, 법정 투쟁까지 불사하며 세람포르의 땅과 재산을 지킨 것을 보면, 그 자신은 결코 재산과 소유한 모든 것을 떠나지 않았다. 더구나 캐리는 인도와 영국에 사는 어떤 영국의 기독교인들에게도 "기독교인은 가족, 친척, 재산과 소유한 모든 것을 떠나야 한다"고 말한 적이 없었을 것이다.

그런데 캐리는 자신과 영국인에게는 적용하지 않는 말씀을 왜 인도인에게는 그렇게 철저하게 요구했을까?

148　나가(nagar)란 '마을(town), 또는 시(city)'란 말인데, 그러므로 '존'이라는 이름의 마을은 그 자체가 서양인과 연관된 기독교인들이 사는 이질적인 마을임을 보여주고 있다. 이를 통해서도 알 수 있지만 선교사들은 기독교인이 현지인들과 교류 없이 이질적인 공동체로 취급받는 것에 둔감했거나, 개의치 않은 것을 보여 준다.

149　A. Smith, *The Serampore Mission Enterprise*, 150.

150　Carey, *Memoir of Doctor Carey*, 272.

인도의 가족과 친척과 인도 사회는 카스트라는 미신과 우상 숭배 문화로 인해 그 자체가 원천적으로 반 그리스도적이며 복음에 적대적인 세력인 것으로 이해했기 때문인 것이다.

앞 섹션에서 언급한 바 있지만 고쿨은 개종 이후 어머니와 처를 버림으로써 그 어머니가 거의 굶어죽을 뻔하였고, 소릅과 바그와트 역시 부모, 처자와 떨어져 세람포르에 살았다. 사역자까지 되었으나 처자식과 단절된 삶을 산 힝엄 미서, 그리고 아내와 세 자식을 남기고 집을 떠나 세람포르에 온 이름 없는 사람들의 이야기는, 단지 몇몇 사람의 이야기가 아니고 선교 기지와 기독교 마을에 사는 대부분의 사람들의 가슴 아픈 가족 생이별의 이야기이다.

물론 그들 중에는 "자신의 영혼의 구원이 유일한 동기"[151]인 사람도 있고, 오직 "복음을 위하여"라는 고귀한 목적을 가진 사람도 있었다. 무엇보다 선교사의 말에 의하면, 그들은 "우상 숭배의 사슬에서 빠져나와 우상을 섬기는 옛 생활로 되돌아갈 마음이 전혀 없는"[152] 사람들이었다.

그런데 그들은 왜 자신의 영혼의 구원도 중요하지만 가족과 동족의 구원 역시 중요하기 때문에, 가족을 떠나는 것은 신중해야 한다는 점은 생각 못했을까?

"복음을 위하여" 우상 숭배 문화에서 나와야 한다고 하는데, "복음을 위하여" 주님이 부르신 그곳에 머물며 복음을 위해 사는 것이 성경의 가르침(고전 7:17–20)이라는 것은 왜 알지 못했을까?

---

151 John Bowen, *Reply to Missionary Incitement, and Hindoo Demoralization*, 43.
152 *Ibid.*, 51.

천로역정에서 크리스챤이 무거운 짐을 등에 지고 죄 많은 이 세상을 떠나 천국으로 가는 것은 우리가 순례자임을 보여주는 좋은 모델임에 틀림이 없다.

그러나 거룩한 순례자의 길을 가는 동안에 우리 주님께서 그러하셨듯이 기독교인은 주변에 있는 가족과 친척과 친구들과 이웃들을 사랑하고 섬기는 삶을 살아야 마땅하지 않은가?

선교사들의 균형 잡히지 않은 신학과 성경의 치우친 적용은 인도 및 비서구권 선교에 치명적인 재앙을 가져왔다. 힌두 전도자 다야난드 바라띠(Dayanand Bharati)는 서구 선교사들이 인도에서 분리주의 방식을 사용한 결과 야기된 재앙에 대해 이렇게 말한다.

> 인도에서 기독교가 기존의 공동체를 반대하면서 발전해 온 결과 철저히 종파화 되어 온 것은 선교 역사의 커다란 비극 중의 하나이다. 그리스도께서 맛 잃은 소금에 대해 주신 경고는 우리 인도 교회에 해당되는 문제는 아니다. 도리어 소금이 덩어리 채로만 있고, 맛을 내거나 보존하는 일을 위해 퍼지지 않는 것이 문제이다. (인도에서는) 누룩이 덩어리 안에 들어가 있는 것이 아니라 조심스럽게 제거되어 따로 보존되어 있는 것이다(그래서 쓸모없게 되었다).[153]

---

153 Dayanand Bharati, *Living Water and Indian Bowl: An Analysis of Christian Failings in Communicating Christ to Hindus* (Delhi: ISPCK, 1997), 55. 이계절 역, 『인도의 눈으로 본 예수』 (서울: 밀알서원, 2017), 137.

3) 힌두 배경 기독교인과 기독교인 힌두

캐리와 세람포르 선교사들은 최소한 전도를 위해서라도 개종자들이 기존 공동체 속으로 들어가는 것의 중요성을 모를 수는 없었다. 세람포르 선교사들이, 세례 받은 상층 카스트 크샤트리아 배경 개종자 삐땀브루 씽(Pitamburu Singh)에게 세람포르에 들어오기보다는 "좀 떨어진 곳에서 사는 것이 좋겠다"는 제안을 한 것을 보면 알 수 있다.[154] 그래서 그는 숙사구르(Sooksaugur)에 거하며, 공동체 내부의 증거자가 되었다. 그러자 그의 전도를 통해서 한 브라만이 개종하는 일이 일어났다. 그러나 그도 결국 건강 문제로 얼마 지나지 않아 세람포르 기지 안으로 들어간다.

그런데 삐땀브루 씽의 이야기가 실린 책의 제목을 보면 세람포르 선교사들은 4명의 개종자들을 "기독교 힌두"라고 호칭하였다. 선교사들이 개종자들을 "기독교인"이라고 부르지 않고 "기독교 힌두"라고 부른 것은 일단 긍정적으로 평가해야 한다. 이는 인도 기독교인에게 "힌두"로서의 공동체 정체성이 필요한 것을 인식한 것으로 보이기 때문이다. 이 경우 힌두란 말은 종교적 의미로서보다는 "인도인"이라는 사회 문화적 의미로 썼을 것이다.

그런데 네 명의 개종자의 전기가 실린 이 책은 이상하게도 제목을 제외하고는 본문 안에 "기독교 힌두"라는 단어가 나온 곳이 단 한 군데도 없다. 단지 직공 카스트였던 루구나트(Rughoonath)의 전기에 "개종 이

154　Serampore Missionaries, *Brief Memoirs of Four Christian Hindoos Lately Deceased* (Serampore: Mission House, 1810), Reprinted 1816 in London, 24.

후 힌두 기독교인은 그리스도 예수 안에서 새로운 피조물이 된다"는 유사한 표현이 하나 나올 뿐이다. "힌두"의 문화적 정체성을 가지고 힌두 사회 내에 머무르는 기독교인이라는 의미라면 "기독교 힌두"나 "힌두 기독교인"이나 큰 차이는 없어 보인다.

그런데 용어의 유무와 관계없이 본문 안에 이와 연관시켜 볼 수 있는 내용이 전혀 나오지 않는다. 만일 선교사들이 "기독교 힌두"라는 말이 의미하는 바를 의도적으로 썼다면 아무리 희미하게라도 한 마디 말은 했을 텐데, 그것이 보이지 않는다. 그래서 필자는 제목에 나오는 "기독교 힌두"라는 말은 "힌두 배경의 개종자 기독교인"이라는 이상의 의미를 찾을 수는 없다고 본다.

세람포르 선교사들이 "기독교 힌두"라는 말의 의미를 전혀 진지하게 고려하지 않았다는 것은 앞에서 캐리와 동시대인들의 목소리를 통해서도 증명된다. 앞 섹션에서도 언급했지만 가톨릭 선교사 아베 뒤보아는 카스트 불가 정책을 쓰고 있는 세람포르 선교사에게 직격탄을 날린다. 그는 말했다.

> 기독교 신앙을 받아들인 사람들은 카스트를 잃게 되는데, 그러면 자신의 것을 모두 잃어버리게 된다. 재산과 물건들, 유산과 모든 것, 심지어는 목숨까지도 잃을 수 있다. 어떻게 그렇게 넘기 어려운 장벽에도 불구하고 우리의 거룩한 신앙이 번창할 수 있을까?
> 이곳에서는 기독교 신앙을 받아들이면 곧장 불법이 되고 금지되고 만다. 상층 카스트 중에 기독교를 받아들이는 자는 기존의 도마 교인 외에 지난 60년간 새롭게 받아들이는 자가 거의 없었고, 있어도 대부분 불가촉천민(paraiahs)

이나 거지, 부랑자들, 그리고 카스트 공동체에서 파문된 자들뿐이다.[155]

캘커타에서 살아 본 경험을 기초로 세람포르 선교사들의 "힌두 도덕 황폐화"의 문제를 제기한 영국인 존 보우웬은 이렇게 말했다.

> 힌두의 미덕을 파괴하고 있는 이 인도의 적(선교사)들은 정부의 공식 조치로 인도에서 추방시켜야 한다. 이렇게 몇 년만 더 선교사들이 일하면 인도는 완전 혼란과 무질서에 빠질 것이다. (선교사들의 분리주의 방식 때문에) 아버지와 아들, 남편과 아내, 친구와 친구 사이에 왕래가 없이 살아가는 이런 일들은 선교사의 탈 도덕적 시스템의 결과이다… 선교사들이 이러한 방식을 철회하지 않는 한 인도의 미덕과 도덕을 무너뜨리고, 인도의 전통 사회 질서를 혼란에 빠뜨리게 하는 이런 상황은 개선되기가 어려울 것으로 보인다.[156]

이상의 수상에 대한 죠수아 마쉬만의 답변 글을 보면 현지 공농제와 선교 기지 공동체에 대한 세람포르 선교사들의 생각이 잘 드러난다. 마쉬만은 보우웬에게 말했다.

> 왜 우리 주님께서 '아비나 어미를 나보다 더 사랑하는 자는 내게 합당치 아니하고 아들이나 딸을 나보다 더 사랑하는 자도 내게 합당치 아니하다'고 말씀하셨겠는가?

---

155 Abbe J. A. Dubois, *Letters on The State of Christianity in India*, 13, 134.
156 John Bowen, *Reply to Missionary Incitement, and Hindoo Demoralizatio*; 2, 39.

> 우리는 사람이 아니라 오직 하나님께 순종해야 한다. 부모와 처자식을 죽일 수 있는 사람들을 두려워 말라…우리의 현지 기독교인 형제들은 우상 축제나 음란한 행사를 꺼리고, 그런 사람들과 교제하기를 원치 않으며, 브라만의 속임수이자 본질상 공동체에 해로운 카스트로 사람을 차별하는 것을 경멸하기에, 힌두들보다 카스트를 잃어버리는 일이 훨씬 적다. 그들이 (인도 사회와는 거리를 두게 되었을지라도) 이제 마음으로 하나가 된 유럽의 기독교인 친구들과의 교제를 더 편안히 여기고 있다.[157]

마쉬만은 가족과 사회를 떠나는 것에 대한 문제 제기를 박해에 대한 두려움 문제로 잘못 이해했다. 그러나 실제적으로 문제가 되는 것은 두려움에 대한 것이 아니라 기독교인이 가족과 전통 문화와 사회 질서를 파괴하는 사람들이라는 부정적인 편견이다. 또한 그러한 편견을 가중시키는 것은 개종자들이 자신들의 동족에게서 정체성을 찾기보다 유럽의 기독교인 친구들과의 교제에서 찾는 것이다. 개종자들의 이러한 탈민족적 정서를 조장하는 것이야말로 선교사들의 모든 희생과 수고를 물거품으로 만드는 선교의 최대 장벽을 쌓는 행위인 것을 왜 마쉬만은 모르는 것인가!

마쉬만은 또한 아베 뒤부아에 대한 답변의 글에서 다음과 같이 말한 바 있다.

> 카스트를 없애기를 원치 않는 선교사들이 일부 존재한다는 것은 거의 믿

---

157   *Ibid.*, 26, 29.

기 어려운 일이다. 성경과 순수한 (기독) 도덕체계를 받아들임으로 카스트가 없어지기까지는 카스트가 위선을 막는 담장으로서 계속 기능을 발휘할 것이다. 마음으로는 죄를 사랑하면서도 이름만 기독교를 받아들이는 많은 명목상의 개종자들을 거르기 위한 유익한 검증인 것이다.[158]

마쉬만은 카스트를 잃는 것에 대한 두려움, 가족과 친구와 공동체에서 버림받아 사회에서 매장될 것에 대한 두려움 때문에 세례받기를 주저하는 어린 신자들을, "마음으로는 죄를 사랑하면서도 이름만 기독교를 받아들이는 명목상의 개종자들"로 보고 그들의 주저하는 행위를 "위선"으로 보았다. 세람포르 선교사들이 개종자들에게 카스트를 잃을 것을 요구하는 것은 그 위선을 막기 위함이요, 진정한 신앙인을 찾아내기 위한 유익한 검증이라는 것이다. 카스트를 없애라는 요구로 고난 받는 현지인 구도자와 어린 신자들에 대한 마쉬만의 공감 능력 결여는 매우 크게 보인다. 그는 유색 인종의 백인 지배자인 사힙(Sahib)의 높은 위치에 앉아서 고자세로 현지인들에게 감당키 어려운 요구를 하고 있다.

이 요구를 받아들인 인도 사회의 "부적응자와 반역자"[159]는 700명(캐리의 사역으로 개종한 현지인 숫자)에 불과하지만, 이러한 요구에 분개하며 적대적인 감정을 가지게 된 13억 명의 구원의 길을 가로 막은 책임은 어떻게 할 것인가?

158　J. Marshman, *Reply to the Abbe J. A. Dubois's "Letters on the State of Christianity in India,"* 85, 87.
159　릭 우드는 "모든 족속 안에 교회를 설립하는 운동"에서 동족 사회에서 빠져 나와 자신들의 문화를 버리고 선교사들의 문화에 적응하는 개종자들은 대체로 그 사회의 "부적응자와 반역자"이라고 말 했다. Rick Wood, "A Church Planting Movement within Every People," *Ibid*.

그런데 여기에 놀라운 반전이 있다. 캐리의 사역 전체의 흐름과는 상관이 없이 다카에서 홀로 벌어진 일이긴 하지만 오웬 레너드라는 선교사가 개종자들에게 "기독교 힌두"의 삶을 살게 한 것이다. 레너드는 그리스도를 믿으면 자신의 친족과 힌두사회를 떠나야 하지 않나 고민하는 인도인 개종자에게, 그리스도께 대한 신앙고백을 한다고 해도 가족을 떠나지 말고 "힌두로 남아 있으라"고 권면했다.[160]

그가 말한 힌두는 종교적인 힌두가 아니라 문화적 힌두를 말했다. 우상 숭배와 성경이 금하는 모든 죄를 떠나 거룩한 하나님의 사람으로 살지만 힌두의 관습을 존중하며 그 공동체의 일원으로 사는 사람 말이다. 레너드가 1818년 7월 10일 워드에게 보낸 편지는 워드뿐 아니라 세람포르 선교사들이 다 회람하여 보았을 것이다. 그러나 앞에서 말한 대로 캐리나 워드의 반응은 아무것도 없었다. 아마도 편지를 받은 시기가 선교회가 두 쪽으로 분열되고 세람포르대학을 세우는 외우내환의 시기였기 때문에 차분히 검토할 여유가 없었을 수도 있다.

그러나 워드가 이러한 제안(또는 전통적인 방식의 비판)에 대해 차분히 검토했다고 해도 그러한 개념을 수용했을 것으로는 보이지 않는다. 왜냐하면 우상이 만연한 힌두 사회 속에서 그리스도를 따르는 제자요 증거자로서의 삶을 살 수 있는가 라는 질문에 세람포르 선교사들이 긍정적인 대답을 할 것으로 기대하기 어렵기 때문이다. 그러나 필자는 그것이 힌두의 종교 문화적인 배경 때문에 가능하다고 본다. 왜냐하면 인도는 무슬림이나 기독교와 달리 특정 신을 믿는 것이 필수가 아니고 선택

---

160   A. Smith, 197.

사항이기 때문이다.

　인도에서는 모든 힌두가 반드시 끄리슈나를 믿어야 하거나, 반드시 시바 신을 믿어야 하는 것이 아니다. 종파에 따라 최고신이 다르고, 경전도 다르며, 교리도 각기 다르다. 그러므로 인도에서 가족별로, 개인별로 자신만의 신을 섬기는 것은 지극히 전형적이고 정상적인 신앙인의 모습이다. 그러기에 여러 구루 중에 자신의 참된 구루, 참된 신으로 예수 그리스도만을 섬기는 것은 전혀 문제가 되지 않는다.

　문제가 되는 것은 이렇게 다양한 신과 교리를 가지고 있음에도 불구하고 모든 인도인이 반드시 지켜야 하는 인도인의 삶의 방식(문화)을 지키지 않을 때 생기는 것이다. 인도에서 필수는 신앙이 아니라 삶의 방식 곧 문화와 관습이기 때문인 것이다. 그래서 외국인이 힌두교라고 부르는 그것을 인도인들은 사나따나 다르마(Sanatana Dharma, 영원한 다르마)라고 하는데, 이 다르마는 힌두 철학자 라마끄리슈난(S. Radhakrishnan)에 의하면 "모든 사람들에게 특징적인 삶의 방식이며, 하나의 신앙이라기보다는 문화이다."[161]

　그러므로 예수님을 참 신으로 모시는 그리스도인이 가족을 사랑하고 가족과 친족의 관습(문화)을 잘 따르기만 하면, 얼마든지 자신의 개인 신앙을 유지할 수 있고 전파도 할 수 있는 것이다. 세람포르의 유럽 선교사들은 이 점에 대한 이해가 부족했을 뿐 아니라, 기독교인이라는 이름에 집착을 했기 때문에, 기독교 힌두라는 개념을 받아들이기 어려웠을 것이다.

161　Paul G. Hiebert, "Missiological Issues in the Encounter with Emerging Hinduism," *Missiology: An International Review*, Vol XXVIII, No 1, January 2000, 48.

제4장

캐리를 넘어서서: 대안 방식의 탐구

1. 캐리의 방식, 전 남반구 현상

캐리의 선교에서 전형적으로 나타나는 돈 의존, 문화우월주의, 분리주의 방식의 선교는 지난 500여 년 동안 인도에서뿐만 아니라 서구권 선교사가 활동했던 비서구권 지역, 또는 남반구 지역 전반에 걸쳐 나타난 현상이었다. 시기와 지역 면에서 캐리의 선교가 이 시기에 남반부에서 일어난 모든 선교 활동에 직접적인 영향을 주었을 가능성은 매우 적어 보인다.

그럼에도 불구하고 시대와 장소에 관계없이 서구권 선교사들이 사역했던 곳마다 유사한 방식의 선교가 진행된 것은 그들이 서구인으로서 공통의 문화유산과 시대정신, 그리고 유사한 신학과 타문화 이해를 가지고 선교에 참여했기 때문인 것으로 이해된다. 아래에서 아프리카, 아시아, 남미, 호주를 중심으로 지역과 나라별로 캐리의 세 가지 선교 방식이 어떻게 나타나고 있는지 몇 가지 예를 들어 보겠다.

1) 아프리카 선교, 백인화의 과정

캐리와 동시대 사람들인 데이빗 존즈(David P. Jones, 1796-1841), 토마스 베븐(Thomas Beven, 1795-1819), 데이빗 그리피스(David Griffiths, 1792-1863)는 런던선교회(London Missionary Society)에서 파송 받아 동아프리카 마다가스카르(Madagaskar)에 온 영국의 첫 개신교 선교사들이었다. 존즈의 아내와 아이, 토마스 베븐 부부와 아이는 도착한 지 6개월 전후에 말라리아로 다 사망하고 말았다.

그러나 존즈와 그리피스는 1818년부터 말라가시(Malagasy) 말의 로마자 표기법을 만들어 그것으로 아프리카 최초의 성경 중 하나인 말라가시어 성경을 번역하였다. 뿐만 아니라 그들은 캐리와 마찬가지로 30여개의 학교를 세워 2,300여명의 학생들에게 성경과 요리문답서 등을 읽히게 하는 방식으로 복음 전파를 시도했다.

그리피스는 캐리처럼 메리나(Merina) 지역에 선교 기지를 건설했는데 1년 5개월에 걸쳐 메리나에서 가장 큰 자신의 개인 집과 예배당과 학교를 유럽식으로 지었다.[1] 이를 위해 현지 국왕의 도움을 받아 보수를 줄 필요 없는 700개의 현지인 강제 노역대(fanompoana)를 동원하였다. 대장장이 직업을 가지고 있던 선교사 조지 칙(George Chick)은 런던 선

---

[1] Gwyn Campbell, *David Griffiths and the Missionary History of Madagascar* (Leiden: Brill, 2012), 635.

교회 본부에 요청하여 270달러짜리의 멋진 유럽식 집을 지어 살았다.[2]

당시 현지인들의 집은 20달러면 지을 수 있었다. 그는 소아니라나 (Soanierana)에서 대규모 건물을 지을 때 철근 공사 계약을 했는데, 연봉 300달러를 받았을 뿐 아니라 공사를 마친 후에는 1500달러를 일시불로 받아서 매우 사치스러운 부자 유럽인의 삶을 살았다. 선교사들은 자신들이 유럽식으로 살 뿐 아니라 현지인들도 유럽인으로 만들고 싶어 했다. 그래서 그들은 자신들의 학교에 출석하는 학생들의 머리를 전부 "영국식으로" 깎도록 규정을 만들어 시행했다.[3]

선교사들이 이처럼 경제적, 사회적, 문화적으로 현지인과 동떨어진 저 높은 곳에서 재벌과 임금과 같은 삶을 살 때, 현지인들은 선교사들을 섬기기 위해서 강제 노동과 저임금 노예노동으로 고통하고 있었다. 그리하여 선교사들이 아내와 아이들을 잃는 등 많은 희생과 수고를 했음에도 불구하고 개종자의 열매를 거의 얻지 못한 것은 전혀 이상하게 보이지 않는다. 선교사 존즈 역시 런던 선교회 총무에게 보내는 다음의 편지를 보면 자신의 문제를 어느 정도는 알고 있었던 것으로 보인다.

"우리의 생활수준은 현지인과 너무 달라서, 우리는 그들이 손을 뻗어 도저히 도달하지 못할 것들에 둘러싸여 살았다. 그 결과 그들은 결코 우리를 따라올 수 없었던 것으로 보인다."[4]

여기서 현지인들이 "도저히 도달하지 못할 것"이란, 현지인 동료 사역자에 비해 기본적으로 "50배가 더 넘는" 생활비를 받으며 누리는 값

2　*Ibid.*, 648.
3　*Ibid.*, 639.
4　Jonathan Bonk, *Missions and Money Affluence*, 11.

비싼 유럽식 삶이었다.[5]

자이레(Zaire)에서 의료선교사로 일했던 한 선교사의 다음과 같은 고백은, 선교사가 '복음'의 매력으로 일했던 것인지, 아니면 '돈'의 매력으로 일했는지 되돌아보게 한다.

> 비교해서 말하자면 많은 자이레 사람들에게 우리 가족은, (미국의 갑부) 록펠러처럼 보인다고 할 수 있다. 그들은 우리를 무슨 부유한 '물건'으로 보고 우리에게서 뭔가 얻고자 정기적으로 찾아오는데, 이들을 볼 때마다 종종 좌절감을 느끼게 된다.[6]

이렇게 좌절감을 느끼는 선교사는 드물고 대부분의 선교사는 의기양양하게, 집과 차와 같은 부유한 물건을 통해 현지인으로부터 권위를 획득하고 전도의 기회로 삼는 경향이 있다. 이는 단지 19세기만의 이야기가 아니라 오늘날 아시아, 아프리카의 빈민가에서 사역하는 대부분의 선교사들에게도 적용될 수 있는 현실이다. 케냐, 잠비아, 탄자니아 등 사하라 사막 이남의 아프리카에서는 "현지인들에게 물질적 혜택을 많이 나누어 주는 선교사가 훌륭한 선교사로 평가되고 많은 사람들을 모을 수 있다"고 한다.[7]

은과 금을 이용한 이러한 방식은 잠시 사람들을 긁어모으고 사진 찍

---

5 *Ibid.*, 41.
6 *Ibid.*, 74.
7 Jim Harries, "To Compromise on Missionary Vulnerability in Africa? – A Response to Critics of Vulnerable Mission," *Global Missiology English*, Vol. 3, No. 13, 2016.

는 데는 도움이 될 수 있으나, 현지인 신자들을 정신적 신앙적으로 의존적인 사람들로 만들고, 선교사와 현지인 사이에 하나 될 수 없는 거리를 둠으로써 선교에 장벽 쌓기만을 가속화시킬 뿐이다.

서양의 아프리카 선교에서도 인도와 마찬가지로 문화 우월주의 방식이 두드러지게 나타나는데 이것은 아프리카 종교에 대한 이해와 관련이 깊은 것으로 보인다. 19세기 아프리카에 들어온 선교사들은 하나같이 전통 종교를 "이방 종교, 정령신앙, 주물 숭배, 우상 숭배 종교"로 규정하고, 적대적이며 정죄하는 태도를 노골적으로 드러내었다. 나이지리아(Nigeria) 이바단(Ibadan)대학의 종교학 교수인 삼손 파토쿤(Samson Adetunji Fatokun)은 서양 선교사들의 태도에 대해 이렇게 말했다.

> 기독교와 전통 종교는 여러 가지 이유로 긴장과 잦은 충돌을 피하지 못했다. 이러한 이유 중에는 아프리카 종교와 문화에 대한 기독교의 우월성 주장, 정치적 간섭, 아프리카 전통 종교 및 사회 제도에 대한 무시와 경멸이 포함된다. 아프리카의 모든 것은 이교도적이고, 야만적이며, 사악하고, 죄악된 것으로 정죄되었다. 게다가 선교사는 '유럽의 기독교 문화'를 아프리카 종교 및 문화 위에 덧입혀 씌우고자 했다. 사실 선교하는 교회들은 아프리카 전통 종교를 박멸하는 데 깊은 관심을 기울였다.[8]

기독교 선교사들의 이러한 공격적이고 부정 일변도의 태도는 "나이

---

8 Samson Adetunji Fatokun, "Christian Mission in South-Western Nigeria, and the Response of African Traditional Religion," *International Review of Mission* Vol. 96, Nos. 380, 381, January/April 2007, 111.

지리아 기독교의 성채"라고 불리던 엑발랜드(Egbaland)마저 반기독교 운동에 뛰어들게 만들 정도였다. 엑발랜드의 첫 교회였던 곳이 1846년 전통 아프리카 종교인들에 의해 불에 타 완전히 잿더미가 되었으며, 1848년 박해 때에는 기독교인들이 잡혀 고문을 받고 감옥에 갇히기도 했다. 이러한 적대감의 표출은 기독교인들이 전통 종교인들에게 모욕감을 준 것에 대한 반작용 때문이었다.[9] 그러나 나이지리아의 종교학자인 파토쿤은 나이지리아의 전통 종교는 사실 "최고신이자 하늘의 주인"인 "올로두마레(Olodumare)"와 "올로룬(Olorun)," 그리고 중보자 개념을 갖고 있어서, 기독교의 유일신 개념 및 그리스도에 대해 호의적이며 수용적인 종교라고 밝혔다.[10]

결국 복음의 수용성을 높이고 초기 기독교의 토대를 놓는 데 결정적 역할을 했던 현지 종교를, 친구로부터 적으로 돌리게 한 것은 선교사들의 편견과 무지, 그리고 현지 종교를 배우지 않는 오만한 태도에서 기인한 것이라고 할 수 있다. 로저 벡(Roger Beck)에 따르면, 선교사들의 이런 "오해와 적대감"으로 말미암은 갈등과 충돌은 콩고에서도 반복적으로 되풀이되는 일이었다고 한다.[11]

나이지리아 종교학자인 제데이브(Gwamna Dogara Je'adayibe)는 종교에 대해서뿐만 아니라 아프리카 문화와 관습의 모든 것을 "원시적," "이교적"이며 "야만적인" 것으로 보았기 때문에, 선교사들의 선교는

---

9   *Ibid.*
10 *Ibid.*, 106, 112.
11 Chima J. Korieh, Raphael Chijioke eds., *Missions, States, and European Expansion in Africa* (New York & London: Routledge, 2007), 81.

"문제"가 있었을 뿐만 아니라, "무능력하고," "실패"를 피하지 못했다고 한다. 그는 나이지리아 종교문화 학자 이위(N.S.S. Iwe)의 글을 인용하여 이렇게 말했다.

> 선교사들은 서구 문화의 탁월성에 대한 확신을 갖고 있었다. 아프리카 문화를 이교주의와 야만성과 미신의 발톱으로부터 구원해 내려면 그것을 다 파괴하여 타불라 라사(빈 석판)로 만드는 수밖에 없다고 생각했다. 선교사들의 이런 인식으로 말미암아 그들의 전도는 우리 아프리카인들의 정서와 문화 속으로 파고들어 갈 수가 없었다. 우리 문화와 서구화된 기독교 기관의 가치 사이에 있었던 충돌의 원인은 이러한 문화적 오만과 우월감 때문이었다.[12]

선교사들의 문화 우월주의 영향으로 말미암아 아프리카 기독교인들의 교회와 신학과 신앙생활에는 서구 문화의 영향이 지배적이었고, 이처럼 문화적으로 관계가 없는 기독교의 모습은 일반인이 기독교로 접근하는 것을 매우 어렵게 만들었다.

선교사의 서구 문화 우월주의, 다른 말로 하면 아프리카 문화 경멸주의는 아프리카 기독교인들로 하여금 일반 사회로부터의 분리된 삶을 자연스러운 특징으로 가져 오게 하였다. 19세기 아프리카의 남동부 지역에는 9개의 각기 다른 서구 선교 기관에 의해 세워진 75개의 선교 기지들이 나탈, 줄루만드, 그리고 폰돌랜드에 있었다. 남아프리카의 비교

---

12 Gwamna Dogara J'adayibe, "A Contextual Consideration of the Church, Culture and the Gospel in Africa," *Ogbomoso Journal of Theology* Vol. XVII (1) 2012, 80.

종교 학자인 데이빗 치데스터(David Chidester)에 따르면, 아프리카인들은 이 선교 기지들을 "범죄자의 소굴"로 보는 경향이 있었는데, 그 이유는 주로 "범죄자, 마녀들, 사회 부적응자, 반역자들, 그리고 땅 욕심과 일자리를 찾는 자들"이 모두 그리로 몰려갔기 때문이었다. 치데스터는 선교 기지의 모습을 이렇게 기술했다.

> 시초부터 선교 기지는 종교적, 사회적, 경제적으로 아프리카 세계로부터 분리된 집단 거주지였다. 대부분 선교 기지의 거주민들은 외국인 취급을 받았다. 1880년대 아프리카 정부 위원회의 증언에 의하면, 일반인의 시각으로 볼 때 선교기지의 기독교인들은 '백인화 된' 사람들이었다.[13]

제랄드 타네(Gerald K. Tanye)는 이런 분리주의적 선교 방법이 아프리카 땅에서 결코 성공할 수 없는 이유를 이렇게 설명한다.

> 아프리카의 종교적 관습을 거짓 예배로 말하는 것은 전적으로 부적절한 판단이며 이는 선교사들의 종교에 대한 편협한 견해를 잘 보여준다. 이러한 잘못된 이해가 개종자들로 하여금 아프리카 공동체와 가족생활로부터 자신들을 격리시키는 결과를 가져오게 된 것이다. 익보스(Igbos) 지역에 사는 선교사들의 괴이한 태도에 대해 오누(Onuh)는 이렇게 말했다.
> 기독교인들은 이런 식으로 전통 종교의 (거짓) 관습에 빠지지 않기 위해서 전통주의자인 가족과 친족들로부터 분리된 삶을 살았다. 그러나 이러한 전략

---

13 David Chidester, *Religions of South Africa* (New York: Routledge Revivals, 1992), 57.

은 기독교인들로 하여금 자신의 전통 문화에서 벗어나게 함으로써 오늘날 이보랜드(Ibboland)의 기독교인들에게서 볼 수 있는 대로 아주 이질적인 삶의 모습을 낳았다.'14

이런 이질적이고 분리된 공동체에 참여하는 사람은 언제나 제한된 극소수의 사람들뿐이다. 아프리카에서 복음이 이러한 이질화되고 분리된 공동체의 담을 벗어나 일반 국민들에게 도달되게 하려면, 다시금 가족과 친족과 전통사회로 들어가서 성육신적 증거의 공동체가 되지 않으면 안 된다.

2) 아시아 선교, 공동체 이탈 운동

돈을 직접적 개종의 수단으로 사용한 것은 인도에서 포르투갈과 가톨릭만 사용한 방법이 아니라, 1605년 인도네시아 암본(Ambon)에 화란 함대가 들어온 이후 화란 개신교도들이 사용한 방법이었다. 화란 동인도 회사는 1677년 세람(Seram)의 남쪽 해안가에 자리잡은 카마리안(Kamarian) 마을에서 집단 세례식을 거행하던 날, 2마리의 소를 잡고 4500Kg의 쌀을 풀어 마을 잔치를 벌였다. 화란 총독은 그날 세례 받은 자들에게 의복도 나누어 주었는데 이는, "그 마을에 사는 이교도들이 기독교인들에 대해 부러운 마음을 갖도록" 하기 위해서였다.15 반다

---

14 Gerald K. Tanye, *The Church-as-Family and Ethnocentrism in Sub-Saharan Africa*, (Berlin: Transaction Publishers, 2010), 76, 77.

15 Jan Sihar Aritonang and Karel Steenbrink, eds., *A History of Christianity in Indonesia*, Leiden (Boston: BRILL, 2008), 107.

(Banda)에서는 심지어 믿지 않는 무슬림 아이들에게도, "기독교 학교에 오기만 하면 매달 20파운드의 쌀을 나누어 주었다."[16]

동인도 회사 교회의 주된 사명은 가난한 자들을 돕는 것이었는데, "17세기와 18세기에 걸쳐 750-1,500명에게 매달 현금을 나누어 주었다."[17] 물론 이 돈은 화란 개혁교회에 출석하는 자들에게만 지급되었다. 1635년에는 시 당국이 세례 받는 자들마다 2릭스달더(rijksdaalder, 화폐 단위)를 주었는데, 이는 "이교도를 자극하여 화란 개혁신앙을 갖도록 하기 위함이며, 이교도와 무슬림 중에 유일한 구주 예수 그리스도를 통해 구원을 얻고자 하는 자들을 우리가 얼마나 귀히 여기는지 보여주기 위함인 것이다"고 했다.[18]

미국의 선교사 역사가 윌리암 스콧(William Henry Scott, 1921-1993)은 미국 선교사들이 필리핀 교회를 돕고자 필리핀에 오지만, 실제로 그들은 도움이 되기보다 도리어 방해가 된다고 했다. 그 이유는 그들이 땅 구입과 프로그램 진행과 재정 지원을 위해 거액의 돈을 투자하는데, 이로 인해 "필리핀 사람들이 돈과 사람에 의존적이 되며, 필리핀 기독교의 성장을 가로막기" 때문이라는 것이다.[19] 그의 분석에 따르면 선교사들이 필리핀에서 교회 성장을 가로 막는 것은 그들의 "고압적 태도" 때문이며, 그들이 고압적이 되는 것은 그들이 "지나치게 많은 생활비를 받기" 때문이라고 했다. 그는 선교사들이 현지인에 비해 많은 돈을 받

---

16 *Ibid.*, 114.
17 *Ibd.*, 123.
18 *Ibid.*
19 William Henry Scott, "Rethinking the American Missionary Presence in the Philippines," *International Review of Mission*, 64, No. 254, Apr. 1975, 177, 178.

아 풍요롭게 사는 것의 문제를 이렇게 말했다.

> 선교사들은 필리핀 사역자들에 비해 너무 많은 돈을 받으므로 정상적인 인간관계를 맺기가 어렵거나 불가능해지며, 현지인과 함께 사는 것을 필수적으로 여기지 않고 가식으로 한다.[20]

이렇게 선교사들이 많은 돈을 뿌려대었지만 그럼에도 불구하고 개종의 열매는 지극히 적게 맺혔으며 도리어 큰 반발을 불러 일으켰다. 그 이유는 그들이 현지 문화를 파괴하며 이질적인 서양의 문화를 강요했기 때문이었다. 선교사들의 영향으로 인도네시아의 기독교인들은 자신들의 이름을 서양 이름으로 바꾸어 자식들에게까지 물려주었으며, 기독교 신앙 고백과 함께 무슬림 문화에서 금기시하는 돼지고기를 먹었다.[21] 무슬림 아이들이 인도네시아 반다의 기독교 학교에서 받은 쌀을 집에 가져와도 그들의 부모들은 완고하게 기독교를 거부했는데, 그 이유는 1625년 총독이 "결혼, 할례, 공동 기도회에서 모든 무슬림 의식을 금지했기" 때문이었다.[22]

1820년에서 1885년까지 베트남에서는 100,000명의 베트남 가톨릭 교도들이 순교를 당했는데, 이러한 "박해의 주 요인은 이질적인 문화 문명을 갖고 바다 건너 온 선교사들이, 베트남의 사회-정치-종교 제

---

20 *Ibid.*, 183.
21 Aritonang and Steenbrink, eds., *A History of Christianity in Indonesia*, Leiden, 95, 106.
22 *Ibid.*, 114.

도를 위험에 빠뜨렸기 때문이었다."[23] 캄보디아의 시하누크는 1965-1970년까지 프랑스 개신교 선교사를 제외한 모든 기독교 선교사를 추방했는데, 이는 기독교인들이 미국의 정치적 영향을 받아 반애국적, 반민족적일 것이라는 의심 때문이었다.[24] 한 번은 모든 전도와 선교를 금하는 법령이 반포된 적이 있었는데, 이는 "어느 한국 교회 방문 팀과 미국의 이단 방문 팀이 (민족의 성지) 앙코르와트에 올라가서 '하나님이여 이 절이 무너지게 하옵소서'라는 기도를 했는데, 이 기도가 불교에게 알려졌기" 때문이었다.[25]

아시아 문화권은 종교 사회 문화적으로 공동체 문화가 지배적이다. 그러나 선교사들은 그러한 문화를 고려함이 없이 서양의 개인주의 문화적 관습을 따라, 현지인들을 한 사람씩 빼어내는 방식의 선교 사역을 진행했다. 그 결과 가족과 사회 공동체와 단절된 개종자들이 스스로의 힘으로는 생존할 수 없었기 때문에, 선교사들은 선교 기지 혹은 기독교 마을을 건설하여 그들을 돕고자 했다.

그러나 이는 기독교 문화의 이질화와 기존 사회로부터의 격리를 더욱더 촉진함으로써 선교를 불가능하게 만드는 장벽으로서의 기능을 고착화시켰다. 아리토낭(Aritonang)과 스틴브링크(Steenbrink)는 인도네시아에서 이러한 분리된 공동체를 만든 선교사들의 예를 들었다.

23　Arnulf Camps, *Studies in Asian Mission History 1956-1998* (Leiden, Boston Koll: Brill, 2000), 151.
24　전호진, 황종철 공저, 『불교국가에 불교가 없다: 캄보디아 역사를 중심으로』 (서울: 대한예수교장로회 총회출판국, 2010), 130.
25　전호진, 황종철 공저, 『불교국가에 불교가 없다: 캄보디아 역사를 중심으로』, 135.

선교사들은 개종자들의 문제를 해결하기 위해 황무지를 개간하여, 비기독교인과 분리된 마을에 기독교인을 불러 모았다. 선교사들은 신앙과 세속적 영역 모두에서 이 마을의 지도자 역할을 했다. 선교사들이 이 방법을 매력적으로 여긴 것은, 이것이 개종자를 훈련하여 모범적 기독교 공동체를 세우기에 좋았기 때문이었다. 그래서 이 패턴의 기독교 마을이 거의 모든 곳, 즉 바탁랜드, 자바, 할마헤라, 파푸아 등등에 세워졌다. 그러나 비기독교인으로부터 기독교인들을 분리시킴으로써, 현지 기독교인 자신들에 의한 자연스런 복음 전파가 거의 불가능하게 되었으며, 기독교는 더욱더 이질적이고 매력이 없는 종교가 되었다.[26]

3) 남미와 오세아니아 선교, 원주민 종족과 전통 문화의 종말

미국과 유럽 선교사들이 현지인들의 삶의 수준에 자신들을 맞추기보다 현지인에 비해 지나치게 풍요로운 삶을 살며, 값비싼 비용이 드는 사역의 방식을 사용한 것은 남미에서도 예외가 아니었다. 과테말라에서 인디언 원주민 선교를 했던 미국 선교사 윌리엄 타운센드(William Cameron Townsend, 1896-1982)가 1920년 퀘이커 선교사들의 치키물라(Chiquimula) 선교 기지를 방문한 적이 있었는데, 그들의 "값비싸고," "거대한" 규모의 사역에 "깜짝 놀랐다"고 한다.

그 기지 안에는 멋지고 널찍한 선교사 주택과, 수백 명을 수용할 수 있는 학

---

26   Aritonang and Steenbrink, 149.

교와, 농장, 목재소, 인쇄소, 도금실, 벽돌 가마, 제재소, 병원, 교회와 선교사 요양소들이 있었는데, 이 모든 시설들이 14년에 걸쳐 지속적으로 지어졌다.[27]

이 선교회는 '친구 신앙회'(The Religious Society of Friends)라는 이름을 가지고 있었지만 원시적인 삶을 영위하던 원주민들이 친구로서 유대감을 갖기에는 너무나 거리가 먼 삶을 살았던 것으로 보인다.

서양인과 남미, 그리고 오세아니아와의 만남은 원주민과 전통 문화의 소멸이라는 비극적인 결과를 낳았는데, 여기에 선교사들의 역할이 적지 않았다. 호세 로드리게즈(Jose David Rodriguez)는 유럽의 문화와 남미의 문화가 1500년부터 500년에 걸쳐 조우한 결과, 수많은 남미 종족들과 문화들이 "사실상 사라져 버렸다"고 말했다.[28] 호주, 뉴질랜드 등 오세아니아의 경우도 마찬가지인데, 수많은 종족의 문화가 "실제로 다 무너져 버렸다"고 한다.[29] 그 무너진 종족 중 일부는 사회의 주변부에 가까스로 살아남았지만, 그들의 전통적인 문화 제도들은 거의 남아 있는 것이 없게 되었다.

이는 영국이나 미국 선교사들이 신앙 면에서 새로운 가치를 제시했을 뿐만 아니라, 삶의 방식과 관습 면에서도 서양의 새로운 방식을 이

---

27 William Lawrence Svelmoe, *A New Vision for Missions: William Cameron Townsend, the Wycliffe Bible Translators, and the Culture of Early Evangelical Faith Missions, 1896–1945* (Tuscaloosa: The University of Alabama Press, 2008), 81.
28 Jose David Rodriguez Jr. "Culture and Evangelism: A Latino Perspective on the Lutheran Mission in Puerto Rico," *Currents in Theology and Mission*, 29:3 (June 2002), 289.
29 *Ibid.*, 296.

식시켰기 때문이었다. 현지인 개종자들에게 있어서 선교사는 본받고 따라야 할 "아버지와 같은 존재(모델, 권위, 보호자, 고문)"[30]로서 사람들의 행동과 관습을 재가하고 그것을 서구식으로 바꾸는 데 결정적인 역할을 했다. 그리하여 보니노(Jose Miguez Bonino)에 따르면 남미에서 개신교 공동체는 "많은 경우 자국민 중에 매우 이질적인 공동체로 남게 되었으며, 그들은 주변 사회의 필요와 문제들에 대해서는 아무런 관심도 기울이지 않았다"고 한다.[31]

페기 브록(Peggy Brock)은 1877년에 남 호주에 온 헤르만스버그선교회(Hermannsburg Mission)에서 파송한 독일 선교사 켐프(Adolf Hermann Kemp, 1844-1928), 슈바르쯔(Wilhelm F. Schwartz, 1842-1920), 그리고 슈트렐로(Carl Strehlow, 1871-1922)의 예를 들어 새로운 땅과 자연 환경과 현지인을 다루는 선교사의 전형적인 모습을 보여 준다. 이들 독일 선교사들은 원주민 아런트족(Arrernte) 선교를 위해 호주에 도착하자마자 목장 기지를 세웠다. 그리고 그곳에 학교 겸 교회를 세워 복음 전도를 시도했으며, 아런트어를 배워 부분적이지만 성경 번역을 했다.

그러나 현지 마을과 떨어져 이질적인 삶을 영위하는 그들을 찾아오는 현지인들은 거의 없었다. 선교사들은 선교 기지에서 독일어로 말하고 독일어로 예배드리며 독일에서 먹던 음식을 그리워했다. 그들은 현지 마을을 찾아가 전도하는 것을 꺼렸으며, 꼭 필요한 일 외에는 사회

---

30 Jose Miguez Bonino, "How Does United States Presence Help, Hinder or Compromise Christian Mission In Latin America?" *Review and Expositor*, Vol. 74. No. 2, (May 1, 1977), 176.
31 *Ibid.*,178.

적 교제에 거리를 두었다. 그들은 현지 음식을 잘 먹지 않았기에 영양 상태가 안 좋아 풍토병에 자주 걸렸으며 이런 이유로 자녀들을 잃기도 하였다. 그들은 찾아오지 않는 현지인을 위해 식량을 나눠줌으로써 얼마의 사람들을 모을 수 있었다.

선교사들은 그들을 기존의 마을로부터 분리된 새로운 마을에 살도록 했는데, 그곳은 현지인들이 선교사의 도움을 받는 것 외에는 생계를 유지하기 어려운 곳이었다.[32] 그들은 아런트(Arrernte)족의 친족관계를 무시하고, 기독교의 도입을 반대하는 지역 리더들의 권위를 무너뜨리고자 열심히 노력했는데,[33] 이런 반사회적 방식의 선교로는 현지인 다수의 마음을 얻을 수가 없었다.

2. 캐리 방식의 대안

거의 모든 선교 현장과 다수의 선교사들 가운데 지배적인 돈 의존, 문화 우월주의, 분리주의 방식의 선교가 실상은 선교를 가로막는 장벽이 되었다면, 그 장벽을 무너뜨리고 돌파할 수 있는 길은 무엇일까?

그것은 한마디로 "성경적으로, 문화적으로 적절한" 방식을 말한다. 주지하다시피 앤드류 월즈는 이것을 "순례자의 원리와 토착화의 원리"

---

[32] Peggy Brock, "Missionaries as Newcomers: A Comparative Study of the North West Pacific Coast and Central Australia," *Journal of the Canadian Historical Association*, Vol. 19, Number 2, 2008, 34.

[33] *Ibid.*, 30.

라고 표현했다.

그런데 그동안 선교지에서는 성경적인 선교에 대해서는 많은 관심을 기울여 왔지만 "문화적으로 적절한" 선교에 대해서는 많이 소홀히 해 왔다. 경영학자 바틀렛(Bartlett)과 고샬(Ghoshal)에 의하면 국제화 전략에 있어서 "표준화와 현지화"는 반드시 병행해서 이뤄져야 한다.[34] 대형 할인점인 월마트와 까르푸가 한국에서는 실패한 반면, 테스코가 성공한 이유를 현지화의 여부에서 찾는 것은 고전적인 해석이다.

그러나 일반 비즈니스 용어인 "현지화"에 해당되는 선교학적 용어인 "상황화," 또는 "토착화"는, 선교학 교과서와 선교학 수업에서는 당연하게 받아들일지 몰라도, 선교 현장에서는 여전히 거리가 먼 용어이다. 성경은 2천 년 전에 헬라의 이교도 용어인 "로고스"를 채택하여 헬라 문화를 가진 사람들에게 그리스도를 소개하는 데 사용하였지만(요 1:1), 선교 현장에서 이런 시도를 하는 것은 '위험한' 시도로 여기며, 이것조차도 거의 찾아 볼 수가 없다.

필자는 "상황화"와 "토착화"가 문자적, 선교학적으로 참 좋은 의미를 담고 있지만 보수주의자 일색인 선교사들 가운데 여전히 보편화되지 않는 현실을 고려하여, 그리고 누구나 다 이해할 수 있고 그 정당성을 수긍하는 일반 용어로서, "현지화"란 말을 선호한다. 복음은 시대와 국가와 장소를 불문하고 반드시 동일하게 보존되어야 할 "순례자의 원리, 표준화의 원리"가 있다.

---

34 김주태, "다국적 기업의 현지화에 관한 상황적 접근: 한국의 대형 할인점 사례," 『국제 경영 리뷰』, 제13권 제2호, 58.

그러나 이 소중한 진리가 현지인의 눈높이에 맞지 않기에, 현지인이 문화적으로 거부감을 일으키는 이국적인 요소를 갖고 있기에, 가까이 접근하기를 꺼리고 복음을 듣기를 거부한다면, 그 귀한 진리는 결코 문화를 넘어서 그들에게 전달될 수가 없는 것이다. 그러므로 우리는 성경적 가치를 소중히 여기는 만큼, 그것을 타종교인과 타문화권에 있는 사람들도 이해할 수 있도록 "현지화" 시키는 데에도 동일한 정도의 관심을 기울일 필요가 있는 것이다.

캐리의 대안 방식을 본격적으로 논하는 것은 또 하나의 큰 주제이기 때문에 이 책에서 상론하지는 않겠다. 그러나 만일 캐리의 방식이 "성경적 문화적으로 적합한" 방식이 아니고 이제까지와는 다른 방식을 사용해야 한다면, 앞으로 어떤 방식으로 선교해야 하는지 큰 틀에서의 방향과 원리는 제시할 필요가 있겠다. 아래에서 다음의 세 가지 측면에서 캐리의 장벽을 무너뜨린 후 우리가 나아가야 할 길에 대해 결론을 대신하여 간략히 말해 보고자 한다.

1) 은과 금이 아니라

아시아, 아프리카 등 남반구에는 가난한 사람들이 많기 때문에 은과 금의 필요가 두드러지게 보인다.

가난한 자들을 교육하고 의료 혜택을 제공하며 이들을 위해 먹을 것과 입을 것을 주고 지역 사회를 개발하는 일은 얼마나 아름답고 선한 일인가?

게다가 이런 일들을 통해 현지인들이 기독교에 호감을 갖고 신앙까지 갖게 된다면 얼마나 멋진 일인가?

학교나 병원 같은 기관을 세우고 이를 통해 일한다면 더 많은 사람들에게 더 큰 영향력을 끼칠 수 있을 것이다. 아시아와 아프리카에서는 돈으로 할 수 있는 멋진 일들이 많기 때문에, 어떻게 보면 사역의 성패는 돈에 달려 있는 것 같다는 생각이 들 때가 있다. 더 큰 자금을 얻을 수만 있다면 더 많고 유능한 사역자를 얻고 더 큰 기관을 세워서 더 큰 일을 할 수 있을 것만 같다.

그러나 캐리의 돈 의존 선교가 주는 교훈은, 값비싼 비용이 있어야 유지되는 선교는 영속성이 없으며 가난한 자들이 많은 아시아, 아프리카에 적합한 선교가 아니라는 것이다. 인도인에게 맞는 선교는 돈이 안 들거나 적게 드는 방식의 선교이며, 외국 선교사들은 현지인들에게 이런 모델을 보여 줘야 한다. 돈이 들어야 할 수 있는 선교는 인도인이 할 수 없는 방식의 선교이기 때문이다. 돈이 안 드는 선교는 학교, 병원, 예배당 등 기관과 건물을 세우는 전통적 방식의 선교를 지양하고 개인적, 인격적으로 사람을 기르는 선교로의 전환을 요청한다.

기관을 세우고 운영하는 데에는 피치 못하게 값비싼 비용을 필요로 하며, 가난한 현지인을 통해서는 재정조달이 안 되기 때문에 외부 자금을 지속적으로 요구한다. 이러한 재정은 대부분 외국 선교사만이 가능하기 때문에 현지인들은 이 방식으로 일을 할 수가 없다. 그런데 현지인 사역자들 중에도 종종 많은 돈을 필요로 하는 사역에 종사하고 있는 경우가 있다. 그 이유는 그것이 선교사에게 배운 유일한 모델일 뿐만 아니라, 이미 개발해 놓은 후원자를 통해 외국 자금을 끌어들임으로써 동시에 본인의 경제적인 문제를 해결할 수 있기 때문이다.

인도에서는 선교사이든지 현지인 사역자이든지 하나님 나라 사업을 위해 사역을 시작했다가 사역의 규모가 커지면서 가족 비즈니스로 끝나는 경우가 왕왕 생긴다. 특히 땅과 건물이 생기는 경우는 거의 예외가 없다. 이는 결국 외국인 의존적인 사역자들과 그런 사역의 형태를 재생산함으로써 현지인 교회의 자립과 성장을 가로 막는 악순환의 결과를 가져오게 된다.

한인 교회와 선교사들이 인도에서 가장 많은 재정을 사용하는 것 중의 하나는 예배당 건축이다. 많은 사람들이 예배당을 세우면 언젠가 건물이 사람으로 채워지고 교회가 성장할 것으로 생각한다. 그러나 인도에서 예배당을 건축하는 방식의 선교는 교회 성장의 걸림돌로 작용할 수 있다는 것을 유념할 필요가 있다. 그 이유는 저명한 힌두 전도자 바라띠(Dayanand Bharati)가 말한 대로, 힌두 사원이 아니라 가정에서 예배가 드려지고 집과 사회에서 신앙교육이 이뤄지는 인도 문화의 관점에서 볼 때, "교회 건축은 문화적으로 부적절하고 외국적"이기 때문이다.[35] 인도의 주류 사회에 복음이 전해지고 하나님 나라가 확장되려면 데인 폴크스(Dane Winstead Fowlkes)가 옳게 제안한 대로, "힌두 문화에 거슬러 모임을 조직화하는 것이 아니라 초대 교회처럼 자발성과 자연스러움을 살려 가정 교회를 세울 필요"가 있는 것이다.[36]

또 한 가지 인도에서 교회 건축을 통한 선교를 지양해야 하는 이유는 힌두 민족주의 세력을 불필요하게 자극함으로써 복음 전파를 어렵게 만

---

35 진기영, 『인도 선교의 이해 I』, 328, 329.
36 진기영, 『인도 선교의 이해 I』, 330, 331.

들기 때문이다. 선교사들에 의해 교회가 세워지는 곳은 대부분 시골 지역인데, 그곳의 기독교인들은 스스로의 힘으로 교회를 세울 형편이 되지 못한다. 그럼에도 불구하고 교회 건축이 이뤄지게 될 때 지역 사람들은 그것이 외국 선교사의 지원에 의해 이뤄진 것임을 금방 알게 된다.

이것이 학교, 병원 등 여타 기관의 설립과 함께 힌두 근본주의자들의 시기와 박해의 원인이 된다. 선교사들이 받을 박해가 두려운 것이 아니다. 2008년 오릿사 박해[37]에서 볼 수 있듯이 대부분의 외국 선교사들은 도시나 타지역에 살고 있어서 박해를 피해 갔지만 현지인 신자들은 목숨과 재산과 삶의 터전을 송두리째 잃기 때문이며, 가시적으로 현지인을 위협하는 방식의 선교로 인하여 복음의 수용력을 크게 저하시키기 때문이다.

이상의 이유로 인도에서는 예배당의 숫자를 늘리기보다는 가정 교회를 늘리는 방식으로 선교가 이뤄지는 것이 바람직하다. 이것은 비단 인도만이 아닐 것이다.

이슬람과 불교가 지배적인 국가에서 굳이 티 내면서 그들이 위협을 느낄 수밖에 없는 교회당을 지을 이유가 무엇인가?

중국에서처럼 교회는 지하의 가정 교회로 숨어 들어갈 필요가 있다. 건물로서의 예배당을 짓는 것은 사진 찍을 필요가 있는 선교사와 그들을 후원하는 외국 교회의 필요일 수는 있지만 현지 복음 전파를 위해서는 사실상 해가 된다. 또한 설사 예배당을 짓는다고 해도 그것은 현지

---

37 2008년 힌두 승려 살해 사건을 계기로 오릿사의 기독교인들에게 가해진 박해로 59명이 사망하고 18,000여 명이 부상을 입었으며 151개의 기독교 교회와 4,400채의 집이 파괴된 사건.

기독교인들의 경제 수준에 맞게 지어져야 하며, 외국인의 지원이 아니라 반드시 현지인 자신들의 헌신에 의해 지어져야 한다. 그래야 교회를 세우는 일이 선교사와 외국인의 일이 아니라 자신들의 일이 되기 때문이다.

또 한 가지 캐리의 실패에서 배우는 교훈은, 사역의 대상이 되는 현지인과 유사한 수준의 삶을 살아야 한다는 것이다. 캐리는 현지인이 가까이하기에는 너무나 부유한 삶을 살았기에 현지인과 일체감을 가질 수가 없었다. 그는 민토 총독이 말한 대로 가난한 "현지인과 어울리는 삶을 살지 않고," 부유한 유럽인의 삶을 살기로 선택했다. 그 결과는 경이로운 모든 외적인 업적에도 불구하고 현지인의 열매는 매우 제한적으로 나타나게 되었다.

서양인이나 한국인 선교사가 가난한 인도인처럼 가난하게 사는 쉬운 일이 아니다. 바라나시의 미국 선교사 아미뜨 샤르마처럼 승용차도 없이 자전거만 타고 다니며, 에어콘 없이 선풍기만 틀고 사는 것은 인도에서 정말 고달픈 삶이다.[38] 이는 캐리가 선교 초기에 말한 대로 "선교사는 현지인과 같이 되어야 하고, 현지인들 속에서 사는 것이 중요하다는 점에 대해서 나는 매우 확고부동하다"[39]는 결심이 있어야 한다. 그리고 캐리처럼 말만 하지 않고 이것을 실천할 때에만, 현지인들과 친구가 될 수 있고 현지인 가운데 복음의 열매를 맺을 수 있을 것이다.

38　아미뜨 샤르마는 인도식 이름이다. 그가 실명을 사용하는 것을 원치 않기에 여기에 적지 않는다. 그는 바라나시에서 와이엠 국제 전방선교 훈련학교 코디네이터로 15년째 사역하고 있다. 이계절, 『인도에서 자전거 함께 타기 1: 선교사로 사는 이야기』 (서울: 도서출판 퍼플, 2016), 40, 191.

39　Eustace Carey, *Memoir of William Carey*, 90.

그러나 "선교사는 현지인과 같이 되어야 하고, 현지인들 속에서 사는 것이 중요하다는 점에서 확고부동"할지라도, 반드시 모든 선교사가 자전거만 타고 다니고 선풍기만 틀고 살아야 한다고는 생각하지 않는다. 오늘날 인도에는 오토바이와 승용차를 타고 다니며 에어컨을 갖추고 사는 수억 명의 중산층이 있기 때문이다. 서양인(또는 한국인)과 가난한 인도인 사이의 경제적 격차를 고려해 볼 때 가난한 하층민 선교는 필연적으로 돈 의존 선교를 수반하는 경향이 있다. 그러므로 가난한 사람들을 위한 선교는 가난한 현지인 사역자들에게 맡기고 외국 선교사들은 인도의 중산층이나 상층 카스트 선교로 전환할 필요가 있다. 이는 현지인에게 은과 금을 나누어 주지 않고 복음의 말씀을 나눠주기 위함이며, 은과 금으로 일하지 않고 예수님의 이름의 능력으로 일하기 위해서이다.

선교사 중에 어느 누구도 복음이 아니라 은과 금을 나눠주는 선교, 은과 금을 의지하는 선교를 하려는 사람은 없다.

그러나 윌리암 캐리가 왜 사람들에게 일자리와 집을 주는 방식으로 선교를 했겠는가?

왜 오늘날도 많은 선교사들이 현지인에게 다양한 방식으로 물질적 혜택을 나눠주는 방식으로 선교를 하고 있는가?

왜 모든 선교사들이 성육신 선교를 지향하지만 대부분 돈 의존 선교로 전락하는가?

여러 가지 이유가 있지만 많은 사람이 간과하는 중요한 이유가 있다. 그것은 선교사들이 거의 대부분 가난한 자와 천민만을 선교의 대상으로 삼고 있기 때문이다. 선교사 자신과 경제적으로 비슷한 수준의 중산층을 사역의 대상으로 바꾸어서 일을 해 보라. 그들이 우리에게서 물질적 도움을 기대하지 않기 때문에, 우리가 줄 것은 복음밖에 없게 된다. 전통 신앙과 문화에 대해 자부심을 가지고 있고 교육받은 그들을 섬기려면, 우리는 현지의 문화와 신앙을 겸손히 배우는 자세를 가질 수 있고, 말로써가 아니라 우리의 행동과 삶의 영성으로써, 무엇보다 오로지 예수님의 이름을 의지하여 말씀의 씨앗을 뿌리는 사역을 하지 않을 수 없게 된다.

그러나 어느 누가 이런 방식의 선교를 원할지 의문이다.

돈만 있으면 인정받고 환영받는 선교를 할 수 있는데, 돈만 있으면 당장 건물을 세우고 많은 사람들을 모을 수가 있는데, 돈만 있으면 힘들게 언어와 문화를 배우지 않아도 사역자와 통역자를 사서 일할 수 있는데, 도대체 누가 은과 금이 없는 선교를 하려고 할까?

게다가 중산층과 상층 카스트와 사회의 엘리트들은 모든 것을 가지고 있는 사람들인데, 그들이 과연 복음에 반응을 할까?

그들은 힌두교와 이슬람과 불교 신앙에 독실한 그 사회의 주류 계층 사람들인데 그들이 과연 복음을 필요로 할까?

기독교 선교사 못지않게 경건한 삶을 사는 그들에게 행동과 삶으로, 복음으로 과연 그들을 감화시킬 수 있을까?

그러기에 돈 의존 방식을 넘어서는 새로운 대안을 만들려면 우리는 "내게 있는 것이 은과 금인지," 아니면 사도 베드로처럼 "오직 나사렛 예수 그리스도의 이름인지" 스스로에게 물어봐야 한다. 복음이 가난한 자에게 필요한 것 이상으로 중산층과 지식인에게 반드시 필요한 것과, 복음이 그들에게도 강력히 반응할 것을 믿는 바울과 같은 확신이 필요하다.

그동안 그들 가운데 반응이 없었던 것은 그들을 위협하는 방식으로, 그들이 세워놓은 질서를 파괴하는 방식으로 선교가 진행되었기 때문이다. 더욱 중요한 것은 거의 대부분의 선교사가 가난한 자들에게만 씨를 뿌리고 중산층에게는 거의 씨를 뿌리지 않았다는 것이다. 돈 의존 방식을 극복하는 과정은 현지인과 자신을 동일시하시며 성육신적인 삶을 사셨던 우리 주님을 본받는 삶으로의 초대이다. 또한 인간으로서는 불가능한 것을 가능케 하는 예수 그리스도의 이름의 능력을 체험하는 흥미진진한 신앙의 여정이 될 것이다.

2) 생명수를 현지의 그릇으로

전통적인 문화 우월주의 방식은 부패한(또는 열등한) 타문화를 파괴하고 선교사의 서양식(우월한) 문화를 심어나가는 것이었다. 그리하여 선교사가 현지 문화에 적응하기보다는 현지인이 선교사의 문화에 적응하게 함으로써 현지 기독교의 외국화와 이질화를 가져왔다. 이러한 문화 우월주의 방식의 대안은 현지인이 이해할 수 있고 수용 가능한 문화 친화적인 복음을 전하고, 문화적으로 거부감이 없거나 적은 사역 방식을 창조하는 것이다.

이런 점에서 인도의 전도자 사두 선다씽(Sundar Singh, 1889-1929)을 주목할 필요가 있다. 그는 인도의 문화에 적합하게 가장 인도적인 방식으로 복음을 전함으로써 많은 열매를 맺은 전도자로 평가받는 사람이다. 그의 사역의 원리는 한 마디로 "그리스도의 생명수를 인도의 그릇에 담아서 주라"는 것이다.[40] 현지의 그릇에 담지 않으면 현지인은 선교사가 아무리 아름다운 진리의 말씀을 전해도 알아듣지 못한다. 알아듣지 못하면 복음의 말씀이 전달된 것이 아니다. 그러므로 선교사는 복음의 말씀을 전달하되 알아듣게 전달하는 데 모든 힘을 기울여야 한다는 것이다. 이를 위해서는 현지인의 문화에 대한 이해가 필수적이다.

그런데 전통적으로 선교사들은 현지의 문화가 기독교와 어떻게 다른지 그 차이점을 강조하는 데 초점을 맞추었다. 이는 타문화 속에 있는 비성경적인 요소를 지적함으로 그러한 잘못된 문화를 제거하고 기독교 진리의 탁월성을 나타내기 위해서였다. 이런 강조점은 마땅히 필요한 것이기는 하지만 이것이 극단적으로 치우친 부작용이 앞에서 언급한 타불라라사주의이며, 이에 기초해서 선교사들은 타문화를 말살, 파괴시키는 것이 기독교를 세우는 것이라는 생각을 갖고 사역해 왔다.

그러나 기독교가 타종교와 다르다는 접근은 기독교의 독특성을 드러내는 데에는 기여했지만, 타종교인으로 하여금 기독교의 복음을 이해시키는 데에는 실패한 것이 사실이다. 내 것과 다른 것에 흥미를 느끼는 사람도 있지만 대부분의 사람들은 그런 이질적인 것에는 경계의 마음을 가진다. 도리어 외국에서 온 복음이 내가 알고 있는 것과 같거나, 유사할 때 흥미를 갖는다.

예를 들어 정승현이 말한 대로 무슬림들은 예수님을 예언자로 존중하지만 "절대로 그 분의 성육신을 사실로 받아들이지 않는다. 그래

---

40 Dayanand Bharati, *Living Water and Indian Bowl: An Analysis of Christian Failings in Communicating Christ to Hindus* (Delhi: ISPCK, 1997), 70. 『인도의 눈으로 본 예수』, 이계절 역 (서울: 밀알서원, 2017), 146.

서 무슬림은 결과적으로 삼위일체론에 대해서도 절대로 인정하지 않는다."[41] 무슬림이 이렇게 성육신과 삼위일체를 절대로 받아들일 수 없는 것은 그것이 자신들의 유일신 개념과 전혀 다르기 때문이다. 절대로 받아들일 수 없는 사람들에게 다른 것을 강조하는 것은, 조직신학적으로는 문제가 없지만 선교적 접근에서는 도움이 되지 않는다.

그래서 인도에서 주류 카스트 힌두에게 전도했던 사람들의 다수는 힌두교와 기독교 사이의 차이점보다는 유사점을 가지고 접근했다. 예를 들면 힌두교의 용어 중 아바타(Avatar), 트리무르티(Trimurthi), 삿칫아난드(Sat-sit-anand)는 여러 가지 점에서 기독교의 성육신이나 삼위일체 개념하고는 분명한 차이가 있다. 그럼에도 불구하고 아바타는 문자적으로 "하나님이 내려왔다(인간이 되었다)"는 성육신의 개념을 내포하며, 트리무르티와 삿칫아난드 역시 각기 다른 인격을 가진 세 신성이 하나라는 삼위일체 개념을 갖고 있다.

선교사는 현지인에게 이러한 용어들이 기독교와 어떤 점에서 다른 차이점을 갖고 있는지도 분명히 설명해 주어야 하지만, 하나님이 이미 허락하신 접촉점과 구속적 유비(redemptive analogy)들을, 연결 다리로 활용해서 복음을 소개해 줄 필요가 있다. 그들이 자신들이 가진 종교와 문화의 용어와 개념을 바탕으로 그리스도를 이해하고 받아들이도록 하기 위해서이다.

전혀 다르기 때문에 "절대로 받아들일 수 없는" 것에 비해, 일부라도

---

41 정승현, "우드베리(J. Dudley Woodberry)의 이슬람 선교이론 연구," 『복음과 선교』 제31집, 2015, 144.

공통점과 다리가 있기 때문에 복음을 이해시키고 받아들이게 만들 수 있다는 것은 얼마나 큰 차이인가?

이렇게 하는 것이 복음의 수용력을 높이는 데 얼마나 큰 결과를 가져오겠는가?

그런데 문제는 많은 선교사들이 타종교 가운데 이러한 접촉점과 연결 다리와 유사점이 있는 것을 알지 못한다는 것이다. 그들이 아는 것은 단 한 가지, 타종교는 우상 종교이며 거짓 종교이고 마귀의 작품이라는 것이다.

그러나 힌두교를 비롯한 세계의 경전들을 읽어보면 수많은 우상 이야기들과 쓰레기 같은 이야기들도 있지만, 군데군데 보석처럼 빛나는 진리들을 발견하게 된다. 어거스틴은 애굽의 금도 금이라는 말을 통해서 타종교와 문화 속에 있는 진리를 긍정했으며, 데이빗 헤셀그레이브, 돈 리차드슨을 비롯한 많은 선교학자들과 선교사들은 이러한 유사점과 접촉점을 다리로 삼아 현지인이 이해할 수 있게 복음을 전달하려는 노력을 계속 해왔다.

캐리의 문화 우월주의 방식을 극복하는 첫 단추는, 이러한 타종교에 대해 올바른 이해를 갖는 데서부터 시작한다. 타종교의 모든 것이 악한 것이고, 마귀의 것이라면, 우리는 하나님이 타종교인을 버리셨고 타종교인은 사랑하지 않으시는 하나님이라고 말해야 한다. 하나님은 유대인과 서양인만 사랑하시는 편협한 하나님이시고, 아시아인과 아프리카와 오세아니아 사람들에게는 아무런 계시도 주시지 않고 심판하시는 불공정한 하나님이라고 말해야 한다. 그러나 하나님은 유대인뿐 아니라 이방인도 사랑하시고, 서양 사람뿐 아니라 아시아 사람, 아프리카 사람도 사랑하시는 하나님이시며 그들 모두를 공정하게 대하시는 하나님이시다.

우리는 그 증거를 애굽의 종교, 헬라와 로마의 종교, 힌두의 종교, 불교, 이슬람교 속에 있는 '작지만 분명히 존재하는 진리'에서 발견한다. 그들이 가진 진리로는 구원에 이르지 못한다. 그들의 진리는 부분적이며 결정적으로 십자가와 부활이 없다. 그럼에도 불구하고 그들 중에도 하나님이 주신 작은 등불(진리)이 있는데, 이는 칠흑같이 어두운 세상에서 희미하지만 그들이 갈 길이 무엇인지를 보여준다. 이것은 하나님이 인류를 사랑하사 나라마다 지역마다 시대마다 만들어 놓으신 복음의 준비와 다리와 접촉점이다. 사람들이 이것을 발견하지 못하는 이유는 대부분 타종교에 대한 무지의 결과이다.

인도 선교를 하는 선교사들 중에 힌두 경전 중 기본이 되는 베다, 우빠니샤드, 바가바드 기따를 제대로 다 읽은 사람이 얼마나 있는지 의문이다. 힌두 경전 중 기독교의 신약 또는 복음서에 해당되는 각종 뿌라나(Puranas, 문자적으로는 '옛날'이라는 의미로 성육신한 신들의 행적을 다룬 경전)를 한 권이라도 읽어본 사람이 있을까?

이 경전들을 보면 앞에서 극히 일부분만을 소개했지만 기독교 복음을 소개하고 이해시키는 데 도움이 되는 수많은 접촉점과 다리들을 발견할 수 있다. 이슬람교가 유대교, 기독교와 함께 아브라함 종교로서 많은 공통점을 가지고 있다지만 교리와 사상 면에서 힌두교가 가진 공통점만큼 많지는 않을 것으로 본다.

그렇기 때문에 1794년 10월 1일자 일기에서 캐리는 "유대인과 힌두 사이에는 종교와 의식, 관습 면에서 유사한 점이 많이 있어서, 성경적인 용어나 사건이나 용례를 계속 떠올리게 한다"고 기록했다.

오죽했으면 같이 성경 번역 작업을 함께 했던 벵골인 학자가 캐리에게 "선생님, 유대인이 본래는 힌두였다는 것은 의심할 여지가 없습니다!"[42]라고까지 말했겠는가?

캐리와 윌리엄 워드 같은 사람들은 힌두 경전을 번역도 하고 연구도 한 사람들이었기 때문에 힌두교를 알 만한 사람들이다. 그럼에도 불구하고 힌두교를 마귀 종교, 거짓 종교, 우상 숭배 종교, 미신 등 부정일변도로 정죄와 공격만 일삼은 것을 보면, 사람들이 갖고 있는 신학적 편견이 사람의 눈을 멀게 하며 이성까지 쉽게 마비시킬 수 있다는 것을 알게 된다.

타종교 속에 있는 계시에 대한 신학적 해석은 교단과 신학적 배경에 따라 각기 다를 수 있지만,[43] 사실과 사실에 대한 해석은 구분해야 한다. 타종교와 기독교 사이에 있는 수많은 공통점은 해석에 의해 바뀌어 질 수 없는 '사실'이다. 이 사실에 대한 정보가 없거나 있어도 눈이 멀어 보지 못하는 사람들은 타종교에 대한 부정일변도의 전통적인 견해를 극복할 수 없기 때문에, 타종교와 타문화의 그릇에 기독교를 담는 어떤 노력도 결코 시도할 수가 없다.

부패하고 타락하며 거짓된 그릇에 어떻게 거룩한 하나님의 말씀을 담을 수 있겠는가?

---

42 Eustace Carey, *Memoir of William Carey*, 134.
43 힌두교와 기독교 사이의 유사점에 대한 개혁주의 입장에서의 해석은 필자의 논문 "인도 박띠(Bhakti) 신앙에 대한 개혁주의 선교적 접근"(『선교신학』, 제 26집 1권, 2011 또는 진기영, 『인도 선교의 이해 II: 인도 문화에 적합한 선교 방식의 탐구』(서울: CLC, 2016), 29-53)을 참조하기 바란다.

그것이 캐리가 성경 번역을 할 때, 가능하면 힌두 용어를 사용하지 않고 대신에 '거룩한' 언어인 헬라어와 영어에서 차용하여 쓴 이유이다. 그렇기 때문에 그의 번역은 현지인들이 이해하기 난해했으며, 그 많은 돈과 노력을 기울여 만든 성경이 허망하게도 박물관 속에만 들어 앉아 있는 것이다. 타종교와 타문화를 공부하여 그곳에 하나님이 어떤 일반 은총의 은혜를 주셨는지 알지 못하는 자들은 결코 "자신학화"(自神學化)를 할 수 없다. 해야 하겠다는 필요는 느끼지만 어떻게 해야 할지 길을 알지 못한다. 그런 자들은 앞으로 100년의 세월과 또 다음 1,000년의 세월이 지난다고 해도 여전히 외국적인 신학, 외국적인 용어, 외국적인 방법으로 전도하기에, 기독교는 주류 시민들에게 언제나 "우리의 종교"가 아니라 "외국의 종교"로 남을 것이다.

문화 우월주의의 대안으로서 현지 문화의 그릇에 기독교의 복음을 담아 전한다고 하여 모든 문화가 다 복음 전달의 도구가 될 수 있다고 말해서는 안 된다. 현지 문화의 상당한 부분은 기독교의 가르침과 상충되거나 맞지 않기 때문이다. 그러므로 복음의 현지화 노력은 복음의 가치를 타협함이 없이 복음의 독특성을 유지하는 노력과 병행되어야 하는 것이다.

이 노력들은, 선교사들과 함께 반드시 현지인의 이해와 공감, 그리고 현지인의 자발적인 선택으로 진행되어야 한다. 때로는 선교사가 원하지 않는 형태로 드러날 수도 있는데 인내심을 갖고 기다려야 한다. 인도에서는 아직도 카스트 구별을 지키는 카스트 교회가 상당수 존재한다. 이것은 교회를 세운 선교사들이 기대하는 바가 아닐 것이다. 그러나 200년 전과 100년 전의 교회와, 오늘날의 카스트 교회는 또 다른 차이가 있다. 인도가 헌법상 카스트 제도를 철폐했기 때문이요, 인도인의 평등과 인권에 대한 의식이 계속 달라지고 있기 때문이다. 기독교인이 비범한 행동으로 세상에 영향력을 주는 것이 바람직하고 아름다운 일이지만, 세상의 긍정적 영향이 교회를 바꾸어 가고 있는 것도 부인할 수 없는 현실이다. 그러므로 문화 우월주의를 넘어서려는 선교사에게 최상의 정책은 오래 참는 것과 기도하는 것이다. 너무나 못마땅한 관습이 상존할지라도, 너무나 변화가 더딜지라도, 기도 중에 기다려야 한다. 하나님이 아브라함을 오래 기다리신 것처럼, 하나님이 서양 기독교인의 노예 제도 철폐를 2,000년간 기다리신 것처럼 그렇게 오래 말이다.

3) 자연적 다리 유지하기

이제까지의 전통적 선교 방식은 리처드(H. L. Richard)가 지적한 바, 하나님이 만들어 주신 자연적 다리를 불태워 없애 버리는 분리주의 방식이었다. 이미 사라진 다리를 다시 세우는 작업은 너무나 어려운 작업이며 오랜 세월이 걸린다. 그러기에 처음부터 하나님이 주신 가족과 친족, 친구들, 그리고 출생 공동체라는 이 다리를 유지하고, 그 공동체 속에 머무르면서 그리스도를 따르고 증거 하는 삶을 사는 것이, 공동체 문화가 지배적인 아시아, 아프리카에서 우리가 세워나가야 할 선교 방식이라고 본다. 이것은 리처드가 말한 대로 이상적인 방법이긴 하지만 아직 시도해 본 사람이 적어서 앞으로 어떻게 해나가야 할지 많은 연구와 시도가 필요하다.

이슬람권에서는 최근 수십 년 사이에 내부자 운동이라는 이름으로 사회 문화적으로 고립되지 않으면서 "예수 그리스도를 따르는 무슬림" 운동이 전개되고 있다. 그러나 "무슬림"이라는 이름을 가진 "그리스도를 따르는 자"를 낳는 기독교 선교 활동이라는 개념은, 대부분의 선교사와 전통적인 기독교인들에게는 매우 생소한 개념이다. 무슬림 문화가 지배적인 곳에서 과연 그리스도의 가르침을 왜곡시키지 않고 살 수 있는지에 대해 많은 사람들이 의심의 눈초리를 가지고 바라보고 있다. 그럼에도 불구하고 "만약 무슬림 사회에서 전통적인 교회의 모습을 고집하고 그리스도인의 신분을 공적으로 드러낸다면…무슬림 사회 전체에서 복음을 들을 수 있는 기회 자체를 상실하게 될 것"이기 때문에 여러 가지 단점에도 불구하고, "내부자 운동을 통해서 더 많은 무슬림들이 복음을 접할 수 있는 기회를 제공하는 것이 중요하다"는 우드베리의 견해는 전적으로 옳다.[44]

흥미롭게도 이슬람권 선교사로 오랫동안 일했던 선교사 학자 할리 탈만(Harley Talman)은 그의 『내부자 운동의 이해』라는 책에서 내부자 패러다임의 역사적 모델로 인도인, 브라마반답 우빠디아이(B. Upadhyay, 1861-1907), 칸다스와미 체띠(Kandaswami Chetti, 1867-1943), 그리고 나라얀 띨락(N. V. Tilak, 1861-1919)의 예를 들고 있다.[45]

그러나 인도에서의 내부자 운동의 역사는 탈만이 말한 대로 19세기 후반이나 20세기 전반에 등장한 것이 아니다. 일례로 윌리엄 캐리와

---

44 정승현, "우드베리(J. Dudley Woodberry)의 이슬람 선교이론 연구," 153, 154.
45 Harley Talman, John J. Travis ed., *Understanding Insider Movements: Disciples of Jesus within Diverse Religious Communities* (Pasadena: William Carey Library, 2015), 12, 13.

동역했던 선교사 오웬 레너드가 말한 바 "기독교인 힌두"가 바로 그것이다. 레너드가 개종자들로 하여금 출생 공동체를 떠나지 말고 그 안에 머무르며 "기독교 힌두"의 삶을 살도록 종용한 것은 사회적, 문화적으로 인도의 특수한 배경이 있기 때문이다.

이슬람권과 힌두권은 공통적으로 공동체 문화가 지배적인 곳이다. 또한 이슬람권에서 기독교인이 되면 사회적으로 문화적으로 고립되듯이, 인도에서도 개종은 천민으로 신분 이동이 되는 것으로 이해되기 때문에 자연히 가족과 공동체로부터 고립되어질 수밖에 없게 된다. 이것이 인도에서 힌두 사회에 머물러 있으면서 그리스도를 따르는 예수 박타(Yeshu Bhakta, 예수를 따르는 신자)가 일찍부터 등장하는 배경이 된다.

인도의 "기독교인 힌두," 또는 "예수 박타" 운동은 여러 가지 갈래로 진행이 되고 있다.

첫째, 미국의 인도 선교사 리처드 박사의 재고 포럼(Rethinking Forum)을 통해 미국 선교사들 가운데 예수 박타(Yeshu Bhakta) 방식으로 사역하는 이들이 늘어가고 있다. 리처드는 30년 넘게 인도 선교에 참여하고 있는 시니어 선교사로서 전통적인 서양 선교 방식의 반성을 바탕으로 하여 인도에 성경적 문화적으로 적합한 방식을 오랫동안 탐구해 온 사람이다. 그는 2천 년대 초부터 거의 매년 미국 또는 인도에서 재고 포럼을 개최하며 인도에서 예수 박타 운동을 전파하고 있는데, 그로부터 영향 받은 수백 명의 미국 선교사들이 그가 제시하는 방법론을 따라 인도 선교에 참여하고 있다.

히브너가 제시하는 예수 박타 방법이란 문화적으로는 힌두 공동체의 삶의 방식을 따르면서도 신앙적으로는 예수 그리스도만을 사쯔 구루

(Sat Guru, 진정한 스승, 참 신)로 따르고 힌두 사회 속에서 그리스도를 증거하며 그 사회를 내부로부터 변혁시켜 나가는 삶을 사는 신앙운동이라고 할 수 있다. 힌두권 선교의 유리한 점은 앞에서도 언급한 대로 가족 공동체 내부에 남아서 전통 관습을 따르기만 하면, 여러 신과 구루 중에 어떤 신을 믿고 어떤 구루를 따르는가는 개인의 자유로운 선택에 달려 있다는 것이다.[46]

힌두교는 여러 다양한 신앙들을 지역적으로 묶은 것이기 때문에 신앙과 교리 문제에 대해서는 관용적이다. 그러기 때문에 여러 다양한 신앙들이 있는데 이러한 다양한 신앙을 하나로 묶을 수 있는 것은 사회 전체에 지배적인 문화적 유산인 것이다. 그래서 인도의 한 판사는 재판정에서 힌두교에 대해 다음과 같은 정의를 내렸다.

> 힌두교는 하나의 종교나 하나의 공동체가 아니라, 각기 다른 방법으로 각기 다른 신을 믿는 수많은 공동체로 이루어져 있다. 힌두의 삶의 방식을 받아들이기만 하면 심지어 신을 믿는 것이 필수적인 것도 아니다.[47]

선교사를 파송하는 교단과 선교단체와 후원하는 개인 후원자들의 입장에서는 '기독교인'이라는 이름의 개종자와 열매를 보기를 원한다. 그러나 인도의 역사와 문화적 관점에서 보면 '기독교인'이라는 이름은 수

---

46 Gavin Flood, *An Introduction to Hinduism* (New Delhi: Cambridge University Press, 2009), 259. Klaus K. Klostermaier, *A Short Introduction: Hinduism* (Oxford: Oneworld Publications, 2006), 29.

47 C. Unnikrishna, "Shiva Worship Not a Religious Act: Income Tax Tribunal Says," *The Times of India*, March 16th, 2013.

치스러운 이름이다. 서구를 비롯한 인도 밖에서는 '기독교인'을 신앙이나 교리의 관점에서 이해하지만, 인도에서는 '기독교인'이라는 것은 '천민,' '부정한 사람,' 또는 '민족 반역자'를 의미하는 사회학 용어이기 때문이다.

인도에서 기독교를 지칭하는 말은 주지하다시피 '소를 먹는 종교'이다. 인도인이 관심을 갖는 것은 나사렛 예수가 십자가에 우리 위해 죽었다가 부활하시고 승천하신 것이 아니다. 그 종교는 신성한 동물인 소를 죽이는 불경건하고 파렴치한 단체라는 것에 관심을 가지고 있는 것이다. 우리가 만일 인도인 중에 그리스도의 제자를 얻기를 원한다면 이런 오명을 벗어버려야 한다. 기독교가 소를 먹는 종교가 아니고, 소를 존중하는 종교로 인식이 되면, 인도인 제자들은 사랑하는 가족을 떠나지 않으면서도, 인도인의 정체성을 지키면서도 얼마든지 예수님을 따르며 예수님을 증거할 수 있는 것이다.

사람에게는 신앙이 중요한 만큼, 자신이 누구인가 하는 정체성도 중요한 문제이다. 이 정체성은 자신이 속한 공동체와 관계가 있다. 우리가 속한 가족, 친족, 민족, 국가는 우리의 정체성과 뗄래야 뗄 수가 없다. 기독교인이 된다고 해서 쉽게 버릴 수 있는 것이 아니며, 기독교인이라고 해서 반드시 버려야 되는 것이 아니다.

그런데 선교사가 외국에 와서 왜 남의 나라 사람의 가족 관계를 깨뜨려야 하는가?

왜 남의 나라 사람으로 하여금 서양인, 또는 한국인의 정체성을 갖도록 해야 하는가?

한국 사람으로서 추석과 설은 안 지내고 크리스마스만 지킨다면 그런 종교를 따라올 한국인이 얼마나 될 것 같은가?

인도에서 많은 선교사들과 소위 '소를 먹는 종교'를 가진 인도 기독교인들은 정확히 그런 삶을 살고 있다. 그러기 때문에 캐리의 방식으로 선교하던 미국과 서양 선교사들이 이제 그런 과거를 반성하고, 리처드의 리더십 하에 인도 사람들의 삶 속으로 들어가 그들과 함께 공동체의 문화를 존중하며 그리스도를 믿는 신앙과 말씀으로 공동체를 변화시키는 일을 시도하는 것은 참으로 고무적이다.

둘째, 인도에서 자생적으로 강력히 일어나고 있는 예수 박타 운동이다. 허버트 후퍼(Herbert E. Hoefer)의 연구 조사를 통해 이미 밝혀진 바가 있지만 남인도 첸나이(Chennai/Madras)의 전통 서구 교회에 나오는 기독교인들과 유사한 숫자의 교회에 나오지 않는, 또는 세례 받지 않은 예수 박타들이 힌두 가정과 공동체에서 예수님을 따르며 복음 전파를 하고 있다.[48]

첸나이뿐만 아니라 남인도 뗄루구에서 상층 카스트 가운데 만 명 이상의 제자를 얻었던 수바 라오(K. Subba Rao)의 사역 역시 예수 박타 방식으로 사역한 열매들이고 그 사역은 그의 사후에도 계속 되고 있다. 남인도뿐 아니라 북인도도 바라나시를 중심으로 때로는 수천 명, 수만 명이 모여 인도식 말씀 사경회인 삿상(Satsangh)을 하기도 한다.

그중에서 남 뻔잡 지역에서 친구 선교사 기도대(Friends Missionary Prayer Band)라는 인도 자생 선교단체의 데이빗(P. David)이 이룬 성과는 참으로 눈부실 정도이다. 그는 20년간의 선교사역으로 거의 아무런

---

48   Herbert E. Hoefer, *Churchless Christianity* (Madras: APATS, 1991), 97.

교회가 없었던 이 지역에 10만 명이 넘는 교인들과 수많은 교회를 세워 놓았다. 그것도 아무런 충돌이나 핍박이 없었을 뿐 아니라, 지역 국회의원들과 심지어 시크교 지도자들의 협력 속에서 이런 성과를 이뤄 냈다는 것은 놀라운 일이 아닐 수 없다. 그는 20여 년 동안 신학공부를 한 적도 없었고, 자신의 선교단체에서 기본교육 외에는 특별한 교육을 받은 적도 없었다. 사실 자신의 선교단체는 전통 방식의 선교를 하고 있었기 때문에 그의 사역 방식은 그만의 독창적인 방법이었다. 그의 방법을 필자는 '쁘레미'(Premi) 방식이라고 부른다.

쁘레미 방식이란 그리스도를 믿고 따르는 개종자들이 자신들을 '기독교인'이라고 부르지 않고 '쁘레미'라고 칭하는 방식이다. '기독교인'이라는 명칭은 시크교인이 지배적인 뻰잡 지역에서는 '부정한 사람,' '타락한 사람,' '천민'이라는 이미지를 갖고 있기 때문에 이 이름을 사용하는 순간 전도는 멈춰질 수밖에 없다. 그러므로 그들은 기독교인이라는 이름 대신에 쁘레미라는 이름을 사용하며 쁘레미로서의 정체성을 갖는다.

'쁘레미'란 하나님으로부터 '사랑받는 자'라는 뜻인데, 이것이 그들이 스스로를 부르는 이름이자, 다른 사람들이 그들을 지칭하는 이름이다. 쁘레미란 이름은 또한 뻰잡 지역에서 유명한 구루가 자신들의 제자들을 부르는 이름이기도 하다. '쁘레미'란 이름을 사용하기에 시크교 입장에서 보면 데이빗의 사역은 여러 구루 운동 중의 하나로 볼 수가 있다.

그러나 그들은 시크의 제자가 아니라 예수님만을 참 구루로 받드는 하나님의 자녀들인 것이다. 예수님의 십자가와 부활을 믿으며 예수님의 이름으로 기도한다. 또한 쁘레미 방식은 가족과 사회 공동체를 떠나지 않고 그 내부에 머무르면서 그리스도를 따르고 증거하는 방식이다.

가족의 가치, 그리고 성경에 어긋나지 않는 공동체의 문화를 존중하고자 최대한 노력하기 때문에 기존 사회와 충돌되기보다는 도리어 사회의 지지와 협조를 받아가며 전도하는 방식이다. 그러기에 그의 전도 사역은 초기에 한두 번의 방해 외에는 잘 진행되고 있다.

데이빗은 시크교도들이 다 같이 모여 경전을 가르치고 기도하며 예배하는 방식을 채용하여 정기적인 삿상(예배)을 통해 성경을 가르치며 복음을 전했다. 많은 시크교의 구루들은 천민을 돌보는 일을 소홀히 했지만 데이빗이 열심히 심방하여 가족의 대소사를 돌보아 주며 진리의 말씀을 힘써 가르치며 기도했을 때, 매달 수백 명씩 세례 받는 교인들이 늘어났다.

리처드를 비롯한 다수의 예수 박타 방식은 세례를 안 받는 경우가 지배적이지만, 데이빗은 세례도 주고 성찬식도 하며 교회 건축도 한다. 그들은 기존의 친족 공동체와 전혀 분리됨이 없이 전통 종교의 제자 삼는 방법을 따라 끊임없이 예수 그리스도의 제자를 만들어 내고 있다. 앞으로 그의 쁘레미 방식의 선교가 그가 속한 단체뿐 아니라 인도 교회 전체에 퍼져서 인도 사회를 일신하는 새 역사가 창조되기를 바라마지 않는다.

어느 대안 방식도 완벽한 것은 없을 것이다. 그러나 성육신적인 방식, 문화 존중의 방식, 공동체 안의 자연적 다리를 유지하는 통합적 방식이 동서양 어떤 문화권에서든지 선교사가 지양해야 할 방식임은 분명하다. 이런 점에서 인도의 선교 역사에는 17세기 로버트 드 노빌리(Robert de Nobili, 1577-1656)의 이탈리아의 선교, 18세기 독일 트랑크바 선교회의 모델이 주목을 끈다. 뿐만 아니라 서양 선교 운동이 일어나기 이전부터 인도 교회에는 일반적으로 접근이 어려운 주류 힌두 카스트 계층에서 열매 맺은 많은 사례가 있고 쁘레미 운동은 그 중에 하나에 불과하다.

  이러한 접근들은 보완해야 할 여러 가지 요소가 있음에도 불구하고 앞으로 이러한 사례들을 심층적으로 연구, 발전시켜 나간다면 선교의 장벽을 돌파하는 효과적인 모델을 만들 좋은 소재들을 가지고 있다고 본다. 그러나 이를 여기에서 다루기에는 지면상 제한이 있으므로 다음에 나올 책에서 이러한 주제를 집중적으로 다루기를 기약해 본다.

The End of Western Methods of Mission

참고 문헌

I. 캐리와 동시대 세람포르 선교 관련 자료

American Baptist Society. "Short Account of the Conversion and Baptism of Kristno Paul." *American Baptist Magazine, and Missionary Intelligencer.* New Series, Vol. I. Boston, 1817.

Anderson, Hugh. *The Life and Letters of Christopher Anderson.* Edinburgh: William P. Kennedy, 1854.

Baptist Missionary Society. *Missionary Stations as They Existed in June 1814 Part I.* Boston: Wells and Lilly, 1815.

_____. *Annual Report 1819.* Serampore: The Mission Press, 1819.

_____. *Annual Report to the Committee of the Baptist Missionary Society 1819.* London: J. Haddon, 1819.

Bowen, John. *Reply to Missionary Incitement, and Hindoo Demoralization; Including Some Observations on the Political Tendency of the Means Taken to Evangelize Hindoosthan.* London, 1821.

Buckingham, James S. "Examination of the Defence Put Forth by the Missionaries of Serampore." *The Oriental Herald and Journal of General Literature.* Vol. X. London: Printed for the Editor, 1826.

Carey, Eustace. *Memoir of William Carey.* Boston: Gould, Kendall and Lincoln, 1836.

Carey, Eustace and Yates, William. V*indication of the Calcutta Baptist Missionaries: In Answer to 'A Statement Relative to Serampore by Joshua Marshman, with Introductory Observations by John Foster.'* London: Wightman & Co., 1828.

Carey, William. *An Enquiry into the Obligations of Christians, to Use Means for the

Conversion of the Heathens. Leicester: Ann Ireland, 1792.

_____. *Letters from the Rev. Dr. Carey, Relative to Certain Statements Contained in Three Pamphlets.* London: Parbur, Allen and Co., 1828.

Dubois, Abbe J. A. *Letters on The State of Christianity in India; In Which The Conversion of the Hindoos Is Considered as Impracticable. To Which Is Added, A Vindication of the Hindoos, Male and Female, In Answer to a Severe Attack Made upon both by the Reverend *****.* London: Printed for Longman, Hurst, Rees, Orme, Brown, and Green, 1823.

Dyer, John. *Letters from the Rev. Dr. Carey, Relative to Certain Statements Contained in Three Pamphlets.* London: Parbury, Allen, and Co., 1828.

Godwin, William, Robinson, George, and Kippis, Andrew. *The New Annual Register, or General Repository of History, Politics, and Literature, for the Year 1811.* London: Printed for John Stockdale, 1812.

Hough, James. *Reply to the Abbe J. A. Dubois's "Letters on the State of Christianity in India."* London: L. B. Seeley, 1824.

Johns, William. T*he Spirit of the Serampore System, As It Existed in 1812 and 1818 with Strictures on Some Parts of "Dr. Marshman's Statement, Relative to Serampore".* London: Wightman and Cramp, 1828.

Marshman, J. C. *Reply of Mr. J. C. Marshman to the Attack of Mr. Buckingham on the Serampore Missionaries.* London: Kingsbury, Parbury, and Allen, 1826.

Marshman, Joshua. *Reply to Missionary Incitement, and Hindoo Demoralization: Including Some Observations on the Political Tendency of the Means Taken to Evangelize Hindoostahn* Serampore: The Mission House, 1822.

_____. *A Defence of the Deity and Atonement of Jesus Christ, in Reply to Ram-Mohun Roy of Calcutta.* London: Kingsbury, Parbury, and Allen, 1822.

_____. *Thoughts on Missions to India.* Serampore: The Mission House, 1825.

_____. *Reply to the Abbe J. A. Dubois's "Letters on the State of Christianity in India."* Serampore: The Mission Press, 1825.

_____. *Brief Memoir Relative to the Operations of the Serampore Missionaries.* London: Parbury, Allen & Co., 1827.

Serampore Missionaries. *Periodical Accounts Relative to the Baptist Missionary Society.* Vol. III. Dunstable: J. W. Morris, 1806.

_____. *Monthly Circular Letters, Relative to the Mission in India.* Serampore: The Mission Press, 1807.

_____. *Monthly Circular Letters, Relative to The Missions in India.* Vol. II Serampore: The Mission House, 1810.

_____. *Brief Memoirs of Four Christian Hindoos Lately Deceased.* Serampore: Mission House, 1810, Reprinted 1816 in London.

_____. *Monthly Circular Letters, Relative to The Missions in India.* Vol. V. Serampore: The Mission Press, 1812.

_____. *Missionary Herald: Intelligence at Large of the Proceedings and Operations of the Baptist Missionary Society.* Serampore: The Mission House, 1825.

_____. *Periodical Accounts from the Serampore Mission.* Vol. III Serampore: The Mission House, 1829.

Ward, William. *A View of the History, Literature, and Mythology of the Hindoos: Including a Minute Description of Their Manners and Customs, and Translations from Their Principal Works.* Vol. 1. Serampore, Mission Press, 1818.

_____. *Farewell Letters to A Few Friends in Britian and America on Returning to Bengal in 1821.* Lexington, K. 1822.

II. 캐리 이후의 문헌(영서)

Anderson, Justice. "William Carey: A Bicentennial Tribute," *Southwestern Journal of Theology.* 1961.

Aritonang, Jan Sihar and Steenbrink, Karel eds. *A History of Christianity in Indonesia, Leiden* Boston: BRILL, 2008.

Bavinck, J. H. *The Impact of Christianity on the Non-Christian World.* Grand Rapids: Eerdmans, 1948.

_____. *The Church between Temple and Mosque: A Study of the Relationship between the Christian Faith and Other Religions.* Grand Rapids: Eerdmans, 1981.

Banerjea, K. M. *The Arian Witness or the Testimony of Arian Scriptures in Corroboration of Biblical History and the Rudiments of Christian Doctrine Including Dissertations on the Original Home and Early Adventures of Indo-Arians.* Calcutta: Thacker, Spink & Co., 1875.

Beasley, Edward. *Empire as the Triumph of Theory: Imperialism, Information and the Colonial Society of 1868.* Abingdon and New York: Routledge, 2005.

Bennema, Cornelis. "The Ethnic Conflict in Early Christianity: An Appraisal of

Bauckham's Proposal on The Antioch Crisis and the Jerusalem Council." *JETC.* 56/4. 2013.

Bettinghaus, Erwin P. *Persuasive Communication.* New York: Holt Rinehart and Winston, Inc., 1968.

Bharati, Dayanand, *Living Water and Indian Bowl: An Analysis of Christian Failings in Communicating Christ to Hindus.* Delhi: ISPCK, 1997.

Bonk, Jonathan J. *Missions and Money Affluence: As A Missionary Problem... Revisited.* New York: Maryknoll, 2006.

Bonino, Jose Miguez. "How Does United States Presence Help, Hinder or Compromise Christian Mission In Latin America?" *Review and Expositor* Vol. 74. No. 2. (May 1, 1977).

Bosch, David J. *Transforming Mission: Paradigm Shifts in Theology of Mission.* New York: Orbis Books, 2011.

Boyd, Robin. *An Introduction to Indian Christian Theology.* Delhi: ISPCK, 1969.

Brock, Peggy. "Missionaries as Newcomers: A Comparative Study of the North West Pacific Coast and Central Australia," *Journal of the Canadian Historical Association.* Vol. 19, Number 2. 2008.

Buhler, G. trans. *The Laws of Manu.* Oxford: Clarendon Press, 1886.

Caldarola, Carlo ed. *Religions and Societies: Asia and the Middle East.* Berlin: Mouton Publishers, 1982.

Caldwell, Robert. *Records of Early History of Tinnevelly Mission of the Society for Promoting Christian Knowledge and the Society for the Propagation of the Gospel in Foreign Parts.* Madras: Higginbotham and Company, 1881.

Campbell, Gwyn. *David Griffiths and the Missionary History of Madagascar.* Leiden: Brill, 2012.

Camps, Arnulf. *Studies in Asian Mission History 1956-1998.* Leiden, Boston Koll: Brill, 2000.

Carey, Samuel P. *William Carey.* London: Hodder & Stoughton, 1923.

Cederlof, Gunnel. "The Politics of Caste and Conversion: Conflicts among Protestant Missions in Mid-Nineteenth Century India." *Swedish Missiological Themes.* 88, I. 2000.

Chatterjee, Sunil Kumar. *Hannah Marshman: The First Woman Missionary in India* Hoogly: LASERPLUS, 2006

Chidester, David. *Religions of South Africa.* New York: Routledge Revivals, 1992.

Coker, Joe L. "Developing A Theory of Missions in Serampore: The Increased Emphasis upon Education as a 'Means for the Conversion of the Heathens'".

Mission Studies. Vol. XVII, No. 1-35. 2001.

Daniel, J. T. K. and Hedlund, R. E. ed. *Carey's Obligation and India's Renaissance.* Serampore: Council of Serampore College, 1993.

_____. *William Carey's Arrival in India, 1793-1993: Bicentenary Volume.* Serampore: Serampore College, 1993.

_____. "The Significance of Serampore Mission for Christian Education Today." *Indian Journal of Theology.* Vol. 35, No. 1. 1993,

Dharmaraj, Jacob S. *Colonialism and Christian Mission: Postcolonial Reflections.* Delhi: ISPCK, 1993.

Dick, Kooiman. *Conversion and Social Equality in India: The London Missionary Society in South Travencore in the 19th Century.* New Delhi: Mahohar Publications, 1989.

Downs, Frederick S. "Reflections on the Culture/Society Issue in Contemporary Mission." *American Baptist Quarterly.* 8 No. 4 (Dec. 1989).

Drewery, Mary. *William Carey: A Biography.* Grand Rapids MI: Zondervan, 1979.

Fatokun, Samson Adetunji. "Christian Mission in South-Western Nigeria, and the Response of African Traditional Religion". *International Review of Mission.* Vol. 96, Nos. 380, 381, (January/April 2007).

Firth, Cyril B. *An Introduction to Indian Church History.* Delhi: ISPCK, 1998.

Flood, Gavind. *An Introduction to Hinduism.* New Delhi: Cambridge University Press, 2009.

Fox, Frampton F. "Foreign Money for India: Antidependency and Anticonversion Perspectives." *International Bulletin of Missionary Research.* Vol. 30, No. 3. (July 2006).

Frykenberg, Robert E. "The Legacy of Christian Friedrich Swartz." *International Bulletin of Missionary Research.* (July 1999).

Glasser, Arthur F. "Missiology: At the Cutting Edge, Thoughts about Church and Caste in India." *Missiology: An International Review.* Vol. X, No. 2. (April, 1982).

Gupta, Dipankar ed., *Caste in Question: Identity or Hierarchy?* New Delhi: Sage Publications, 2004.

Gupta, Kanti Prasana Sen. *Christian Missionaries in Bengal, 1793-1833.* Calcutta: Firma K. L. Mukhopadhyay, 1971.

Hardgrave, Robert. *The Nadars of Tamilnadu: The Political Culture of a Community in Change.* Berkeley: University of California Press, 1969.

Harries, Jim. "To Compromise on Missionary Vulnerability in Africa? - A Response

to Critics of Vulnerable Mission." *Global Missiology English.* Vol. 3, No. 13. 2016.
Heber, Amelia ed., *The Journal of Bishop Heber.* Vol. II. Madras, 1828.
Heber, Reginald and Heber, Amlia. *The Life of Reginald Heber, Lord Bishop of Calcutta, with Selections from This Correspondence, Unpublished Poems, and Private Papers Together with a Journal of His Tour.* Vol. II. London: John Murray, 1830.
Hesselgrave, David. "Gold from Egypt: The Contribution of Rhetoric to Cross-Cultural Communication." *Missiology: An International Review.* 4 No. 1. (Jan 1976).
Hiebert, Paul G. "Critical Contextualization." *International Bulletin of Missionary Research.* 11 No. 3, (Jul 1987).
_____. *Christian Mission and Modern Culture Missiological Implications of Epistemological Shifts: Affirming Truth in a Modern/Postmodern World.* Harrisburg: Trinity Press International, 1999.
_____. "Missiological Issues in the Encounter with Emerging Hinduism." *Missiology: An International Review.* Vol XXVIII, No 1. (January 2000).
Hoefer, Herbert E. *Churchless Christianity.* Madras: APATS, 1991.
Hutton, J. H. *Caste in India: Its Nature, Function and Origins.* Bombay: Indian Branch, Oxford UP, 1963.
Huyler, Stephen P. Appenzeller. *Meeting God: Elements of Hindu Devotion.* New Haven: Yale University Press, 1999.
Ingham, Kenneth. *Reformers in India 1793-1833 An Account of the Work of Christian Missionaries on Behalf of Social Reform.* Cambridge: Cambridge University Press, 1956.
Jackson, Robert and Killingley, Dermot. *Moral Issues in the Hindu Tradition.* Stoke-on Trent: Trentham Books Limited, 1991.
J'adayibe, Gwamna Dogara. "A Contextual Consideration of the Church, Culture and the Gospel in Africa." *Ogbomoso Journal of Theology.* Vol. XVII (1). 2012.
Jones, E. Stanley. "India's Caste System and Ours." *The Christian Century.* 64. No. 34 (Aug 20, 1947).
Klostermaier, Klaus K. *A Short Introduction: Hinduism.* Oxford: Oneword Publications, 2006.
Korieh, Chima J. and Chijoke, Raphael eds. *Missions, States, and European Expansion in Africa.* New York & London: Routledge, 2007.
Longpi, Solomon. *Mission and the Local Congregation.* Delhi: ISPCK, 2011.

Macfie, J. M. T*he Laws of Manu: A Summary in English with Introduction and Notes.* Madras: The Christian Literature Society for India, 1921.

Nagar, Shankti Lal trans. *Shiva Mahapurana.* Delhi: Parimal Publications, 2007.

Mahadevan, T.M.P. *Outlines of Hinduism.* 3rd edition. Mumbai: Chetana, 2009.

Mangalwad, Vishal and Mangalwad, Ruth. *The Legacy of William Carey: A Model for the Transformation of a Culture.* Wheaton: Crossway Books, 1999.

Mayers, Marvin K. *Christianity Confronts Culture.* Grand Rapids: Zondervan, 1974.

McGavran, Donald. "New Methods for a New Age in Missions". *International Review of Mission.* 44 No. 176. (Oct 1955).

McPhee, Art. "Bishop J. Waskom Pickett's Rethinking on 1930s Missions in India: Gospel Ferment in India among Both Hindus and Christians". *International Journal of Frontier Missions.* 19:3. (Fall 2002).

Mehta, J. L. *Advanced Study in the History of Modern India 1707-1813.* New Delhi: New Dawn Press, 2005.

Miller, Gerald R. and Burgoon, Michael. *New Techniques of Persuasion.* New York; London: Harper and Row, 1973.

Mlecko, Joel D. "The Guru in Hindu Tradition." *Numen.* Vol. 29, Fasc. 1. (July 1982).

Mullens, James. *Missions in South India.* London: Publisher Not Clear, 1903.

Narendranand, Swami. *Hindu Spirituality.* Allahabad: Paul Publications, Year Not Known.

Neill, Stephen. *The Story of the Christian Church in India and Pakistan.* Grand Rapids: Eerdmans, 1970.

Nikhilananda, Swami and Mukerji, Dhan Gopal ed. *Sri Ramakrishna, The Face of Silence.* New Delhi: Ameryllis, 2005.

Pani, D. D. "Fatal Hindu Gospel Stumbling Blocks." *International Journal of Frontier Missions.* 18:1. (Spring 2001).

Paul, R. D. *Changed Lives.* Lucknow: Lucknow Publishing House, 1968.

Payne, Earnest A. *South-East from Serampore: More Chapters in the Story of the Baptist Missionary Society.* London: Carey Press, 1945.

Pearson, Hugh. *Memoirs of the Life and Correspondence of the Reverend Christian Frederick Swartz.* Vol. II. London: J. Hatchard and Son, 1834.

Petersen, Brian K. "The Possibility of A "Hindu Christ-Follower": Hans Staffner's Proposal for the Dual Identity of Disciples of Christ within High Caste Hindu Communities." *International Journal of Frontier Missiology.* 24:2. (Summer 2007).

Pobee, John S. *Sense of Grace and Mission.* Kaneshie-Accra: Amanza Limited, 2012.

Potts, E. Daniel. *British Baptist Missionaries in India 1793-1837: The History of Serampore and Its Missions.* Cambridge: Cambridge University Press, 1967.

Prasoon, Srikant. *Indian Saints & Sages from Before Shankaracharay to Vivekanand.* Delhi: Hindoology Books, 2009.

Richard, H. L. "Is Extraction Evangelism Still the Way to Go?" *Mission Frontiers Bulletin.* 18:9-10. (September-October 1996).

_____. "Evangelical Approaches to Hindus." *Missiology.* Vol. XXIX. No. 3. (July 1, 2001).

Richardson, Don. *Peace Child.* South Bloomington: Bethany House Publisher, 2005.

Robinson, Benjamin. *In the Brahman's Holy Land: A Record of Service in the Mysore.* C. H. Kelly, 1912.

Rodriguez Jr., Jose David. "Culture and Evangelism: A Latino Perspective on the Lutheran Mission in Puerto Rico." *Currents in Theology and Mission.* 29:3. (June 2002).

Rooy, Sidney H. "John Elliot," Gerald H. Anderson ed. *Biographical Dictionary of Christian Missions.* New York: Macmillan Reference USA, 1998.

Scott, William Henry. "Rethinking the American Missionary Presence in the Philippines." *International Review of Mission.* 64, No. 254 (Apr. 1975).

Shourie, Arun. *Harvesting Our Souls: Missionaries, Their Design, Their Claims.* New Delhi: Rupa & Co., 2001.

_____. *Missionaries in India: Continuities, Changes, Dilemmas.* New Delhi: ASA, 1996.

Slater, T. E., "The Contribution of the Church in India to the World's Interpretation of Christ." *The Harvest Field.* Vol. XXX, No. 3. (March 1910).

Smith, A. Christopher. "A Tale of Many Models: The Missiological Significance of the Serampore Trio." *Missiology: An International Review.* Vol. XX, No. 4. (October 1992).

_____. *The Serampore Mission Enterprise.* Bangalore: Center for Contemporary Christianity, 2006.

Smith, George. *The Life of William Carey: Shoemaker & Missionary.* London: J. M. Dent; New York: Erdutton, 1909.

Stanley, Brian. *The History of the Baptist Missionary Society.* Edinburgh: T & T Clark, 1992.

Svelmoe, William Lawrence. *A New Vision for Missions: William Cameron*

Townsend, the Wycliffe Bible Translators, and the Culture of Early Evangelical Faith Missions, 1896-1945. Tuscaloosa: The University of Alabama Press, 2008.

Talman, Harley and Travis, John J. ed. *Understanding Insider Movements: Disciples of Jesus within Diverse Religious Communities*. Pasadena: William Carey Library, 2015.

Tanye, Gerald K. *The Church-as-Family and Ethnocentrism in Sub-Saharan Africa*. Berlin: Transaction Publishers, 2010.

Taylor, Isaac. *The Great Missionary Failure*. Toronto: The National Publishing Company, 1888.

Tucker, Ruth A. *Book Review of Timothy George's Faithful Witness: The Life and Mission of William Carey. Trinity Journal* 1991.

Unnikrishna, C. "Shiva Worship Not a Religious Act: Income Tax Tribunal Says." *The Times of India*, March 16th, 2013.

Walker, F. Deaville. *William Carey Missionary Pioneer and Statesman*. Chicago: Moody Press, 1960.

Walls, Andrew F. *The Missionary Movement in Christian History: Studies in Transmission of Faith*. N.Y.: Orbis Books, 2001.

Winslow, O. Elizabeth. *John Elliot, Apostle to the Indians*. Boston: Houghton Mifflin, 1968.

Wood, Rick. "A Church Planting Movement within Every People: The Key to Reaching Every People and Every Person." *Mission Frontiers*. (May June 1995).

World Missionary Conference. *World Missionary Conference 1910 Report of Commission IV: The Missionary Message in Relation to Non-Christian Religions*. Edinburgh: Oliphant, Anderson and Ferrier, 1910.

Zaehner, R. C. *Hinduism*. London: Oxford University Press, 1966.

III. 역서

바라띠, 다야난드. 『인도의 눈으로 본 예수』(*Living Water and Indian Bowl*), 이계절 역, 서울: 밀알서원, 2017.

바빙크, 존. 『기독교 선교와 세계문화 』(*The Impact of Christianity on the Non-Christian World*), 권순태 역, 서울: 이레서원, 2000.

_____, 『절과 모스크 사이의 교회』(*The Church Between Temple and Mosque*) 전호진 역, 서울: 성광문화사, 1983.

캐리, 윌리암. 『이교도 선교 방법론』(*An Enquiry into the Obligations of Christians to Use Means for the Conversion of the Heathens*), 변창욱 역, 서울: 미션 아카데미, 2008.

히브너, 리처드. 『알씨다스: 힌두 복음화에 불을 밝히다』(*R.C. Das: Evangelical Prophet for Contextual Christianity*), 이계절 역 서울: 해피소드, 2017.

하일러, 스티픈. 『인도, 신과의 만남』(*Meeting God: Elements of Hindu Devotion*), 김홍옥 역, 서울: 다빈치, 2002.

IV. 한서

김주태, "다국적 기업의 현지화에 관한 상황적 접근: 한국의 대형 할인점 사례"『국제 경영 리뷰』제13권 제2호, 58.

이계절, 『인도에서 자전거 함께 타기 1: 선교사로 사는 이야기』 서울: 도서출판 퍼플, 2016.

전호진, 황종철 공저, 『불교국가에 불교가 없다; 캄보디아 역사를 중심으로』 서울: 대한예수교장로회 총회출판국, 2010.

정승현, "우드베리(J. Dudley Woodberry)의 이슬람 선교이론 연구"『복음과 선교』제31집, 2015.

주만성, "일반은총의 진보적 작용에 대한 신학적 논쟁"『대학과 선교』, 제82집, 2005.

진기영, 『인도 선교의 이해 I』 서울: CLC, 2015.

_____, 『인도 선교의 이해 II: 인도 문화에 적합한 선교 방식의 탐구』 서울: CLC, 2016.

서양식 선교 방식의 종말
The End of Western Methods of Mission

2017년 12월 31일 초판 발행

지 은 이 | 진기영

편　　집 | 정희연, 정재원
디 자 인 | 신봉규, 서민정
펴 낸 곳 | 사)기독교문서선교회
등　　록 | 제16-25호(1980. 1. 18)
주　　소 | 서울시 서초구 방배로 68
전　　화 | 02) 586-8761~3(본사)　031) 942-8761(영업부)
팩　　스 | 02) 523-0131(본사)　031) 942-8763(영업부)
홈페이지 | www.clcbook.com
이 메 일 | clckor@gmail.com
온 라 인 | 기업은행 073-000308-04-020, 국민은행 043-01-0379-646
　　　　　예금주: 사)기독교문서선교회

ISBN 978-89-341-1755-1 (93230)

* 낙장 · 파본은 교환해 드립니다.

이 도서의 국립중앙도서관 출판시 도서목록(CIP)은 서지정보유통지원시스템 홈페이지(http://seoji.nl.go.kr)와
국가자료공동목록시스템(http://www.nl.go.kr/kolisnet)에서 이용하실 수 있습니다.
(CIP제어번호: CIP2017033535)